U0596034

中華譯學館

莫言題

中华译学馆立馆宗旨

以中华为根 译与学并重
弘扬优秀文化 促进中外交流
拓展精神疆域 驱动思想创新

丁酉年冬月 许钧撰 罗卫东书

羅衛東

中華譯學館·中华翻译家代表性译文库

许　钧　郭国良／总主编

朱生豪 卷

朱尚刚／编

总　序

考察中华文化发展与演变的历史，我们会清楚地看到翻译所起到的特殊作用。梁启超在谈及佛经翻译时曾有过一段很深刻的论述："凡一民族之文化，其容纳性愈富者，其增展力愈强，此定理也。我民族对于外来文化之容纳性，惟佛学输入时代最能发挥。故不惟思想界生莫大之变化，即文学界亦然。"①

今年是五四运动一百周年，以梁启超的这一观点去审视五四运动前后的翻译，我们会有更多的发现。五四运动前后，通过翻译这条开放之路，中国的有识之士得以了解域外的新思潮、新观念，使走出封闭的自我有了可能。在中国，无论是在五四运动这一思想运动中，还是自1978年改革开放以来，翻译活动都显示出了独特的活力。其最重要的意义之一，就在于通过敞开自身，以他者为明镜，进一步解放自己，认识自己，改造自己，丰富自己，恰如周桂笙所言，经由翻译，取人之长，补己之短，收"相互发明之效"②。如果打开视野，以历史发展的眼光，

① 梁启超．翻译文学与佛典//罗新璋．翻译论集．北京：商务印书馆，1984：63．

② 陈福康．中国译学理论史稿．上海：上海外语教育出版社，1992：162．

从精神深处去探寻五四运动前后的翻译，我们会看到，翻译不是盲目的，而是在自觉地、不断地拓展思想的疆界。根据目前所掌握的资料，我们发现，在 20 世纪初，中国对社会主义思潮有着持续不断的译介，而这种译介活动，对社会主义学说、马克思主义思想在中国的传播及其与中国实践的结合具有重要的意义。在我看来，从社会主义思想的翻译，到马克思主义的译介，再到结合中国的社会和革命实践之后中国共产党的诞生，这是一条思想疆域的拓展之路，更是一条马克思主义与中国革命相结合的创造之路。

开放的精神与创造的力量，构成了我们认识翻译、理解翻译的两个基点。在这个意义上，我们可以说，中国的翻译史，就是一部中外文化交流、互学互鉴的历史，也是一部中外思想不断拓展、不断创新、不断丰富的历史。而在这一历史进程中，一位位伟大的翻译家，不仅仅以他们精心阐释、用心传译的文本为国人打开异域的世界，引入新思想、新观念，更以他们的开放性与先锋性，在中外思想、文化、文学交流史上立下了一个个具有引领价值的精神坐标。

对于翻译之功，我们都知道季羡林先生有过精辟的论述。确实如他所言，中华文化之所以能永葆青春，“翻译之为用大矣哉”。中国历史上的每一次翻译高潮，都会生发社会、文化、思想之变。佛经翻译，深刻影响了国人的精神生活，丰富了中国的语言，也拓宽了中国的文学创作之路，在这方面，鸠摩罗什、玄奘功不可没。西学东渐，开辟了新的思想之路；五四运动前后的翻译，更是在思想、语言、文学、文化各个层面产生了革命性的影响。严复的翻译之于思想、林纾的翻译之于文学的作用无须赘言，而鲁迅作为新文化运动的旗手，其翻译动机、翻译立场、翻译选择和翻译方法，与其文学主张、文化革新思想别无二致，其翻译起着先锋性的作用，引导着广大民众掌握新语言、接受新思想、表达自己的精神诉求。这条道路，是通向民主的道路，也是人民大众借助掌握的新语言创造新文化、新思想的道路。

回望中国的翻译历史，陈望道的《共产党宣言》的翻译，傅雷的文学翻译，朱生豪的莎士比亚戏剧翻译……一位位伟大的翻译家创造了经典，更创造了永恒的精神价值。基于这样的认识，浙江大学中华译学馆为弘扬翻译精神，促进中外文明互学互鉴，郑重推出“中华译学馆·中华翻译家代表性译文库”。以我之见，向伟大的翻译家致敬的最好方式莫过于（重）读他们的经典译文，而弘扬翻译家精神的最好方式也莫过于对其进行研究，通过他们的代表性译文进入其精神世界。鉴于此，“中华译学馆·中华翻译家代表性译文库”有着明确的追求：展现中华翻译家的经典译文，塑造中华翻译家的精神形象，深化翻译之本质的认识。该文库为开放性文库，入选对象系为中外文化交流做出了杰出贡献的翻译家，每位翻译家独立成卷。每卷的内容主要分三大部分：一为学术性导言，梳理翻译家的翻译历程，聚焦其翻译思想、译事特点与翻译贡献，并扼要说明译文遴选的原则；二为代表性译文选编，篇幅较长的摘选其中的部分译文；三为翻译家的译事年表。

需要说明的是，为了更加真实地再现翻译家的翻译历程和语言的发展轨迹，我们选编代表性译文时会尽可能保持其历史风貌，原本译文中有些字词的书写、词语的搭配、语句的表达，也许与今日的要求不尽相同，但保留原貌更有助于读者了解彼时的文化，对于历史文献的存留也有特殊的意义。相信读者朋友能理解我们的用心，乐于读到兼具历史价值与新时代意义的翻译珍本。

许　钧

2019 年夏于浙江大学紫金港校区

前　言

朱生豪(1912—1944),我国著名莎士比亚戏剧翻译家,出生于浙江嘉兴一个衰败中的商贾家庭。家境的窘迫加上幼失怙恃,使他过早地结束了无忧无虑的童年生活,并养成了沉默内向、外柔内刚的性格。

朱生豪从小勤奋好学,文科成绩尤为突出,在嘉兴秀州中学就读时就在校刊《秀州钟》上发表过多篇诗文。1929 年高中毕业后,被秀州中学保送进入杭州之江大学继续深造,并获四年八学期的全额奖学金,这使他的才学得以在这“风景擅越南之美,人物尽江东之秀”的环境中继续提升。在钟钟山、夏承焘等名师的指点培育下,朱生豪的才学很快就在之江校园崭露头角。“一代词宗”夏承焘对他的诗论和诗文作品赞叹不已,在日记中称赞他是“之江办学数十年”来的“不易才”,认为他的“聪明才力,在余师友之间,不当以学生视之”。

在之江求学期间,朱生豪广泛地阅读了古今中外大量优秀的文学作品。特别是许多英国诗人,如雪莱、济慈、华兹华斯等的杰作,对他都有很大的影响。另外,他对莎士比亚的作品也产生了浓厚的兴趣,深为莎剧中深邃、睿智的人文主义内涵所吸引,正如他在《译者自序》中所说的,“余笃嗜莎剧,尝首尾研诵全集至十余遍,于原作精神,自觉颇有会心”。这为他后来走进莎士比亚的世界打下了早期的基础。

在之江大学校内的多种刊物上,朱生豪发表过不少作品,其中诗歌较多,也有一些学术性的论著。发表在 1932 年《之江》创刊号上的翻译小说《迷途的狗》(约翰 · 高尔斯华绥原作)及发表在 1932 年和 1933 年《之江年刊》上的两首中译英的短诗是现存朱生豪最早的翻译作品。

朱生豪在之江大学期间的另一件大事是结识了他事业上的知己和一生的伴侣,比他低三级的女诗人宋清如。

朱生豪就读大学的那几年,中华民族已经进入了多事之秋。特别是1931年的"九一八"事变,日本侵略者对中国领土张开了血盆大口。朱生豪和同学们无不义愤填膺,他们除了在校内组织抗日救国会,开展各种抗日救亡活动外,还期待着在完成学业以后能用自己的才能和努力来做出一番成绩,改变现实,报效祖国和社会。朱生豪在毕业前夕为他所在的1933级填写的级歌《八声甘州》词中就有"慨河山瓯缺,端正百年功"的句子,表达了要以自己的"百年功"去"端正""瓯缺"了的"河山"的决心。

1933年,朱生豪从之江大学毕业,怀着满腔热情,进入上海世界书局担任编译工作,希望通过勤恳的工作,为中华民族的文化事业做出自己的一份贡献。可是没过多久,他就发现社会现实和他原来所想象的差距实在太大了。

他发现,在他的周围,只有那些靠投机钻营、玩弄权术的人能飞黄腾达,而像他那样老老实实、勤奋工作的人却总是难以和周围的环境合拍,"总是吃瘪";加上国际风云变幻莫测,日本帝国主义的势力步步深入,初到上海时的热情逐渐被难以排遣的压抑感所替代。看到了越来越多的社会腐败现象和越来越严重的民族危机,却苦于回天乏术、报国无门,"孤独、寂寞、彷徨"在朱生豪的精神世界中占了主导的地位。

在上海的文化出版界,1935年被称为"翻译年"。这一年,上海的各大书局纷纷组织力量,译出了多种世界名著。当时世界书局的英文部负责人詹文浒先生对朱生豪的才学比较了解,建议他翻译《莎士比亚戏剧全集》。朱生豪对莎士比亚一向十分喜爱,清楚地了解莎士比亚作品在世界文学中的地位,加上他当时正需要有一个精神上的寄托,因此就欣然接受了建议。

朱生豪写信给当时在中央大学英文系读书的胞弟朱文振商议此事,文振弟曾听说日本人因为中国没有莎士比亚译本而讥笑中国文化的落后,因此大力支持他的决定,并把这一工作推崇为“民族英雄的事业”。这大大增加了朱生豪译莎的决心。他在给宋清如的一封信中说:

> 你崇拜不崇拜民族英雄?舍弟说我将成为一个民族英雄,如果把 Shakespeare(莎士比亚)译成功以后。因为某国人曾经说中国是无文化的国家,连老莎的译本都没有。我这两天大起劲……

在日本帝国主义势力步步进逼、民族危机迫在眉睫的情况下,原先常因报国无门而感到苦闷迷茫的朱生豪,这时候发现自己的工作可以与为中国人争气、与抗衡日本侵略势力相联系,就像迷途的航船突然看见了灯塔一样,找到了自己的努力方向,一改原先感到“孤独、寂寞、彷徨”的精神状态,义无反顾地在这条路上走了下去。这充分显示了他那外柔内刚的性格。

此后,朱生豪除再次从头到尾反复研读莎士比亚作品原文外,又尽一切可能收集莎氏作品的不同版本、各种注释本和参考资料,并且废寝忘食地阅读、钻研、比较,积极地为译莎做准备。1936 年上半年,他正式动笔翻译。

他首先动手翻译的莎剧是《暴风雨》,这不仅因为在早先出版的莎士比亚全集中这个剧本多被排在卷首,更因为在所有莎剧中,这是朱生豪最喜爱的一部。莎士比亚晚年所写的这部传奇剧反映了作者在理想和现实的矛盾中难以找到出路时,希望到远离人间烟火的地方去寻求解脱的精神状况,和朱生豪从学校出来时的青春理想在社会现实面前处处碰壁产生的苦闷心情,是很自然会发生碰撞、产生共鸣的。

译完《暴风雨》以后,朱生豪接着又次第译出了《仲夏夜之梦》《威尼斯商人》《温莎的风流娘儿们》《无事烦恼》《皆大欢喜》和《第十二夜》等喜剧作品。按照他和世界书局商定的计划,全套《莎士比亚戏剧全集》拟分四个分册出版,分别为“喜剧”“悲剧”“史剧”和“次要作品”(后来改称“杂剧”)。其中《暴风雨》虽然按照现代正统的文学理论不完全符合喜剧的特征,但毕竟也有大团圆的结局,当时也是归入第一分册“喜剧”中的。

有了精神力量的支持，朱生豪像是一台上足了发条的机器，译莎工作进展很快，虽然基本上都得在业余时间进行。按照他的计划，只要没有意外，全部莎剧的翻译工作大概到 1938 年年底就可以完成了。

但是现实没有给朱生豪这样的幸运，就在他基本上译完了计划编入第一分册的九个“喜剧”剧本时，1937 年 8 月 13 日，日军突然制造事端，向上海发动进攻。朱生豪居住的虹口区汇山路一带恰好首当其冲，他半夜里在炮火声中仓皇出走，只带出了少许几件衣服和一本牛津版《莎士比亚全集》原著。世界书局总部也被日军占领并且放火烧过。朱生豪一年多来的译稿（已经交给世界书局）以及千辛万苦收集起来的各种版本的莎剧、参考资料及其他书籍用品等，全部毁于一旦。

此后，朱生豪回了嘉兴老家，不久后为逃避战乱，又辗转在附近的新塍、新市等乡镇避难。一年后局势稍为稳定，他才于 1938 年春末夏初回到上海，继续为在“孤岛”（租界区）中恢复营业的世界书局工作，1939 年 9 月，他又转入高举抗日反法西斯旗帜的中美日报馆任编辑。在此后的 2 年多时间里，他为《中美日报》的《小言》专栏撰写了 1000 余篇，近 40 万字笔锋犀利、形式多样的时政短论，鞭挞日伪，鼓励全国全世界人民团结战斗，夺取反法西斯战争的最后胜利。在逃难和回到上海工作期间，朱生豪并没有放下他的译笔，他还是从《暴风雨》开始，重新进行他的翻译工作。只是由于在中美日报馆时工作繁忙，进度相对要慢一些。此外，他还在“孤岛”内的一些刊物上发表过一些诗文作品，体裁多样，主题也多为反对战争、谴责侵略者，以及对年轻人的期望等。其中也有一些翻译作品，现已发现的有发表在《红茶》杂志上的《如汤沃雪》《钟先生的报纸》，以及发表在《青年周报》上的《夜间的裁判》《一个教师所说的故事》和《士麦拿的女侠》等小说，主题也多为谴责日本和一切侵略者以及揭露战争给人民带来的灾难等。

不幸再次降临到这位倔强的年轻人身上。1941 年 12 月 7 日，日军偷袭珍珠港，英美等同盟国进入战争状态，上海租界区的“孤岛”也就不复存在了。次日凌晨，荷枪实弹、亮着刺刀的日军，冲进中美日报馆，朱生豪与同人杂于排字工人中逃出。存放在办公室里的所有译稿和参考资料再次遭到厄运，已经交给世界书局的译稿也基本散失，一切又回到了原点。

1942 年 5 月 1 日，朱生豪和从四川返回不久的宋清如在上海举行了"简而又简"的婚礼后，就离开上海去江苏常熟宋清如的娘家暂住。1943 年初，这对"才子佳人，柴米夫妻"又一起回到嘉兴老家，在这里，朱生豪进行了他译莎征程中的最后拼搏，也度过了他生命中的最后时光。

离开上海以后，朱生豪已经没有了其他工作的羁绊，可以把全部精力投入到他看得比生命还重的翻译工作中去了。虽然还得第三次从头开始，但前面一些剧本都不是新译，剧本的内容已经烂熟于心，所以进展还是相当快的。估计在常熟的半年里，他已经补译完了"第一分册"中的全部喜剧作品，而且已经译出了《罗密欧与朱丽叶》等一部分悲剧。

经过这些年的折腾，虽然译稿一再被毁，毕竟有了不少经验的积累，译笔更成熟、更老练了。但是由于客观条件所限，遇到的困难还是很大的。宋清如曾回忆说："那时他仅有的工具书，只是两本词典——牛津词典和英汉四用辞典。既无其他可以参考的书籍，更没有可以探讨质疑的师友。他所耗费的精力，确实难以想象。"就在这样的条件下，他"埋头伏案，握管不辍"，到 1944 年初，继《罗密欧与朱丽叶》之后，已经译完了莎士比亚的四大悲剧《汉姆莱脱》《李耳王》《奥瑟罗》和《麦克佩斯》以及《该撒遇弑记》《女王殉爱记》等三本罗马剧，还有《爱的徒劳》和《维洛那二士》等剧本。他估计，如果进展顺利没有意外的话，到年底就可以把全部莎剧译完，从而大功告成。其间，世界书局也开始为全集的出版做准备，着手对已经完成的译稿进行排版并由译者进行最终校对。由于朱生豪译事繁重，全部校对工作由宋清如代为进行。朱生豪还为全集撰写了《译者自序》《莎翁年谱》及各分册的《提要》等附件。

翻译成果与日俱增，可是由于超强度的脑力支出，又加上由于经济窘迫而得不到必要的营养补充，朱生豪的身体日见虚弱，终于病倒了。到 1944 年 6 月初，在译完英国历史剧《约翰王》《理查二世的悲剧》《亨利四世》前后篇以及《亨利五世》的前两幕之后，朱生豪不得不放下了他的笔。经检查，他得的是肺结核、肠结核、肋膜结核的并发症，鉴于处在日寇占领区的现实和当时的经济状况，也完全没有条件使用链霉素等对结核病比较有效的药物。拖到 12 月 26 日，朱生豪带着对娇妻稚子的不舍和未能最终译完全部莎剧的遗憾离开了人世。他临终前曾表示："早知一病不起，拼着命也要把它译完。"朱生豪译出全部莎剧的宏愿虽然功亏一篑，但已经以他的生命之重为中华民族留下了一份珍贵的文化遗产！

抗日战争胜利后，世界书局于 1947 年出版了朱生豪翻译的《莎士比亚戏剧全集》第 1—3 辑。分别为"喜剧""悲剧"和"杂剧"，共收入朱生豪译的莎剧 27 部。原来计划作为第 3 辑的英国史剧因为还没有全部译出，所以暂时没有出版。新中国成立后，人民文学出版社于 1954 年以作家出版社的名称出版了包括全部 31 部朱译莎剧的《莎士比亚戏剧集》，在书的《出版说明》中表示，该戏剧集曾对译本"略作必要的修订"。20 世纪 60 年代，人民文学出版社组织了一批专家对朱译莎剧进行了全面"校订"并补译了朱生豪未及译出的 6 个剧本和莎士比亚的全部诗作，原计划在 1964 年莎士比亚诞辰 400 周年的时候推出《莎士比亚全集》，后来由于历史的原因，这部全集到"文革"结束后的 1978 年才问世，成为我国第一部外国作家的全集。1998 年和 2015 年，译林出版社和浙江工商大学出版社又对朱生豪的译作组织进行了新的校订和补译后，分别出版了新的《莎士比亚全集》。

朱生豪由于英年早逝，在翻译理论方面未能留下更多的论述。但在其《译者自序》中，他明确地表达了其翻译工作的宗旨：

> 余译此书之宗旨，第一在求于最大可能之范围内，保持原作之神韵；必不得已而求其次，亦必以明白晓畅之字句，忠实传达原文之意趣；而于逐字逐句对照式之硬译，则未敢赞同。

"保持原作之神韵""传达原文之意趣"，朱生豪是这样主张的，在翻译实践中也确实是这样做的。

罗新璋先生 1983 年发表的论文《我国自成体系的翻译理论》指出，朱光潜提出的“神似”、傅雷提出的“传神”的翻译理论，是对严复提出的“信达雅”的翻译原则的突破。这种“神似神韵之说二三十年代就有人提过，但影响不大，一方面可能是表述上不够有力……更重要的是，那时的翻译实践还没有提供足够的令人信服的实例”。罗先生认为“神似神韵之说”最“令人瞩目的范例，就是以全部生命，倾毕生精力翻译莎士比亚的朱生豪”。也就是说，朱生豪以自己的翻译实践，为在“信达雅”基础上更进一步的“神似神韵之说”的翻译理论做出了贡献。罗先生对朱生豪译文的评价是“朱生豪译笔流畅，文辞华赡，善于保持原作的神韵，传达莎剧的气派”，说得十分中肯。朱生豪的译作在经过半个多世纪历史浪潮的淘洗后，还能得到越来越多读者的认可和喜爱，说明他翻译的宗旨和在这一宗旨主导下的翻译实践是成功的！

朱生豪以莎士比亚戏剧的翻译为人们所熟知，因此在作为“代表性译文”收入本书的译作中，他所译的莎剧自然也理所当然是最主要的内容。本书在他译出的 31 个剧本中选入了《暴风雨》《威尼斯商人》《罗密欧与朱丽叶》《汉姆莱脱》及《理查二世的悲剧》等 5 个剧本。这些剧本在全部莎剧里面有一定的代表性，也是朱生豪较为钟情、倾注较多心力的作品，较能代表朱生豪的翻译成就。

《暴风雨》是朱生豪最为喜欢，也是最先开始着手翻译的莎剧。通过这个剧本，朱生豪和莎士比亚在精神上产生了超越时空的共鸣。朱生豪在他专为《暴风雨》一剧写的《译者题记》中写道：

> 本剧是莎翁晚期的作品，普通认为是他的最后一本剧作。以取材的神怪而论，很可和他早期的《仲夏夜之梦》相比。但《仲夏夜之梦》的特色是轻倩的抒情的狂想，而《暴风雨》则更深入一层。其中有的是对于人间的观照，象征的意味也格外浓厚而丰富；在艺术上更摆脱了句法音律的束缚，有一种老笔浑成的气调。或云普洛士丕罗是

作者自身的象征，莎翁以普氏的脱离荒岛表示自己从写作生活退隐的决心。

《威尼斯商人》是为我国读者所熟知的莎翁喜剧的代表作，朱生豪在为 1947 年世界书局版《莎士比亚戏剧全集》写的《第一册提要》里说：

> 《威尼斯商人》……是莎氏第二期的作品，他在喜剧上的才能，在这时期已经发展到了最高峰。……《威尼斯商人》则是一本特出的杰作，在轻快明朗的喜剧节奏里，插入了犹太人夏洛克这一个悲剧的性格，格外加强了戏剧的效果。

朱生豪在翻译这个剧本的时候也投入了大量的心血，他在给宋清如的信中曾表示自己对这个剧本的翻译是相当满意的：

> 我已把一改再改三改的《梵尼斯商人》(威尼斯也改成梵尼斯了)正式完成了，大喜若狂，果真是一本翻译文学中的杰作！把普通的东西翻到那地步，已经不容易。莎士比亚能译到这样，尤其难得，那样俏皮，那样幽默，我相信你一定没有见到过。

在莎士比亚的悲剧作品中，《罗密欧与朱丽叶》和《汉姆莱脱》是两个时期两种风格的代表作品，朱生豪译作中一些受到当代读者广为称颂的片段，如“生存还是毁灭……”“人类是一件多么了不得的杰作……”等，多出于此。朱生豪在世界书局版全集的《第二册提要》中对这两个剧本做了这样的评述：

> 《罗密欧与朱丽叶》是莎氏早期的抒情悲剧，也是继《所罗门雅歌》以后一首最美丽悱恻的恋歌。这里并没有对于人性的深刻的解剖，只是真挚地道出了全世界青年男女的心声。命运的偶然造成这一对恋人的悲剧的结局，然而剧终的启示，爱情不但战胜死亡，并且使两族的世仇消弭于无形；从这一个意义上看来，它无宁是一本讴歌爱情至上的喜剧。
>
> 《汉姆莱脱》……这四本是公认为莎氏的“四大悲剧”的。在这些

作品中间，作者直抉人性的幽微，探照出人生多面的形像，开拓了一个自希腊悲剧以来所未有的境界。……关于这四剧的艺术的价值，几乎是难分高下的：《汉姆莱脱》因为内心观照的深微而取得首屈一指的地位。

朱生豪对莎士比亚的历史剧十分看重。他在给宋清如的信中曾说：

但是我所最看重，最愿意以全力赴之的，却是篇幅比较最多的第三分册，英国史剧的全部。不是因为它比喜剧悲剧的各种杰作更有价值，而是因为它从未被介绍到中国来过。这一部酣畅淋漓一气呵成的巨制，不但把历史写得那么生龙活虎似的，而且有着各种各样精细的性格描写……

可惜朱生豪没有来得及把这些历史剧全部译完就离世了，在已译出的英国历史剧中，我们选入了其中的《理查二世的悲剧》一剧。这个剧本选取了理查二世这个早年也曾比较“贤明”而晚年变得“昏庸无道，祸国殃民”的昏君一生中最后三年的经历，记述了他最后众叛亲离、自取灭亡的经历。表现了“得民心者得天下，失民心者失天下”的真理，台词中还有不少对英格兰及英伦诸岛的赞美，堪称英格兰民族爱国主义情怀的典型体现，对我们现今的社会生活也有着一定的借鉴意义。

我们希望，这5个剧本能作为朱生豪翻译作品的代表，体现出他从事翻译工作的基本宗旨、风格和文采。

当然，朱生豪的译作并不是完美无瑕的，正如他在《译者自序》中所说：“然才力所限，未能尽符理想；乡居僻陋，既无参考之书籍，又鲜质疑之师友。谬误之处，自知不免。”数百年前在世界另一个角落中的风俗人情，要这样一个“北没有过长江，南没有过钱塘江”的涉世不深的年轻人完美地转达出来，原本就是难以承受之重，更何况是在那样困难的物质条件下进行的孤军奋斗，译作中的错漏之处确实客观存在。其中一个较为突出的问题是朱译本中对原著有较多的删节之处，宋清如曾回忆说：“原文中也偶然有近似‘插科打诨’或不甚雅驯之处，他往往大胆做出简略处理，认为不致影响原作主旨。”朱生豪当时对这种“不甚雅驯之处”所做的“简略处理”实际上也反映了他所处的时代中他所在的那个社会阶层的一种思维方式。删节原文部分内容的另一种情况是鉴于“既无参考之书籍，又鲜质疑之师友”的客观条件，一些在理解上确实难以把握的地方，也在“不致影响原作主旨”的前提下做了删节处理。

1949年以后出版的朱生豪译作，特别是人民文学出版社、译林出版社和浙江工商大学出版社出版的几种《莎士比亚全集》，分别由方平、方重、吴兴华、辜正坤、裘克安、沈林、何其莘、陈才宇等优秀学者进行了精心校订，改正了原译作中的疏误之处，对许多文字表述做了改进，使更贴近当代汉语的表述习惯，特别是对原来删节的内容都进行了补译，使校订后的文本更完善，更适合于当代读者的阅读了；但本书作为翻译家的“代表性译文库”，还是考虑使用**未经修订的**朱生豪原译文。一方面这样能完全保持译者译作的原貌，而不因经过校订而介入其他译家的文风和见解（有些校改之处还是可以商榷的），另外也可以满足一些读者愿意包容原译作的缺疵而希望读到原汁原味朱译莎剧的愿望。

在社会发展的历史进程中，语言文字的使用也是在随之不断发展变化的。朱生豪所处时代语言文字的许多使用习惯到当代也已经有了不少改变。较明显的如当年的“哪”只用作语气助词，现在作疑问代词用的“哪”还没有从“那”字分化出来；又如“厉害”写作“利害”，“稀奇”写作“希奇”，“玩笑”写作“顽笑”，“那么”写作“那们”，等等。

还有许多表述，原先往往有两种甚至更多可以随意通用的写法，如“当作”和“当做”、“给予”和“给与”、“绝不”和“决不”、“驯服”和“驯伏”、“预先”和“豫先”、“身份”和“身分”、“年轻”和“年青”、“哎哟”和“嗳哟”、“叫花子”和“叫化子”，等等，虽然现在出于语言文字规范化的需要，对这些表述都有了取舍，但在朱生豪的年代里，这些词语的使用还是十分随意的，因此在朱生豪的原译文中有许多在当时并不存在问题而与当今的“规范”要求不尽相符的用词。

另外，朱生豪原来翻译时使用的一些剧名、人名和地名等专有名词和现代通行的译法也有较大差异。

对上述词语和专有名词，考虑到原来的表述对当今读者的阅读理解并不会造成大的困难，但有助于读者更贴近那个时期的文化原貌，认识那一段离我们渐行渐远的历史，对于历史文献的存留更有着特殊的意义，所以我们对这些词语和专有名词基本上都保留了原貌。至于更换这些词语使其“当代化”的工作就留给“校订本”去做吧。

译作中还有一些现在已经很少见甚至并不使用的表述和用法，我们基本上都进行了查考，只要是历史上确实存在过的用法就予以保留，如果完全没有记载的则估计是原来的笔误或排印错误，就做必要的调整。

在“原译本”中一些标点的用法和当代也有一定差异，因为现代汉语的标点是“五四”以后从西方引进的，民国时期还没有形成完善的规范，特别是引进的西方标点中所没有的顿号，在刚开始使用的阶段随机性更大。朱生豪译的莎剧中，在人物台词中都没有使用顿号，即使是完全并列的人物或其他名词间，用的也都是逗号，所以我们也就保留了原貌；而原译文在非台词的说明性文字（如动作及背景的说明及表示多人同时说话时）中，在并列的成分（主要是人物）间则逗号和顿号都有使用，且无一定规律，只是在不同的剧本中有的用逗号多，有的用顿号多，这里我们做了一些调整，统一按照现在的规范用法使用顿号。

对于朱生豪的原译稿，我们使用的范本包括世界书局 1947 年出版的《莎士比亚戏剧全集》和朱生豪的翻译手稿。世界书局版全集的排印手稿上有编辑关于格式字号等方面的红色批注，未见对翻译的文字内容做的改动；但经比对，发现世界书局版全集和手稿上的文字或标点还是有少量不同之处。这应该是在由译者对校样进行最终校对时所做的改动。虽然最终校对系由宋清如代为进行，但应认为是得到朱生豪认可的，应该承认其为“原译稿”的内容。而且仔细分析后可以发现，两种文本中绝大多数的差异处（有较多是对于逗号、分号和句号使用的调整），都是世界书局版校对后的文本更周全更合理些，而在历史剧《理查二世的悲剧》中，因为当年未曾发排，故未经宋清如做最终校对，标点的使用就显得略为粗糙一些。这也可以说明宋清如在校对工作中的精心和尽心；在朱生豪翻译莎剧的业绩中，也有着宋清如的一份直接贡献。

近年来莎学界和翻译界讨论较多的一个问题是关于翻译莎剧所使用的文体。因为莎士比亚戏剧的台词主要是用 blank verse（素体诗）来表达的，那么如单从文体形式的对应性来说，自然以在译文中仍保留诗体为好。若能完美地做到这点当然是好事，但既要全面保留诗剧的形式，又要最大限度地保留原著的韵味，还要适合中国读者的阅读欣赏，适合中国舞台的演出和观众的接受，确实很难全面照顾到。实际上，即使用诗体翻译，用什么形式的诗体才能和莎士比亚以 blank verse 为主的诗体相对应，也是一个很难得出定论的问题。朱生豪经过反复斟酌，还是决定主要以散文体来进行翻译。其实朱生豪在诗歌上是有很深造诣的，即使在他散文体的译文中，诗的韵味也很浓，中国莎士比亚研究会副会长李伟民教授认为："朱生豪的诗人气质和他所具有的中国古典文学修养，充分调动起莎剧汉语读者的审美感觉。莎士比亚的素体诗是五音步抑扬格，具有节奏感。朱生豪以散文译莎剧，诗意的审美超越了以诗体形式翻译的莎剧，虽然是散文形式，但读起来更有诗意感。"

原文中一些唱词等非 blank verse 的诗体段落（梁实秋称为"押韵的排偶体"），朱生豪仍是以诗体译出的，他在此更是发挥了驾驭文字的深厚功力，根据原诗的内容与表达的情绪，灵活地采用各种相应的体式，语气短促的可用四言诗经体，为抒发情感、烘托气氛可用骚体，内容多的可用古体诗的形式来翻译，也有许多以自由诗甚至民间小调的形式译的。这些译诗完全融入了汉文化的情趣之中，而没有翻译文学中通常会出现的"洋味"和陌生感。这都是要以深厚的国学功底为基础的。

为了反映朱生豪翻译的莎剧中诗体内容的面貌，我们在本书中还专门选入了其他剧本（在已经收入的 5 个剧本之外）中的一些代表性诗体译文片段，供读者欣赏。

除了莎士比亚戏剧的翻译以外，朱生豪还写过许多其他诗文作品，也包括一些翻译作品。为全面反映朱生豪的翻译成果，我们在"代表性译文”中也收入了他莎剧以外的一些翻译作品。包括他发表在 1932 年和 1933 年《之江年刊》上的两首中译英的小诗和他 1938 年在上海“孤岛”时期发表的三篇翻译小说。

两首中译英小诗(和另一篇翻译小说,约翰·高尔斯华绥原作的《迷途的狗》)是现存朱生豪最早的翻译作品,可以说是他早期的习作吧。虽然篇幅较短,但可以说已经掌握了英诗的一些基本规律和表现手法,诗的韵味还是颇浓的。中国莎士比亚研究会副会长罗益民教授对这两首诗评价说:

> 朱生豪的英语毫无疑问,达到了炉火纯青的地步。他能理解莎士比亚,能够出神入化地逡译莎士比亚,足以证明这一点。他的这两首汉诗英译,第一首韵律工整,每两行一韵,既是地道的英诗韵律,又接近中国人的习惯。在文体方面,这首诗很像歌谣式的小调,也切合莎士比亚剧本中使用的那些小调小曲,颇有莎风遗韵。虽然原诗遗失,仅读译作本身,也不见斧凿之形,浑然一体,宛若英文原创。第二首四行一节,使用换韵,也是英诗中常见的诗歌韵律,译诗行云流水,完全看不出是从一种不同的语言翻译过来的。朱生豪先生汉译英诗不多,所得两首,甚为珍贵。

我们这次收入的短篇小说中,约翰·高尔斯华绥原作的《一个教师所说的故事》说的是一战期间,英国乡村一个 16 岁的少年出于盲目的激情,以虚报的年龄和一位要好的女同学登记结婚后参了军,在体验到战场的残酷并得知孩子即将出世的消息后逃跑回家。但不久就被逮捕并押回前线执行枪决。小说从一个女教师的角度描述了这一对少年男女的悲剧。小说《如汤沃雪》叙写了一个日本军曹按照他被发给的手册上的指示,到中国的乡村去做“开化”工作,结果却在村中父老坚持的传统文化面前碰得一败涂地,最终这位日本军曹也在村中隐居了下来,成了一个“空下来便读圣贤经典”的和平的乡人。小说含蓄地(因为处在日伪环伺的“孤岛”中)讽刺了日本侵略者关于“东亚共荣圈”的宣传。另外一篇《夜间的裁判》描写的是美国一群种族主义者以莫须有的罪名用私刑残杀一个 19 岁黑人少年的过程。这几篇小说，都有很明显的政治倾向性，那就是反对日本法西斯的侵略，谴责战争的残酷和给人民带来的灾害，反对种族迫害，主张平等和人权。在几篇译作中可以看出，娴熟的文字技巧后面体现的是朱生豪所宣示的“屈原是，陶潜否”①，不再“浅醉闲眠”，而要“矛铤血染黄河碧”②的积极的人生价值取向。

朱生豪在他青春理想和社会现实的矛盾撞击中选择了翻译莎士比亚剧作作为毕生奋斗的事业，并以此作为他报效祖国、回击侵略者的实际行动。在极其困难的条件下，朱生豪以他 32 年的短暂生命，“替中国近百年来翻译界完成了一件最艰巨的工程”，正如苏福忠先生所说，朱生豪消耗了“他二十二岁到三十二岁这样充满才情、诗意、热情、血气方刚而义无反顾的精华年龄段”，在我国翻译文学的园地里浇灌出了一株奇葩。同时也以他在深重的民族灾难面前拍案而起、横眉冷对侵略者的战斗精神，为后代建立了一座爱国主义的丰碑。希望本书的推出，能帮助读者全方位地了解朱生豪和他的翻译成就，更希望我们新一代的翻译工作者能继承前辈的优秀传统，以更丰硕的成果为我们民族复兴的大业添砖加瓦。

朱尚刚

2019 年 2 月于嘉兴

---

① 朱生豪在他 1938 年 8 月发表于《红茶》杂志的《满江红》词中有“屈原是，陶潜否”的句子，表明了他的人生态度在积极浪漫主义和消极浪漫主义之间所做的取舍。

② 朱生豪在他发表于同期《红茶》杂志的《高阳台》词中有“花月轻愁，从今不上吟边。矛铤血染黄河碧，更何心浅醉闲眠”的表述，进一步表示了他告别原先和平时期的生活方式，决心投身于和民族敌人的殊死战斗中去的态度。

目　录

第一编　莎士比亚戏剧

第二编　莎士比亚戏剧中部分诗体台词

第三编　诗歌(中译英)

第四编　短篇小说

第一编

莎士比亚戏剧

—

暴风雨

莎氏在完成他的最后一本悲剧杰作《英雄叛国记》(*Coriolanus*)后，差不多已经殚尽他的毕生的精力，他的晚期只写了一本幻想剧《暴风雨》，两本传奇剧《冬天的故事》和《还璧记》(*Cymbeline*)，它们共通的特色，就是有一段悲欢离合的情节，而最后以复和宽恕，和团圆作为结束，正像一个老翁在阅历人世沧桑之后，时间的磨练已经使他失去原来愤世嫉俗的不平之气，而对一切抱着宽容的态度。这里我们选取《暴风雨》和《冬天的故事》二剧，代表作者晚期的作风。

从热情的仲夏夜的幽梦，到感伤怀旧的负曝闲谈，这不但显示了莎氏整个创作生活过程，也恰恰反映了人生的全面。我们的诗人虽然辍笔了，可是密兰达与弗迪南、珀娣妲与弗洛利泽的身上，我们却可以看出他把新生的希望完全寄托与这些下一代的青年男女。我们的诗人老了，然而他永远是年青的。

生豪志于三十三年四月

——《莎士比亚戏剧全集》第一辑提要

剧中人物

亚朗莎　奈泊尔斯王

瑟拜士梯安　其弟

普洛士丕罗　旧密兰公爵

安东尼奥　其弟，篡位者

茀第南　奈泊尔斯王子

贡扎罗　正直的老大臣

阿特利安、**法朗西斯科**　侍臣

卡列班　野性而丑怪的奴隶

屈林鸠罗　弄臣

斯蒂番诺　酗酒的膳夫

船长

水手头目

众水手

密兰达　普洛士丕罗之女

爱丽儿　缥缈的精灵

埃利斯、**细累斯**、**朱诺**、**水仙女们**、**众刈禾人**　由精灵们扮演

其他侍候普洛士丕罗的精灵们

布景

海船；岛

第一幕

第一场　在海中的一只船上;暴风雨和雷电

【船长及水手头目上。

船长　老大!

头目　有,船长。什么事?

船长　好,对水手们说:出力,手脚麻利点儿,否则我们要触礁啦。出力,出力!(下)

【众水手上。

头目　喂,弟兄们!出力,出力,弟兄们!赶快,赶快!把上樯帆收进!留心着船长的哨子。——尽你吹着怎么大的风,只要我们掉得转头,就让你吹去吧!

【亚朗莎、瑟拜士梯安、安东尼奥、苇第南、贡扎罗及余人等上。

亚　好头目,小心哪。船长在那里?放出勇气来!

头目　我谢谢你们,请到下面去。

安　老大,船长在那里?

头目　你不听见他吗?你们妨碍了我们的工作。好好儿住在舱里吧;你们简直是跟风浪来和我们作对。

贡　哎,大哥,别发脾气呀!

头目　你叫这个海不要发脾气吧。走开!这些波涛们那里管得什么国王不国王?舱里去,安静些!别跟我们麻烦。

贡　好,但是请记住这船上载的是什么人。

头目　随便什么人我都不放在心上。你是个堂堂枢密大臣,要是你有本事命令风浪静下来,叫眼前大家都平安,那么我们愿意从此不再干这拉帆收缆的营生了。把你的威权用出来吧!要是你不能,那么还是

谢谢天老爷让你活得这么长久，赶快钻进你的舱里去，等待着万一会来的恶运吧！——出力啊，好弟兄们！——快给我走开！（下）

贡　这家伙给我很大的安慰。我觉得他脸上一点没有该当淹死的记号；他的相貌活是一副要上绞架的神气。慈悲的运命之神啊，不要放过了他的绞刑啊！让绞死他的绳索作为我们的锚缆，因为我们的锚缆全然抵不住风暴！如果他不是命该绞死的，那么我们就倒霉了！（下）

【水手头目复上。

头目　把中樯放下来！赶快！再低些，再低些！把大樯横帆张起来试试看。（内呼声）遭瘟的，喊得这么响！连风暴的声音和我们的号令都给遮得听不见了。——

【瑟拜士梯安、安东尼奥、贡扎罗复上。

头目　又来了？你们到这儿来干么？我们大家放了手，一起淹死了好不好？你们想要淹死是不是？

瑟　愿你喉咙里长起个痘疮来吧，你这胡言乱语出口伤人没有心肝的狗东西！

头目　那么你来干一下，好不好？

安　该死的贱狗！你这下流的骄横的喧哗的东西，我们才不像你那样害怕淹死哩！

贡　我担保他一定不会淹死；虽然这船不比果壳更牢硬，水漏得像一个浪狂的娘儿一样。

头目　紧紧靠着风行驶！扯起两面大帆来！把船向海中开出去！

【众水手浑身淋湿上。

众水手　完了！完了！求求上天吧！求求上天吧！什么都完了！（下）

头目　怎么，我们非淹死不可吗？

贡　王上和王子在那里祈祷了。让我们跟他们一起祈祷吧，大家的情形都是一样。

瑟　我真按捺不住我的怒火。

安 我们的生命全然被醉汉们在作弄着。——这个大嘴巴的恶徒！但愿你倘使淹死的话，十次的波涛冲打你的尸体！①

贡 他总要被绞死的，即使每一滴水都声势汹汹地要把他一口吞下去。

【幕内中嘈杂的呼声："可怜我们吧！"——"我们遭难了！我们遭难了"——"再会吧，我的妻子！我的孩儿！"——"再会吧，兄弟！"——"我们遭难了！我们遭难了！我们遭难了！"）

安 让我们大家跟王上一起沉没吧！（下）

瑟 让我们去和他作别一下。（下）

贡 现在我真愿意用千顷的海水来换得一亩荒地；草莽荆棘，什么都好。愿上天的旨意成全吧！但是我真愿望一个干燥的死。（下）

第二场　岛上；普洛士丕罗所居洞室之前

【普洛士丕罗及密兰达上。

密 亲爱的父亲，假如你曾经用你的法术使狂暴的海水兴起这场风浪，请你使它们平息了吧！天空似乎要倒下发臭的沥青来，但海水腾涌到天的脸上，把火焰吐了出来。唉！我瞧着那些受难的人们，我也和他们同样受难：这样一只壮丽的船，里面一定载着好些尊贵的人，一下子便撞得粉碎！啊，那呼号的声音一直打进我的心里。可怜的人们，他们死了！要是我是一个有权力的神，我一定要叫海沉进地中，让它不会把这只好船和它所载着的人们一起这样吞没了。

普 安静些，不要惊怖！告诉你那仁慈的心，一点灾祸都不会发生。

密 唉，不幸的日子！

普 不要紧的。凡我所做的事，无非是为你打算，我的宝贝！我的女儿！你不知道你是什么人，也不知道我从什么地方来；你也不会想到我是一个比普洛士丕罗，一所十分寒伧的洞窟的主人，你的微贱的父亲，

---

① 当时英国海盗被判绞刑后，在海边执行；尸体须经海潮冲打三次后，才许收殓。——编者

更出色的人物。

密 我从来不曾想到要知道得更多一些。

普 现在是我该更详细地告诉你一些事情的时候了。帮我把我的法衣脱去。好,(放下法衣)躺在那里吧,我的法术!——揩干你的眼睛,安心吧!这场凄惨的沉舟的景象,使你的同情心如此激动的,我曾经借着我的法术的力量非常妥善地豫先安排好。在这船里你听见他们呼号,看见他们沉没,但没有一个人会送命,即使随便什么人的一根头发也不会损失。坐下来;你必须知道得更详细一些。

密 你常常刚要开始告诉我我是什么人,便突然住了口,对于我的徒然的探问的回答,只是一句"且慢,时机还没有到"。

普 这时机现在已经到了,就在这一分钟它要叫你撑开你的耳朵。乖乖地听着吧。你能不能记得在我们来到这里之前的一个时候?我想你不会记得,因为那时你还不过三岁。

密 当然我记得的,父亲。

普 你怎么会记得?什么房屋?或是什么人?告诉我随便什么留在你脑中的影象。

密 那是很辽远了;虽然我的记忆对我说那是真实,但它更像是一个梦。不是曾经有四五个妇人服侍过我吗?

普 是的,而且还不止此数呢,密兰达。但是这怎么会留在你的脑中呢?你在过去时光的幽暗的深渊里,还看不看见到其余的影子?要是你记得在你未来这里以前的情形,也许你也能记得你怎样会到这里来。

密 但是我不记得了。

普 十二年之前,密兰达,十二年之前,你的父亲是密兰的公爵,并且是一个有权有势的国君。

密 父亲,你不是我的父亲吗?

普 你的母亲是一位贤德的妇人,她说你是我的女儿;你的父亲是密兰的公爵,他的唯一的嗣息是一位堂堂的郡主。

密 天啊!我们曾经遭到了怎样的奸谋而离开那里呢?还是那算是幸运

一桩?

普　都是,都是,我的孩儿。如你所说的,因为奸谋我们才离开那里,因为幸运我们才飘流到此。

密　唉!想到我给你的种种劳心焦虑,那些是存在于我的记忆中的,真使我心里难过得很。请再讲下去吧。

普　我的弟弟,就是你的叔父,名叫安东尼奥。听好,世上竟有这样奸恶的兄弟!除了你之外,他就是我在世上最爱的人了;我把国事都托付他管理。那时候密兰在所有列邦中是最雄长的一邦,而普洛士丕罗是最出名的一个公爵,威名传播人口,在学问艺术上更是一时无两。我因为专心研究,便把政治放到我弟弟的肩上,对于自己的国事付之不问。你那坏心肠的叔父——你在不在听我?

密　我在非常热切地听着,父亲。

普　学会了怎样接受或驳斥臣民的诉愿,谁应当拔擢,谁应当贬抑;把我手下的人重新封叙,迁调的迁调,改用的改用;大权在握,使国中所有的人心都要听从他的喜恶。他简直成为一株常春藤,掩蔽了我参天的巨干,而吸收去我的精华。——你不在听吗?

密　啊,好父亲!我在听着。

普　听好。我这样遗弃了俗务,在幽居生活中修养我的德性,因为和世间隔绝了,我把那事看得格外重要,谁知却引起了我那恶弟的毒心。我给与他的无限大的信托,正像善良的父母产出刁顽的儿女来一样,得到的酬报只是他的同样无限大的欺诈。他不但握有我的岁入的财源,更僭用我的权力从事搜括。像一个说了诳话的人,自己相信自己的欺骗一样,他俨然以为自己便是一个不折不扣的公爵。处于代理者的位置上,他用一切的威权铺张着外表上的庄严;他的野心便于是逐渐旺盛起来——你在不在听我?

密　你的故事,父亲,具有发聋震聩的力量。

普　为要撤除横隔在他野心之间的屏障,他自然要希望自己成为密兰大权独揽的主人翁。我呢,一个可怜的人,书斋便是我广大的公国,他以为我已没有能力执行世间的政事。因为觊觎着大位,他便和奈泊尔斯王协谋,甘愿每年献贡臣服,把他自己的冠冕俯伏在他人的王冠之前。唉,可怜的密兰!一个从来不曾向别人低首下心过的邦国,这回却遭到了可耻的卑屈!

密　天哪!

普　听我告诉你他所缔结的条款,以及此后发生的事情,然后再告诉我那算不算得是一个好兄弟。

密　我不敢冒渎我的可敬的祖母,然而美德的娘亲有时却会生出不肖的儿子来。

普　现在要说到这条约了。这位奈泊尔斯王因为跟我有根深蒂固的仇恨,答允了我弟弟的要求;那就是说,以纳贡称臣作为交换的条件,他当立刻把我和属于我的人撵出国境,而把大好的密兰全部奉送给我的弟弟。因此在命中注定的某夜,一队暴兵被召集起来,安东尼奥开开了密兰的国门;在寂静的深宵,阴谋的执行者便把我和哭泣着的你赶走。

密　唉,可叹!我记不起那时我是怎样哭法,但现在不禁又要哭泣起来。这是一件太叫人想起来伤心的事。

普　你再听我讲下去,不久我便要叫你明白眼前这一回事情;因为否则这故事是一点不相干的。

密　为什么那时他们不把我们杀害呢?

普　问得不错,孩子;谁听了我的故事都会发生这个疑问。亲爱的,他们是没有胆量,因为我的人民十分爱戴我,而且他们也不敢在这回事情上留下太重大的污迹;他们希图用比较清白的颜色掩饰去他们的毒心。一句话,他们把我们押上船,驶出了十几哩以外的海面;在那边他们已经预备好一只腐朽的破船,帆篷,缆索,桅樯,什么都没有,就是老鼠一见也会自然而然地退缩开去。他们把我们推到这破船上,听我们向着周围的怒海呼号,望着迎面的狂风悲叹;那同情于我们的风的叹息,反而更加添了我们的危险。

密　唉，那时我是怎样讨你的烦累呢！

普　啊，你是个小天使，幸得有你我才不致绝望而死！上天赋与你一种坚忍，当我把热泪向大海溅掷，因心头的怨苦而呻吟的时候，你却向我微笑；为了这我才生出忍耐的力量，准备抵御一切接踵而来的祸患。

密　我们是怎样上岸的呢？

普　靠着上天的保佑，我们有一些食物和清水，那是一个奈泊尔斯的贵人贡扎罗——那时他被任命为参预这件阴谋的使臣——出于善心而给我们的；另外还有一些好衣裳，布帛，和各种需用的东西，使我们受惠不少。他又知道我爱好书籍，特意把我的书都让我带走，那些是我看得比一个公国更宝贵的。

密　我多么希望能见一见这位好人！

普　现在我要起来了。（把法衣重新穿上）静静地坐着，听我讲完了我们海上的惨史。后来我们到达了这个岛上，就在这里，我亲自作你的教师，使你得到比别的公主小姐们更丰富的知识，因为她们大部分的时间都是化在无聊的事情上，而且她们的师傅也决不会这样认真。

密　真感谢你啊！现在请你告诉我，父亲，为什么你要兴起这场风浪？因为我的心中仍是惊疑不定。

普　你已经知道了这么一段情节；现在由于奇怪的偶然，慈惠的天意眷宠着我，已经把我的仇人们引到这岛岸上来了。我借着豫知术料知福星正在临近我运命的顶点，要是现在轻轻放过了这机会，以后我的一生将再没有出头的希望。别再多问啦，你已经倦得要睡去；放心睡吧！我知道你身不由主。（密睡）出来，仆人，出来！我已经预备好了。来啊，我的爱丽儿，来吧！

【爱丽儿上。

爱　万福，尊贵的主人！威严的主人，万福！我来听候你的旨意。无论在空中飞也好，在水里游也好，向火里钻也好，腾着云头也好，凡是你有力的吩咐，爱丽儿愿意用全副的精神奉行。

普　精灵，你有没有按照我的命令指挥那场风波？

爱 桩桩件件都没有忘失。我跃登了国王的船上；一会儿在船头上，一会儿在船腰上，一会儿在甲板上，每一间船舱中我都煽起了恐慌。有时我分身在各处放起火来，中樯上哪，帆桁上哪，斜桅上哪，都一一燃烧起来；然后我再把各个身体合拢来，即使是天神的闪电，那可怕的震雷的先驱者，也没有这样迅速而炫人眼目；火光和硫磺的轰炸声似乎在围攻那摇挥着威风凛凛的三叉戟的海神，使他的怒涛不禁颤抖。

普 我的能干的精灵！谁能这样坚定，在这样的骚乱中不会惊惶失措呢？

爱 没有一个人不发疯似地干着一些不顾死活的勾当。除了水手们之外，所有的人都逃避了火光融融的船上而跳入泡沫腾涌的海水中。王子弗第南头发像海草似的耸乱着，是第一个跳水的人；他高呼着："地狱开了门，所有的魔鬼都出来了！"

普 啊，那真是我的好精灵！但是这回乱子是不是就在靠近海岸的地方呢？

爱 就在海岸附近，主人。

普 但是他们都没有送命吧，爱丽儿？

爱 一根头发都没有损失；他们穿在身上的衣服也没有一点斑迹，反而比以前更干净了。照着你的命令，我把他们一队一队地分散在这岛上。国王的儿子我叫他独个儿上岸，把他遗留在岛上一个隐僻的所在，让他悲伤地绞着两臂，坐在那儿望着天空长吁短叹。

普 告诉我你怎样处置王船上的水手们和其余的船舶？

爱 王船安全地停泊在一个幽静的所在；你曾经某次在半夜里把我从那里叫醒起来前去采集永远为波涛冲打的伯摩地斯岛①上的露珠；船便藏在那个地方。那些水手们在力竭精疲之后，我已经用魔术使他们昏睡过去，现今都躺在舱口底下。其余的船舶我把它们分散之后，已经重又会合，现今在地中海上；他们以为他们看见王船已经沉没，国

---

① 伯摩地斯岛(Bermoothes)，即伯摩大群岛(Bermudas)，在西印度群岛及美国附近。——译者。编者注：现译为"百慕大群岛"。

王已经溺死，都失魂落魄地驶回奈泊尔斯去了。

普 爱丽儿，你的差使干得一事不差；但是还有些事情要你做。现在是什么时候了？

爱 中午已经过去。

普 至少已经过去了两个钟头了。从此刻起到六点钟之间的时间，我们两人必须小心不要让它白白过去。

爱 还有讨厌的工作吗？你既然这样麻烦我，我不得不向你提醒你所允许我而还没有履行的话。

普 怎么啦！生起气来了？你要求些什么？

爱 我的自由。

普 在限期未满之前吗？别再说了吧！

爱 请你想想我曾经为你怎样尽力服务过；我不曾对你撒过一次谎，不曾犯过一次过失，也不曾发过一句怨言；你曾经答应过我缩短一年的期限的。

普 你忘记了我从怎样的苦难里把你救出来吗？

爱 不曾。

普 你一定忘记了，而以为踏着海底的软泥，穿过凛冽的北风，在被霜冻结着的地下水道中为我奔走，便算是了不得的辛苦了。

爱 我不曾忘记，主人。

普 你说谎，你这坏蛋！你忘记了那个恶女巫昔考拉克斯，因为年老而恶毒，全身都弯得像一个环的妖妇吗？你忘记了她吗？

爱 不曾，主人。

普 你一定已经忘记了。她是在什么地方出世的？对我说来。

爱 在阿尔捷厄[①]，主人。

普 噢！是在阿尔捷厄吗？我必须每个月向你复述一次你的来历，因为

---

① 阿尔捷厄（Argier，今拼作 Algiers），非洲北海岸城市名。——译者。编者注：此地现译为“阿尔及尔”。

你一下子便要忘记。这个万恶的女巫昔考拉克斯，因为作恶多端，她的妖法没人听见了不害怕，所以被逐出阿尔捷厄；他们因为她曾经行过某件好事①，因此不曾杀死她。是不是？

爱 是的，主人。

普 这个眼圈发青的妖妇被押到这儿来的时候，正怀着孕；水手们把她丢弃在这座岛上。你，我的奴隶，据你自己说那时是她的仆人，因为你是个太柔善的精灵，不能奉行她的龌龊的邪恶的命令，因此违拗了她的意志，在一阵大怒中她借着她的强有力的妖役的帮助，把你幽禁在一株有坼裂的松树中。在那松树的裂缝里你挨过了十二年痛苦的岁月；她在那时候已经死了，便把你一直遗留在那儿，像水车轮拍水那样急速地，你不断地发出你的呻吟来。那时这岛上除了她所生产下来的那个儿子，一个生满着斑痣的妖妇的贱种之外，就没有一个人类。

爱 是的，那是她的儿子卡列班。

普 那个卡列班是一个蠢物，现在被我收留着作苦役。你当然知道得十分清楚，那时我发现你处在怎样的苦难中：你的呻吟使得豺狼长嗥，哀鸣刺彻了怒熊的心胸。那是一种沦于永劫的苦恼，就是昔考拉克斯也没有法子把你解脱；全亏了我的法术，才使那株松树张开裂口而放你出来，当我到了这岛上而听见你的声音的时候。

爱 我感谢你，主人。

普 假如你再要叽咕的话，我要劈碎一株橡树，把你钉住在它多节的内心，直到你再呻吟过了十二个冬天。

爱 饶恕我，主人，我愿意听从命令，好好地执行你的差使。

普 好吧，你倘然好好办事，两天之后我就释放你。

爱 那真是我的好主人！你要吩咐我做什么事？告诉我你要我做什

---

① 不详，传说罗马帝却尔斯五世征非时，昔考拉克斯曾劝阿尔捷厄守者坚守九日；却尔斯舰队遭风覆没，遂免于失陷。或指此事。——译者

么事？

普 去把你自己变成一个海中的仙女；除了我之外不要让别人的眼睛看见你。去，装扮好了再来。去吧，用心一点！（爱下）醒来，心肝，醒来！你睡得这么熟；醒来吧！

密 （醒）你的故事的奇异使我昏沉睡去。

普 清醒一下。来，我们要去访问访问我的奴隶卡列班，他是从来不曾有过一句好话回答我们的。

密 那是一个恶人，父亲，我不高兴看见他。

普 虽然这样说，我们也缺他不来：他给我们生火，给我们捡柴，也为我们做有用的工作。——喂，奴才！卡列班！你这泥块！哑了吗？

卡 （在内）里面木头已经尽够了。

普 跑出来，对你说，还有事情要你做呢。出来，你这乌龟！还不来吗？

【爱丽儿复上，作水中仙女的形状。

普 出色的精灵！我的伶俐的爱丽儿，过来我对你讲话。（耳语）

爱 主人，一切依照你的吩咐。（下）

普 你这恶毒的奴才，魔鬼和你那万恶的老娘合生下来的，给我滚出来吧！

【卡列班上。

卡 但愿我那老娘用乌鸦毛从不洁的沼泽上刮下来的毒露一齐倒在你们两人身上！但愿一阵西南的恶风把你们吹得浑身青紫！

普 记住吧，为着你的出言无礼，今夜要抽你的筋，刺你的腰，叫你喘得透不过气来；所有的刺猬们将在漫漫的长夜里折磨你，你将要被刺得遍身像蜜蜂窠一般，每刺一下都要比蜂刺难受得多。

卡 我必须要吃饭。这岛是我老娘昔考拉克斯传给我，而被你夺了去的。你刚来的时候，抚拍我，待我好，给我有浆果的水喝，教给我白天亮着的大的光叫什么名字，晚上亮着的小的光叫什么名字：因此我以为你是个好人，把这岛上一切的富源都指点给你知道，什么地方是清泉盐井，什么地方是荒地和肥田。我真该死让你知道这一切！但愿昔考拉克斯一切的符咒，癞蛤蟆，甲虫，蝙蝠，都咒在你身上！本来我多么自由自在，现在却要做你的唯一的奴仆；你把我关禁在这堆岩石的中间，而把全个岛给你自己受用。

普 满嘴胡柴的贱奴！好心肠不能使你感恩，只有鞭打才能教训你！虽然你这样下作，我也曾用心好好待过你，让你住在我自己的洞里，谁叫你胆敢想要破坏我孩子的贞操！

卡 啊哈哈哈！要是那时上了手才真好！你倘然不曾妨碍我的事，我早已使这岛上住满着大大小小的卡列班了。

普 可恶的贱奴，不会学一点好，坏的事情样样都来得！我因为看你的样子可怜，才辛辛苦苦地教你讲话，每时每刻教导你这样那样。那时你这野鬼连自己说的什么也不会懂得，只会像一只野东西一样咕噜咕噜；我教你怎样用说话来表出你的意思，但是像你这种下流的胚子，即使受了教化，天性中的顽劣仍是改不过来，因此你才活该被关禁在这堆岩石的中间；实在单单把你囚禁起来也还是宽待了你。

卡 你教我讲话，我从这上面得到的益处只是知道怎样骂人；但愿血瘟病瘟死了你，因为你要教我说你的那种话！

普 妖妇的贱种，滚开去！去把柴搬进来。识相的话，赶快些，因为还有别的事要做。你在耸肩吗，恶鬼？要是你不好好做我吩咐你做的事，或是不情不愿的话，我要叫你浑身抽搐，叫你每个节骨里都痛转来；叫你在地上打滚咆哮，连野兽听见你的呼号都会吓得发抖。

卡 啊不要，我求求你！（旁白）我不得不服从，因为他的法术有很大的力量，就是我老娘所礼拜的神明瑟底堡斯①也得听他指挥。

普 贱奴，去吧！（卡下）

【爱丽儿隐形复上，弹琴唱歌；弗第南随后。

爱 （唱）

　来吧，来到黄沙的海滨，

---

① 瑟底堡斯(Setebos)为南美洲巴塔哥尼亚土人所信奉之主神。——译者

把手儿牵得牢牢，
深深地展拜细吻轻轻，
叫海水莫起波涛——
柔舞翩翩在水面飘扬；
可爱的精灵，伴我歌唱。
听！听！
(和声)汪！汪！汪！(散乱地)
看门狗儿的狺狺，
(和声)汪！汪！汪！(散乱地)
听！听！我听见雄鸡
昂起了颈儿长啼，
(啼声)喔喔喔！

茀 这音乐是从什么地方来的呢？在天上，还是在地上？现在已经静止了。一定的，它是为这岛上的神灵而弹唱着的。当我正坐在海滨，思念我的父王的惨死而重又痛哭起来的时候，这音乐便从水面掠了过来，飘到我的身旁，它的甜柔的曲调平静了海水的怒涛，也安定了我的感情的激涨；因此我跟随着它，或者不如说是它吸引了我，——但它现在已经静止了。啊，又唱起来了。

爱 (唱)

五浔的水深处躺着你的父亲，
他的骨骼已化成珊瑚；
他眼睛是耀眼的明珠；
他消失的全身没有一处不曾
受到海水神奇的变幻，
化成瑰宝，富丽而珍怪。
海的女神时时摇起他的丧钟，
(和声)叮！咚！
听！我现在听到了叮咚的丧钟。

茀 这支歌提起了我的溺毙的父亲。这一定不是凡间的音乐，也不是地上来的声音。我现在听出来它是在我的头上。

普 抬起你的被睫毛深掩的眼睛来，看一看那边有什么东西。

密 那是什么？一个精灵吗？啊上帝，它是怎样向着四周瞧望啊！相信我的话，父亲，它是生得这样美！但那一定是一个精灵。

普 不是，女儿，它也会吃也会睡，和我们有同样的各种知觉。你所看见的这个年青汉子就是遭到船难的一人；要不是因为忧伤损害了他的美貌，你确实可以称他为一个美男子。他因为失去了他的同伴，正在四处徘徊着寻找他们呢。

密 我简直要说他是个神圣；因为我从来不曾见过宇宙中有这样出色的人物。

普 （旁白）哈！有几分意思了；这正是我心中所乐愿的。好精灵！为了你这次功劳，我要在两天之内归还你的自由。

茀 再不用疑惑，这一定是这些乐调所奏奉的女神了！——请你俯允我的祈求，告诉我你是否属于这个岛上；指点我怎样在这里安身；我的最后的最大的一个请求是，神奇的女郎啊！请你告诉我你是不是一位人间的女子？

密 不是神奇的人，先生；我确实是一个凡间的女儿。

茀 天啊！她说着和我同样的言语！唉！要是我在我的本国，在说这种言语的人们中间，我要算是最尊贵的人。

普 什么！最尊贵的？假如给奈泊尔斯的国王听见了，将怎么说呢？请问你是何等样的人？

茀 我是一个孤独的人，如同你现在所看见的，但我惊异着听你说起奈泊尔斯；因为我正是奈泊尔斯王位的继承者，亲眼看见我的父亲随船覆溺；我的眼泪到现在还不曾干过。

密 唉，可怜！

茀 是的，溺死的还有他一切的大臣，其中有两人是密兰的公爵和他的卓越的儿子①。

普 （旁白）现在假如是适当的时机，密兰的公爵和他的更卓越的女儿就可以把你操纵在手掌之间。才第一次见面他们便已在眉目传情了。可爱的爱丽儿！为着这我要使你自由。（向茀）且慢，老兄，我觉得你有些转错了念头！

密 （旁白）为什么我的父亲说得这样暴慢？这是我一生中所见到的第三个人；而且是第一个我为他叹息的人。但愿怜悯激动我父亲的心，使他也和我抱同样的感觉才好！

茀 （旁白）啊！如其你是个还没有爱上别人的闺女，我愿意立你做奈泊尔斯的王后。

普 且慢，老兄，有话给你讲。（旁白）他们已经彼此情丝互缚了；但是这样快的工程我需要给他们一点障碍，因为恐怕太不费力的获得会使人看不起他的追求的对象。（向茀）一句话，我命令你用心听好。你在这里僭窃着不属于你的名号，到这岛上来做密探，想要从我，这海岛的主人，的手里把这岛盗了去，是不是？

茀 凭着堂堂男子的名义，我否认。

密 这样一座殿堂里是不会容留邪恶的；要是邪恶的精神占有这么美好的一所宅屋，善良的美德也必定会努力把它争夺过来。

普 （向茀）跟我来。（向密）不许帮他说话；他是个奸细。（向茀）来，我要把你的头颈和脚枷锁在一起；给你喝海水，把淡水河中的贝蛤、干枯的树根和橡果的皮壳给你做食物。跟我来。

茀 不，我要抵拒这样的待遇，除非我的敌人有更大的威力。（拔剑，但为魔术所制不能动）

密 亲爱的父亲啊！不要太折磨他，因为他是温和而不可怕。

普 什么！小孩子倒管教起老人家来了不成？——放下你的剑，奸细！你只会装腔作势，但是不敢动手，因为你的良心中充满了罪恶。不

---

① 本剧他处均未提到安东尼奥有子。——译者

要再想抵抗了，走过来吧，因为我能用这根杖的力量叫你的武器落地。

密 我请求你，父亲！

普 走开，不要拉住我的衣服！

密 父亲，发发慈悲吧！我愿意做他的保人。

普 不许说话！再多嘴我不恨你，也要骂你了。什么！帮一个骗子说话吗？嘘！你以为世上没有和他一样的人，因为你除了他和卡列班之外不曾见过别个人；傻丫头！和大部分人比较起来，他不过是个卡列班，他们都是天使哩！

密 真是这样的话，我的爱情的愿望是极其卑微的；我并不想看见一个更美好的人。

普 （向茀）来，来，服从吧；你已经软弱得完全像一个小孩子一样，一点力气都没有了。

茀 正是这样；我的精神好像在梦里似的，全然被束缚住了。我的父亲的死亡，我自己所感觉到的软弱无力，我的一切朋友们的丧失，以及这个将我屈服的人对我的恫吓，对于我全然不算什么，只要我能在我的囚牢中每天一次看见这位女郎。让地球的每个角落里都充满了自由吧，我在这样一个牢狱中已经觉得很宽广的了。

普 （旁白）事情进行得很顺利。（向茀）走来！——你干得很好，好爱丽儿！（向茀）跟我来！（向爱）听我吩咐你此外应该做的工作。

密 宽心吧，先生！我的父亲的性格不像他的说话那样坏；他向来不是这样的。

普 你将像山上的风一样自由；但你必须先执行我所吩咐你的一切。

爱 一个字都不会弄错。

普 （向茀）来，跟着我。（向密）不要为他讲情。（同下）

第二幕

第一场　岛上的另一处

【亚朗莎、瑟拜士梯安、安东尼奥、贡扎罗、阿特利安、法朗西斯科及余人等上。

贡　大王，请不要悲伤了吧！您跟我们大家都有应该高兴的理由；因为把我们的脱险和我们的损失较量起来，我们是十分幸运的。我们所逢的不幸是极平常的事，每天都有一些航海者的妻子，商船的主人，和托运货物的商人，遭到和我们同样的逆运；但是像我们这次安然无恙的奇迹，却是一百万个人中间也难得有一个人碰到过的。所以，陛下，请您平心静气地把我们的一悲一喜称量一下吧。

亚　请你不要讲话。

瑟　他厌拒安慰好像厌拒一碗冷粥一样。

安　可是遭他厌拒的却不肯就此甘休。

瑟　瞧吧，他在旋转着他那嘴巴子里的发条；不久他那口钟又要敲起来啦。

贡　大王——

瑟　钟鸣一下，数好。

贡　人如果把每一种临到他身上的忧愁都容纳进他的心里，他就要郁郁不乐；所以，大王——

安　咄！他多么浪费他的口舌！

亚　请你把你的言语节省点儿吧。

贡　好，我已经说完了；不过——

瑟　他还要讲下去。

安　我们来打赌一下，他跟阿特利安两个人，这回要谁先开口！

瑟　那只老公鸡。

安　我说是那只小鸡儿。

瑟　好,赌些什么?

安　输者大笑三声。

瑟　算数。

阿　虽然这岛似乎很荒凉——

瑟　哈!哈!哈!给你赢去了。

阿　不能居住,而且差不多无路可通,——

瑟　然而——

阿　然而——

安　这两个字是他缺不来的得意之笔。

阿　然而气候一定是很温和而可爱的。

安　气候是一个可爱的姑娘。

瑟　而且很温和哩;照他那样文质彬彬的说法。

阿　吹气如兰的香风飘拂到我们的脸上。

瑟　他说得似乎风也有呼吸器官,而且有的风是口臭的。

安　又像泽地给它洒上了香粉一样。

贡　这里具有一切对人生有益的条件。

安　不错,除了生活的必需品之外。

瑟　那简直是没有,或者非常之少。

贡　草儿望上去多么茂盛而蓬勃!多么青葱!

安　地面实在只是一片黄土色。

瑟　加上一点点的绿。

安　他的话不算十分说错。

瑟　错是不算十分错,只不过完全不对而已。

贡　但最奇怪的是,那简直叫人不敢相信——

瑟　无论是谁夸张起来总是这么说。

贡　我们的衣服在水里浸过之后,却是照旧干净而有光彩;不但不因咸水而褪色，反而像是新染过的一样。

安 假如他有一只衣袋会说话，它会不会说他撒谎呢？

瑟 嗯，但也许会很不老实地把他的谣言包得好好的。

贡 克拉莉贝尔公主跟吐尼斯王大婚的时候，我们在非洲第一次穿上这身衣服；我觉得它们现在正就和那时一样新。

瑟 那是一桩美满的婚姻，而且我们所得的好处也真不少。

阿 吐尼斯从来没有娶过这样一位绝世的王后。

贡 自从黛陀寡妇①之后，他们的确不曾有过这样一位王后。

安 寡妇！该死！怎样搀进一个寡妇来了呢？黛陀寡妇，嘿！

瑟 也许他还要说出鳏夫伊尼阿斯②来了呢。大王，您能够容忍他这样胡说八道吗？

阿 你们说的是黛陀寡妇吗？照我考查起来，她是迦泰基的，不是吐尼斯的。

贡 这个吐尼斯，足下，就是迦泰基。

阿 迦泰基？

贡 确实告诉你，它便是迦泰基。

安 他的说话简直比神话中所说的竖琴还神奇③。

瑟 居然把城墙跟房子一起搬了地方啦。

安 他还要行些什么不可能的奇迹呢？

瑟 我想他也许要想把这个岛揣在口袋里，带回家去赏赐给他的儿子，就像给他一只苹果一样。

安 再把这苹果核种在海里，于是又有许多岛长起来啦。

---

① 黛陀（Dido），为创立迦泰基（Carthage）城之女王，贡扎罗误迦泰基为吐尼斯（Tunise）。——译者

② 伊尼阿斯（AEneas）即维吉尔（Virgil）史诗 *AEneid* 中之主人公，黛陀恋之不遂而自杀。——译者

③ 希腊神话中安菲恩（Amphion）弹琴而造成底比斯城。按吐尼斯为非洲北海岸国名；迦泰基旧址在其境，与京城吐尼斯相去不远；贡扎罗以二城并为一谈，故以“神话中的竖琴”讽之。——译者

贡 呃?

安 呃,不消多少时候。

贡 (向亚)大王,我们刚才说的是我们的衣服新得跟我们在吐尼斯参加公主的婚礼时一样;公主现在已经是一位王后了。

安 而且是那里从来不曾有过的第一位出色的王后。

瑟 除了黛陀寡妇之外,我得请你记住。

安 啊,黛陀寡妇;对了,还有黛陀寡妇。

贡 我的紧身衣,大人,不是跟第一天穿上去的时候一样新吗?我的意思是说有几分差不多新。

安 那"几分"你补充得很是周到。

贡 不是吗,当我在公主大婚时穿着它的时候?

亚 你唠唠叨叨地把这种话塞进我的耳朵里,把我的胃口都倒尽了。我真希望我不曾把女儿出嫁在那里!因为一离开了那边之后,我的儿子便失去了;在我的感觉中,她也同样已经失去,因为她离开得意大利这么远,我将永远不能再看见她一面。唉,我的儿子,奈泊尔斯和密兰的储君!你葬身在那一头鱼腹中呢?

法 大王,他也许还活着。我看见他击着波浪,将身体耸出在水面上,不顾浪涛怎样和他作对,他凌波而前,尽力抵御着迎面而来的最大的巨浪;他的勇敢的头总是探出在怒潮的上面,而把他那壮健的臂膊以有力的姿势将自己划近岸边;海岸似乎在俯向着他那和波涛战乏了的躯体,而要把他援救起来。我确信他是平安地到了岸上。

亚 不,不,他已经死了。

瑟 大王,您可以庆幸您自己不把您的女儿留着给祝福与欧洲的人,而宁愿把她捐弃给一个非洲人;因为至少她已经不在您的眼前,可以免得您格外触景伤情了。

亚 请你别再说了吧。

瑟 我们大家都曾经跪求着您改变您的意志;她自己也处于怨恨和服从之间,犹豫不决应当迁就那一个方向。现在我们已经失去了您的儿子，恐怕再没有看见他的希望了；为着这一回举动密兰和奈泊尔斯又加添了许多寡妇，她们本来是盼望我们带着她们的男人回去安慰她们的：一切的过失全是在您的身上。

亚 但我也受到最严重的损失。

贡 瑟拜士梯安大人，您说的自然是真话，但是太苛酷了点儿，而且现在也不该说这种话；应当敷膏药的时候，你却去触动痛处。

瑟 说得很好。

安 而且真像一位大夫的样子。

贡 当您为愁云笼罩的时候，大王，我们也都是一样处于阴沉的天气中。

瑟 阴沉的天气？

安 阴沉得很。

贡 如果这块岛是我的殖民地[①]，大王——

安 他一定要把它种满了荨麻。

瑟 或是酸模草，锦葵。

贡 而且我是这岛上的王的话，请猜我将要做些什么事？

瑟 使你自己不致喝醉，因为无酒可饮。

贡 在这共和国中我要实行一切与众不同的设施；我要禁止一切的贸易；没有地方官的设立；没有文学；富有，贫穷，和雇佣都要废止；契约，承袭，疆界，区域，耕种，葡萄园，都没有；金属，谷物，酒，油，都没有用处；废除职业，所有的人都不作事；妇女也是这样，但她们是天真而纯洁；没有君主——

瑟 但是他说他是这岛上的王。

安 他的共和国的后面的部分把开头的部分忘了。

贡 大自然中一切的产物都须不用血汗劳力而获得；叛逆，重罪，剑，戟，刀，枪炮，以及一切武器的使用，一律杜绝；但是大自然会自己产生出一切丰饶的东西，养育我那些纯朴的人民。

---

① “殖民地”原文 Plantation 一字，兼有种植场之义，故云。——译者

瑟 他的人民中间没有结婚这一件事吗?

安 没有的,老兄;大家闲荡着,尽是些娼妓和无赖。

贡 我要照着这样的理想统治,足以媲美往古的黄金时代。

瑟 上帝保佑吾王!

安 贡扎罗万岁!

贡 而且——您在不在听我,大王?

亚 算了,请你别再说下去了吧!你对我净是说些没意思的话。

贡 我很相信陛下的话。我的本意原是要让这两位贵人把我取笑取笑,他们的天性是这样敏感而伶俐,常常会无缘无故发笑。

安 我们笑的是你。

贡 在这种取笑讥讽的事情上,我在你们的眼中简直不算甚么东西,你们还是自顾自地笑下去吧。

安 好一句利害的话!

瑟 可惜不中要害。

贡 你们是血气奋发的贵人们,假使月亮连续五个星期不生变化,你们也会把她撵走。

【爱丽儿隐形上,奏庄严的音乐。

瑟 对啦,我们一定会把她撵走,然后在黑夜里捉鸟去。

安 呦,好大人,别生气哪!

贡 放心吧,我不会的;我不会这样不知自检。我觉得疲倦得很,你们肯不肯把我笑到睡去?

安 好,你睡吧,听我们笑你。(除亚、瑟、安外,余皆睡去)

亚 怎么!大家一会儿都睡熟了!我希望我的眼睛安安静静地合拢,把我的思潮关闭起来。我觉得它们确实要合拢起来了。

瑟 大王,请您不要拒绝睡神的好意。他不大会降临到忧愁者的身上;但倘使来了的时候,那是一个安慰。

安 我们两个人,大王,会在您休息的时候卫护着您,留意着您的安全。

亚 谢谢你们。倦得很。(亚睡;爱下)

瑟 真奇怪大家都这样倦!

安 那是因为气候的关系。

瑟 那么为什么我们的眼皮不垂下来呢?我觉得我自己一点不想睡。

安 我也不想睡;我的精神很兴奋。他们一个一个倒下来,好像预先约定好似的,又像受了电击一般。可尊敬的瑟拜士梯安,什么事情也许会……?啊!什么事情也许会……?算了,不说了;但是我总觉得我能从你的脸上看出你应当成为何等样的人。时机全然于你有利;我在强力的想象里似乎看见一顶王冠降到你的头上。

瑟 什么!你是醒着还是睡着?

安 你不听见我说话吗?

瑟 我听见的;但那一定是你睡梦中说出来的呓语。你在说些什么?这是一种奇怪的睡状,一面睡着,一面却睁大了眼睛;站立着,讲着话,行动着,然而却睡得这样熟。

安 尊贵的瑟拜士梯安,你徒然让你的幸运睡去,竟或是让它死去;你虽然醒着,却闭上了眼睛。

瑟 你清清楚楚在打鼾;你的鼾声里却蕴藏着意义。

安 我在一本正经地说话,你不要以为我跟平常一样。你要是愿意听我的话,也必须一本正经;听了我的话之后,你的尊荣将要增加了三倍。

瑟 嗽,你知道我是心如止水。

安 我可以教你怎样让止水激涨起来。

瑟 你试试看吧;但习惯的惰性只会教我退落下去。

安 啊,要是你知道你心中实在怎样在转着念头,虽然外表上这样取笑着!越是排斥这思想,这思想越是牢固在你的心里。向后退的人,为了他们自己的胆小和因循,总是出不出头来。

瑟 请你说下去吧:你的眼睛和脸颊的神气显示出有些特殊的事情在你的心头,像是产妇难产似地很吃力地要把它说出来。

安 我要说的是,大人:我们那位记性不好的法朗西斯科,——这个人要是去世之后,别人也会把他淡然忘却的,——他虽然已经把王上劝说得几乎使他相信他的儿子还活着,——因为这个人唯一的本领就是向人家唠叨劝说,——但王子不曾死这一回事是绝对不可能的,正像在这里睡着的人不会游泳一样。

瑟 我对于他不曾溺死这一句话是一点希望都没有。

安 哎,不要说什么没有希望啦,你自己的希望大着呢!从那方面说是没有希望,反过来说却正是最大不过的希望,野心所能企及而无可再进的极点。你同意不同意我说茀第南已经溺死了的话?

瑟 他一定已经送命了。

安 那么告诉我,除了他应该轮到谁承继奈泊尔斯的王位?

瑟 克拉莉贝儿。

安 她是吐尼斯的王后;她住在远离人世的蛮邦;她和奈泊尔斯没有通信的可能:月亮里的使者是太慢了,除非叫太阳给她捎信,那么直到新生婴孩柔滑的脸上长满了胡须的时候也许可以送到。我们从她的地方出发而遭到了海浪的吞噬,虽然一部分人幸得生全;这是命中的注定,以往的一切都只是个开场的引子,以后的正文该得由我们来干一番。

瑟 这是什么话!你怎么说的?不错,我的哥哥的女儿是吐尼斯的王后,她也是奈泊尔斯的嗣君;在两地之间是相差着好多路程。

安 这路程是这们长,每一步的距离都似乎在喊着,“克拉莉贝儿怎么还能回头走过我们而回到奈泊尔斯去呢?不要离开吐尼斯,让瑟拜士梯安奋兴起来吧!”瞧,他们睡得像死去一般;真的,就是死了也不过如此。总有人会治理奈泊尔斯像一个瞌睡的人一样治得好;也总不会缺少像这位贡扎罗一样善于唠叨说空话的大臣,就是乌鸦我也能教它讲得比他有意思一点。啊,要是你也跟我一样想法就好了!这样的昏睡对于你的高升真是一个多么好的机会!你懂不懂我?

瑟 我想我懂得。

安 那么你对于你自己的好运气有什么意见呢?

瑟 我记得你曾经篡夺过你哥哥普洛士丕罗的位置。

安 是的，你瞧我穿着这身衣服多么称身；比从前神气得多了！本来我的哥哥的仆人和我处在同等的地位，现在他们都是在我手下了。

瑟 但是你的良心上——

安 哎，大人，良心在什么地方呢？假如它是像一块冻疮那们的，那么也许会害我穿不上鞋子；但是我并不觉得在我的胸头有这么一位神明。让所有的良心，梗在我和密兰之间的，都麻木起来吧！这儿躺着你的兄长，像泥土一样动都不动，看上去就像死了一般；我用这柄称心如意的剑，只要轻轻刺进三寸那么深，就可以叫他永远安静。同时你照着我的样子，也可以叫这个老头子，这位老成持重的老臣，从此长眠不醒，再也不会来呶呶指责我们。至于其余的人，只要用好处引诱他们，就会像猫儿舐牛奶似的贪馋不去；假如我们说是黄昏，他们也不敢说是朝晨。

瑟 好朋友，我将把你的情形作为我的榜样；如同你得到密兰一样，我也要得到我的奈泊尔斯。举起你的剑来吧：只要这么一下，便可以免却你以后的纳贡；我做了国王之后，一定十分眷宠你。

安 我们一起举剑吧；当我举起手来的时候，你也照样把你的剑对准贡扎罗的胸口。

瑟 啊！且慢。（*二人往一旁密议*）

【*音乐，爱丽儿隐形复上。*

爱 我的主人豫知你，他的朋友，所陷入的危险，因此差我来保全你的性命，因为否则他的计划就要失败。（*在贡耳边唱*）

　当你酣然熟睡的时候，
　眼睛睁得大大的"阴谋"，
　　正在施展着毒手。
　假如你重视你的生命，
　不要再睡了，你得留神；
　　快快醒醒吧，醒醒！

安 那么让我们赶快下手吧。

贡 天使保佑王上啊！（众醒）

亚 什么？怎么啦？喂，醒来！你们为什么拔剑？为什么脸无人色？

贡 什么事？

瑟 我们正站在这儿看护您的安息，就在这时候忽然听见了一阵大声的狂吼，好像公牛，不，狮子一样。你们不是也被那声音惊醒了的吗？它使我听得害怕极了。

亚 我什么都不听见。

安 啊！那是一种怪兽听了也会害怕的咆哮，大地都给它震动起来。那一定是一大群狮子的吼声。

亚 你听见这声音吗，贡扎罗？

贡 凭着我的名誉起誓，大王，我只听见一种很奇怪的蜜蜂似的声音，它使我惊醒转来。我摇着您的身体，喊醒了您。当我一张开眼睛，便看见他们的剑拔出鞘外。有一个声音，那是真的。最好我们留心提防着，否则赶快离开这地方。让我们把武器预备好。

亚 带领我们离开这块地面，让我们再去找寻一下我那可怜的孩子。

贡 上天保佑他不要给这些野兽害了！我相信他一定在这岛上。

亚 带着路走啊。（率众人下）

爱 我要把我的工作回去报告我的主人；
国王呀，安心着前去把你的孩子找寻。（下）

第二场　岛上的另一处

【卡列班荷柴上，雷声。

卡 愿太阳从一切沼泽平原上吸起来的瘴气都降在普洛士丕罗身上，让他的全身没有一处不生恶病！他的精灵会听见我的话，但我非把他咒一下不可。他们要是没有他的吩咐，是不会捻掐我，显出各种的怪相吓我，把我推到烂泥里，或是在黑暗中化做一团磷火诱我迷失了路的；但是他们要想出种种的恶作剧来摆布我：有时变成猴子，向我咧着牙齿扮嘴脸，然后再咬我；一下子又变成刺猬，在路上滚作一团，我的赤脚一踏上去，便把针刺竖了起来；有时我的四面围绕着毒蛇，吐出分叉的舌头来，那嗞嗞的声音吓得我发了狂。

【屈林鸠罗上。

卡 瞧！瞧！又有一个他的精灵来了！因为我柴捡得慢，要来给我吃苦头。让我把身体横躺下来；也许他会不注意到我。

屈 这儿没有丛林也没有灌木，可以抵御任何风雨。又有一阵大雷雨要起来啦，我听见风在呼啸，那边那堆大的乌云像是一只臭水袋，就要把水倒了下来的样子。要是这回再像不久以前那么响着大的雷，我不晓得我该把我的头藏到什么地方去好；那块云准要整桶整桶地倒下水来。咦！这是什么东西？是一个人还是一条鱼？死的还是活的？一定是一条鱼；他的气味像一条鱼，有些隔宿得发霉了的鱼腥气，不是新腌的鱼。奇怪的鱼！我从前曾经到过英国；要是我现在还在英国，只要把这条鱼染上一些颜色，包管那边无论那一个假期里没事做的傻瓜都会掏出整块的银洋来：在那边很可以靠这条鱼发一笔财；随便什么希奇古怪的畜牲在那边都可以作成一注好生意。他们不愿意丢一个铜子给跛脚的叫化，却愿意拿出一角钱来看一个死了的印第安红人。嘿，他像人一样生着腿呢！他的翼鳍多么像是一对臂膀！他的身体还是暖的！我说我弄错了，这不是鱼，是一个岛上的土人，才刚被天雷轰得那样子。（雷声）唉！雷雨又来了；我只得躲到他的衫子底下去，别的再没有躲避的地方了；一个人倒运起来，就要跟妖怪一起睡觉。让我躲在这儿，直到云消雨散。

【斯蒂番诺唱歌上，手持酒瓶。

斯 （唱）

我将不再到海上去，到海上去，
我要老死在岸上。——

这是一支送葬时唱的难听的调子。好，这儿是我的安慰。（饮酒）（唱）

船长，船老大，咱小子，和打扫甲板的，

　　还有炮手和他的助理，
　爱上了毛儿，梅哥，茉莉痕，和马葛丽，
　　但凯德可没有人欢喜；
　　因为她有一副绝顶响喉咙，
　　见了水手就要嚷，“送你的终！”
　焦油和沥青的气味熏得她满心烦躁，
　可是裁缝把她浑身搔痒就呵呵乱笑；
　海上去吧，弟兄们，让她自个儿去上吊！

这也是支难听的调子；但这儿是我的安慰。（**饮酒**）

卡　不要折磨我，喔！

斯　什么事？这儿有鬼吗？把野人和印第安人来跟我们捣乱吗？哈！海水都淹不死我，我还怕四只脚的东西不成？古话说得好，一个堂堂的人，不会见了四足的东西而退却：只要斯蒂番诺鼻孔里还透着气，这句话还是要照样说下去。

卡　精灵在折磨我了，喔！

斯　这是这儿岛上生四条腿的什么怪物，照我看起来像在发疟疾。见鬼，他跟谁学会了我们的话？为了这我也得给他医治一下子；要是我医好了他，把他驯伏了，带回到奈泊尔斯去，怕不是一桩可以送给随便那一个脚踏牛皮的皇帝老官儿的绝妙礼物。

卡　不要折磨我，求求你！我愿意赶紧把柴背回家去。

斯　他现在寒热发作，乱话三千。他应当尝一尝我瓶里的酒；要是他从来不曾沾过一滴酒，那很可以把他完全医好。我倘然医好了他，把他驯伏了，我不要怎么狠心需索；他该得重重报偿他的恩主的。

卡　你还不曾给我多少苦头吃，但你就要大动其手起来了；我知道的，因为你在发抖；普洛士丕罗的法术在驱使你了。

斯　给我爬过来，张开你的嘴巴；这是会得叫你说话的好东西，你这头猫！张开嘴来；这会把你的战抖完完全全驱走，我可以告诉你。（**给卡喝酒**）你不晓得谁是你的朋友。再张开嘴来。

屈 这声音我很熟悉，那像是——但他已经淹死了。这些都是邪鬼。老天保佑我啊！

斯 四条腿，两个声音，真是一个有趣不过的怪物！他的前面的嘴巴在向他的朋友说着恭维的话，他的背后的嘴巴却在说他坏话讥笑他。即使医好他需要我全瓶的酒，我也要给他出一下力。喝吧，阿们！让我再把一些酒倒在你那另外一只嘴里。

屈 斯蒂番诺！

斯 你另外的那张嘴在叫我吗？天哪！天哪！这是个魔鬼，不是个妖怪，我得离开他去；跟魔鬼打交道我可不来。

屈 斯蒂番诺！如果你是斯蒂番诺，请你过来跟我讲几句话。我是屈林鸠罗；不要害怕，你的好朋友屈林鸠罗。

斯 你倘然是屈林鸠罗，那么钻出来吧。让我来把那两条小一点的腿拔出来；要是这儿是有屈林鸠罗的腿的话，这一定不会错。哎哟，你果真是屈林鸠罗！你怎么会变成这个妖怪的粪便？他能够泻下屈林鸠罗来吗？

屈 我以为他是给天雷轰死了的。但是你不是淹死了吗，斯蒂番诺？我现在希望你不曾淹死。雷雨过去了吗？我因为害怕雷雨，所以才躲在这个死妖精的衫子底下。你还活着吗，斯蒂番诺？啊斯蒂番诺，两个奈泊尔斯人脱险了！

斯 请你不要把我旋来旋去，我的胃不大好。

卡 （*旁白*）这两个人倘然不是精灵，一定是好人。那是一位英雄的天神；他还有琼浆玉液。我要向他跪下去。

斯 你怎么会逃命了的？你怎么会到这儿来？凭着这个瓶儿起誓，你是怎么到这儿来的？凭着这个瓶儿起誓，我自己是因为伏在一桶白葡萄酒的桶顶上而不致淹死；那桶酒是水手们从船上抛下海的；这个瓶是我被冲上岸之后自己亲手用树干刳成功的。

卡 凭着那个瓶儿起誓，我要做您的忠心的仆人；因为您那种水是仙水。

斯 嗨，起誓吧，说你是怎样逃了命的。

屈 游泳到岸上，像只鸭子一样；我会像鸭子一样游泳，我可以起誓。

斯 来，吻你的《圣经》①。（给屈喝酒）你虽然能像鸭子一样游泳，可是你的样子倒像是一头鹅。

屈 啊，斯蒂番诺！这酒还有吗？

斯 有着整整一桶呢，老兄；我在海边的一座岩穴里藏下我的美酒。喂，妖精！你的寒热病怎么样啦？

卡 您不是从天上掉下来的吗？

斯 从月亮里下来的，实实在在告诉你；从前我是住在月亮里的。

卡 我曾经看见过您在月亮里；我真喜欢您。我的女主人曾经指点给我看您和您的狗和您的柴枝②。

斯 来，起誓吧，吻你的《圣经》；我会把它重新装满。起誓吧。

屈 凭着这个太阳起誓，这是个蠢得很的怪物；可笑我竟会害怕起他来！一个不中用的怪物！月亮里的人，嘿！这个可怜的轻信的怪物！好啊，怪物！你的酒量真不小。

卡 我要指点给您看这岛上每处肥沃的地方；我要吻您的脚。请您做我的神明吧！

屈 凭着太阳起誓，这是一个居心不良的嗜酒的怪物；一等他的神明睡了过去，他就会把酒瓶偷走。

卡 我要吻您的脚；我要发誓做您的仆人。

斯 那么好，跪下来起誓吧。

屈 这个头脑简单的怪物要把我笑死了。这个不要脸的怪物！我心里真想把他揍一顿。

斯 来，吻着。

屈 但是这个可怜的怪物是喝醉了；一个作孽的怪物！

---

① 吻《圣经》为起誓时表示郑重之仪式，此处斯蒂番诺用以指饮其瓶中之酒。——译者

② 传说谓昔有人于安息日樵柴，上帝罚处月中，负荆棘而牵犬，盖因月中黑影附会而云然。——译者

卡 我要指点您最好的泉水;我要给您摘浆果;我要给您捉鱼,给您打很多的柴。但愿瘟疫降临在我那暴君的身上!我再不给他搬柴了;我要跟着您走,您了不得的人!

屈 一个可笑可气的怪物!竟会把一个无赖的醉汉看做了不得的人!

卡 请您让我带您到长着野苹果的地方;我要用我的长指爪给您掘出落花生来,把樫鸟的窝指点给您看,教给您怎样捕捉伶俐的小猢狲的法子;我要采成球的榛果献给您;我还要从岩石上为您捉下海鸥的雏鸟来。您肯不肯跟我走?

斯 请你带着我走,不要再噜哩噜苏了。——屈林鸠罗,国王和我们的同伴们既然全都死去,这地方便归我们所有了。——来,给我拿着酒瓶。——屈林鸠罗老朋友,我们不久便要再把它装满。

卡 (醉呓地唱)

　　再会,主人!再会!再会!

屈 一个喧哗的怪物!一个醉酒的怪物!

卡 　不再筑堰捕鱼;
　　不再捡柴生火,
　　硬要听你吩咐;
　　不再刨木板,
　　不再洗碗盏;
　　班,班,卡——卡列班,
　　换了一个新老板!
　自由,哈哈!哈哈,自由!自由!哈哈,自由!

斯 啊,出色的怪物!带着路走呀。(同下)

第三幕

第一场　普洛士丕罗洞室之前

【弗第南负木上。

弗　有一类游戏是很费力的，但兴趣会使人忘记了他的辛苦；有一类卑微的工作是用坚苦卓绝的精神忍受着的，最低陋的事情往往指向最高大的目标。我这种贱役对于我应该是艰重而可厌的，但我所奉侍的女郎使我生趣勃发，觉得劳苦反而是一种愉快。啊，她的温柔是十倍过于她父亲的乖愎，而他则浑身都是暴戾！他严厉地吩咐我必须把几千根这样的木头搬过去堆垒起来；我那可爱的姑娘见了我这样劳苦，竟哭了起来，说从来不曾见过像我这种人干这等卑贱的工作。唉！我把工作都忘了。但这些甜蜜的思想给与我新生的力量，即使在我忙得简直不能思想的时候。

【密兰达上；普洛士丕罗潜随其后。

密　唉，请你不要太辛苦了吧！我真希望一阵闪电把那些要你堆垒的木头一起烧掉！请你暂时放放下来，坐下息息吧。要是这根木头被烧起来的时候，它一定会想到它所给你的劳苦而悔恨的。我的父亲正在一心一意地读书；请你休息休息吧，在这三个钟点之内，他是不会出来的。

弗　啊最亲爱的姑娘，在我还没有把我必须做的工作努力做完之前，太阳就要下去了。

密　要是你肯坐下来，我愿意代你搬一会儿木头，请你给我吧；让我把它搬到那一堆的上面去。

弗　怎么可以呢，珍贵的人儿！我宁愿毁损我的筋骨，压折我的背膀，也不愿让你干这种下贱的工作，而我空着两手坐在一旁。

密　要是这种工作配给你做，当然它也配给我做。而且我做起来心里更舒服一点；因为我是自己甘愿，而你是被迫的。

普　（旁白）可怜的儿，你已经为情颠倒了！从这次访问上可以明白看得出来。

密　你瞧上去很疲乏。

茀　不，尊贵的姑娘！当你在我身边的时候，黑夜也变成了清新的早晨。我恳求你告诉我你的名字，好让我把它放进我的祈祷里去。

密　密兰达。——唉！父亲，我已经违背了你的叮嘱，把它说了出来啦！

茀　可赞美的密兰达！真是一切仰慕的最高峰，值得世界上一切最珍贵的事物的！我的眼睛曾经关爱地盼睐过许多女郎，许多次她们那柔婉的声调使我的过于敏感的听觉对之倾倒；为了各种不同的美点，我曾经欢喜过各个不同的女子；但是从不曾有过一个具有完全美满的灵魂，总有一些缺点损害了她那崇高的优美。但是你啊，这样完美而无双，是把每一个人的最好的美点集合起来而造成的！

密　我不曾见过一个和我同性的人，除了在镜子里见到自己的脸孔以外，我不记得任何女子的相貌；除了你，好友，和我的亲爱的父亲以外，也不曾见过其余可以称为人类的男子。我不知道别处地方人们生得都是什么样子，但是凭着我最可宝贵的贞洁起誓：除了你之外在这世上我不企望任何的伴侣；除了你之外我的想像也不能再产生一个可以使我喜爱的形像。但是我的话讲得有些太越出界限，把我父亲的教训全忘记了。

茀　我在我的地位上是一个王子，密兰达；竟许是一个国王，——但我希望我不是！我不能容忍一颗苍蝇玷污我的嘴角，更不用说挨受这种搬运木头的苦役了。听我的心灵向你诉告：当我第一眼看见你的时候，我的心就已经飞到你的身边，甘心为你执役，使我成为你的奴隶；只是为了你的缘故，我才肯让自己当这个辛苦的运木的工人。

密　你爱我吗？

茀　天在顶上！地在底下！为我作证这一句妙音。要是我所说的话是真的,愿天地赐给我幸福的结果;如其所说是假,那么请把我命中注定的幸运都转成恶运!超过世间其他一切事物的限界之上,我爱你,珍重你,崇拜你!

密 我是一个傻子,听见了中心喜欢的话而流起泪来!

普 (旁白)一段难得的良缘的会合!上天赐福给他们的后裔吧!

茀 你为什么哭起来了呢?

密 因为我是太平凡了,我不敢献给你我所愿意献给你的,更不敢从你接受我所渴想得到的。但这是废话;越是掩饰,它越是显露得清楚。去吧,羞怯的狡狯!让单纯而神圣的天真指导我说什么话吧!要是你肯娶我,我愿意做你的妻子;不然的话,我将到死都是你的婢女;你可以拒绝我做你的伴侣;但不论你愿不愿意,我将是你的奴仆。

茀 我的最亲爱的爱人!我永远低首在你的面前。

密 那么你是我的丈夫吗?

茀 是的,我全心乐愿着,如同受拘束的人乐愿自由一样。握着我的手。

密 这儿是我的手,我的心也跟它在一起。现在我们该分手了,半点钟之后再会吧。

茀 那时间可是无尽地悠长呢!(分别下)

普 我当然不能比他们自己更为高兴,而且他们是全然不曾预先料到的;但没有别的事可以比这事更使我快活了。让我到书斋里去,因为在晚餐之前,我还有一些事情须得做好。(下)

第二场　岛上的另一处

【卡列班持酒瓶,斯蒂番诺、屈林鸠罗同上。

斯 别对我说;要是酒桶里的酒完了,然后我们再喝水;只要还有一滴酒剩着,让我们总是喝酒吧。来,一!二!三!努力!妖怪奴才,向我祝饮呀!

屈 妖怪奴才!这岛上特产的笨货!他们说这岛上一共只有五个人,我们已经是三个;要是其余的两个人跟我们一样聪明,我们的江山就不稳了。

斯 喝酒呀,奴怪奴才!我叫你喝你就喝。你的眼睛简直呆睁睁地生牢在你的头上了。

屈 眼睛不生在头上倒该生在什么地方?要是他的眼睛生在尾巴上,那才真是个出色的怪物哩!

斯 我的妖怪奴才的舌头已经在白葡萄酒里淹死了;但是我,海水也淹不死我;凭着这太阳起誓,我在一百多哩的海面上游来游去,一直游到了岸边。你得做我的副官,怪物,或是做我的旗手。

屈 还是做个副官吧;酒醉郎当地掮起旗来,东倒西歪,才笑死人!

斯 我们不必这样奔着,怪物先生。

屈 也不必走了,还是像条狗那们地躺下来;一句话不说。

斯 妖精,说一句话吧,如果你是个好妖精。

卡 请老爷安!让我舐您的靴子。我不要服侍他,他是个懦夫。

屈 你说诳,一窍不通的怪物!我打得过一个警察呢。嘿,你这条荒唐的鱼!像我今天一样喝了那么多白酒的人,还说是个懦夫吗?因为你是一只一半鱼一半妖怪的荒唐东西,你就要撒一个荒唐的诳吗?

卡 瞧!他在多么取笑我!您让他这样说下去吗,老爷?

屈 他说"老爷"!谁想得到一个怪物会是这么一个蠢才!

卡 喏,喏,又来啦!我请您咬死他。

斯 屈林鸠罗,好好地堵住你的嘴!如果你要造反,就把你吊死在那株树上!这个可怜的怪物是我的人,不能给人家欺侮。

卡 谢谢大老爷!您肯不肯再听我一次我的条陈?

斯 依你所奏;跪下来说吧。我立着,屈林鸠罗也立着。

【爱丽儿隐形上。

卡 我已经说过,我屈服在一个暴君,一个妖道的手下,他用诡计把这岛从我手里夺了去。

爱 你说诳!

卡 你说诳,你这插科打诨的猴子!我希望我的勇敢的主人把你杀死。

我没有说谎。

斯 屈林鸠罗，要是你在他讲话的时候再来缠扰，凭着这只手起誓，我要敲掉你的牙齿。

屈 怎么？我一句话都没有说。

斯 那么别响，不要再多话了。（向卡）讲下去。

卡 我说，他用妖法占住了这岛，从我手里夺了去；要是老爷肯替我向他报仇，——我知道您一定敢，但这家伙决没有这胆子——

斯 那是自然。

卡 您就可以做这岛上的主人，我愿意服侍您。

斯 用什么方法可以把这事实现呢？你能不能把我带到那个人的地方去？

卡 可以的，可以的，老爷。我可以乘他睡熟的时候把他交付给您，您就可以用一头钉敲进他的脑袋里去。

爱 你说谎，你不敢！

卡 这个穿花花衣裳的蠢货！这个混蛋！请老爷把他痛打一顿，不要让他拿这酒瓶；他没有酒喝之后，就只好喝海里的咸水了，因为我不愿告诉他清泉在什么地方。

斯 屈林鸠罗，别再自讨没趣啦！你再说一句话打扰这怪物，凭着这只手起誓，我就要不顾情面，把你打做一条鱼干了。

屈 什么？我得罪了你什么？我一句话都没有说。让我再跑得远一点儿。

斯 你不是说他说谎吗？

爱 你说谎！

斯 我说谎吗！吃这一下！（打屈）要是你觉得滋味不错的话，下回再试试看吧。

屈 我并没有说你说谎。你头脑昏了，连耳朵也听不清楚了吗？该死的酒瓶！喝酒才把你搅得那么昏冬冬的。愿你的怪物给牛瘟病瘟死，魔鬼把你的手指弯断了去！

卡 哈哈哈!

斯 现在讲下去吧。——请你再站得远些。

卡 痛痛地打他一下子;停一会儿我也要打他。

斯 站远些。——来,说吧。

卡 我对您说过,他有一个老规矩,一到下午就要睡觉;那时您先把他的书拿去了,就可以捶碎他的脑袋,或者用一根木头敲破他的头颅,或者用一根棍子搠破他的肚肠,或者把您的刀割断他的喉咙。记好先要把他的书拿到手;因为他一失去了他的书,就是一个跟我差不多的大傻瓜,也没有一个精灵会听他指挥:这些精灵们没有一个不像我一样把他恨如刺骨。只要把他的书烧了就是了;他还有些出色的家具,预备造了房子之后陈设起来的;但第一应该放在心上的是他那美貌的女儿。他自己说她是一个上得无双谱的人;我从来不曾见过一个女人,除了我的老娘昔考拉克斯和她之外;可是她比起昔考拉克斯来,真要好看得不知多少倍了,正像天地的相差一样。

斯 是这样一个出色的姑娘吗?

卡 是的,老爷;我可以担保一句,您跟她睏觉是再合适也没有的啦,她会给您生下出色的小子来。

斯 怪物,我一定要把这人杀死;他的女儿和我做国王和王后,上帝保佑我们陛下!屈林鸠罗和你做总督。你赞成不赞成这计策,屈林鸠罗?

屈 好极了。

斯 让我握你的手。我很抱歉打了你;可是你活着的时候,总以少开口为妙。

卡 在这半点钟之内他就要入睡;您愿不愿就在这时候杀了他?

斯 好的,凭着我的名誉起誓。

爱 我要告诉主人去。

卡 您使我高兴得很,我心里充满了快乐。让我们畅快一下。您肯不肯把您刚才教给我的轮唱曲唱起来?

斯 准你所奏,怪物;凡是合乎道理的事我都来。来啊,屈林鸠罗,让我们

唱歌。（唱）

嘲弄他们，讥讽他们，

讥讽他们，嘲弄他们，

思想多么自由！

卡 这调子不对。

【爱丽儿击鼓吹箫，依调而奏。

斯 这是什么声音？

屈 这是我们的歌的调子，在空中吹奏着呢。

斯 你倘然是一个人，像一个人那样出来吧；你倘然是一个鬼，也随你显出怎样的形状来吧！

屈 饶赦我的罪过呀！

斯 人一死什么都了；我不怕你。但是可怜我们吧！

卡 您害怕吗？

斯 不，怪物，我怕什么？

卡 不要怕。这岛上充满了各种声音和悦耳的乐调，使人听了愉快，不会伤害人。有时成千叮叮咚咚的乐器在我耳边鸣响。有时在我酣睡醒来的时候，听见了那种声音，又使我沉沉睡去；那时在梦中便好像云端里开了门，无数珍宝要向我倾倒下来；当我醒来之后，我简直哭了起来，希望重新做一遍这样的梦。

斯 这倒是一个出色的国土，可以不费钱白听音乐。

卡 但第一您得先杀死普洛士丕罗。

斯 那事我们不久就可以动手；我记得很牢。

屈 这声音在走开去了；让我们跟着它，然后再干我们的事。

斯 领着我们走，怪物；我们跟着你。我很希望见一见这个打鼓的家伙，他奏得挺不错的样子。

屈 来吗？我跟着你走，斯蒂番诺。（同下）

第三场　岛上的另一处

【亚朗莎、瑟拜士梯安、安东尼奥、贡扎罗、阿特利安、法朗西斯科及余人等上。

贡　天哪！我走不动啦，大王；我的老骨头在痛。这儿的路一条直一条弯的，完全把人迷昏了！要是您不见怪，我必须休息一下。

亚　老人家，我不能怪你；我自己也心灰意懒，疲乏得很。坐下来息息吧。现在我已经断了念头，不再自己哄自己了。他一定已经淹死了，尽管我们乱摸瞎撞地找寻他；海水也在嘲笑着在岸上的我们的无益的寻觅。算了吧，让他死了就完了。

安　（向瑟旁白）我很高兴他是这样灰心。一刻也别忘了你所决心要干的那件事。

瑟　（向安旁白）下一次的机会我们一定不要错过。

安　（向瑟旁白）就在今夜吧；他们现在已经走得很疲乏，一定不会，而且也不能，再有那么好的精神来警戒着了。

瑟　（向安旁白）好，今夜吧。不要再说了。

【庄严而奇异的音乐。普洛士丕罗自上方隐形上。下侧若干奇形怪状的精灵扛了一桌酒席进来；他们围着它而跳舞，且作出各种表示敬礼的姿势，邀请国王以次诸人就食后退去。

亚　这是什么音乐？好朋友们，听哪！

贡　神奇的甜美的音乐！

亚　上天保佑我们！这些是什么？

瑟　一幅活动的古怪的画图！现在我才相信世上有独角的麒麟，阿拉伯有凤凰所栖的树，那面有一只凤凰至今活着。

安　麒麟和凤凰我都相信；要是此外还有什么难于置信的东西，都来告诉我好了，我一定会发誓说那是真的。旅行的人决不会说诳话，足不出门的傻瓜才嗤笑他们。

贡　要是我现在在奈泊尔斯，把这事告诉了别人，他们会不会相信我呢？要是我对他们说，我看见岛上的人民是这样这样的，——这些当然一定是岛上的人民啰，——虽然他们的形状生得很奇怪，然而倒是很有礼貌，很和善，在我们人类中也难得见到的。

普 （*旁白*）正直的老人家，你说得不错；因为在你们自己一群人当中，就有几个人比魔鬼还要坏。

亚 我觉得对他们并不怎样吃惊；虽然不开口，但他们的那种形状，那种手势，那种音乐，都表示出一种很明白的意思。

普 （*旁白*）且慢称赞吧。

法 他们消失得很奇怪。

瑟 不要管他，既然他们把食物留下，我们有肚子就该享用。——您要不要尝尝试试看？

亚 我可不想吃。

贡 真的，大王，您无须胆小。当我们还是孩子的时候，谁肯相信有一种山居的人民，喉头长着肉袋，像一头牛一样？谁又肯相信有一种人的头是长在胸膛上的？可是我们现在都相信每个旅行的人都能肯定这种话的不是虚假了。

亚 好，我要吃，即使这是我的最后一餐；有什么关系呢？我的最好的日子也已经过去了。贤弟，公爵，陪我们一起来吃吧。

【雷电。爱丽儿化怪鸟①上，以翼击桌，筵席顿时消失——用一种特别的机关装置。

爱 你们是三个有罪的人，操纵着下界一切的天命，为了你们的缘故而掀起了贪馋的怒海来吞咽你们；在这没有人居住的岛上，你们在一切人中间是最不适于生存的。你们已经发狂了。（*亚、瑟等拔剑*）即使像你们这样勇敢的人，也没有法子免除一死。你们这辈愚人！我和我的同伴们都是运命的使者；你们的刀剑不能损害我们身上的分毫，正像把它们砍向呼啸的风，刺向汹涌的水波一样。而且即使它们能够把我们伤害，现在你们也已经没有力量把臂膀举起来了。好生记住

---

① 原文为 Harpy，是神话中一种女面鸟身的怪物。——译者

吧，我来就是告诉你们这句话，你们三个人是在密兰把善良的普洛士丕罗篡逐的恶人，你们把他和他的无辜的婴孩放逐在海上，如今你们也受到同样的报应了。为着这件恶事，上天虽然并不把惩罚立刻加在你们身上，却并没有轻轻放过，已经使所有的海，所有的陆地，以及一切有生之伦，来和你们作对了。你，亚朗莎，已经丧失了你的儿子；我再向你宣告，活地狱的痛苦，一切死状合在一起也没有那么惨，将要一步步临到你生命的程途中；除非痛悔前非，以后洗心革面，做一个清白的人，否则在这荒岛上面，天谴已经迫在眼前了。

【爱丽儿在雷鸣中隐去。柔和的乐声复起；精灵们重上，跳舞且作揶揄状，把空桌扛下。

普 （旁白）你把这怪鸟扮演得很好，我的爱丽儿，有一种非凡的气势，我叫你说的话你一句也没有漏去；就是那些小精灵们也各各非常出力。我的神通已经显出力量，这些我的仇人们已经惊惶得不能动弹；他们都已经在我的权力之下了。现在我要在这种情形下面离开他们，去探视他们以为已经淹死了的年青的茀第南和他的也是我的亲爱的人儿。（自上方下）

贡 凭着神圣的名义，大王，为什么您这样呆呆地站着？

亚 啊，那真是可怕！可怕！我觉得海潮在那儿这样告诉我；风在那儿把它唱进我的耳中；深沉而可怕的雷鸣在向我震出普洛士丕罗的名字，它用宏亮的低音宣布了我的罪恶。这样看来，我的孩子是一定葬身在海底的软泥之下了；我要到深不可测的底极去寻找他，跟他睡在一块儿！（下）

瑟 要是这些鬼怪们一个一个地来，我可以打得过他们。

安 让我助你一臂之力。（瑟、安下）

贡 这三个人都有些不顾死活的神气。他们的重大的罪恶像隔了好久才发作的毒药一样，现在已经在开始咬啮他们的灵魂了。你们是比较善于临机应变一些的，请快快追上去，阻止他们不要作出什么疯狂的举动来。

阿 你们跟我来吧。（同下）

第四幕

第一场　普洛士丕罗洞室之前

【普洛士丕罗、茀第南、密兰达上。

普　要是我曾经给你太严厉的刑罚，你也已经得到补偿了；因为我已经把我生命中的一部分给了你，我是为了她才活着的。现在我再把她交给你的手里：你所受的一切苦恼都不过是我用来试验你的爱情的，而你能异常坚强地忍受它们；这里我当着天，许给你这个珍贵的赏赐。茀第南啊，不要笑我这样把她夸奖，你自己将会知道一切的称赞比起她自身的美好来，都是瞠乎其后的。

茀　我绝对相信您的话。

普　既然我的给与和你的获得都不是出于贸然，你就可以娶我的女儿。但在一切神圣的礼式没有充分给你许可之前，你不能侵犯她处女的尊严；否则你们的结合将不能得到上天的美满的祝福，冷淡的憎恨，白眼的轻蔑和不睦将使你们的姻缘中长满令人嫌恶的恶草。所以小心一点吧，亥门①的明灯将照引着你们！

茀　我希望的是以后在和如今一样的爱情中享受着平和的日子，美秀的儿女，和绵绵的生命，因此即使在最幽冥的暗室中，当我以为羲和②的骏马在途中颠踬，或是黑夜被系留在下界的时候，伺隙而来的魔鬼的最强烈的煽惑，也不能使我的廉耻化为贪欲，而轻轻地越过了名分上的界限。

---

① 亥门(Hymen)，司婚姻之神。——译者

② 羲和：中国古代神话中的太阳女神，她每天赶着马车驱使太阳自东往西行进。——编者

普 说得很好。坐下来跟她谈话吧，她是属于你的。喂，爱丽儿！我的勤劳的仆人，爱丽儿！

【爱丽儿上。

爱 我的威严的主人有什么吩咐？我在这里。

普 你跟你的小伙计们把刚才的事情办得很好；我必须再差你们作一件这样的把戏。去把你手下的小喽啰们召唤到这儿来；叫他们赶快装扮起来；因为我必须在这一对年青人的面前卖弄卖弄我的法术，我曾经答应过他们，他们也在盼望着。

爱 即刻吗？

普 是的，一霎眼的时间内就得办好。

爱 你来去还不曾出口，
你呼吸还留着没透，
我们早脚尖儿飞快，
扮鬼脸大伙儿都在，
主人，你爱我不爱？

普 我很爱你，我的伶俐的爱丽儿！在我没有叫你之前，不要就来。

爱 好，我知道。（下）

普 当心保持你的忠实，不要太恣意调情。血液中的火焰一燃烧起来，最坚强的誓言也就等于草秆。节制一些吧，否则你的誓约就要守不住了！

苐 请您放心，老人家，皎白的处女的冰雪，早已抑伏了我胸中的欲火。

普 好。——出来吧，我的爱丽儿！不要让精灵们缺少一个，多一个倒不妨。轻轻快快地出来吧！大家不要响，只许静静地看！

【柔和的音乐；假面剧开始。精灵扮埃利斯[①]上。

埃 细累斯[②]，最丰饶的女神，我是天后的虹使，传旨请你离开你那繁荣着

① 埃利斯(Iris)，诸神之信使，又为虹之女神。——译者

② 细累斯(Ceres)，司农事及大地之女神。——译者

小麦，大麦，黑麦，燕麦，野豆，豌豆的膏田；离开你那羊群所游息的茂草的山坡，以及饲牧它们的满铺着刍草的平原；离开你那长生着立金花和蒲苇的堤岸！多雨的四月奉着你的命令而把它装饰着的，在那里给清冷的水仙女们备下了洁净的新冠；离开你那为失恋的情郎们所爱好而徘徊其下的金雀花的薮丛；你那牵藤的葡萄园；你那荒瘠硗确的海滨，你所散步游息的所在：请你离开这些地方，到这里的草地上来，和尊严的天后陛下一同游戏；她的孔雀已经轻捷地飞翔起来了，请你来陪驾吧，富有的细累斯！

【细累斯上。

细 万福，你永远服从着天后命令的，五彩缤纷的使者！你用你的橙黄色的翼膀常常洒下甘露和清鲜的阵雨在我的花朵上面，用你的青色的弓的两端为我的林木丛生的地亩和没有灌枝的高原披上了富丽的肩巾：敢问你的王后唤我到这细草原上来，有什么吩咐？

埃 为要庆祝一对真心的爱情的结合，大量地给福惠于这一双有福的恋人。

细 告诉我，天虹，你知不知道维纳丝或她的儿子是否也随侍着天后？自从她们用诡计使我的女儿陷在幽冥的狄斯的手中以后，我已经立誓不再见她和她那盲目的小儿的无耻的脸孔①。

埃 不要担心会碰见她；我遇见她的灵驾正冲着云向帕福斯②而去，她的儿子驱着白鸽随在她后面。她们因为这里的这一对男女曾经立誓在亥门的炬火未燃着以前不得同衾，因此想要在他们身上干一些无赖的把戏，可是白费了心机；马斯③的宠人已经满心暴躁地回去；她那发

---

① 狄斯(Dis)即普卢托(Pluto)，幽冥之主，掠细累斯之女佩瑟丰妮(Persephone)为妻，后者即春之女神，每年一次被释返地上。维纳丝之子即小爱神邱必特(Cupid)，因俗语云爱情是盲目的，故云“盲目的小儿”。——译者

② 帕福斯(Paphos)，萨普勒斯(Cyprus)岛西海岸城名，维纳丝神庙所在地，相传她在海中诞生后首临于此。——译者

③ 马斯(Mars)，即战神，钟爱维纳丝。——译者

恼的儿子已经弯断了他的弓,发誓以后不再射人,只是跟麻雀们开开顽笑,安排做一个好孩子了。

细 最高贵的王后,伟大的朱诺[①]来了;从她的步履上我辨认得出来。

【朱诺上。

朱 我的丰饶的贤妹安好?跟我去祝福这一对璧人,让他们一生幸福,产出美好的后裔来。(唱)

富贵尊荣,美满良姻,
百年偕老,子孙盈庭;
幸福朝朝,欢娱暮暮,
朱诺向你们恭贺!

细 (唱)

田多落穗,积谷盈仓,
葡萄成簇,摘果满筐;
秋去春来,如心所欲,
细累斯为你们祝福!

茀 这是一个最神奇的幻景,这样迷人而谐美!我能不能猜想这些都是精灵呢?

普 是的,这些是我从他们的世界里用法术召唤来表现我一时的空想的精灵们。

茀 让我终老在这里吧!有着这样一位人间希有的神奇而贤哲的父亲,这地方简直是天堂了。

【朱诺与细累斯作耳语,授命令于埃利斯。

普 亲爱的,莫作声!朱诺和细累斯在那儿严肃地耳语,将要有一些另外的事情。嘘!不要开口!否则我们的魔法就要破解了。

埃 戴着蒲苇之冠,眼光永远是那么柔和的,住在蜿蜒的河流中的仙女们啊!离开你们那涡卷的河床,到这青青的草地上来答应朱诺的召唤

① 朱诺(Juno),月神,又为天后。——译者

吧！前来，冷洁的水仙们，伴着我们一同庆祝一段良缘的缔结，不要太迟了。

【若干水仙女上。

埃 你们在八月的日光下蒸晒着的辛苦的刈禾人，离开你们的田亩，到这里来欢乐一番；戴上你们麦秆的帽子，一个一个地来和这些清艳的水仙们跳起乡村的舞蹈来吧。

【若干服饰齐整的刈禾人上，和水仙女们一齐作优美的跳舞；临了时普洛士丕罗突起发言，在一阵奇异的，幽沉的，杂乱的声音中，众精灵悄然隐去。

普 （旁白）我已经忘记了那个畜生卡列班和他的同党想来谋取我生命的奸谋，他们所定的时间已经差不多到了。（向精灵们）很好！现在完了，去吧！

茀 这可奇怪了，你的父亲在发着很大的脾气。

密 直到今天为止，我从来不曾看见过他狂怒到这样子。

普 王子，你瞧上去似乎有点惊疑的神气。高兴起来吧，我儿；我们的狂欢已经终止了。我们的这一些演员们，我曾经告诉过你，原是一群精灵；都已化成淡烟而消散了。如同这段幻景的虚妄的构成一样，入云的楼阁，瑰伟的宫殿，庄严的庙堂，甚至地球自身，以及地球上所有的一切，都将同样消散，就像这一场幻景，连一点烟云的影子都不曾留下。我们都是梦中的人物，我们的一生是在酣睡之中。王子，我心中有些恼乱，原谅我不能控制我的弱点；我的衰老的头脑有些昏了。不要因为我的烦恼而不安。假如你们愿意，请回到我的洞里休息一下。我将略作散步，安定安定我焦躁的心境。

茀、密 愿你安静啊！（下）

普 赶快来！谢谢你，爱丽儿，来啊！

【爱丽儿上。

爱 我永远准备着执行你的意志。有什么吩咐？

普 精灵，我们必须预备着对付卡列班。

爱 是的，我的命令者；我在扮演细累斯的时候就想对你说，可是我深恐触怒了你。

普 再对我说一次，你把这些恶人们安置在什么地方？

爱 我告诉过你，主人，他们喝得醉醺醺的，勇敢得了不得；他们怒打着风因为吹到了他们的脸上，痛击着地面因为吻了他们的脚；但总是不忘记他们的计划。于是我敲起小鼓来；一听见了这声音，他们便像狂野的小马一样，耸起了他们的耳朵，睁大了他们的眼睛，掀起了他们的鼻孔，似乎音乐是可以嗅到的样子。这样我迷惑了他们的耳朵，使他们像小牛跟从着母牛的叫声一样，跟我走过了一簇簇长着尖齿的野茨，咬人的刺金雀，和锐利的荆棘丛，把他们可怜的胫骨刺穿。最后我把他们遗留在离开这里不远的那口污水池中，在那里他们手舞足蹈，把一池臭水都搅了个满身。

普 干得很好，我的鸟儿。你仍旧隐形前去，把我室内的华丽的衣服拿来，好把这些恶贼们诱上了圈套。

爱 我去，我去。（下）

普 一个魔鬼，一个天生的魔鬼，教养也改不过他的天性来；在他身上我一切好心的努力都是全然白费。他的形状随着年纪而一天丑陋似一天，他的心也一天一天腐烂下去。我要把他们痛痛惩治一顿，直至他们痛苦而呼号。

【爱丽儿携带许多华服等上。

普 来，把它们挂起在这根绳上。

【普洛士丕罗与爱丽儿隐身留原处。卡列班、斯蒂番诺、屈林鸠罗三人浑身淋湿上。

卡 请你们脚步轻些，不要让瞎眼的鼹鼠听见了我们的足声。我们现在已经走近他的洞窟了。

斯 怪物，你说你那个不会害人的仙人简直跟我们开了一个不大不小的顽笑。

屈 怪物，我满鼻子都是马尿的气味，把我恶心得不得了。

斯 我也是这样。你听见吗，怪物？要是我向你一发起恼来，当心点儿——

屈 你不过是一个走头无路的怪物罢了。

卡 好老爷，不要恼我，耐心些；因为我将要带给您的好处可以抵偿过这场不幸。请你们轻轻讲话；大家要静得好像在深夜里一样。

屈 呃，可是我们的酒瓶也落在池里了。

斯 这不单是耻辱和不名誉，简直是无限的损失。

屈 这比浑身淋湿更使我痛心；可是，怪物，你却说那是你的不会害人的仙人。

斯 我一定要去把我的酒瓶捞起来，即使我必须没头没脑钻在水里。

卡 我的王爷，请您安静下来。瞧这里，这便是洞口了；不要响，走进去。把那件大好的恶事干起来，这岛便是属您所有的了；我，您的卡列班，将要永远舐您的脚。

斯 让我握你的手；我开始动了杀人的念头了。

屈 啊斯蒂番诺大王！大老爷！尊贵的斯蒂番诺！瞧这儿有多么好的衣服给您穿呀！

卡 让它去，你这蠢货！这些不过是废物罢了。

屈 哈哈，怪物！什么是旧衣庄上的货色我们是看得出来的。啊斯蒂番诺大王！

斯 放下那件袍子，屈林鸠罗！凭着我这手起誓，那件袍子我要的。

屈 请大王拿去好了。

卡 愿这傻子浑身起水肿！你老是恋恋不舍这种废料有什么意思呢？让我们先去行刺。要是他醒了，他会使我们从脚心到头顶遍体鳞伤，把我们弄成不知像一个什么样子。

斯 别开口，怪物！——绳太太，这不是我的短外套吗？

屈 妙极妙极！大王高兴的话，让我们横七竖八一齐偷了去！

斯 你这句话说得很妙，赏给你这件衣服吧。只要我做这里的国王，聪明人总不会被亏待的。“横七竖八偷了去”是一句绝妙的俏皮话，再赏你一件衣服。

屈 怪物,来啊,涂一些胶在你的手指上,把其余的都拿去了吧。

卡 我什么都不要。我们将要错过了时间,大家要变成蠢鹅或是额角低得难看的猴子了。

斯 怪物,别连手都不动一动;给我把这件衣服拿到我那放着大酒桶的地方去,否则我的国境内不许你立足。去,把这拿了去。

屈 还有这一件。

斯 呃,还有这一件。

【幕内猎人的声音。若干精灵化作猎犬上,将斯蒂番诺等三人追逐;普洛士丕罗和爱丽儿嗾着它们。

普 嗨!莽丁,嗨!

爱 雪狒!那边去,雪狒!

普 飞雷!飞雷!那边,铁龙!那边!听,听!(卡、斯、屈被驱下)去叫我的妖精们用利害的痉挛磨他们的骨节;叫他们的肌肉像老年人那样抽搐起来,叫他们满身的伤痕比豹子或山猫身上的斑点还多。

爱 听!他们在呼号呢。

普 让他们被痛痛快快地追一下子。此刻我的一切仇人们都在我手掌之中了;不久我的工作便可完毕,你就可以呼吸自由的空气,暂时你再跟我来,帮我一些忙吧。(同下)

第五幕

第一场　普洛士丕罗洞室之前

【普洛士丕罗穿法衣上;爱丽儿随上。

普 现在我的计划将告完成;我的魔法毫无差失;我的精灵们俯首听命;一切按部就班顺利地过去。是什么时候了?

爱　将近六点钟。你曾经说过，主人，在这时候我们的工作应当完毕。

普　当我刚兴起这场暴风雨的时候，我曾经这样说过。告诉我，我的精灵，国王和他的从者们怎么样啦？

爱　按照着你的吩咐，他们仍旧照样囚禁在一起，如同你离开他们的时候一样，在荫蔽着你的洞室的那株大菩提树底下聚集着这一群囚徒；你要是不把他们释放，他们便一步路也不能移动。国王，他的弟弟和你的弟弟，三个人都疯了；其余的人在为他们悲泣，充满了忧伤和惊骇；尤其是那位你所称为"善良的老大臣贡扎罗"的，他的眼泪一直从他的胡须上淋了下来，就像从茅檐上流下来的冬天的雨滴一样。你在他们身上所施的魔术的力量是这么大，要是你现在看见了他们，你的心也一定会软了下来。

普　你是这样想吗，精灵？

爱　如果我是人类，主人，我会觉得不忍的。

普　我的心也将会觉得不忍。你不过是一阵空气罢了，居然也会感觉到他们的痛苦；我是他们的同类，跟他们一样敏锐地感到一切，和他们有着同样的感情，难道我的心反会比你硬吗？虽然他们给我这样大的迫害，使我痛心切齿，但是我宁愿压伏我的愤恨而听从我的更高尚的理性；道德的行动较之仇恨的行动是可贵得多的。要是他们已经悔过，我的唯一的目的也就达到终点，不再对他们更有一点怨恨。去把他们释放了吧，爱丽儿。我要给他们解去我的魔法，唤醒他们的知觉，让他们仍旧回复本来的面目。

爱　我去领他们来，主人。（下）

普　你们山河林沼的小妖们；踏沙无痕，追逐着退潮时的海神，而他一转身来，便又倏然逃去的精灵们；在月下的草地上留下了环舞的圈迹，使羊群不敢走近的小神仙们；以及在半夜中以制造菌蕈为乐事，一听见肃穆的晚钟便雀跃起来的你们：虽然你们不过是些弱小的孩儿，但我借着你们的帮助，才能遮暗了中天的太阳，唤起了作乱的狂风，在青天碧海之间激起了浩荡的战争：我把火给与震雷，用乔武大神的霹雳劈碎了他自己那株粗干的橡树;我使稳固的海岬震动,连根拔起了松树和杉柏:因着我的法力无边的命令,坟墓中的长眠者也被惊醒,打开了墓门而出来。但现在我要捐弃这种狂暴的魔术,仅仅再要求一些微妙的天乐,化导他们的心性,使我能得到我所希望的结果;以后我便将折断我的魔杖,把它埋在幽深的地底,把我的书投向深不可测的海心。

【庄严的音乐;爱丽儿复上;她的后面跟随着神情狂乱的亚朗莎,由贡扎罗随侍,瑟拜士梯安与安东尼奥也和亚朗莎一样,由阿特利安及法朗西斯科随侍;他们都步入普洛士丕罗在地上所划的圆圈中,被魔法所禁,呆立不动。

普 庄严的音乐是对于昏迷的幻觉的无上安慰,愿它医治好你那在煎炙着的失去作用的脑筋!站在那儿吧,因为你们已经被魔法所制伏了。圣人一样的贡扎罗,可尊敬的人!我的眼睛一看见了你,便油然堕下同情的眼泪来。魔术的力量在很快地消失,如同晨光悄悄掩袭暮夜,把黑暗消解了一样,他们那开始抬头的知觉已经在驱除那蒙蔽住他们清明的理智的迷糊的烟雾了。啊,善良的贡扎罗!不单是我的真正的救命恩人,也是你所跟随着的君主的一位忠心耿耿的臣子,我要在名义上在实际上重重报答你的好处。你,亚朗莎,对待我们父女的手段未免太酷辣了!你的兄弟也是一个帮凶的人。你现在也受到惩罚了,瑟拜士梯安!你,我的骨肉之亲的兄弟,为着野心,忘却了怜悯和天性;在这里又要和瑟拜士梯安谋弑你们的君王,为着这缘故他的良心的受罚是十分利害的;我宽恕了你,虽然你的天性是这样刻薄!他们的知觉的浪潮已经在渐渐激涨起来,不久便要冲上了现在还是一片黄泥的理智的海岸。在他们中间还不曾有一个人看见我,或者会认识我。爱丽儿,给我到我的洞里去把我的帽子和佩剑拿来。(爱下)我要显出我的本来面目,重新打扮做旧时的密兰公爵的样子。快一些,精灵!你不久就可以自由了。

【爱丽儿复上,唱歌,一面帮助普洛士丕罗装束。

爱 （唱）

蜂儿吮啜的地方，我也在那儿吮啜；
在一朵莲香花的冠中我躺着休息；
我安然睡去，当夜枭开始它的呜咽。
骑在蝙蝠背上我快活地飞舞翩翩，
快活地快活地追随着逝去的夏天；
　快活地快活地我要如今
　向垂在枝头的花底安身。

普 啊，那真是我的可爱的爱丽儿！我真舍不得你；但你必须有你的自由。——好了，好了。——你仍旧隐着身子，到国王的船里去；水手们都在舱口下面熟睡着，先去唤醒了船长和水手头目之后，把他们引到这里来！快一些。

爱 我乘风而去，不等到你的脉搏跳了两跳就回来。（下）

贡 这儿有着一切的迫害，苦难，惊奇，和骇愕；求神圣把我们带出这可怕的国土吧。

普 请您看清楚，大王，被害的密兰公爵普洛士丕罗在这里。为要使您相信对您讲话的是一个活着的邦君，让我拥抱您；对于您和您的同伴们，我是竭诚欢迎！

亚 我不知道你真的是不是他，或者不过是一些欺人的鬼魅，如同我不久以前所遇到的。但是你的脉搏跳得和寻常血肉的人一样；而且自从我一见你之后，那使我发狂的精神上的痛苦已减轻了些。如果这是一件实在发生的事，那定然是一段最希奇的故事。你的公国我奉还给你，并且恳求你饶恕我的罪恶。但是普洛士丕罗怎么还会活着而且在这里呢？

普 尊贵的朋友，先让我把您老人家拥抱一下；您的崇高是不可以限量的。

贡 我不能确定这是真实还是虚妄。

普 这岛上的一些蜃楼海市曾经欺骗了你，以致使你不敢相信确实的事情。——欢迎啊,我的一切的朋友们!(向瑟、安旁白)但是你们这一对贵人,要是我不客气的话,可以当场证明你们是叛徒,叫你们的王上翻过脸来;可是现在我不想揭发你们。

瑟 (旁白)魔鬼在他嘴里说话吗?

普 不。讲到你,恶人,称你是兄弟也会玷污了我的齿舌,但我饶恕了你的最卑劣的罪恶,一切全不计较了;单单我要向你讨还我的公国,那我知道你是不得不把它交还的。

亚 如果你是普洛士丕罗,请告诉我们你的遇救的详情,怎么你会在这里遇见我们。在三小时以前,我们的船毁没在这海岸的附近;在这里,最使我想起了心中惨痛的,我失去了我的亲爱的儿子茀第南!

普 我很悲伤听见这消息,大王。

亚 这损失是无可挽回的,忍耐也已经失去了它的效用。

普 我觉得您还不曾向忍耐求助。我自己也曾经遭到和您同样的损失,但借着忍耐的慈惠的力量,使我安之若素。

亚 你也遭到同样的损失!

普 对我正是同样重大,而且也是同样新近的事;比之您,我更缺少任何安慰的可能,我所失去的是我的女儿。

亚 一个女儿吗?天啊!要是他们俩都活着在奈泊尔斯,一个做国王,一个做王后,那将是多么美满!真能这样的话,我宁愿自己长眠在我的孩子现今所在的海底。你的女儿是什么时候失去的?

普 就在这次的暴风雨中。我看这些贵人们因为太惊奇着这次的遭遇,迷惑得不能相信他们眼睛所见的是真实,他们嘴里所说的是真的言语。但是,不论你们心里怎样迷惘,请你们相信我确实便是普洛士丕罗,从密兰被放逐出来的公爵;因了不可思议的偶然,恰恰在这儿你们沉舟的地方做了岛上的主人。关于这事现在不要再多谈了,因为那要好多天才讲得完,不是一顿饭的时间所能叙述得了,而且也不适宜于我们这次初次的相聚。欢迎啊,大王!这洞窟便是我的宫廷,在这里我也有寥寥的几个从者,此外再没有一个别的臣民了。请您向里面探望一下。因为您给还了我的王国，我也要把一件同样好的礼物答谢您；至少也要献出一个奇迹来，使它给与您安慰，正像我的公国安慰了我一样。

【洞门开启，茀第南与密兰达在内对弈。

密 好人，你在安排着作弄我。

茀 不，我的最亲爱的，即使给我整个的世界我也不愿欺弄你。

密 是的，你不能强辩；除非你在赌着二十个王国，那么也许我会说这是一场公正的游戏。

亚 倘使这不过是这岛上的一场幻景，那么我将要两次失去我的亲爱的孩子了。

瑟 不可思议的奇迹！

茀 海水虽然似乎那样凶暴，然而却是仁慈的；我错怨了它们。

【向亚朗莎跪下。

亚 让一个快乐的父亲的所有的祝福拥抱着你！起来，告诉我你是怎么会到这里来的。

密 神奇啊！这里有多少好看的人！人类是多么美丽！啊新奇的世界，有这么出色的人物！

普 对于你这是新奇的。

亚 和你一起玩着的这女郎是谁？你们的认识顶多也不过三个钟点罢了。她是不是就是把我们拆散了又使我们重新聚合的女神？

茀 父亲，她是凡人，但借着上天的旨意她是属于我的；我选中她的时候，无法征询父亲的意见，而且那时我也不相信我还有一位父亲。她就是这位著名的密兰公爵的女儿；我常常听见说起过他的名字，但从没有看见过他一面。从他的手里我得到了第二次的生命；而现在这位女郎使他成为我的第二个的父亲。

亚 那么我也是她的父亲了；但是唉，听起来多么使人奇怪，我必须向我的孩子要求宽恕！

普 好了，大王，别再说了；让我们不要把过去的不幸重压在我们的记忆上。

贡　我的心中感激得说不出话来，否则我早就开口了。天上的神明们，请俯视尘寰，把一顶幸福的冠冕降临在这一对少年的头上；因为把我们带到这里来相聚的，完全是上天的主意！

亚　让我跟着你说阿们，贡扎罗！

贡　密兰的主人被逐出密兰，而他的后裔将成为奈泊尔斯的王族吗？啊，这是超乎寻常喜事的喜事，应当用金字把它铭刻在柱上，好让它传至永久。在一次的航程中，克拉莉贝尔在吐尼斯获得了她的丈夫；她的兄弟茀第南又在他迷失的岛上找到了一位妻子；普洛士丕罗在一座荒岛上拾回了他的公国；而我们大家呢，在每个人迷失了本性的时候，重新寻着了各人自己。

亚　（向茀、密）让我握你们的手：谁不希望你们快乐的，让忧伤和悲哀永远占住他的心灵！

贡　愿如大王所说的，阿们！

【爱丽儿重上，船长和水手头目惊愕地随在后面。

贡　瞧啊，大王！瞧！又有几个我们的人来啦。我曾经预言过，只要陆地上有绞架，这家伙一定不会淹死。——喂，你这谩骂的东西！在船上由得你指天骂日，怎么一上了岸响都不响了呢？难道你没有把你的嘴巴带到岸上来吗？说来，有什么消息？

头目　最好的消息是我们平安地找到了我们的王上和同伴；其次，在三个钟点以前我们还以为已经撞碎了的我们那条船，却正和第一次下水的时候那样结实完好而齐齐整整。

爱　（向普旁白）主人，这些都是我去了以后所做的事。

普　（向爱旁白）我的足智多谋的精灵！

亚　这些事情都异乎寻常；它们越来越奇怪了。说，你怎么会到这儿来的？

头目　大王，要是我自己觉得我是清清楚楚地醒着，也许我会勉强告诉您。可是我们都睡得像死去一般，也不知道怎么一下子，都给关闭在舱口底下了。就在不久之前我们听见了各种奇怪的响声，怒号，哀叫，狂呼，铛锄的铁链声，以及此外许多可怕的声音，把我们闹醒。立刻我们就自由了：我们看见壮丽的王船丝毫无恙，明明白白在我们的眼前；我们的船长一面看着它，一面手舞足蹈。忽然一下子莫名其妙地，我们就像在梦中一样糊里糊涂地离开了那边，被带到这里来了。

爱 （向普旁白）干得好不好？

普 （向爱旁白）出色极了，我的勤劳的精灵！你就要得到自由了。

亚 这真叫人堕入五里雾中！这种事情一定有一个超自然的势力在那儿指挥着；愿神明的启迪给我们一些指示吧。

普 大王，不要因为这种怪事而使您心里迷惑不宁；不久我们有了空暇，我便可以简简单单地向您解答这种种奇迹，使您觉得这一切的发生未尝不是可能的事。现在请高兴起来，把什么事都望好的方面着想吧。（向爱旁白）过来，精灵；把卡列班和他的伙伴们放出来，解去了他们身上的魔法。（爱下）怎样，大王？你们的一伙中还缺少几个人，一两个为你们所忘怀了的人物。

【爱丽儿驱卡列班、斯蒂番诺、屈林鸠罗上，各人穿着他们所偷得的衣服。

斯 让各人为别人打算，不要顾到自己①，因为一切都是命。勇气啊！出色的怪物，勇气啊！

屈 要是装在我头上的眼睛不曾欺骗我，这里的确很堂皇的样子。

卡 瑟底堡斯呀！这些才真是出色的精灵！我的主人真是一表非凡！我害怕他要责罚我。

瑟 哈哈！这些是什么东西，安东尼奥大人？可以不可以用钱买的？

安 大概可以吧；他们中间的一个完全是一条鱼，而且一定很可以卖几个钱。

---

① 斯蒂番诺正酒醉糊涂，语无伦次，按照他的本意，他该是想说："让各人为自己打算，不要顾到别人。"——编者

普 各位大人,请瞧一瞧这些家伙们身上穿着的东西,就可以知道他们是不是好东西。这个奇丑的恶汉的母亲是一个很有法力的女巫,能够指挥月亮潮汐,作出种种不可能的事来。这三个家伙作贼偷了我;这个魔鬼生下来的杂种又跟那两个东西商量谋害我的生命。那两人你们应当认识,是你们的人;这个坏东西我必须承认是属于我的。

卡 我免不了要被揍得死去活来。

亚 这不是我的酗酒的膳夫斯蒂番诺吗?

瑟 他现在仍然喝醉着;他从那儿来的酒呢?

亚 这是屈林鸠罗,看他醉得天旋地转。他们从那儿喝这么多的好酒,把他们的脸孔染得这样血血红呢?你怎么会变成这种样子的?

屈 自从我离开了你之后,我的骨髓也都浸酥了;我想这股气味可以熏得连苍蝇也不会下卵在我的身上了吧?

瑟 喂,喂,斯蒂番诺!

斯 啊!不要碰我!我不是什么斯蒂番诺,我不过是一堆动弹不得的烂肉。

普 狗才,你要做这岛上的王,是不是?

斯 那么我一定是个倒霉的王爷。

亚 这样奇怪的东西我从来没有看见过。(**指卡**)

普 他的行为跟他的形状同样都是天生的下劣。——去,狗才,到我的洞里去;把你的同伴们也带了进去。要是你希望我饶恕的话,把里面打扫得干净点儿。

卡 是,是,我就去。从此以后我要聪明一些,学学讨好的法子。我真是一头比六头蠢驴合起来还蠢的蠢货!竟会把这种醉汉当做神明,向这种蠢才叩头膜拜!

普 快滚开去!

亚 滚吧,把你们那些衣服仍旧归还到原来寻得的地方去。

瑟 什么寻得,是偷的呢。(**卡、斯、屈同下**)

普 大王,我请您的大驾和您的随从们到我的洞窟里来;今夜暂时要屈你们在这儿过宿一夜。一部分的时间我将消费在谈话上，我相信那种谈话会使时间很快溜过；我要告诉您我的生涯中的经历，以及一切自从我到这岛上来之后所遭遇的事情。明天早晨我要带着你们上船回到奈泊尔斯去；我希望我们所疼爱的孩子们的婚礼就在那儿举行；然后我要回到我的密兰，在那儿等待着瞑目长眠的一天。

亚 我渴想听您讲述您的经历，那一定会使我们的耳朵着了迷的。

普 我将从头到尾向您细讲；并且答应您一路上将会风平浪静，有吉利的顺风吹送，可以赶上已经去远了的您的船队。（向爱旁白）爱丽儿，我的小鸟，这事要托您办理；以后你便可以自由地回到空中，从此我们永别了！——请你们过来。（同下）

收场诗[①]

【普洛士丕罗致辞：

现在我已把我的魔法尽行抛弃，
剩余微弱的力量都属于我自己；
横在我面前的分明有两条道路，
不是终身被符箓把我在此幽锢，
便是凭借你们的力量重返故郭。
既然我现今已把我的旧权重握，
饶恕了迫害我的仇人，请再不要
把我永远锢闭在这寂寞的荒岛！
求你们解脱了我灵魂上的系锁，
赖着你们善意殷勤的鼓掌相助；

① 收场诗一般认为后人所加，多数人断定为 Ben Jonson 作。——译者

再烦你们为我吹嘘出一口和风，
好让我们的船只一齐鼓满帆篷。
而今我已撒开了我空空的两手，
不再有魔法迷人,精灵供我奔走；
我的结局将要变成不幸的绝望，
除非依托着万能的祈祷的力量，
它能把慈悲的神明的中心刺彻，
赦免了可怜的下民的一切过失。
正如你们旧日的罪恶不再疵求，
让你们大度的宽容给我以自由！

二

威尼斯商人

《威尼斯商人》《无事烦恼》《皆大欢喜》《第十二夜》，都是莎氏第二期的作品，他在喜剧上的才能，在这时期已经发展到了最高峰。《无事烦恼》以下三剧，是被称为 Three Sunny Comedies（愉快的三部曲）的；《威尼斯商人》则是一本特出的杰作，在轻快明朗的喜剧节奏里，插入了犹太人夏洛克这一个悲剧的性格，格外加强了戏剧的效果。

生豪志于三十三年四月

——《莎士比亚戏剧全集》第一辑提要

剧中人物

威尼斯公爵

摩洛哥亲王
阿拉贡亲王　}　鲍细霞的求婚者

安东尼奥　威尼斯商人

巴散尼奥　他的朋友

葛莱西安诺
萨兰尼奥
撒拉林诺　}　安、巴二人的朋友

罗伦佐　吉雪加的恋人

夏洛克　犹太富翁

杜拔尔　犹太人，夏洛克的朋友

朗西洛脱·高波　小丑，夏洛克的仆人

老高波　朗西洛脱的父亲

里奥那陀　巴散尼奥的仆人

包尔萨泽
史梯番诺　}　鲍细霞的仆人

鲍细霞　富家嗣女

聂莉莎　她的侍女

吉雪加　夏洛克的女儿

威尼斯众士绅、法庭官吏、狱吏、鲍细霞家中的仆人及其他侍从

地点

一部分在威尼斯；一部分在大陆上的贝尔蒙脱，鲍细霞邸宅所在地

第一幕

第一场 威尼斯;街道

【安东尼奥、撒拉林诺及萨兰尼奥上。

安 真的,我不知道我为什么这样闷闷不乐,它真叫我厌烦;你们说你们见我这样子,也觉得很厌烦;可是我怎样会让忧愁沾上了身,这种忧愁究竟是怎么一种东西,它是从什么地方产生的,我却全不知道;忧愁已经使我变成了一个傻子,我简直有点自己也懂不得自己起来了。

撒 您的心是跟着您那些扯着满帆的大船,在海洋上簸荡着呢;它们就像水上的达官富绅,炫示着它们的豪华,那些小商船向它们点头敬礼,它们却睬也不睬地凌风直驶。

萨 相信我,老兄,要是我也有这么一笔买卖在外洋,我一定要用大部分的心思牵记它;我一定常常拔草观测风吹的方向,在地图上查看港口码头的名字;凡是足以使我担心我的货物的命运的一切事情,不用说都会引起我的忧愁。

撒 吹凉我的粥的一口气,也会吹痛了我的心,当我想到海面上的一阵暴风,将会造成怎样一场灾祸的时候。一看见沙漏的时计,我就会想起海边的沙滩,仿佛看见我那艘富丽的商船倒插在沙里,船底朝天,它的高高的桅樯吻着它的葬身之地。要是我到教堂里去,看见那用石块筑成的神圣的殿堂,我怎么会不立刻想起那些危险的礁石,它们只要略微碰一碰我那艘好船的船舷,就会把满船的香料倾泻在水里,让汹涌的波涛披戴着我的绸缎绫罗,方才还是价值连城的,一转瞬间尽归乌有?要是我想到了这种情形,我怎么会不担心这种情形也许果然会发生而忧愁起来呢?不用对我说,我知道安东尼奥是因为想到他的货物而忧愁。

安 不，相信我；感谢我的命运，我的买卖的成败，并不完全寄托在一艘船上，更不是倚赖着一处地方；我的全部财产，也不会因为这一年的盈亏而受到影响，所以我的货物并不能使我忧愁。

撒 啊，那么您是在恋爱了。

安 呸！那儿的话！

撒 也不是在恋爱吗？那么让我们说，您因为不快乐，所以忧愁；这就像瞧您笑笑跳跳，就说您因为不忧愁，所以快乐一样，再便当没有了。老天造下人来，真是无奇不有：有的人老是眯着眼睛笑，好像鹦鹉见了一个吹风笛的人一样；有的人终日皱着眉头，即使奈斯脱[①]发誓说那笑话很可笑，他也不肯露一露他的牙齿，装出一个笑容来。

【巴散尼奥、罗伦佐及葛莱西安诺上。

萨 您的一位最尊贵的朋友，巴散尼奥，跟葛莱西安诺，罗伦佐都来了。再见；您现在有了更好的同伴，我们可以少陪啦。

撒 倘不是因为您的好朋友来了，我一定要叫您快乐了才走。

安 你们的友谊我是十分看重的。照我看来，恐怕还是你们自己有事，所以借着这个机会想抽身出去吧？

撒 早安，各位大爷。

巴 两位先生，咱们什么时候再聚在一起谈谈笑笑？你们近来跟我十分疏远，这是为了什么呢？

撒 您什么时候有空，我们一定奉陪。（撒、萨下）

罗 巴散尼奥大爷，您现在已经找到安东尼奥，我们也要少陪啦；可是请您千万别忘记吃饭的时候咱们在什么地方会面。

巴 我一定不失约。

葛 安东尼奥先生，您的脸色不大好；您把世间的事情看得太认真了。相信我，您近来真的大大地变了一个人啦。

---

① 奈斯脱（Nestor），荷马史诗“伊利昂纪”中年纪最大的希腊将领，以严肃著名。——译者

安 葛莱西安诺,我把这世界不过看作一个世界;每一个人必须在这舞台上扮演一个角色,我扮演的是一个悲哀的角色。

葛 让我扮演一个小丑吧。让我在嘻嘻哈哈的欢笑声中不知不觉地老去;宁可用酒温暖我的肠胃,不要用折磨自己的呻吟冰冷我的心。为什么一个身体里面流着热血的人,要那么正襟危坐,就像他祖宗爷爷的石膏像一样呢?明明醒着的时候,为什么偏要像睡去了一般?为什么动不动翻脸生气,把自己气出了一场黄疸病来?我告诉你吧,安东尼奥——因为我爱你,所以我才对你说这样的话:世界上有一种人,他们的脸上装出一副心如止水的神气,故意表示他们的冷静,好让人家称赞他们一声智慧深沉,思想渊博;他们的神气之间,好像说,"我的说话都是纶音天语,我要是一张开嘴唇来,不许有一头狗乱叫!"啊,我的安东尼奥,我看透这一种人,他们只是因为不说话,博得了智慧的名声;可是我可以确定说一句,要是他们说起话来,听见的人谁都会骂他们是傻瓜的。等有机会的时候,我再告诉你关于这种人的笑话吧;可是请你千万别再用悲哀做钓饵,去钓这种无聊的名誉了。来,好罗伦佐。回头见;等我吃完了饭,再来向你结束我的劝告。

罗 好,咱们在吃饭的时候再见吧。我大概也就是他所说的那种以不说话为聪明的人,因为葛莱西安诺不让我有说话的机会。

葛 嘿,你只要再跟我两年,就会连你自己说话的声音也听不出来。

安 再见,我会把自己慢慢儿训练得多说话一点的。

葛 那就再好没有;只有干牛舌和没人要的老处女,才是应该沉默的。(葛、罗下)

安 他说的这一番话有些什么意思?

巴 葛莱西安诺比全威尼斯城里无论那一个人都更会拉上一大堆废话。他的道理就像藏在两桶砻糠里的两粒麦子,你必须费去整天工夫方才能够把它们找到,可是找到了它们以后,你会觉得费这许多气力找它们出来,是一点不值得的。

安 好,您今天答应告诉我您立誓要去秘密拜访的那位姑娘的名字,现在请您告诉我吧。

巴　安东尼奥,我怎样为了维持我的外强中干的体面,把一份微薄的资产销耗殆尽的情形,您是知道得很明白的;对于因为家道中落而感到的生活上的紧缩,现在我倒也不以为意;我的最大的烦恼,是怎样可以解脱我背上这一重重由于浪费而积欠下来的债务。无论在钱财方面或是友谊方面,安东尼奥,我欠您的债都是顶多的;因为你我交情深厚,我才敢大胆把我心里所打算的怎样了清这一切债务的计划全部告诉您知道。

安　好巴散尼奥,请您告诉我吧。只要您的计划跟您向来的立身行事一样光明正大,那么我的钱囊可以让您任意取用,我自己也可以供您驱使;我愿意用我所有的力量,帮助您达到目的。

巴　我在学校里练习射箭的时候,每次把一支箭射得不知去向,便用另一支箭向着同一方向射了过去,眼睛看准了它掉在什么地方,这样往往可以把那失去的箭也找了回来。我提起这一件儿童时代的往事作为譬喻,因为我将要对您说的话,完全是一种很天真的思想。我欠了您很多的债,而且像一个不听话的孩子一样,把借来的钱一起挥霍完了;可是您要是愿意向着您放射第一支箭的方向,再把您的第二支箭射了过去,那么这一回我一定会把目标看准,即使不把两支箭一起找回来,至少也可以把第二支箭交还给您,让我仍旧对于您先前给我的援助做一个知恩图报的负债者。

安　您是知道我的为人的,现在您用这种譬喻的话来试探我的友谊,不过是浪费时间罢了;要是您怀疑我不肯尽力相助,那就要比把我所有的钱一起花掉还要对我不起。所以您只要对我说我应该怎么做,如果您知道那件事是我的力量所能办到的,我一定会给您办到。您说吧。

巴　在贝尔蒙脱有一位富家的嗣女,她生得非常美貌,尤其值得称道的,她有非常卓越的德性;从她的眼睛里,我有时接到她的脉脉含情的流盼。她的名字叫做鲍细霞,比起古代该多的女儿,勃鲁脱斯的贤妻鲍细霞①来，毫无逊色。这广大的世界也没有漠视了她的好处，四方的风从每一处海岸上带来了声名藉藉的求婚者；她的光亮的长发就像是传说中的金羊毛，引诱着无数的杰生②前来向她追求。啊，我的安东尼奥！只要我有相当的财力，可以和他们中间无论那一个人匹敌，那么我觉得我有充分的把握，一定会达到愿望的。

安 你知道我的全部财产都在海上；我现在既没有钱，也没有可以变换做一笔现款的货物。所以我们还是去试一试我的信用，看它在威尼斯城里有些什么效力吧；我一定凭着我这一点面子，尽力供给你到贝尔蒙脱去见那位美貌的鲍细霞。去，我们两人就去分头打听什么地方可以借得到钱，我就用我的信用做担保，或者用我自己的名义给你借下来。（同下）

第二场 贝尔蒙脱；鲍细霞家中一室

【鲍细霞及聂莉莎上。

鲍 真的，聂莉莎，我这小小的身体已经厌倦了这个广大的世界了。

聂 好小姐，您的不幸要是跟您的好运气一样大，那么无怪您会厌倦这个世界的；可是照我的愚见看来，吃得太饱的人，跟挨着饿不吃东西的人，一样是会害病的。所以中庸之道才是最大的幸福：富贵催人生白发，布衣蔬食易长年。

鲍 很好的句子。

聂 要是能够照着它做去，那就更好了。

鲍 倘使做一件事情，就跟知道什么事情是应该做的一样容易，那么小教堂都要变成大礼拜堂，穷人的草屋都要变成王侯的宫殿了。一个好

---

① 勃鲁脱斯（Brutus）即莎翁史剧《该撒遇弑记》中的要角，其妻亦名 Portia（鲍细霞）。——译者

② 古希腊神话中传说在黑海东岸科尔喀斯有一片钉有稀世珍宝金羊毛（Golden Fleece）的圣林，由毒龙看守。英雄杰生（Jason）在科尔喀斯国王的女儿美狄亚的帮助下成功盗取了金羊毛。——编者

说教师才会遵从他自己的训诲；我可以教训二十个人，吩咐他们应该做些什么事，可是要我做这二十个人中间的一个，履行我自己的教训，我就要敬谢不敏了。理智可以制定法律来约束感情，可是热情激动起来，就会把冷酷的法令蔑弃不顾；年青人是一头不受拘束的野兔，它会跳过老年人所设立的理智的藩篱。可是我这样大发议论，是不会帮助我选择一个丈夫的。唉，说什么选择！我既不能选择我所中意的人，又不能拒绝我所憎厌的人；一个活着的女儿的意志，却要被一个死了的父亲的遗嘱所箝制。聂莉莎，像我这样不能选择，也不能拒绝，不是太叫人难堪了吗？

聂 老太爷生前道高德重，大凡有道君子，临终之时，必有神悟；他既然定下这抽签取决的方法，叫谁能够在这金银铅三匣之中选中了他预定的一只，便可以跟您匹配成亲，那么能够选中的人，一定是值得您倾心相爱的。可是在这些已经到来向您求婚的王孙公子中间，您对于那一个最有好感呢？

鲍 请你列举他们的名字，当你提到什么人的时候，我就对他下几句评语；凭着我的评语，你就可以知道我对于他们各人的印象。

聂 第一个是奈泊尔斯的亲王。

鲍 嗯，他真是一匹小马；他不讲话则已，讲起话来，老是说他的马怎么怎么；他因为能够自己替他的马装上蹄铁，算是一件天大的本领。我很有点儿疑心他的令堂太太是跟铁匠有过勾搭的。

聂 还有那位巴拉庭①伯爵呢？

鲍 他一天到晚皱着眉头，好像说："你要是不要我，随你的便。"他听见笑话也不露一丝笑容。我看他年纪轻轻，就这么愁眉苦脸，到老来只好一天到晚痛哭流涕了。我宁愿嫁给一个骷髅，也不愿嫁给这两人中间的任何一个。上帝保佑我不要落在这两个人手里！

---

① 巴拉庭伯爵，原文作 County Palatine，义为在其封邑内享有君权的伯爵，因为无适当译名，故译音以代。——译者

聂 您说那位法国贵族勒滂先生怎样?

鲍 既然上帝造下他来,就算他是个人吧。凭良心说,我知道讥笑人家是一桩罪过,可是他! 吓! 他的马比奈泊尔斯亲王那一头好一点,他的皱眉头的坏脾气也胜过那位巴拉庭伯爵。什么人的坏处他都有一点,可是一点没有自己的特色;听见画眉鸟唱歌,他就会手舞足蹈;见了自己的影子,也会跟它比剑。我倘然嫁给他,等于嫁给二十个丈夫。要是他瞧不起我,我会原谅他,因为即使他爱我爱到发狂,我也是永远不会报答他的。

聂 那么您说那个英国的少年男爵,福根勃立琪呢?

鲍 你知道我没有对他说过一句话,因为我的话他听不懂,他的话我也听不懂;他不会说拉丁话,法国话,意大利话,至于我的英国话程度的高明,你是可以替我出席法庭作证的。他的模样倒还长得不错,可是唉! 谁高兴跟一个哑巴子做手势谈话呀? 他的装束多么古怪! 我想他的紧身衣是在意大利买的,他的长统袜是在法国买的,他的软帽是在德国买的,至于他的行为举止,那是他从四方八处学得来的。

聂 您觉得他的邻居,那位苏格兰贵族怎样?

鲍 他很懂得礼尚往来的睦邻之道,因为那个英国人曾经赏给他一记耳括子,他就发誓说一有机会,立即奉还;我想那法国人是他的保人,他已经签署契约,声明将来加倍报偿哩。

聂 您看那位德国少爷,撒克逊公爵的侄子怎样?

鲍 他在早上清醒的时候,就已经很坏了,一到下午喝醉了酒,尤其坏透;当他顶好的时候,叫他是个人还有点不够资格,当他顶坏的时候,他简直比畜生好不了多少。要是最不幸的祸事降临到我身上,我也希望永远不要跟他在一起。

聂 要是他要求选择,结果居然给他选中了预定的匣子,那时候您倘然拒绝嫁给他,那不是违背了老太爷的遗命了吗?

鲍 为了预防万一起见,所以我要请你替我在错误的匣子上放好一杯满满的莱茵河葡萄酒;要是魔鬼在他的心里,诱惑在他的面前,我相信他一定会选了那一只匣子的。什么事情我都愿意做,聂莉莎,只要不让我嫁给一个酒鬼。

聂 小姐,您放心吧,您再也不会嫁给这些贵人中间的任何一个的。他们已经把他们的决心告诉了我,说除了您父亲所规定的用选择匣子决定去取的办法以外,要是他们不能用别的方法取得您的应允,那么他们决定动身回国,不再麻烦您了。

鲍 要是没有人愿意照我父亲的遗命把我娶去,那么即使我活到一千岁,也只好终身不字。我很高兴这一群求婚者都是这么懂事,因为他们中间没有一个人我不是唯望其速去的;求上帝赐给他们一路顺风吧!

聂 小姐,您还记不记得,当老太爷在世的时候,有一个跟着蒙脱佛拉侯爵到这儿来的才兼文武的威尼斯人?

鲍 是的,是的,那是巴散尼奥;我想这是他的名字。

聂 正是,小姐;照我这双痴人的眼睛看起来,他是一切男子中间最值得匹配一位佳人的。

鲍 我很记得他,他果然值得你的夸奖。

【一仆人上。

鲍 啊! 什么事?

仆 小姐,那四位客人要来向您告别;另外还有第五位客人,摩洛哥亲王,差了一个人先来报信,说他的主人亲王殿下今天晚上就要到这儿来了。

鲍 要是我能够竭诚欢迎这第五位客人,就像我竭诚欢送那四位客人一样,那就好了。假如他有圣人般的德性,偏偏生着一副魔鬼样的面貌,那么与其让他做我的丈夫,还不如让他听我的忏悔。来,聂莉莎。正是垂翅狂蜂方出户,寻芳浪蝶又登门。(同下)

第三场 威尼斯;广场

【巴散尼奥及夏洛克上。

夏 三千块钱,嗯?

巴 是的，大叔，三个月为期。

夏 三个月为期，嗯？

巴 我已经对你说过了，这一笔钱可以由安东尼奥签立借据。

夏 安东尼奥签立借据，嗯？

巴 你愿意帮助我吗？你愿意应承我吗？可不可以让我知道你的答复？

夏 三千块钱，借三个月，安东尼奥签立借据。

巴 你的答复呢？

夏 安东尼奥是个好人。

巴 你有没有听见人家说过他不是个好人？

夏 啊，不，不，不，不；我说他是个好人，我的意思是说他是个有身家的人。可是他的财产却还有些问题：他有一艘商船开到特里坡利斯，另外一艘开到印度群岛，我在交易所里还听人说起，他有第三艘船在墨西哥，第四艘到英国去了，此外还有遍布在海外各国的买卖。可是船不过是几块木板钉起来的东西，水手也不过是些血肉之躯；岸上有旱老鼠，水里也有水老鼠，有陆地的强盗，也有海上的强盗，还有风波礁石各种的危险。不过虽然这么说，他这个人是靠得住的。三千块钱，我想我可以接受他的契约。

巴 你放心吧，不会有错的。

夏 我一定要放了心才敢把债放出去，所以还是让我再考虑考虑吧。我可不可以跟安东尼奥谈谈？

巴 不知道你愿不愿意陪我们吃一顿饭？

夏 是的，叫我去闻猪肉的味道，吃你们那拿撒勒先知[①]把魔鬼赶进去的脏东西的身体！我可以跟你们做买卖，讲交易，谈天散步，以及诸如此类的事情，可是我不能陪你们吃东西喝酒做祷告。交易所里有些什么消息？那边来的是谁？

【安东尼奥上。

① 拿撒勒先知即耶稣。——译者

巴　这位就是安东尼奥先生。

夏　(*旁白*)他的样子多么像一个摇尾乞怜的税吏！我恨他因为他是个基督徒，可是尤其因为他是个傻子，借钱给人不取利钱，把咱们在威尼斯城里放债的这一行的利息都压低了。要是我有一天抓住他的把柄，一定要痛痛快快地向他报复我的深仇宿怨。他憎恶我们神圣的民族，甚至在商人会集的地方当众辱骂我，辱骂我的交易，辱骂我辛辛苦苦赚下来的钱，说那些都是盘剥得来的腌臜钱。要是我饶过了他，让我们的民族永远没有翻身的日子！

巴　夏洛克，你听见吗？

夏　我正在估计我手头的现款，照我大概记得起来的数目，要一时凑足三千块钱，恐怕办不到。可是那没有关系，我们族里有一个犹太富翁杜拔尔，可以供给我必要的数目。且慢！您打算借几个月？(*向安*)您好，好先生；那一阵好风把尊驾吹了来啦？

安　夏洛克，虽然我跟人家互通有无，从来不讲利息，可是为了我的朋友的急需，这回我要破一次例。(*向巴*)他有没有知道你需要多少？

夏　嗯，嗯，三千块钱。

安　三个月为期。

夏　我倒忘了，正是三个月，您对我说过的。好，您的借据呢？让我瞧一瞧。可是听着，好像您说您从来借钱不讲利息。

安　我从来不讲利息。

夏　当雅谷替他的舅父拉班牧羊的时候①——这个雅谷是我们圣祖亚伯兰的后裔，他的聪明的母亲设计使他做第三代的族长，是的，他是第三代——

安　为什么说起他呢？他也是取利息的吗？

夏　不，不是取利息，不是像你们所说的那样直接取利息。听好雅谷用些什么手段：拉班跟他约定，生下来的小羊凡是有条纹斑点的，都归雅

---

① 见《旧约·创世纪》。——译者

谷所有，作为他的牧羊的酬劳；到晚秋的时候，那些母羊因为淫情发动，跟公羊交合，这个狡狯的牧人就乘着这些毛畜正在进行传种工作的当儿，削好了几根木棒，插在淫浪的母羊的面前，它们这样怀下了孕，一到生产的时候，产下的小羊都是有斑纹的，所以都归雅谷所有。这是致富的妙法，上帝也祝福他；只要不是偷窃，会打算盘总是好事。

安 雅谷虽然幸而获中，可是这也是他按约应得的酬报；上天的意旨成全了他，却不是出于他自己的力量。你提起这一件事，是不是要证明取利息是一件好事？还是说金子银子就是你的公羊母羊？

夏 这我倒不能说；我只是叫它像母羊生小羊一样地快快生利息。可是先生，您听我说。

安 你听，巴散尼奥，魔鬼也会引证《圣经》来替自己辩护哩。一个指着神圣的名字作证的恶人，就像一个脸带笑容的奸徒，又像一只外观美好中心腐烂的苹果。唉，奸伪的表面是多么动人！

夏 三千块钱，这是一笔可观的整数。一年除去三个月①，让我看看利钱应该有多少。

安 好，夏洛克，我们可不可以仰仗你这一次？

夏 安东尼奥先生，好多次您在交易所里骂我，说我盘剥取利，我总是忍气吞声，耸耸肩膀，没有跟您争辩，因为忍受迫害，本来是我们民族的特色。您骂我异教徒，杀人的狗，把唾沫吐在我的犹太长袍上，只因为我用我自己的钱博取几个利息。好，看来现在是您要来向我求助了；您跑来见我，您说，“夏洛克，我们要几个钱；”您这样对我说。您把唾沫吐在我的胡子上，用您的脚踢我，好像我是您门口的一条野狗一样；现在您却来问我要钱，我应该怎样对您说呢？我要不要这样说，“一条狗会有钱吗？一条恶狗能够借人三千块钱吗？”或者我应不应该弯下身子，像一个奴才似地低声下气，恭恭敬敬地说，“好先生，

---

① 此处原文是：Three months from twelve，意为“十二个月中的三个月”，译为“一年除去三个月”似有缺疵。——编者

您在上星期三用唾沫吐在我身上；有一天您用脚踢我；还有一次您骂我狗；为了报答您的这许多恩典，所以我应该借给您这么些钱吗？”

安 我巴不得再这样骂你唾你踢你。要是你愿意把这钱借给我，不要把它当作借给你的朋友，——那有朋友之间通融几个臭钱也要斤斤较量地计算利息的道理？——你就把它当作借给你的仇人吧；倘使我失了信用，你尽管拉下脸来，照约处罚就是了。

夏 嗳哟，瞧您生这么大的气！我愿意跟您交个朋友，大家要要好好的；您从前加在我身上的种种羞辱，我愿意完全忘掉；您现在需要多少钱，我愿意如数供给您，而且不要您一个子儿的利息；可是您却不愿意听我说下去。我这完全是一片好心哩。

安 这倒果然是一片好心。

夏 我要叫你们看看我到底是不是一片好心。跟我去找一个公证人，就在那儿签好了约；我们不妨开个顽笑，在约里载明要是您不能按照约中所规定的条件，在什么日子什么地点，还给我一笔什么数目的钱，就得随我的意思，在您身上的任何部分割下一磅白肉，作为处罚。

安 很好，就是这么办吧；我愿意签下这样一张约，还要对人家说这个犹太人的心肠倒不坏呢。

巴 我宁愿安守贫困，不能让你为了我的缘故签这样的约。

安 老兄，你怕什么；我决不会受罚的。就在这两个月之内，离开这约的满期还有一个月，我就可以有十倍这借款的数目进门。

夏 亚伯兰老祖宗啊！瞧这些基督徒因为自己待人刻薄，所以疑心人家对他们不怀好意。请您告诉我，要是他到期不还，我照着约上规定的条款向他执行处罚了，那对我又有什么好处？从人身上割下来的一磅肉，它的价值可以比得上一磅羊肉，牛肉，或是山羊肉吗？我为了要博得他的好感，所以才向他买这样一个交情；要是他愿意接受我的条件，很好；否则也就算了。千万请你们不要误会了我这一番诚意。

安 好，夏洛克，我愿意签约。

夏 那么就请您先到公证人的地方等我，告诉他这一张游戏的契约怎样写法；我就去马上把钱凑起来，还要回到家里去瞧瞧，让一个靠不住的奴才看守着门户，有点放心不下；然后我立刻就来瞧您。

安　那么你去吧，善良的犹太人。（夏下）这犹太人快要变做基督徒了，他的心肠变好多啦。

巴　我不喜欢口蜜腹剑的人。

安　好了好了，这又有什么要紧？再过两个月，我的船就要回来了。（同下）

第二幕

第一场　贝尔蒙脱；鲍细霞家中一室

【喇叭吹花腔。摩洛哥亲王率侍从；鲍细霞、聂莉莎及婢仆等同上。

摩　不要因为我的肤色而憎厌我；我是骄阳的近邻，我这一身黝黑的制服，便是它的威焰的赐予。给我到终年不见阳光，冰山雪柱的极北，找一个最白皙皎好的人来，让我们刺血察验对您的爱情，看看究竟是他的血红还是我的血红。我告诉你，小姐，我这副容貌曾经吓破了勇士的肝胆；可是凭着我的爱情起誓，我们国土里最有声誉的少女也曾为它害过相思。我不愿更变我的肤色，除非为了取得您的欢心，我的温柔的女王！

鲍　讲到选择这一件事，我倒并不单单凭信一双善于挑剔的少女的眼睛；而且我的命运由抽签决定，自己也没有任意去取的权力；可是我的父亲倘不曾用他的远见把我束缚住了，使我只能委身于按照他所规定的方法赢得我的男子，那么您，声名卓著的王子，您的容貌在我的心目之中，并不比我所已经看到的那些求婚者有什么逊色。

摩　单是您这一番美意，已经使我万分感激了；所以请您带我去瞧瞧那几个匣子，试一试我的命运吧。凭着这一柄曾经手刃波斯王，并且使一个三次战败苏里曼苏丹的波斯王子授首的宝剑起誓，我要瞪眼吓退世间最狰狞的猛汉，跟全世界最勇武的壮士比赛胆量，从母熊的胸前夺下哺乳的小熊；当一头饿狮咆哮攫食的时候，我要向它揶揄侮弄，为了要博得你的垂青，小姐。可是唉！即使像赫邱里斯那样的盖世英雄，要是跟他的奴仆赌起骰子来，也许他的运气还不如一个下贱之人；我现在听从着盲目的命运的指挥，也许结果终于失望，眼看着一个不如我的人把我的意中人挟走，而自己在悲哀中死去。

鲍　您必须信任命运，或者死了心放弃选择的尝试，或者当您开始选择以前，先立下一个誓言，要是选得不对，终身不再向任何女子求婚；所以还是请您考虑考虑吧。

摩　我的主意已决，不必考虑了；来，带我去试我的运气吧。

鲍　第一先到教堂里去；吃过了饭，您就可以试试您的命运。

摩　好，成功失败，在此一举！正是不挟美人归，壮士无颜色。（吹喇叭；众下）

第二场　威尼斯；街道

【朗西洛脱·高波上。

朗　要是我从我的主人这个犹太人的家里逃走，我的良心是一定要责备我的。可是魔鬼拉着我的臂膀，引诱着我，对我说，“高波，朗西洛脱·高波，好朗西洛脱，拔起你的腿来，开步，走！”我的良心说，“不，留心，老实的朗西洛脱；留心，老实的高波；”或者就是这么说，“老实的朗西洛脱·高波，别逃跑；用你的脚跟把逃跑的念头踢得远远的。”好，那个大胆的魔鬼却劝我卷起铺盖滚蛋：“去呀！”魔鬼说，“去呀！看在老天的面上，提起勇气来，跑吧！”好，我的良心挽住我心里的脖子，很聪明地对我说，“朗西洛脱，我的老实朋友，你是一个老实人的儿子，”——或者还不如说一个老实妇人的儿子，因为我的父亲的确有点儿不大那个，有点儿很丢脸的坏脾气；——好，我的良心说，“朗西洛脱，别动！”魔鬼说，“动！”我的良心说，“别动！”“良心，”我说，“你说得不错;”“魔鬼,”我说,“你说得有理。”要是听良心的话,我就应该留在我的主人那犹太人家里,上帝恕我这样说,他也是一个魔鬼;要是从犹太人的地方逃走,那么我就要听从魔鬼的话,对不住,他本身就是魔鬼。可是我说,那犹太人一定就是魔鬼的化身;凭良心说话,我的良心劝我留在犹太人地方,未免良心太狠。还是魔鬼的话说得像个朋友。我要跑,魔鬼;我的脚跟听从着你的指挥;我一定要逃跑。

【老高波携篮上。

高 年青的先生,请问一声,到犹太老爷的家里是怎么去的?

朗 (旁白)天啊! 这是我的亲生的父亲,他的眼睛因为有八九分盲,所以不认识我。待我把他戏弄一下。

高 年青的少爷先生,请问一声,到犹太老爷的家里是怎么去的?

朗 你在转下一个弯的时候,望右手转过去;临了一次转弯的时候,望左手转过去;再下一次转弯的时候,什么手也不用转,曲曲弯弯地转下去,就转到那犹太人的家里了。

高 哎哟,这条路可不容易走哩! 您知道不知道有一个住在他家里的朗西洛脱,现在还在不在他家里?

朗 你说的是朗西洛脱少爷吗?(旁白)瞧着我吧,现在我要诱他流起眼泪来了。——你说的是朗西洛脱少爷吗?

高 不是什么少爷,先生,他是一个穷人的儿子;他的父亲,不是我说一句,是个老老实实的穷光蛋,多谢上帝,他还活得好好儿的。

朗 好,不要管他的父亲是个什么人,咱们讲的是朗西洛脱少爷。

高 他是您少爷的朋友,他就叫朗西洛脱。

朗 对不住,老人家,所以我要问你,你说的是朗西洛脱少爷吗?

高 是朗西洛脱,少爷。

朗 所以就是朗西洛脱少爷。老人家,你别提起朗西洛脱少爷啦;因为这位年青的少爷,根据天命气数鬼神一类阴阳怪气的说法,是已经去世啦,或者说得明白一点,是已经归天啦。

高 哎哟,天哪! 这孩子是我老年的拐杖,我的唯一的靠傍哩。

朗 （旁白）我难道像一根棒儿，或是一根柱子吗？——爸爸，您不认识我吗？

高 唉，我不认识您，年青的少爷；可是请您告诉我，我的孩子，——上帝安息他的灵魂！——究竟是活着还是死了？

朗 您不认识我吗，爸爸？

高 唉，少爷，我是个瞎子，我不认识您。

朗 嗷，真的，您就是眼睛明亮，也许会不认识我，只有聪明的父亲才会知道他自己的儿子。好，老人家，让我告诉您关于您儿子的消息吧。请您给我祝福；真理总会显露出来，杀人的凶手总会给人捉住；儿子虽然会暂时躲了过去，事实到临了总是瞒不过的。

高 少爷，请您站起来。我相信您一定不会是朗西洛脱，我的孩子。

朗 废话少说，请您给我祝福：我是朗西洛脱，从前是您的孩子，现在是您的儿子，将来也还是您的小子。

高 我不能想象您是我的儿子。

朗 那我倒不知道应该怎样想法；可是我的确是在犹太人家里当仆人的朗西洛脱，我也相信您的妻子玛葛蕾就是我的母亲。

高 她的名字果真是玛葛蕾。你倘然真的就是朗西洛脱，那么你是我的亲生血肉了。上帝果然灵圣！你长了多长的一把胡子啦！你脸上的毛，比我那拖车子的马儿道平尾巴上的毛还多呐！

朗 这样看起来，那么道平的尾巴一定是越长越短的；我还清楚记得，上一次我看见它的时候，它尾巴上的毛比我脸上的毛多得多哩。

高 上帝啊！你多么变了样子啦！你跟主人合得来吗？我给他带了点儿礼物来了。你们现在合得来吗？

朗 合得来，合得来；可是从我自己这一方面讲，我既然已经决定逃跑，那么非到跑走了一程路之后，我是决不会停止下来的。我的主人是个十足的犹太人；给他礼物！还是给他一根上吊的绳子吧。我替他做事情，把个身体都饿瘦了；您可以用我的肋骨摸出我的每一条手指来。爸爸，您来了我很高兴。把您的礼物送给一位巴散尼奥大爷吧，他是会赏漂亮的新衣服给用人穿的。我要是不能服侍他，我宁愿跑到地球的尽头去。啊，运气真好！正是他来了。到他跟前去，爸爸。我要是再继续服侍这个犹太人，连我自己都要变做犹太人了。

【巴散尼奥率里奥那陀及其他从者上。

巴 你们就这样做吧，可是要赶快点儿，晚饭顶迟必须在五点钟预备好。这几封信替我分别送出；叫裁缝把制服做起来；回头再请葛莱西安诺立刻到我的寓所里来。（一仆下）

朗 上去，爸爸。

高 上帝保佑大爷！

巴 谢谢。你有什么事？

高 大爷，这一个是我的儿子，一个苦命的孩子，——

朗 不是苦命的孩子，大爷，我是犹太富翁的跟班；不瞒大爷说，我想要——我的父亲可以给我证明，——

高 大爷，正像人家说的，他一心一意地想要侍候——

朗 总而言之一句话，我本来是伺候那个犹太人的，可是我很想要——我的父亲可以给我证明——

高 不瞒大爷说，他的主人跟他有点儿意见不合，——

朗 干脆一句话，实实在在说，这犹太人欺侮了我，他叫我——我的父亲是个老头子，我希望他可以替我向您证明，——

高 我这儿有一盘烹好的鸽子送给大爷，我要请求大爷一件事，——

朗 废话少说，这请求是关于我的事情，这位老实的老人家可以告诉您；不是我说一句，我这父亲虽然是个老头子，却是个苦人儿。

巴 让一个人说话。你们究竟要什么？

朗 侍候您，大爷。

高 正是这一件事，大爷。

巴 我认识你；我可以答应你的要求；你的主人夏洛克今天曾经向我说起，要把你举荐给我。可是你不去侍候一个有钱的犹太人，反要来做一个穷绅士的跟班，恐怕没有什么好处吧。

朗 大爷,一句老古话刚好说着我的主人夏洛克跟您:他有的是钱,您有的是上帝的恩惠。

巴 你说得很好。老人家,你带着你的儿子,先去向他的旧主人告别,然后再来打听我的住址。(**向侍从**)给他做一身比别人格外鲜艳一点的制服,不可有误。

朗 爸爸,进去吧。我不能得到一个好差使吗?我生了嘴不会说话吗?好,(**视手掌**)要是在意大利有谁生得一手比我还要好的掌纹,我一定会交好运的。好,这儿是一条笔直的寿命线;这儿有不多几个老婆;唉!十五个老婆算得什么,十一个寡妇,再加上九个黄花闺女,对于一个男人也不算太多啊。还要三次溺水不死,有一次几几乎在一张天鹅绒的床边送了性命,好险呀好险!好,要是命运之神是个女的,她倒是个很好的娘儿。爸爸,来,我要用一霎眼的功夫向那犹太人告别。(**朗西洛脱及老高波下**)

巴 好里奥那陀,请你记好,这些东西买到以后,把它们安排停当,就赶紧回来,因为我今晚要宴请我的最有名望的相识;快去吧。

里 我一定给您尽力办去。

【**葛莱西安诺上。**

葛 你家主人呢?

里 他就在那边走着,先生。(**下**)

葛 巴散尼奥大爷!

巴 葛莱西安诺!

葛 我要向您提出一个要求。

巴 我答应你。

葛 您不能拒绝我,我一定要跟您到贝尔蒙脱去。

巴 啊,那么我只好让你去了。可是听着,葛莱西安诺,你这个人太随便,太不拘礼节,太爱高声说话了;这几点本来对于你是再合适不过的,在我们的眼睛里也不以为嫌,可是在陌生人的地方,那就好像有点儿放肆啦。请你千万留心在你的活泼的天性里尽力放进几分冷静进去，否则人家见了你这样狂放的行为，也许会对我发生误会，害我不能达到我的希望。

葛 巴散尼奥大爷，听我说。我一定会装出一副安详的态度，说起话来恭而敬之，难得赌一两句咒，口袋里放一本祈祷书，脸孔上堆满了庄严；不但如此，在念食前祈祷的时候，我还要把帽子拉下来遮住我的眼睛，叹一口气，说一句"阿们"；我一定遵守一切礼仪，就像人家有意装得循规蹈矩，去讨他老祖母的欢喜一样。要是我不照这样的话做去，您以后不用相信我好了。

巴 好，我们倒要瞧瞧你装得像不像。

葛 今天晚上可不算；您不能按照我今天晚上的行动来判断我。

巴 不，那未免太杀风景了。我倒要请你今天晚上痛痛快快地欢畅一下，因为我已经跟几个朋友约定，大家都要尽兴狂欢。现在我还有点事情，等会儿见。

葛 我也要去找罗伦佐跟还有那些人；晚饭的时候我们一定来看您。（各下）

第三场　同前；夏洛克家中一室

【吉雪加及朗西洛脱上。

吉 你这样离开我的父亲，使我很不高兴；我们这个家是一座地狱，幸亏有你这淘气的小鬼，多少解除了几分闷气。可是再会吧，朗西洛脱，这一块钱你且拿了去；你在晚饭的时候，可以看见一位叫做罗伦佐的，是你新主人的客人，这封信你替我交给他，留心别让旁人看见。现在你快去吧，我不敢让我的父亲瞧见我跟你谈话。

朗 再见！眼泪哽住了我的舌头。顶美丽的异教徒，顶温柔的犹太人！倘不是一个基督徒跟你母亲私通，生了你下来，就算我有眼无珠。再会吧！这些傻气的泪点，快要把我的男子气概都淹沉啦。再见！

吉 再见，好朗西洛脱。（朗下）唉，我真是罪恶深重，竟会羞于做我父亲的孩子！可是虽然我在血统上是他的女儿，在行为上却不是他的女

儿。罗伦佐啊！你要是能够守信不渝，我将要结束我的内心的冲突，皈依基督教，做你的亲爱的妻子。（下）

第四场　同前；街道

【葛莱西安诺、罗伦佐、撒拉林诺、萨兰尼奥同上。

罗　不，咱们就在吃晚饭的时候溜了出去，在我的寓所里化装好了，只消一点钟功夫就可以把事情办好回来。

葛　咱们还没有好好儿准备过呢。

撒　咱们还没有提到过拿火炬的人。

萨　那一定要经过一番训练，否则叫人瞧着笑话；依我看来，还是不用了吧。

罗　现在还不过四点钟；咱们还有两个钟点可以准备起来。

【朗西洛脱持函上。

罗　朗西洛脱朋友，你带了什么消息来了？

朗　请您把这封信拆开来，好像它就会告诉您的。

罗　我认识这笔迹；这几个字写得真好看；写这封信的那双手，是比这信纸还要洁白的。

葛　一定是情书。

朗　大爷，小的告辞了。

罗　你还要到那儿去？

朗　呃，大爷，我要去请我的旧主人犹太人今天晚上陪我的新主人基督徒吃饭。

罗　慢着，这几个钱赏给你；你去回复温柔的吉雪加，我不会误她的约；留心说话的时候别给旁人听见。各位，去吧。（朗下）你们愿意去准备今天晚上的假面跳舞会吗？我已经有了一个拿火炬的人了。

撒　是，我立刻就去准备起来。

萨　我也就去。

罗　再过一点钟左右，咱们大家在葛莱西安诺的寓所里相会。

撒　很好。（撒、萨同下）

葛　那封信不是吉雪加写给你的吗？

罗　我必须把一切都告诉你。她已经教我怎样带着她逃出她父亲的家里，告诉我她随身带了多少金银珠宝，已经准备好怎样一身小僮的服装。要是她的父亲那个犹太人有一天会上天堂，那一定因为上帝看在他善良的女儿面上特别开恩；恶运再也不敢侵犯她，除非因为她的父亲是一个奸诈的犹太人。来，跟我一块儿去；你可以一边走一边读这封信。美丽的吉雪加将要替我拿着火炬。（同下）

第五场　同前；夏洛克家门前

【夏洛克及朗西洛脱上。

夏　好，你就可以知道，你就可以亲眼瞧瞧夏洛克老头子跟巴散尼奥有什么不同啦。——喂，吉雪加！——我家里容得你狼吞虎咽，别人家里是不许你这样放肆的；——喂，吉雪加！——还让你睡觉打鼾，把衣服胡乱撕破；——喂，吉雪加！

朗　喂，吉雪加！

夏　谁叫你喊的？我没有叫你喊呀。

朗　您老人家不是常常怪我一定要等人家吩咐了才会做事吗？

【吉雪加上。

吉　您叫我吗？有什么吩咐？

夏　吉雪加，人家请我去吃晚饭；这儿是我的钥匙，你好生收管着。可是我去干么呢？人家又不是真心邀请我，他们不过拍拍我的马屁而已。可是我因为恨他们，倒要去这一趟，受用受用这个浪子基督徒的酒食。吉雪加，我的孩子，留心照看门户。我实在有点不愿意去；昨天晚上我做梦看见钱袋，恐怕不是个吉兆。

朗　老爷，请您一定去；我家少爷在等着您赏光呢。

夏　我也在等着他赏我一记耳光哩。

朗　他们已经商量好了；我并不说您可以看到一场假面跳舞，可是您要是果然看到了,那就怪不得我在上一个黑耀日早上六点钟会流起鼻血来啦[①],那一年正是在圣灰节[②]星期三第四年的下午。

夏 怎么!还有假面跳舞吗?听好,吉雪加,把家里的门锁上了;听见鼓声和弯笛子的怪叫声音,不许爬到窗槅子上张望,也不要伸出头去,瞧那些脸上涂得花花绿绿的傻基督徒们打街道上走过。所有的窗都给我关起来,别让那些无聊的胡闹的声音钻进我的清静的屋子里。凭着雅谷的牧羊杖发誓,我今晚真有点不想出去参加什么宴会。可是就去这一次吧。小子,你先回去,说我就来了。

朗 那么我先去了,老爷。小姐,留心看好窗外;"跑来一个基督徒,不要错过好姻缘。"(下)

夏 嘿,那个夏甲的傻瓜后裔[③]说些什么?

吉 没有说什么,他只是说,"再会,小姐。"

夏 这蠢才人倒还好,就是食量太大;做起事来,慢吞吞像条蜗牛一般;白天睡觉的本领,比野猫还胜过几分;我家里可容不得懒惰的黄蜂,所以才打发他走了,让他去跟着那个靠借债过日子的败家精,正好帮他消费。好,吉雪加,进去吧;也许我一会儿就回来。记住我的话,把门儿随手关了。"缚得牢,跑不了",这是一句千古不磨的至理明言。(下)

吉 再会;要是我的命运不跟我作梗,那么我将要失去一个父亲,你也要失去一个女儿了。(下)

---

① 黑耀日(Black-Monday)即复活节礼拜一。事指1360年4月14日复活节礼拜一,英王爱德华三世进攻巴黎,正值暴风雨,兵士多冻死。流鼻血为不吉之兆,故云。——编者

② 圣灰节,复活节前7周(即前第40天)。在圣灰节,人们会洒灰于头顶或衣服上,以表明忏悔和悔改。——编者

③ 夏甲(Hagar),为犹太人始祖亚伯拉罕的正妻撒拉的婢女,撒拉因无子劝亚伯拉罕纳为次妻;夏甲生子后,遭撒拉之妒,与其子并遭斥逐。见《旧约·创世纪》。此处所云"夏甲后裔",系表示"贱种"之意。——译者

第六场　同前

【葛莱西安诺及撒拉林诺戴假面同上。

葛　这儿屋檐下便是罗伦佐叫我们守望的地方。

撒　他约定的时间快要过去了。

葛　他会迟到真是件怪事，因为恋人们总是赶在时钟的前面的。

撒　啊！维纳斯的鸽子飞去缔结新欢的盟约，比之履行旧日的诺言，总是要快上十倍。

葛　那是一定的道理。谁在席终人散以后，他的食欲还像初入座时候那么强烈？那一匹马在冗长的归途上，会像它起程时那么长驱疾驰？世间的任何事物，追求时候的兴致总要比享用时候的兴致浓烈。一艘新下水的船只扬帆出港的当儿，多么像一个娇养的少年，给那轻狂的风儿爱抚搂抱！可是等到它回来的时候，船身已遭风日的侵蚀，船帆也变成了百结的破衲，它又多么像一个落魄的浪子，给那轻狂的风儿肆意欺凌！

撒　罗伦佐来啦；这些话你留着以后再说吧。

【罗伦佐上。

罗　两位好朋友，累你们久等了，对不起得很；实在是因为我有点事情，急切里抽身不出。等你们将来也要偷妻子的时候，我一定也替你们守这么些时候。过来，这儿就是我的犹太岳父所住的地方。喂！里面有人吗？

【吉雪加男装自上方上。

吉　你是那一个？我虽然认识你的声音，可是为了免得错认了人，请你把名字告诉我。

罗　我是罗伦佐，你的爱人。

吉　你果然是罗伦佐，也的确是我的爱人，谁会使我爱得像你一样呢？罗伦佐，除了你之外，谁还知道我究竟是不是属于你的？

罗　上天和你的思想，都可以证明你是属于我的。

吉　来，把这匣子接住了，你拿了去大有好处的。幸亏在夜里，你瞧不见我，我改扮成这个怪样子，怪不好意思哩。可是恋爱是盲目的，恋人们瞧不见他们自己所干的傻事；要是他们瞧得见的话，那么邱必特瞧见我变成一个男孩子，也会脸红起来哩。

罗　下来吧，你必须替我拿着火炬。

吉　怎么！我必须拿着烛火，照亮自己的羞耻吗？像我这样子，已经太轻狂了，应该遮掩遮掩才是，怎么反而要在别人面前露脸？

罗　亲爱的，你穿上这一身漂亮的男孩子衣服，人家不会认出你来的。快来吧，夜色已经在不知不觉中深了起来，巴散尼奥在等着我们去赴宴呢。

吉　让我把门窗关好，再收拾些银钱带在身边，然后立刻就来。（自上方下）

葛　凭着我的头巾发誓，她真是个基督徒，不是个犹太人。

罗　我从心底里爱着她。要是我有判断的能力，那么她是聪明的；要是我的眼睛没有欺骗我，那么她是美貌的；她已经替自己证明她是忠诚的；像她这样又聪明，又美丽，又忠诚，怎么不叫我把她永远放在自己的灵魂里呢？

【吉雪加上。

罗　啊，你来了吗？朋友们，走吧！我们的舞侣们现在一定在那儿等着我们了。（罗、吉、撒同下）

【安东尼奥上。

安　那边是谁？

葛　安东尼奥先生！

安　咦，葛莱西安诺！还有那些人呢？现在已经九点钟啦，我们的朋友们大家在那儿等着你们。今天晚上的假面跳舞会取消了；风势已转，巴散尼奥就要立刻上船。我已经差了二十个人来找你们了。

葛　那好极了；我巴不得今天晚上就开船出发。（同下）

第七场　贝尔蒙脱；鲍细霞家中一室

【喇叭吹花腔；鲍细霞及摩洛哥亲王各率侍从上。

鲍　去把帐幕揭开，让这位尊贵的王子瞧瞧那几个匣子。现在请殿下自己选择吧。

摩　第一只匣子是金的，上面刻着这几个字："谁选择了我，将要得到众人所希求的东西。"第二只匣子是银的，上面刻着这样的约许："谁选择了我，将要得到他所应得的东西。"第三只匣子是用沉重的铅打成的，上面刻着像铅一样冷酷的警告："谁选择了我，必须准备把他所有的一切作为牺牲。"我怎么可以知道我选得错不错呢？

鲍　这三只匣子中间，有一只里面藏着我的小像；您要是选中了那一只，我就是属于您的了。

摩　求神明指示我！让我看；我且先把匣子上面刻着的字句再推敲一遍。这一个铅匣子上面说些什么？"谁选择了我，必须准备把他所有的一切作为牺牲。"必须准备牺牲，为什么？为了铅吗？为了铅而牺牲一切吗？这匣子说的话儿倒有些吓人。人们为了希望得到重大的利益，才会不惜牺牲一切；一颗贵重的心，决不会屈躬俯就鄙贱的外表；我不愿为了铅的缘故而作任何的牺牲。那个色泽皎洁的银匣子上面说些什么？"谁选择了我，将要得到他所应得的东西。"得到他所应得的东西！且慢，摩洛哥，把你自己的价值作一下公正的估计吧。照你自己判断起来，你应该得到很高的评价，可是也许凭着你这几分长处，还不配娶到这样一位小姐；然而我要是疑心我自己不够资格，那未免太小看自己了。得到我所应得的东西！当然那就是指这位小姐而说的；讲到家世，财产，人品，教养，我在那一点上配不上她？可是超乎这一切之上，凭着我这一片深情，也就应该配得上她了。那么我不必迟疑，就选了这一个匣子吧。让我再瞧瞧那金匣子上说些什么话："谁选择了我，将要得到众人所希求的东西。"啊，那正是这位小姐了；整个儿的世界都希求着她，从地球的四角他们迢迢而来，顶礼这位尘世的仙真：赫堪尼亚的沙漠和广大的阿拉伯的辽阔的荒野，现在已经成为各国王子们前来瞻仰美貌的鲍细霞的通衢大道；把唾沫吐在天庭面上的傲慢不逊的海洋，也不能阻止外邦的远客，他们越过汹涌的波涛，就像跨过一条小河一样，为了要看一看鲍细霞的绝世姿容。在这三只匣子中间，有一只里面藏着她的天仙似的小像。难道那铅匣子里会藏着她吗？想起这样一个卑劣的思想，就是一种亵渎。那么她是会藏在那价值只及纯金十分之一的银匣子里面吗？啊，罪恶的思想！这样一颗珍贵的珠宝，决不会装在比金子低贱的匣子里。把钥匙交给我，我已经选定了，但愿我的希望能够成就！

鲍 亲王，请您拿着这钥匙；要是这里边有我的小像，我就是您的了。（摩开金匣）

摩 哎哟，该死！这是什么？一个死人的骷髅，那空空的眼眶里藏着一张有字的纸卷。让我读一读上面写着什么。

“发闪光的不全是黄金，
古人的说话没有骗人；
多少世人出卖了一生，
不过看到了我的外形，
蛆虫占据着镀金的坟。
你要是又大胆又聪明，
手脚壮健，见识却老成，
就不会得到这样回音：
再见，劝你冷却这片心。”

冷却这片心；真的是枉费辛劳！
永别了，热情！欢迎，凛冽的寒飚！
再见，鲍细霞！悲伤塞满了心胸，
莫怪我这败军之将去得匆匆。（率侍从下；喇叭吹花腔）

鲍 他去得倒还知趣。把帐幕拉下。但愿像他一样肤色的人，都像他一样选不中。（同下）

第八场　威尼斯；街道

【撒拉林诺及萨兰尼奥上。

撒　啊，朋友，我看见巴散尼奥开船，葛莱西安诺也跟他同船去；我相信罗伦佐一定不在他们船里。

萨　那个犹太恶人大呼小叫地吵到公爵那儿去，公爵已经跟着他去搜巴散尼奥的船了。

撒　他去迟了一步，船已经开出。可是有人告诉公爵，说他们曾经看见罗伦佐跟他的多情的吉雪加在一艘平底船里；而且安东尼奥也向公爵证明他们并不在巴散尼奥的船上。

萨　那犹太狗在街上一路乱叫乱喊，"我的女儿！啊，我的银钱！啊，我的女儿！跟一个基督徒逃走啦！啊，我的基督徒的银钱！公道啊！法律啊！我的银钱，我的女儿！一袋封好的，两袋封好的银钱，给我的女儿偷去了！还有珠宝！两颗宝石，两颗珍贵的宝石，都给我的女儿偷去了！公道啊！把那女孩子找出来！她身边带着宝石，还有银钱。"

撒　威尼斯城里所有的小孩子们，都跟在他背后，喊着他的宝石，他的女儿，他的银钱。

萨　安东尼奥应该留心那笔债款不要误了期，否则他要在他身上报复的。

撒　对了，你想起得不错。昨天我跟一个法国人谈天，他对我说起，在英法二国之间的狭隘的海面上，有一艘从咱们国里开出去的满载着货物的船只出了事了。我一听见这句话，就想起安东尼奥，但愿那艘船不是他的才好。

萨　你最好把你听见的消息告诉安东尼奥；可是你要轻描淡写地说，免得累他着急。

撒　世上没有一个比他更仁厚的君子。我看见巴散尼奥跟安东尼奥分别，巴散尼奥对他说他一定尽早回来，他就回答说，"不必，巴散尼奥，不要为了我的缘故而误了你的正事，你等到一切事情圆满完成以后再回来吧；至于我在那犹太人那里签下的约，你不必放在心上，你只管高高兴兴,一心一意地进行着你的好事,施展你的全副精神,去博得美人的欢心吧。"说到这里,他的眼睛里已经噙着一包眼泪,他就回转身去,把他的手伸到背后,亲亲热热地握着巴散尼奥的手;他们就这样分别了。

萨 我看他只是为了他的缘故才爱这世界的。咱们现在就去找他,想些开心的事儿替他解解愁闷,你看好不好?

撒 很好很好。(同下)

第九场 贝尔蒙脱;鲍细霞家中一室

【聂莉莎及一仆人上。

聂 赶快,赶快,扯开那帐幕;阿拉贡亲王已经宣过誓,就要来选匣子啦。

【喇叭吹花腔;阿拉贡亲王及鲍细霞各率侍从上。

鲍 瞧,尊贵的王子,那三个匣子就在这儿;您要是选中了有我的小像藏在里头的那一只,我们就可以立刻举行婚礼;可是您要是失败了的话,那么殿下,您必须立刻离开这儿。

阿 我已经宣誓遵守三项条件:第一,不得告诉任何人我所选的是那一只匣子;第二,要是我选错了匣子,终身不得再向任何女子求婚;第三,要是我选不中,必须立刻离开此地。

鲍 为了我这微贱的身子来此冒险的人,没有一个不曾立誓遵守这几个条件。

阿 我也是这样宣誓过了。但愿命运满足我的心愿!一只是金的,一只是银的,还有一只是下贱的铅的。"谁选择了我,必须准备把他所有的一切作为牺牲。"你要我为你牺牲,应该再好看一点才是。那个金匣子上面说的什么?"谁选择了我,将要得到众人所希求的东西。"众人所希求的东西!那"众人"也许是指那无知的群众,他们只知道凭着外表取人,信赖着一双愚妄的眼睛,不知道窥察到内心,就像暴风雨中的燕子,把巢筑在屋外的墙壁上,自以为可保万全,不想到灾祸就会接踵而至。我不愿选择众人所希求的东西,因为我不愿随波逐流，与庸俗的群众为伍。那么还是让我瞧瞧你吧，你这白银的宝库；待我再看一遍刻在你上面的字句："谁选择了我，将要得到他所应得的东西。"说得好，一个人要是自己没有几分长处，怎么可以妄图非分？尊荣显贵，原来不是无德之人所可以忝窃的。唉！要是世间的爵禄官职，都能够因功授赏，不借钻营，那么多少脱帽侍立的人将会高冠盛服，多少发号施令的人将会唯唯听命，多少卑劣鄙贱的渣滓可以从高贵的种子中间筛分出来，多少隐暗不彰的贤才异能，可以从世俗的糠秕中间剔选出来，大放它们的光泽！闲话少说，还是让我考虑考虑怎样选择吧。"谁选择了我，将要得到他所应得的东西。"那么我有擅了。把这匣子上的钥匙给我，让我立刻打开藏在这里面的我的命运。（**开银匣**）

鲍　您在这里面瞧见些什么？怎么呆住了一声也不响？

阿　这是什么？一个眯着眼睛的傻瓜的画像，上面还写着字句！让我读一下看。唉！你跟鲍细霞相去得多么远！你跟我的希望又相去得多么远！难道我只配得到你这样一个东西吗？"谁选择了我，将要得到他所应得的东西。"难道我只应该得到一副傻瓜的嘴脸吗？那便是我的奖品吗？我不该得到好一点的东西吗？

鲍　毁谤和评判，是两件作用不同，性质相反的事。

阿　这儿写着什么？

"这银子在火里烧过七遍；
那永远不会错误的判断，
也必须经过七次的试炼。
有的人终身向幻影追逐，
只好在幻影里寻求满足。
我知道世上尽有些呆鸟，
空有着一个镀银的外表；
随你娶一个怎样的妻房，
摆脱不了这傻瓜的皮囊；

去吧,先生,莫再耽搁时光!”
我要是再留在这儿发呆,
愈显得是个十足的蠢才;
顶一颗傻脑袋来此求婚,
带两个蠢头颅回转家门。
别了,美人,我愿遵守誓言,
默忍着心头愤怒的熬煎。(阿率侍从下)

鲍 正像飞蛾在烛火里伤身,
这些傻瓜们自恃着聪明,
免不了被聪明误了前程。

聂 古话说得好,上吊娶媳妇,
都是一个人注定的天数。

鲍 来,聂莉莎,把帐幕拉下了。

【一仆人上。

仆 小姐呢?

鲍 在这儿,尊驾有什么见教?

仆 小姐,门口有一个年青的威尼斯人,说是来通知一声,他的主人就要来啦;他说他的主人叫他先来向小姐致意,除了一大堆恭维的客套以外,还带来了几件很贵重的礼物。小的从来没有见过这么一位体面的爱神的使者;预报繁茂的夏季快要来临的四月的天气,也不及这个为主人先驱的俊仆的温雅。

鲍 请你别说下去了吧;你把他称赞得这样天花乱坠,我怕你就要说他是你的亲戚了。来,来,聂莉莎,我倒很想瞧瞧这一位爱神差来的体面的使者。

聂 爱神啊,但愿来的是巴散尼奥!(下)

第三幕

第一场　威尼斯；街道

【萨兰尼奥及撒拉林诺上。

萨　交易所里有什么消息？

撒　他们都在那里说安东尼奥有一艘满装着货物的船在海峡里倾覆了；那地方的名字好像是古特温，是一处很危险的沙滩，听说有许多大船的残骸埋葬在那里，要是那些传闻之辞是确实可靠的话。

萨　我但愿那些谣言就像那些吃饱了饭没事做，嚼嚼生姜，或者一把鼻涕一把眼泪地假装为了她第三个丈夫死去而痛哭的那些婆子们所说的鬼话一样靠不住。可是那的确是事实，——不说啰哩啰嗦的废话，也不说枝枝节节的闲话，——这位善良的安东尼奥，正直的安东尼奥，——啊，我希望我有一个可以充分形容他的好处的字眼！

撒　好了好了，别说下去了吧。

萨　吓！你说什么！总结一句话，他损失了一艘船。

撒　但愿这是他最末一次的损失。

萨　让我赶快喊“阿们”，免得给魔鬼打断了我的祷告，因为他已经扮成一个犹太人的样子来啦。

【夏洛克上。

萨　啊，夏洛克！商人中间有什么消息？

夏　有什么消息！我的女儿逃走啦，这件事情是你比谁都格外知道得详细的。

撒　那当然啦，就是我也知道她飞走的那对翅膀是那一个裁缝替她做的。

萨　夏洛克自己也何尝不知道，她羽毛已长，当然要离开娘家啦。

夏　她干出这种不要脸的事来，死了一定要下地狱。

撒 倘然魔鬼做他的判官,那是当然的事情。

夏 我自己的血肉向我造反!

撒 你的肉跟她的肉比起来,比黑炭和象牙还差得远;你的血跟她的血比起来,比红葡萄酒和白葡萄酒还差得远。可是告诉我们,你听不听见人家说起安东尼奥在海上遭到了损失?

夏 说起他,又是我的一桩倒霉事情。这个败家精,这个破落户,他不敢在交易所里露一露脸;他平常到市场上来,穿着得多么齐整,现在可变成一个叫化子啦。让他留心他的借约吧;他老是骂我盘剥取利;让他留心他的借约吧;他是本着基督徒的精神,放债从来不取利息的;让他留心他的借约吧。

撒 我相信要是他不能按约偿还借款,你一定不会要他的肉的;那有什么用处呢?

夏 拿来钓鱼也好;即使他的肉不中吃,至少也可以出出我这一口气。他曾经羞辱过我,夺去我几十万块钱的生意,讥笑着我的亏蚀,挖苦着我的盈余,侮蔑我的民族,破坏我的买卖,离间我的朋友,煽动我的仇敌;他的理由是什么?只因为我是一个犹太人。难道犹太人没有眼睛吗?难道犹太人没有五官四肢,没有知觉,没有感情,没有血气吗?他不是吃着同样的食物,同样的武器可以伤害他,同样的医药可以疗治他,冬天同样会冷,夏天同样会热,就像一个基督徒一样吗?你们要是用刀剑刺我们,我们不是也会出血的吗?你们要是搔我们的痒,我们不是也会笑起来吗?你们要是用毒药谋害我们,我们不是也会死的吗?那么要是你们欺侮了我们,我们难道不会复仇吗?要是在别的地方我们都跟你们一样,那么在这一点上也是彼此相同的。要是一个犹太人欺侮了一个基督徒,那基督徒应该怎样?报仇呀。要是一个基督徒欺侮了一个犹太人,那么照着基督徒的榜样,那犹太人应该怎样?报仇呀。你们已经把残虐的手段教给我,我一定会照着你们的教训实行,而且还要加倍奉敬哩。

【一仆人上。

仆 两位先生，我家主人安东尼奥在家里，要请两位过去谈谈。

撒 我们正在到处找他呢。

【杜拔尔上。

萨 又是一个他的族中人来啦；世上再也找不到第三个像他们这样的人，除非魔鬼自己也变成了犹太人。（萨、撒及仆下）

夏 啊，杜拔尔！热诺亚有什么消息？你有没有找到我的女儿？

杜 我所到的地方，往往听见人家说起她，可是总找不到她。

夏 哎呀，糟糕！糟糕！糟糕！我在法兰克府出两千块钱买来的那颗金刚钻也丢啦！咒诅到现在才降落到咱们民族头上；我到现在才觉得它的利害。那一颗金刚钻就是两千块钱，还有别的贵重的贵重的珠宝。我希望我的女儿死在我的脚下，那些珠宝都挂在她的耳朵上！我希望她就在我的脚下入土安葬，那些银钱都放在她的棺材里！不知道他们的下落吗？哼，我不知道为了寻访她们，又花去了多少钱。你这你这——损失上再加损失！贼子偷了这么多走了，还要花这么多去访寻贼子，结果仍旧是一无所得，出不了这一口怨气。只有我一个人倒霉，只有我一个人叹气，只有我一个人流眼泪！

杜 倒霉的不单是你一个人。我在热诺亚听人家说，安东尼奥——

夏 什么？什么？什么？他也倒了霉吗？他也倒了霉吗？

杜 ——有一艘从特里坡利斯来的大船，在途中触礁。

夏 谢谢上帝！谢谢上帝！是真的吗？是真的吗？

杜 我曾经跟几个从那船上出险的水手谈过话。

夏 谢谢你，好杜拔尔。好消息，好消息！哈哈！什么地方？在热诺亚吗？

杜 听说你的女儿在热诺亚一个晚上花去八十块钱。

夏 你把一把刀戳进我心里！我也再瞧不见我的银子啦！一下子就是八十块钱！八十块钱！

杜 有几个安东尼奥的债主跟我同路到威尼斯来，他们肯定地说他这次一定要破产。

夏 我很高兴。我要摆布摆布他;我要叫他知道些利害。我很高兴。

杜 有一个人给我看一个指环,说是你女儿把它向他买一头猴子的。

夏 该死该死!杜拔尔,你提起这件事,真叫我心里难过;那是我的绿玉指环,是我的妻子莉霞在我没有结婚的时候送给我的;即使人家把一大群猴子来向我交换,我也不愿把它给人。

杜 可是安东尼奥这次一定完了。

夏 对了,这是真的,一点不错。去,杜拔尔,现在离开借约满期还有半个月,你先给我到衙门里走动走动,花费几个钱。要是他愆了约,我要挖出他的心来;即使他不在威尼斯,我也不怕他逃出我的掌心。去,去,杜拔尔,咱们在会堂里见面。好杜拔尔,去吧;会堂里再见,杜拔尔。(各下)

第二场 贝尔蒙脱;鲍细霞家中一室

【巴散尼奥、鲍细霞、葛莱西安诺、聂莉莎及侍从等上。

鲍 请您不要太急,停一两天再选吧;因为要是您选得不对,咱们就不能再在一块儿,所以请您暂时缓一下吧。我心里仿佛有一种什么感觉,可是那不是爱情,告诉我我不愿失去您;您一定也知道,嫌憎是不会向人说这种话的。一个女孩儿家本来不该信口说话,可是为恐您不能懂得我的意思,我真想留您在这儿住上一两个月,然后再让您为我而冒险一试。我可以教您怎样选才不会有错;可是这样我就要违犯了誓言,那是断断不可的;然而那样您也许会选错;要是您选错了,您一定会使我起了一个有罪的愿望,懊悔我不该为了不敢背誓而忍心让您失望。顶可恼的是您这一双眼睛,它们已经瞧透了我的心,把我分成两半:半个我是您的,还有那半个我也是您的,——不,我的意思是说那半个我是我的,可是既然是我的,也就是您的,所以整个儿的我都是您的。唉!都是这些无聊的世俗的礼法,使人们不能享受他们合法的权利;所以我虽然是您的,却又不是您的。我说得太噜苏了,可是我的目的是要尽量拖延时间,不放您马上就去选择。

巴　让我选吧；我现在提心吊胆，才像给人拷问一样受罪呢。

鲍　给人拷问，巴散尼奥！那么你给我招认出来，在你的爱情之中，隐藏着什么奸谋？

巴　没有什么奸谋，我只是有点怀疑忧惧，但恐我的痴心化为徒劳；奸谋跟我的爱情正像冰炭一样，是无法相容的。

鲍　嗯，可是我怕你是因为受不住拷问的痛苦，才说这样的话。

巴　您要是答应赦我一死，我愿意招认真情。

鲍　好，赦你一死，你招认吧。

巴　“爱”便是我所能招认的一切。多谢我的刑官，您教给我怎样免罪的答话了！可是让我去瞧瞧那几个匣子，试试我的运气吧。

鲍　那么去吧！在那三个匣子中间，有一个里面锁着我的小像；您要是真的爱我，您会把我找出来的。聂莉莎，你跟其余的人都站开些。在他选择的时候，把音乐奏起来，要是他失败了，好让他像天鹅一样在音乐声中死去；把这譬喻说得更确当一些，我的眼睛就是他葬身的清流。也许他会胜利的；那么那音乐又像什么呢？那时候音乐就像忠心的臣子俯伏迎迓新加冕的君王的时候所吹奏的号角，又像是黎明时分送进正在做着好梦的新郎的耳中，催他起来举行婚礼的甜柔的琴韵。现在他去了，他的沉毅的姿态，就像少年赫邱里斯奋身前去，在特洛埃人的呼叫声中，把他们祭献给海怪的处女拯救[①]出来一样，可是他心里却藏着更多的爱情；我站在这儿做牺牲，她们站在旁边，就像泪眼模糊的达达尼尔妇女们，出来看这场争斗的结果。去吧，赫邱里斯！我的生命悬在你手里，但愿你安然生还；我这观战的人心中，比你上场作战的人还要惊恐万倍！

【巴散尼奥独白时，乐队奏乐唱歌。

歌　　告诉我爱情生长在何方？

---

① 希腊神话中，特洛埃（在达达尼尔海峡东南）王曾被迫答应向海怪献祭他的女儿赫西俄涅，后希腊英雄赫邱里斯斩杀海怪，救出了赫西俄涅。——编者

还是在脑海？还是在心房？
它怎样发生？它怎样成长？
　　回答我，回答我。
爱情的火在眼睛里点亮，
凝视是爱情生活的滋养，
它的摇篮便是它的坟堂。
让我们把爱的丧钟鸣响，
　　　叮当！叮当！
（众和）叮当！叮当！

巴　外观往往和事物的本身完全不符，世人却容易为表面的装饰所欺骗。在法律上，那一件卑鄙邪恶的陈诉，不可以用娓娓动听的言辞掩饰它的罪状？在宗教上，那一桩罪大恶极的过失，不可以引经据典，文过饰非，证明它的确上合天心？任何彰明较著的罪恶，都可以在外表上装出一副道貌岸然的样子。多少没有胆量的懦夫，他们的颊上却长着天神一样威武的须髯，人家只看着他们的外表，也就居然把他们当作英雄一样看待！再看那些世间所谓美貌吧，那是完全靠着脂粉装点出来的，愈是轻浮的女人，所涂的脂粉也愈重；至于那些随风飘扬，像蛇一样的金丝卷发，看上去果然漂亮，不知道却是从坟墓中死人的骷髅上借下来的。所以装饰不过是一道把船只诱进凶涛险浪的怒海中去的陷人的海岸，又像是遮掩着一个黑丑蛮女的一道美丽的面幕；总而言之，它是狡诈的世人用来欺诱智士的似是而非的真理。所以，你炫目的黄金，米达斯王的坚硬的食物①，我不要你；你惨白的银子，在人们手里来来去去的下贱的奴才，我也不要你；可是你，寒伧的铅，你的形状只能使人退走，一点没有吸引人的力量，然而你的质朴却比巧妙的言辞更能打动我的心，我就选了你吧，但愿结果美满！

---

① 米达斯（Midas），希腊神话中的一位国王，因贪财，向神求得点金术后，凡触及之物皆成金，包括其爱女及食物，结果无法生活，只得求神收回这一异术。——编者

鲍　（旁白）一切纷杂的思绪，多心的疑虑，卤莽的绝望，战栗的恐惧，酸性的猜嫉，多么快地烟消云散了！爱情啊！把你的狂喜节制一下，不要让你的欢乐溢出界限，让你的情绪越过分寸；你使我感觉到太多的幸福，请你把它减轻几分吧，我怕我快要给快乐窒息而死了！

巴　这里面是什么？（开铅匣）美丽的鲍细霞的副本！这是谁的化工之笔，描画出这样一位绝世的美人？这双眼睛是在转动吗？还是因为我的眼球在转动，所以仿佛它们也在随着转动？她的微启的双唇，是因为她嘴里吐出来的甘美芳香的气息而分裂了；无论怎样亲密的朋友，受到了这样的麻醉，都会变成路人的。画师在描画她的头发的时候，一定曾经化身为蜘蛛，织下了这么一个金丝的发网，来诱捉男子们的心；那一个男子见了它，不会比飞蛾投入蛛网还快地陷下网罗呢？可是她的眼睛！他怎么能够睁了眼睛把它们画出来呢？他在画了一只眼睛以后，我想它的逼人的光芒，一定会使他自己目眩神夺，再也描画不成其余的一只。可是瞧，我用尽一切赞美的字句，还不能充分形容出这一个画中幻影的美妙；然而这幻影跟它的实体比较起来，又是多么望尘莫及！这儿是一纸手卷，宣判着我的命运。

“你选择不凭着外表，
　果然给你直中鹄心！
胜利既已入你怀抱，
　你莫再往别处追寻。
这结果倘使你满意，
　就请接受你的幸运，
赶快回转你的身体，
　给你的爱深深一吻。”

温柔的纶音！美人，请恕我大胆，（吻鲍）
我奉命来把彼此的深情交换。
像一个夺标的健儿驰骋身手，
耳旁只听见沸腾的人声如吼，

虽然明知道胜利已在他手掌，
却不敢相信人们在向他赞赏。
绝世的美人，我现在神眩目晕，
仿佛闯进了一场离奇的梦境；
除非你亲口证明这一切是真，
我再也不相信我自己的眼睛。

鲍 巴散尼奥公子，您瞧我站在这儿，不过是这样的一个人。虽然为了我自己的缘故，我不愿妄想自己比现在的我更好一点；可是为了您的缘故，我希望我能够六十倍胜过我的本身，再加上一千倍的美丽，一万倍的富有；我但愿我有无比的贤德，美貌，财产和亲友，好让我在您的心目中占据一个很高的位置。可是我这一身却是一无所有，我只是一个不学无术，没有教养的女子；幸亏她的年纪还不是顶大，来得及发愤学习；她的天资也不是顶笨，可以加以教导之功；尤其大幸的，她有一颗柔顺的心灵，愿意把它奉献给您，听从您的指导，把您当作她的主人，她的统治者，和她的君王。我自己以及我所有的一切，现在都变成您的所有了；刚才我还拥有着这一座华丽的大厦，我的仆人都听从着我的指挥，我是支配我自己的女王，可是就在现在，这屋子，这些仆人，和这一个我，都是属于您的了，我的夫君。凭着这一个指环，我把这一切完全呈献给您；要是您让这指环离开您的身边，或者把它丢了，或者把它送给别人，那就预示着您的爱情的毁灭，我可以因此责怪您的。

巴 小姐，您使我说不出一句话来，只有我的热血在我的血管里跳动着向您陈诉。我的精神是在一种恍惚的状态中，正像喜悦的群众在听到他们所爱戴的君王的一篇美妙的演辞以后那种心灵眩惑的神情，除了口头的赞叹和内心的欢乐以外，一切的一切都混和起来，化成白茫茫的一片模糊。可是这指环要是有一天离开这手指，那么我的生命也一定已经终结；那时候您可以放胆地说，巴散尼奥已经死了。

聂 姑爷，小姐，我们站在旁边，眼看我们的愿望成为事实，现在该让我们来道喜了。恭喜姑爷！恭喜小姐！

葛　巴散尼奥大爷和我的温柔的夫人，愿你们享受一切的快乐！我还有一个请求，要是你们决定在什么时候举行嘉礼，我也想跟你们一起结婚。

巴　很好，只要你能够找到一个妻子。

葛　谢谢大爷，您已经替我找到一个了。不瞒大爷说，我这一双眼睛瞧起人来，并不比您大爷慢；您瞧见了小姐，我也瞧见了使女；您发生了爱情，我也发生了爱情。您的命运靠那几个匣子决定，我也是一样；因为我在这儿千求万告，身上的汗出了一身又是一身，指天誓日地说到唇干舌燥，才算得到这位好姑娘的一句回音，答应我要是您能够得到她的小姐，我也可以得到她的爱情。

鲍　这是真的吗，聂莉莎？

聂　是真的，小姐，要是您赞成的话。

巴　葛莱西安诺，你也是出于真心吗？

葛　是的，大爷。

巴　我们的喜筵有你们的婚礼添兴，那真是喜上加喜了。

葛　我们要跟他们打赌一千块钱，看谁先养儿子。可是谁来啦？罗伦佐和他的异教徒吗？什么！还有我那威尼斯老朋友萨兰尼奥？

【罗伦佐、吉雪加及萨兰尼奥上。

巴　罗伦佐，萨兰尼奥，虽然我也是初履此地，让我僭用着这里主人的名义，欢迎你们的到来。亲爱的鲍细霞，请您允许我接待我这几个同乡朋友。

鲍　我也是竭诚欢迎他们。

罗　谢谢。巴散尼奥大爷，我本来并没有想到要到这儿来看您，因为在路上碰见萨兰尼奥，给他不由分说地硬拉着一块儿来啦。

萨　是我拉他来，大爷，我是有理由的。安东尼奥先生叫我替他向您致意。（给巴散尼奥一信）

巴　在我没有拆开这信以前，请您告诉我我的好朋友近来好吗？

萨 他没有病，除非有点儿心病；您看了他的信，就可以知道他的近况。

葛 聂莉莎，招待招待那位客人。把你的手给我，萨兰尼奥。威尼斯有些什么消息？那位善良的商人安东尼奥怎样？我知道他听见了我们的成功，一定会十分高兴；我们是两个杰生，把金羊毛取了来啦。

萨 我希望你们能够把他失去的金羊毛取了回来，那就好了。

鲍 那信里一定有些什么坏消息，巴散尼奥的脸色都变白了；多分是一个什么好朋友死了，否则不会有别的事情会把一个堂堂男子激动到这个样子的。怎么，还有更坏的事情吗？恕我冒渎，巴散尼奥，我是您自身的一半，这封信所带给您的任何不幸的消息，也必须让我分一半去。

巴 啊，亲爱的鲍细霞！这信里所写的，是自有纸墨以来最悲惨的字句。好小姐，当我初次向您倾吐我的爱慕之忱的时候，我坦白地告诉您，我的高贵的家世是我仅有的财产，那时我并没有向您说谎；可是，亲爱的小姐，单单把我说成一个两袖清风的寒士，还未免夸张过分，因为我不但一无所有，而且还负着一身的债务；不但欠了我的一个好朋友许多钱，还累他为了我的缘故，欠了他仇家的钱。这一封信，小姐，那信纸就像是我朋友的身体，上面的每一个字，都是一处血淋淋的创伤。可是，萨兰尼奥，那是真的吗？难道他的船舶都一起遭难了？竟没有一艘平安到港吗？从特里坡利斯，从墨西哥，从英国，里斯本，巴巴里，和印度来的船只，没有一艘能够逃过那些毁害商船的礁石的可怕的撞击吗？

萨 一艘也没有逃过。而且即使他现在有钱还那犹太人，那犹太人也不肯收他。我从来没有见过这样一个样子像人的家伙，一心一意只想残害他的同类。他不分昼夜地向公爵絮叨，说是他们倘不给他主持公道，那么威尼斯根本不成其为一个自由邦。二十个商人，公爵自己，还有那些最有名望的士绅，都曾劝过他，可是谁也不能叫他回心转意，放弃他的狠毒的控诉；他一口咬定，要求按照约文的规定，处罚安东尼奥的违约。

吉　我在家里的时候，曾经听见他向杜拔尔和邱斯，他的两个同族的人，谈起，说他宁可取安东尼奥身上的肉，不愿收受比他的欠款多二十倍的钱。要是法律和威权不能拒绝他，那么可怜的安东尼奥恐怕难逃一死了。

鲍　遭到这样危难的人，是不是您的好朋友？

巴　我的最亲密的朋友，一个心肠最仁慈的人，热心为善，多情尚义，在他身上存留着比任何意大利人更多的古代罗马的仁侠精神。

鲍　他欠那犹太人多少钱？

巴　他为了我的缘故，向他借了三千块钱。

鲍　什么，只有这一点数目吗？还他六千块钱，把那借约毁了；两倍六千块钱，或者照这数目再倍三倍都可以，可是万万不能因为巴散尼奥的过失，害这样一位好朋友损伤一根毛发。先陪我到教堂里去结为夫妇，然后你就到威尼斯去看你的朋友；鲍细霞决不让你抱着一颗不安宁的良心睡在她的身旁。你可以带偿还这笔小小借款的二十倍那么多的钱去；债务清了以后，就带你的忠心的朋友到这儿来。我的侍女聂莉莎陪着我在家里，仍旧像未嫁的时候一样，守候着你们的归来。来，今天就是你结婚的日子，大家快快乐乐，好好招待你的朋友们。你既然是用这么大的代价买来的，我一定格外宝爱你。可是让我听听你朋友的信。

巴　"巴散尼奥挚友如握：弟船只悉数遇难，债主煎迫，家业荡然。犹太人之约，业已衍期；履行罚则，殆无生望。足下前此欠弟债项，一切勾销，惟盼及弟未死之前，来相临视。或足下燕婉情浓，不忍遽别，则亦不复相强，此信置之可也。"

鲍　啊，亲爱的，快把一切事情办好，立刻就去吧！

巴　既然蒙您允许，我就赶快收拾动身；可是——

　　此去经宵应少睡，长留魂魄系相思。（同下）

第三场　威尼斯;街道

【夏洛克、撒拉林诺、安东尼奥及狱吏上。

夏　狱官,留心看住他;不要对我讲什么慈悲。这就是那个放债不取利息的傻瓜。狱官,留心看住他。

安　再听我说句话,好夏洛克。

夏　我一定要照约实行;你倘然想推翻这一张契约,那还是请你免开尊口的好。我已经发过誓,非得照约实行不可。你曾经无缘无故骂我狗,既然我是狗,那么你可留心着我的狗牙齿吧。公爵一定会给我主持公道的。你这糊涂的狱官,我真不懂你老是会答应他的请求,陪着他到外边来。

安　请你听我说。

夏　我一定要照约实行,不要听你讲什么鬼话;我一定要照约实行,所以请你闭嘴吧。我不像那些软心肠流眼泪的傻瓜们一样,听了基督徒的几句劝告,就会摇头叹气,懊悔屈服。别跟着我,我不要听你说话,我要照约实行。(下)

撒　这是人世间一头最顽固的恶狗。

安　别理他;我也不愿再费无益的唇舌向他哀求了。他要的是我的命,我也知道他的原因。常常有许多人因为不堪他的剥削,向我诉苦,是我帮助他们脱离他的压迫,所以他才恨我。

撒　我相信公爵一定不会允许他执行这一种处罚。

安　公爵不能变更法律的规定,因为威尼斯的繁荣,完全倚赖着各国人民的来往通商,要是剥夺了异邦人应享的权利,一定会使人对威尼斯的法治精神发生重大的怀疑。去吧,这些不如意的事情,已经把我搅得心力交瘁,我怕到明天身上也许割不下一磅肉来,偿还我这位不怕血腥气的债主了。狱官,走吧。求上帝,让巴散尼奥来亲眼看见我替他还债,我就死而无怨了!(同下)

第四场　贝尔蒙脱;鲍细霞家中一室

【鲍细霞、聂莉莎、罗伦佐、吉雪加及包尔萨泽上。

罗　夫人,不是我当面恭维您,您的确有一颗高贵真诚,不同凡俗的仁爱的心;尤其像这次敦促尊夫就道,宁愿割舍儿女的私情,这一种精神毅力,真令人万分钦佩。可是您倘使知道受到您这种好意的是个什么人,您所救援的是怎样一个正直的君子,他对于尊夫的交情又是怎样深挚,我相信您一定会格外因为做了这一件好事而自傲,不仅仅认为这是在人道上一件不得不尽的义务而已。

鲍　我做了好事从来不后悔,现在也当然不会。因为凡是常在一块儿谈心游戏的朋友,彼此之间都有一重相互的友爱,他们在容貌上,风度上,习性上,也必定相去不远;所以在我想来,这位安东尼奥既然是我的丈夫的心腹好友,他的为人一定很像我的丈夫。要是我的猜想果然不错,那么我把一个跟我的灵魂相仿的人从残暴的迫害下救赎出来,花了这点点儿代价,算得什么!可是这样的话,太近于自吹自擂了,所以别说了吧,还是谈些其他的事情。罗伦佐,在我的丈夫没有回来以前,我要劳驾您替我照管家里;我自己已经向天许下密誓,要在祈祷和默念中过着生活,只让聂莉莎一个人陪着我,直到我们两人的丈夫回来。在两哩路之外有一所修道院,我们就预备住在那儿。我向您提出这一个请求,不只是为了个人的私情,还有其他事实上的必要,请您不要拒绝我。

罗　夫人,您有什么吩咐,我无不乐于遵命。

鲍　我的仆人们都已知道我的决心,他们会把您和吉雪加当作巴散尼奥和我自己一样看待。后会有期,再见了。

罗　但愿美妙的思想和安乐的时光追随在您的身旁!

吉　愿夫人一切如意!

鲍　谢谢你们的好意,我也愿意用同样的愿望祝福你们。再见,吉雪加。(吉、罗下)包尔萨泽,我一向知道你诚实可靠,希望你永远做一个诚实可靠的人。这一封信你给我火速送到帕度亚,交给我的表兄裴拉里奥博士亲手收拆;要是他有什么回信和衣服交给你,你就赶快带着它们到码头上,趁公共渡船到威尼斯去。不要多说话,去吧;我会在威尼斯等你。

包 小姐,我尽快去就是了。(下)

鲍 来,聂莉莎,我现在还要干一些你没有知道的事情;我们要在我们的丈夫还没有想到我们之前去跟他们相会。

聂 我们要让他们看见我们吗?

鲍 他们将会看见我们,聂莉莎,可是我们要打扮得叫他们认不出我们的本来面目。我可以跟你打赌无论什么东西,要是我们都扮成了少年男子,我一定比你漂亮点儿,带起刀子来也比你格外神气点儿;我会沙着喉咙讲话,就像一个正在发育的男孩子一样;我会把两个姗姗细步并成一个男人家的阔步;我会学着那些爱吹牛的哥儿们的样子,谈论一些击剑比武的玩意儿,再随口编造些巧妙的诳话,什么谁家的千金小姐爱上了我啦,我不接受她的好意,她害起病来死啦,我怎么心中不忍,后悔不该害了人家的性命啦,以及二十个诸如此类的无关重要的诳话,人家听见了,一定以为我走出学校的门还不满一年。这些爱吹牛的娃娃们的鬼花样儿我有一千种在脑袋里,都可以搬出来应用。

聂 怎么,我们要扮成男人吗?

鲍 为什么不?来,车子在门口等着我们;我们上了车,我可以把我的整个计划一路告诉你。快去吧,今天我们要赶二十哩路呢。(同下)

第五场 同前;花园

【朗西洛脱及吉雪加上。

朗 真的,不骗您,父亲的罪恶是要子女承当的,所以我倒真的在替您捏着一把汗呢。我一向喜欢对您说老实话,所以现在我也老老实实地把我心里所担忧的事情告诉您;您放心吧,我想您总免不了下地狱。只有一个希望也许可以帮帮您的忙,可是那也是个不大高妙的希望。

吉 请问你,是什么希望呢?

朗 嗯,您可以存着一半儿的希望,希望您不是您的父亲所生,不是这个犹太人的女儿。

吉 这个希望可真的太不高妙啦;这样说来,我的母亲的罪恶又要降到我的身上来了。

朗 那倒也是真的,您不是为您的父亲下地狱,就是为您的母亲下地狱;逃过了凶恶的礁石,逃不过危险的漩涡。好,您下地狱是下定了。

吉 我可以靠着我的丈夫得救;他已经使我变成一个基督徒。

朗 这就是他大大的不该。咱们本来已经有很多的基督徒,简直的快要挤都挤不下啦;要是再这样把基督徒一批一批制造出来,猪肉的价钱一定会飞涨,大家吃起猪肉来,恐怕每人只好分到一片薄薄的咸肉了。

吉 朗西洛脱,你这样胡说八道,我一定要告诉我的丈夫。他来啦。

【罗伦佐上。

罗 朗西洛脱,你要是再拉着我的妻子在壁角里说话,我真的要吃起醋来了。

吉 不,罗伦佐,你放心好了,我已经跟朗西洛脱翻脸啦。他老实不客气地告诉我,上天不会对我发慈悲,因为我是一个犹太人的女儿;他又说你不是国家的好公民,因为你把犹太人变成了基督徒,提高了猪肉的价钱。

罗 要是政府向我质问起来,我自有话说。可是,朗西洛脱,你把那黑人的女儿弄大了肚子,这该是什么罪名呢?给我进去,小鬼,叫他们好预备吃饭了。

朗 先生,他们早已预备好了;他们都是有肚子的呢。

罗 你的嘴真尖利!我是个老实人,不会跟你歪扯。去对你那些同伴们说,桌子可以铺起来,饭菜可以端上来,我们要进来吃饭啦。

朗 是,先生,我就去叫他们把饭菜铺起来,桌子端上来;至于您进不进来吃饭,那可悉随尊便。(下)

罗 你好吗，吉雪加？亲爱的好人儿，现在告诉我，你对于巴散尼奥的夫人有什么意见？

吉 好到没有话说。巴散尼奥大爷娶到这样一位好夫人，享尽了人世天堂的幸福，自然应该不会走上邪路了。要是有两个天神打赌，各自拿一个人间的女子做赌注，如其一个是鲍细霞，那么还有一个必须另外加上些什么，才可以彼此相抵，因为这一个寒伧的世界还不能产生一个跟她同样好的人来。

罗 他娶到了她这么一个好妻子，你也嫁着了我这么一个好丈夫。

吉 那可要先问问我的意见。

罗 可以可以，可是先让我们吃了饭再说。

吉 不，让我趁着胃口没有倒之前，先把你恭维两句。

罗 不，你有话还是留到吃饭的时候说吧；那么不论你说得好说得坏，我都可以连着饭菜一起吞下去。

吉 好，你且等着听我怎样说你吧。（同下）

第四幕

第一场　威尼斯；法庭

【公爵、众绅士、安东尼奥、巴散尼奥、葛莱西安诺、撒拉林诺、萨兰尼奥及余人等同上。

公爵 安东尼奥有没有来？

安 有，殿下。

公爵 我很代你不快乐；你是来跟一个心如铁石的对手当庭质对，一个不懂得怜悯，没有一丝慈悲心的不近人情的恶汉。

安 听说殿下曾经用尽力量，劝他不要过为已甚，可是他一味坚执，不肯略作让步。既然没有合法的手段可以使我脱离他的怨毒的掌握，我只有用默忍迎受他的愤怒,安心等待着他的残暴的处置。

公爵 来人,传那犹太人到庭。

撒 他在门口等着;他来了,殿下。

【夏洛克上。

公爵 大家让开些,让他站在我的面前。夏洛克,人家都以为你不过故意装出这一副凶恶的姿态,到了最后关头,就会显出你的仁慈恻隐来,比你现在这种表面上的残酷更加出人意料;现在你虽然坚持着照约处罚,一定要从这个不幸的商人身上割下一磅肉来,到了那时候,你不但愿意放弃这一种处罚,而且因为受到良心上的感动,说不定还会豁免他一部分的欠款。人家都是这样说,我也是这样猜想着。你看他最近接连遭逢的巨大损失,足以使无论怎样富有的商人倾家荡产,即使铁石一样的心肠,从来不知道人类同情的野蛮人,也不能不对他的境遇发生怜悯。犹太人,我们都在等候你一句温和的回答。

夏 我的意思已经向殿下告禀过了;我也已经指着我们的圣安息日起誓,一定要照约执行处罚;要是殿下不准许我的请求,那就是蔑视宪章,我要到京城里上告去,要求撤销贵邦的特权。您要是问我为什么不愿接受三千块钱,宁愿拿一块腐烂的臭肉,那我可没有什么理由可以回答您,我只能说我欢喜这样,这是不是一个回答?要是我的屋子里有了耗子,我高兴出一万块钱叫人把它们赶掉,谁管得了我?这不是回答了您吗?有的人不爱看张开嘴的猪,有的人瞧见一头猫就要发脾气,还有人听见人家吹风笛的声音,就忍不住要小便;因为一个人的感情完全受着喜恶的支配,谁也做不了自己的主。现在我就这样回答您:为什么有人受不住一头张开嘴的猪,有人受不住一头有益无害的猫,还有人受不住咿咿唔唔的风笛的声音,这些都是毫无充分的理由的,只是因为天生的癖性,使他们一受到感触,就会情不自禁地现出丑相来;所以我不能举什么理由,也不愿举什么理由,除了因为我对于安东尼奥抱着久积的仇恨和深刻的反感,所以才会向他进行这一场对于我自己并没有好处的诉讼。现在您不是已经得到我的回答了吗?

巴 你这冷酷无情的家伙,这样的回答可不能作为你的残忍的辩解。

夏 我的回答本来不是为要讨你的欢喜。

巴 难道人们对于他们所不喜欢的东西,都一定要置之死地吗?

夏 那一个人会恨他所不愿意杀死的东西?

巴 初次的冒犯,不应该就引为仇恨。

夏 什么!你愿意给毒蛇咬两次吗?

安 请你想一想,你现在跟这个犹太人讲理,就像站在海滩上,叫那大海的怒涛减低它的奔腾的威力,责问豺狼为什么害母羊为了失去它的羔羊而哀啼,或是叫那山上的松柏,在受到天风吹拂的时候,不要摇头摆脑,发出谡谡的声音。要是你能够叫这个犹太人的心变软,——世上还有什么东西比它更硬呢?——那么还有什么难事不可以做到?所以我请你不用再跟他商量什么条件,也不用替我想什么办法,让我爽爽快快受到判决,满足这犹太人的心愿吧。

巴 借了你三千块钱,现在拿六千块钱还你好不好?

夏 即使这六千块中间的每一块钱都可以分做六份,每一份都可以变成一块钱,我也不要它们;我只要照约处罚。

公爵 你这样一点没有慈悲之心,将来怎么能够希望人家对你慈悲呢?

夏 我又不干错事,怕什么刑罚?你们买了许多奴隶,把他们当作驴狗骡马一样看待,叫他们做种种卑贱的工作,因为他们是你们出钱买来的。我可不可以对你们说,让他们自由,叫他们跟你们的子女结婚吧?为什么他们要在重担之下流着血汗呢?让他们的床铺得跟你们的床同样柔软,让他们的舌头也尝尝你们所吃的东西吧。你们会回答说:"这些奴隶是我们所有的。"所以我也可以回答你们:我向他要求的这一磅肉,是我出了很大的代价买来的;它是我的所有,我一定要把它拿到手里。您要是拒绝了我,那么你们的法律根本就是骗人的东西!我现在等候着判决,请快些回答我,我可不可以拿到这一磅肉?

公爵 我已经差人去请裴拉里奥，一位有学问的博士，来替我们审判这件案子了；要是他今天不来，我可以有权宣布延期判决。

撒 殿下，外面有一个使者刚从帕度亚来，带着这位博士的书信，等候着殿下的召唤。

公爵 把信拿来给我；叫那使者进来。

巴 高兴起来吧，安东尼奥！喂，老兄，不要灰心！这犹太人可以把我的肉，我的血，我的骨头，我的一切都拿去，可是我决不让你为了我的缘故流一滴血。

安 我是羊群里一头不中用的病羊，死是我的应分；最软弱的果子最先落到地上，让我也就这样结束了我一生吧。你应当继续活下去，巴散尼奥；我的墓志铭除了你以外，是没有人写得好的。

【聂莉莎扮律师书记上。

公爵 你是从帕度亚裴拉里奥那里来的吗？

聂 是，殿下。裴拉里奥叫我向殿下致意。（呈上一信）

巴 你这样使劲儿磨着刀干么？

夏 从那破产的家伙身上割下那磅肉来。

葛 狠心的犹太人，你的刀不应该放在你的靴底磨，应该放在你的灵魂里磨，才可以磨得锐利；就是刽子手的钢刀，也及不上你的刻毒的心肠利害。难道什么恳求都不能打动你吗？

夏 不能，无论你说得多么婉转动听，都没有用。

葛 万恶不赦的狗，看你死后不下地狱！让你这种东西活在世上，真是公道不生眼睛。你简直使我的信仰发生摇动，相信起毕萨哥拉斯[①]所说畜生的灵魂可以转生人体的议论来了；你的前生一定是一头豺狼，因为吃了人给人捉住吊死，它那凶恶的灵魂就从绞架上逃了出来，钻进了你那老娘的腌臜的胎里，因为你的性情正像豺狼一样残暴贪婪。

夏 除非你能够把我这一张契约上的印章骂掉，否则像你这样拉开了喉

---

① 毕萨哥拉斯(Pythagoras)为主张灵魂轮回说的古希腊哲学家。——编者

咙直嚷，不过白白伤了你的肺，何苦来呢？好兄弟，我劝你还是修养修养你的聪明吧，免得它将来一起毁坏得不可收拾。我在这儿要求法律的裁判。

公爵 裴拉里奥在这封信上介绍一位年青有学问的博士出席我们的法庭。他在什么地方？

聂 他就在这儿附近等着您的答复，不知道殿下准不准许他进来？

公爵 非常欢迎。来，你们去三四个人，恭恭敬敬领他到这儿来。现在让我们把裴拉里奥的来信当庭宣读。

书记 "尊翰到时，鄙人抱疾方剧；适有一青年博士鲍尔萨泽君自罗马来此，致其慰问，因与详讨犹太人与安东尼奥一案，遍稽群籍，折衷是非，遂恳其为鄙人庖代，以应殿下之召。凡鄙人对此案所具意见，此君已深悉无遗；其学问才识，虽穷极赞辞，亦不足道其万一，务希勿以其年少而忽之，盖如此少年老成之士，实鄙人生平所仅见也。倘蒙延纳，必能不辱使命。敬祈钧裁。"

公爵 你们已经听到了博学的裴拉里奥的来信。这儿来的大概就是那位博士了。

【鲍细霞扮律师上。

公爵 把您的手给我。足下是从裴拉里奥老前辈那儿来的吗？

鲍 正是，殿下。

公爵 欢迎欢迎；请上坐。您有没有明了今天我们在这儿审理的这件案子的两方面的争点？

鲍 我对于这件案子的详细情形已经完全知道了。这儿那一个是那商人，那一个是犹太人？

公爵 安东尼奥，夏洛克，你们两人都上来。

鲍 你的名字就叫夏洛克吗？

夏 夏洛克是我的名字。

鲍 你这场官司打得倒也奇怪，可是按照威尼斯的法律，你的控诉是可以成立的。（向安）你的生死现在操在他的手里，是不是？

安 他是这样说的。

鲍 你承认这借约吗？

安 我承认。

鲍 那么犹太人应该慈悲一点。

夏 为什么我应该慈悲一点？把您的理由告诉我。

鲍 慈悲不是出于勉强，它是像甘霖一样从天上降下尘世；它不但给幸福于受施的人，也同样给幸福于施与的人；它有超乎一切的无上威力，比皇冠更足以显出一个帝王的高贵：御杖不过象征着俗世的威权，使人民对于君上的尊严凛然生畏；慈悲的力量却高出于权力之上，它深藏在帝王的内心，是一种属于上帝的德性，执法的人倘能把慈悲调剂着公道，人间的权力就和上帝的神力没有差别。所以，犹太人，虽然你所要求的是公道，可是请你想一想，要是真的按照公道执行起赏罚来，谁也没有死后得救的希望；我们既然祈祷着上帝的慈悲，就应该自己做一些慈悲的事。我说了这一番话，为的是希望你能够从你的法律的立场上作几分让步；可是如果你坚持着原来的要求，那么威尼斯的法庭是执法无私的，只好把那商人宣判定罪了。

夏 我只要求法律允许我照约执行处罚。

鲍 他是不是不能清还你的债款？

巴 不，我愿意替他当庭还清；照原数加倍也可以；要是这样他还不满足，那么我愿意签署契约，还他十倍的数目，倘然不能如约，他可以割我的手，砍我的头，挖我的心；要是这样还不能使他满足，那就是存心害人，不顾天理了。请堂上运用权力，把法律稍微变通一下，犯一次小小的错误，干一件大大的功德，别让这个残忍的恶魔逞他杀人的兽欲。

鲍 那可不行，在威尼斯谁也没有权力变更既成的法律；要是开了这一个恶例，以后谁都可以借口有例可援，什么坏事情都可以干了。这是不行的。

夏 一个但尼尔[①]来做法官了！真的是但尼尔再世！聪明的青年法官啊，我真佩服你！

鲍 请你让我瞧一瞧那借约。

夏 在这儿，可尊敬的博士；请看吧。

鲍 夏洛克，他们愿意出三倍的钱还你呢。

夏 不行，不行，我已经对天发过誓啦，难道我可以让我的灵魂背上毁誓的罪名吗？不，把整个儿的威尼斯给我我都不能答应。

鲍 好，那么就应该照约处罚；根据法律，这犹太人有权要求从这商人的胸口割下一磅肉来。还是慈悲一点，把三倍原数的钱拿去，让我撕了这张约吧。

夏 等他按照约中所载条款受罚以后，再撕不迟。您瞧上去像是一个很好的法官；您懂得法律，您讲的话也很有道理，不愧是法律界的中流砥柱，所以现在我就用法律的名义，请您立刻进行宣判。凭着我的灵魂起誓，谁也不能用他的口舌改变我的决心。我现在但等着执行原约。

安 我也诚心请求堂上从速宣判。

鲍 好，那么就是这样：你必须准备让他的刀子刺进你的胸膛。

夏 啊，尊严的法官！好一位优秀的青年！

鲍 因为这约上所订定的惩罚，对于法律条文的涵义并无抵触。

夏 很对很对！啊，聪明正直的法官！想不到你瞧上去这样年轻，见识却这么老练！

鲍 所以你应该把你的胸膛袒露出来。

夏 对了，"他的胸部"，约上是这么说的；——不是吗，尊严的法官？——"附近心口的所在"，约上写得明明白白的。

鲍 不错，称肉的天平有没有预备好？

夏 我已经带来了。

---

① 但尼尔（Daniel），以色列人的著名士师，以善于折狱称。——译者

鲍 夏洛克，你应该自己拿出钱来，请一位外科医生替他堵住伤口，免得他流血而死。

夏 约上有这样的规定吗？

鲍 约上并没有这样规定；可是那又有什么相干呢？为了人道起见，你应该这样做的。

夏 我找不到；约上没有这一条。

鲍 商人，你还有什么话说吗？

安 我没有多少话要说，我已经准备好了。把你的手给我，巴散尼奥，再会吧！不要因为我为了你的缘故遭到这种结局而悲伤，因为命运对我已经特别照顾了：她往往让一个不幸的人在家产荡尽以后继续活下去，用他凹陷的眼睛和满是皱纹的额角去挨受贫困的暮年；这一种拖延时日的刑罚，她已经把我豁免了。替我向尊夫人致意，告诉她安东尼奥的结局；对她说我怎样爱你，替我在死后说几句好话；等到你把这一段故事讲完以后，再请她判断一句，巴散尼奥是不是曾经有过一个真心爱他的朋友。不要因为你将要失去一个朋友而懊恨，替你还债的人是死而无怨的；只要那犹太人的刀刺得深一点，我就可以在一刹那的时间把那笔债完全还清。

巴 安东尼奥，我爱我的妻子，就像我自己的生命一样；可是我的生命，我的妻子，以及整个的世界，在我的眼中都不比你的生命更为贵重；我愿意丧失一切，把它们献给这恶魔做牺牲，来救出你的生命。

鲍 尊夫人要是就在这儿听见您说这样的话，恐怕不见得会感谢您吧。

葛 我有一个妻子，我可以发誓我是爱她的；可是我希望她马上归天，好去求告上帝改变这恶狗一样的犹太人的心。

聂 幸亏尊驾在她的背后说这样的话，否则府上一定要吵得鸡犬不宁了。

夏 这些便是相信基督教的丈夫！我有一个女儿，我宁愿她嫁给强盗的子孙，不愿她嫁给一个基督徒！别再浪费光阴了；请快些儿宣判吧。

鲍 那商人身上的一磅肉是你的；法庭判给你，法律许可你。

夏 公平正直的法官！

鲍 你必须从他的胸前割下这磅肉来;法律许可你,法庭判给你。

夏 博学多才的法官!判得好!来,预备!

鲍 且慢,还有别的话哩。这约上并没有允许你取他的一滴血,只是写明着"一磅肉";所以你可以照约拿一磅肉去,可是在割肉的时候,要是流下一滴基督徒的血,你的土地财产,按照威尼斯的法律,就要全部充公。

葛 啊,公平正直的法官!听着,犹太人;啊,博学多才的法官!

夏 法律上是这样说吗?

鲍 你自己可以去查查明白。既然你要求公道,我就给你公道,不管这公道是不是你所希望的。

葛 啊,博学多才的法官!听着,犹太人;好一个博学多才的法官!

夏 那么我愿意接受还款;照约上的数目三倍还我,放了那基督徒吧。

巴 钱在这儿。

鲍 别忙!这犹太人必须得到绝对的公道。别忙!他除了照约处罚以外,不能接受其他的赔偿。

葛 啊,犹太人!一个公平正直的法官,一个博学多才的法官!

鲍 所以你准备着动手割肉吧。不准流一滴血,也不准割得超过或是不足一磅的重量;要是你割下来的肉,比一磅略微轻一点或是重一点,即使相差只有一丝一毫,或者仅仅一根汗毛之微,就要把你抵命,你的财产全部充公。

葛 一个再世的但尼尔,一个但尼尔,犹太人!现在你可掉在我的手里了,你这异教徒!

鲍 那犹太人为什么还不动手?

夏 把我的本钱还我,放我去吧。

巴 钱我已经预备好在这儿,你拿去吧。

鲍 他已经当庭拒绝过了;我们现在只能给他公道,让他履行原约。

葛 好一个但尼尔,一个再世的但尼尔!谢谢你,犹太人,你教会我说这句话。

夏 难道我不能单单拿回我的本钱吗？

鲍 犹太人，除了冒着你自己生命的危险，割下那一磅肉以外，你不能拿一个钱。

夏 好，那么魔鬼保佑他去享用吧！我不要打这场官司了。

鲍 等一等，犹太人，法律上还有一点牵涉你。威尼斯的法律规定凡是一个异邦人企图用直接或间接手段，谋害任何公民，查明确有实据者，他的财产的半数应当归被企图谋害的一方所有，其余的半数没入公库；犯罪者的生命悉听公爵处置，他人不得顾问。你现在刚巧陷入这一条法网，因为根据事实的发展，已经足以证明你确有运用直接间接手段，危害被告生命的企图，所以你已经遭逢着我刚才所说起的那种危险了。快快跪下来，请公爵开恩吧。

葛 求公爵开恩，让你自己去寻死；可是你的财产现在充了公，一根绳子也买不起啦，所以还是要让公家破费把你吊死。

公爵 让你瞧瞧我们基督徒的精神，你虽然没有向我开口，我自动饶恕了你的死罪。你的财产一半划归安东尼奥，还有一半没入公库；要是你能够诚心悔过，也许还可以减处你一笔较轻的罚款。

鲍 这是说没入公库的一部分，不是说划归安东尼奥的一部分。

夏 不，把我的生命连着财产一起拿了去吧，我不要你们的宽恕。你们夺去了我的养家活命的根本，就是夺去了我的家，活活的要了我的命。

鲍 安东尼奥，你能不能够给他一点慈悲？

葛 白送给他一根上吊的绳子吧；看在上帝的面上，不要给他别的东西！

安 要是殿下和堂上愿意从宽发落，免予没收他的财产的一半，我就十分满足了；只要他能够让我接管他的另外一半的财产，等他死了以后，把它交给最近和他的女儿私奔的那位绅士；可是还要有两个附带的条件：第一，他接受了这样的恩典，必须立刻改信基督教；第二，他必须当庭写下一张文契，声明他死了以后，他的全部财产传给他的女婿罗伦佐和他的女儿。

公爵 他必须办到这两个条件，否则我就撤销刚才所宣布的赦令。

鲍 犹太人,你满意吗?你有什么话说?

夏 我满意。

鲍 书记,写下一张授赠产业的文契。

夏 请你们允许我退庭,我身子不大舒服。文契写好了送到我家里,我在上面签名就是了。

公爵 去吧,可是临时变卦是不成的。

葛 你在受洗礼的时候,可以有两个教父;要是我做了法官,我一定给你请十二个教父①,不是领你去受洗,而是送你上绞架。(夏下)

公爵 先生,我想请您到舍间去用餐。

鲍 请殿下多多原谅,我今天晚上要回帕度亚去,必须现在就动身,恕不奉陪了。

公爵 您这样贵忙,不能容我略尽寸心,真是抱歉得很。安东尼奥,谢谢这位先生,你这回全亏了他。(公爵、众士绅及侍从等下)

巴 最可尊敬的先生,我跟我这位敝友今天多赖您的智慧,免去了一场无妄之灾;为了表示我们的敬意,这三千块钱本来是预备还那犹太人的,现在就奉送给先生,聊以报答您的辛苦。

安 您的大恩大德,我们是永远不忘记的。

鲍 一个人做了心安理得的事,就是得到了最大的酬报;我这次帮了两位的忙,总算没有失败,已经引为十分满足,用不到再谈什么酬谢了。但愿咱们下次见面的时候,两位仍旧认识我。现在我就此告辞了。

巴 好先生,我不能不再向您提出一个请求,请您随便从我们身上拿些什么东西去,不算是酬谢,只好算是留个纪念。请您答应接受我两件礼物,赏我这一个面子,原谅我的礼轻意重。

鲍 你们这样殷勤,我只好却之不恭了。(向安)把您的手套送给我,让我戴在手上留个纪念吧;(向巴)为了纪念您的盛情,让我拿了这戒指去。不要缩回您的手,我不再向您要什么了;您既然是一片诚意,想

---

① 此处"教父"是指陪审团成员。——编者

来总也不会拒绝我吧。

巴　这指环吗,好先生?唉!它是个不值钱的玩意儿;我不好意思把这东西送给您。

鲍　我什么都不要,就是要这指环;现在我想我非得把它要了来不可。

巴　这指环的本身并没有什么价值,可是因为有其他的关系,我不能把它送人。我愿意搜访威尼斯最贵重的一枚指环来送给您,可是这一枚却只好请您原谅了。

鲍　先生,您原来是个口头上慷慨的人;您先教我怎样伸手求讨,然后再教我怎样回答一个叫化子。

巴　好先生,这指环是我的妻子给我的;她把它套上我的手指的时候,曾经叫我发誓永远不把它出卖,送人,或是遗失。

鲍　人们在吝惜他们的礼物的时候,都可以用这样的话做推托的。要是尊夫人不是一个疯婆子,她知道了我对于这指环是多么受之无愧,一定不会因为您把它送掉了而跟您长久反目的。好,愿你们平安!(鲍、聂同下)

安　我的巴散尼奥少爷,让他把那指环拿去吧;看在他的功劳和我的交情份上,违犯一次尊夫人的命令,想来不会有什么要紧。

巴　葛莱西安诺,你快追上他们,把这指环送给他;要是可能的话,领他到安东尼奥的家里去。去,赶快!(葛下)来,我就陪着你到你府上;明天一早咱们两人就飞到贝尔蒙脱去。来,安东尼奥。(同下)

第二场　同前;街道

【鲍细霞及聂莉莎上。

鲍　打听打听这犹太人住在什么地方,把这文契交给他,叫他签了字。我们要比我们的丈夫先一天到家,所以一定得在今天晚上动身。罗伦佐拿到了这一张文契,一定高兴得不得了。

【葛莱西安诺上。

葛　好先生,我好容易追上了您。我家大爷巴散尼奥再三考虑之下,决定叫我把这指环拿来送给您，还要请您赏光陪他吃一顿饭。

鲍 那可没法应命；他的指环我受下了，请你替我谢谢他。我还要请你给我这小兄弟带路到夏洛克老头儿的家里。

葛 可以可以。

聂 大哥，我要向您说句话儿。（*向鲍旁白*）我要试一试我能不能把我丈夫的指环拿下来。我曾经叫他发誓永远不去手。

鲍 你一定能够。我们回家以后，一定可以听听他们指天誓日，说他们把指环送给了男人；可是我们要压倒他们，比他们发更利害的誓。你快去吧，你知道我会在什么地方等你。

聂 来，大哥，请您给我带路。（*各下*）

第五幕

第一场　贝尔蒙脱；通至鲍细霞住宅的林荫路

【*罗伦佐及吉雪加上。*

罗 好皎洁的月色！微风轻轻地吻着树枝，不发出一点声响；我想正是在这样一个夜里，特洛埃勒斯登上了特洛埃的城墙，遥望着克蕾雪特所寄身的希腊人的营幕，发出他的深心中的悲叹①。

吉 正是在这样一个夜里，雪丝佩②心惊胆颤地踩着霜露，去赴她情人的约会，因为看见了一头狮子的影子，吓得远远逃走。

---

① 这里说的是特洛埃战争时，特洛埃国王的小儿子特洛埃勒斯和克蕾雪特（一个已投靠希腊人的特洛埃教士的女儿）的爱情悲剧故事，曾见于荷马史诗，后莎士比亚也有以此为题材的剧本《特洛埃勒斯和克蕾雪特》（朱生豪原译名为《特洛埃围城记》）。——编者

② 这里所提到的雪丝佩以及后面提到的黛陀、迷迭霞、伊孙等，都是古希腊神话和历史传说中的人物。——编者

罗 正是在这样一个夜里，黛陀手里执着柳枝，站在辽阔的海滨，招她的爱人回到迦泰基来。

吉 正是在这样一个夜里，迷迭霞采集了灵芝仙草，使衰迈的伊孙返老还童。

罗 正是在这样一个夜里，吉雪加从犹太富翁的家里逃走出来，跟着一个不中用的情郎从威尼斯一直走到贝尔蒙脱。

吉 正是在这样一个夜里，年青的罗伦佐发誓说他爱她，用许多忠诚的盟言偷去了她的灵魂，可是没有一句话是真的。

罗 正是在这样一个夜里，可爱的吉雪加像一个小泼妇似的，信口毁谤她的情人，可是他饶恕了她。

吉 倘不是有人来了，我可以搬弄出比你所知道的更多的夜的典故来。可是听！这不是一个人的脚步声吗？

【史梯番诺上。

罗 谁在这静悄悄的深夜里跑得这么快？

史 一个朋友。

罗 一个朋友！什么朋友？请问朋友尊姓大名？

史 我的名字是史梯番诺，我来向你们报个信，我家女主人在天明以前，就要到贝尔蒙脱来了；她一路上看见圣十字架，便停步下来，长跪祷告，祈求着婚姻的美满。

罗 谁陪她一起来？

史 没有什么人，就是一个修道的隐士和她的侍女。请问我家主人有没有回来？

罗 他没有回来，我们也没有听到他的消息。可是，吉雪加，我们进去吧；让我们按照着礼节，准备一些欢迎这屋子的女主人的仪式。

【朗西洛脱上。

朗 索拉！索拉！哦哈呵！索拉！索拉！

罗 谁在那儿嚷？

朗 索拉！你看见罗伦佐大爷吗？罗伦佐大爷！索拉！索拉！

罗 别嚷啦，朋友；他就在这儿。

朗 索拉！那儿？那儿？

罗 这儿。

朗 对他说我家主人差一个人带了许多好消息来了；他在天明以前就要回家来啦。（下）

罗 亲爱的，我们进去，等着他们回来吧。不，还是不用进去。我的朋友史梯番诺，请你进去通知家里的人，你们的女主人就要来啦，叫他们准备好乐器到门外来迎接。（史下）月光多么恬静地睡在山坡上！我们就在这儿坐下来，让音乐的声音悄悄送进我们的耳边；柔和的静寂和夜色，是最足以衬托出音乐的甜美的。坐下来，吉雪加。瞧，天宇中嵌满了多少灿烂的金钹；你所看见的每一颗微小的天体，在转动的时候都会发出天使般的歌声，永远应和着嫩眼的天婴的妙唱。在永生的灵魂里也有这一种音乐，可是当它套上这一具泥土制成的俗恶易朽的皮囊以后，我们便再也听不见了。

【众乐工上。

罗 来啊！奏起一支圣歌来唤醒黛安那女神；用最温柔的节奏倾注到你们女主人的耳中，让她被乐声吸引着回来。（音乐）

吉 我听见了柔和的音乐，总觉得有些惆怅。

罗 这是因为你有一颗敏感的灵魂。你只要看一群野性未驯的小马，逞着它们奔放的血气，乱跳狂奔，高声嘶叫，倘然偶尔听到一声喇叭，或是任何乐调，就会一齐立定，它们狂野的眼光，因为中了音乐的魅力，变成温和的注视。所以诗人会造出奥菲斯用音乐感动木石，平息风浪的故事①，因为无论怎样坚硬顽固狂暴的事物，音乐都可以立刻改变它们的性质。灵魂里没有音乐，或是听了甜蜜和谐的乐声而不会

---

① 奥菲斯是希腊神话中的音乐奇才，因爱妻优丽迪丝被毒蛇咬死，用音乐和歌声感动了冥河的船夫、看守阴间大门的巨犬以及阴间的恶灵和众鬼，得以觐见并感动了冥王和冥后，被允许带优丽迪丝还阳。——编者

感动的人，都是擅于为非作恶，使奸弄诈的；它们的灵魂像黑夜一样昏沉，它们的感情像鬼域一样幽暗；这种人是不可信任的。听这音乐！

【鲍细霞及聂莉莎自远处上。

鲍 那灯光是从我家里发出来的。一枝小小的蜡烛，它的光照耀得多么远！一件善事也正像这枝蜡烛一样，在这罪恶的世界上发出广大的光辉。

聂 月光明亮的时候，我们就瞧不见灯光。

鲍 小小的荣耀也正是这样给更大的光荣所掩盖。国王出巡的时候，摄政的威权未尝不就像一个君主，可是一等国王回来，他的威权就归于无有，正像溪涧中的细流注入大海一样。音乐！听！

聂 小姐，这是我们家里的音乐。

鲍 没有比较，就显不出长处；我觉得它比在白天好听得多哪。

聂 小姐，那是因为晚上比白天静寂的缘故。

鲍 没有听赏的人，乌鸦的歌声也就和云雀一样；要是夜莺在白天杂在群鹅的聒噪里歌唱，人家决不以为它比鹪鹩唱得更美。多少事情因为逢到有利的环境，才能够达到尽善的境界，博得一声恰当的赞赏！喂，静下来！月亮正在拥着她的情郎①酣睡，不肯就醒来呢。（音乐停止）

罗 要是我没有听错，这分明是鲍细霞的声音。

鲍 我的声音太难听，所以一下子就给他听出来了，正像瞎子能够辨认杜鹃一样。

罗 好夫人，欢迎您回家来！

鲍 我们在外边为我们的丈夫祈祷平安，希望他们能够因我们的祈祷而多福。他们已经回来了吗？

---

① 月亮的情郎原文作恩底弥翁（Endymion），希腊神话中的美少年，为黛安那女神所钟爱。——译者

罗　夫人，他们还没有来；可是刚才有人来送过信，说他们就要来了。

鲍　进去，聂莉莎，吩咐我的仆人们，叫他们就当我们两人没有出去过一样；罗伦佐，您也给我保守秘密；吉雪加，您也不要多说。（喇叭声）

罗　您的丈夫来啦，我听见他的喇叭的声音。我们不是搬嘴弄舌的人，夫人，您放心好了。

鲍　这样的夜色就像一个昏沉的白昼，不过略微惨淡点儿；没有太阳的白天，瞧上去也不过如此。

【巴散尼奥、安东尼奥、葛莱西安诺及从者等上。

巴　要是您在没有太阳的地方走路，我们就可以和地球那一面的人共同享有着白昼。

鲍　让我发出光辉，可是不要让我像光一样轻浮；因为一个轻浮的妻子，是会使丈夫的心头沉重的，我决不愿意巴散尼奥为了我而心头沉重。可是一切都是上帝作主！欢迎您回家来，夫君！

巴　谢谢您，夫人。请您给我这位朋友欢迎；这就是安东尼奥，我曾经受过他无穷的恩惠。

鲍　他的确使您受惠无穷，因为我听说您曾经使他受累无穷呢。

安　没有什么，现在一切都已经圆满解决了。

鲍　先生，我们非常欢迎您的光临；可是口头的空言不能表示诚意，所以一切客套的话，我都不说了。

葛　（向聂）我凭着那边的月亮起誓，你冤枉了我；我真的把它送给了那法官的书记。好人，你既然把这件事情看得这么重，那么我但愿拿了去的人是个割掉了鸡巴的。

鲍　啊！已经在吵架了吗？为了什么事？

葛　为了一个金圈圈儿，她给我的一个不值钱的指环，上面刻着的诗句，就跟那些刀匠们刻在刀子上的差不多，什么“爱我毋相弃”。

聂　你管它什么诗句，什么值钱不值钱？我当初给你的时候，你曾经向我发誓，说你要戴着它直到死去，死了就跟你一起葬在坟墓里；即使不为我，为了你所发的重誓，你也应该把它看重，好好儿的保存着。送给一个法官的书记！呸！上帝可以替我判断，拿了这指环去的那个书记，一定是个脸上永远不会出毛的。

葛 他年纪长大起来，自然会出胡子的。

聂 一个女人也会长成男子吗？

葛 我举手起誓，我的确把它送给一个少年人，一个年纪小小，发育不全的孩子；他的个儿并不比你高，这个法官的书记。他是个多话的孩子，一定要我把这指环给他做酬劳，我实在不好意思不给他。

鲍 恕我说句不客气的话，这是你的不对；你怎么可以把你妻子的第一件礼物随随便便给了人？你已经发过誓把它套在你的手指上，它就是你身体上不可分的一部分。我也曾经送给我的爱人一个指环，使他发誓永不把它抛弃；他现在就在这儿，我敢代他发誓，即使把世间所有的财富向他交换，他也不肯丢掉它或是把它从他的手指上取下来。真的，葛莱西安诺，你太对不起你的妻子了；倘然是我的话，我早就发起脾气来啦。

巴 （旁白）嗳哟，我应该把我的左手砍掉了，就可以发誓说，因为强盗要我的指环，我不肯给他，所以连手都给砍下来了。

葛 巴散尼奥大爷也把他的指环给了那法官了，因为那法官一定要向他讨那指环；其实他就是拿了那指环去，也一点不算过分。那个孩子，那法官的书记，因为写了几个字，也就讨了我的指环去做酬劳。他们主仆两人什么都不要，就是要这两个指环。

鲍 我的爷，您把什么指环送了人哪？我想不会是我给您的那一个吧？

巴 要是我可以用说谎来加重我的过失，那么我会否认的；可是您瞧我的手指上没有指环；它已经没有了。

鲍 正像你的虚伪的心里没有一丝真情。我对天发誓，除非等我见了这指环，我再也不跟你同床共枕。

聂 要是我看不见我的指环，我也再不跟你同床共枕。

巴 亲爱的鲍细霞，要是您知道我把这指环送给什么人，要是您知道我为了谁的缘故把这指环送人，要是您能够想到为了什么理由我把这指环送人，我又是多么舍不下这个指环，可是人家偏偏什么也不要，一定要这个指环，那时候您就不会生这么大的气了。

鲍 要是你知道这指环的价值，或是把这指环给您的那人的一半好处，或是你自己保存着这指环的光荣，你就不会把这指环抛弃。只要你用诚恳的话向他剀切解释，世上那有这样不讲理的人，会好意思硬要人家留作纪念品的东西？聂莉莎讲的话一点不错；我可以用我的生命赌咒，一定是什么女人把这指环拿了去了。

巴 不，夫人，我用我的名誉，我的灵魂起誓，并不是什么女人拿去，的确是送给那位法学博士的；他不接受我送给他的三千块钱，一定要讨这指环，我不答应，他就老大不高兴地去了。就是他救了我的好朋友的性命；我应该怎么说呢，好太太？我没有法子，只好叫人追上去送给他；人情和礼貌逼着我这样做，我不能让我的名誉上沾上忘恩负义的污点。原谅我，好夫人；凭着天上的明灯起誓，要是那时候您也在那儿，我想您一定会恳求我把这指环送给这位贤能的博士的。

鲍 让那博士再也不要走近我的屋子。他既然拿去了我所珍爱的宝物，又是你所发誓永远为我保存的东西，那么我也会像你一样慷慨；我会把我所有的一切都给他，即使他要我的身体，或是我的丈夫的眠床，我都不会拒绝他。我总有一天会认识他的；你还是一夜也不要离开家里，像个百眼怪人那样看守着我吧；否则我可以凭着我的尚未失去的贞操起誓，要是你让我一个人在家里，我一定要跟这个博士睡在一床的。

聂 我也要跟他的书记睡在一床；所以你还是留心不要走开我的身边。

葛 好，随你的便，只要不让我碰到他；要是他给我捉住了，我就弯断这个少年书记的那枝笔。

安 都是我的不是，引出你们这一场吵闹。

鲍 先生，这跟您没有关系；您来我们是很欢迎的。

巴 鲍细霞，饶恕我这一次出于不得已的错误，当着这许多朋友们的面前，我向你发誓，凭着你的这一双美丽的眼睛，在它们里面我可以看见我自己，——

鲍 你们听他的话！我的左眼里也有一个他，我的右眼里也有一个他；你用你的两重人格发誓，我还能够相信你吗？

巴 不，听我说。原谅我这一次错误，凭着我的灵魂起誓，我以后再不违犯对你所作的誓言。

安 我曾经为了他的幸福，把我自己的身体向人抵押，倘不是幸亏那个把您丈夫的指环拿去的人，几乎送了性命；现在我敢再立一张契约，把我的灵魂作为担保，保证您的丈夫决不会再有故意背信的行为。

鲍 那么就请您做他的保证人，把这个给他，叫他比上回那一个保存得牢一些。

安 拿着，巴散尼奥；请您发誓永远保存这一个指环。

巴 天哪！这就是我给那博士的那一个！

鲍 我就是从他手里拿来的。原谅我，巴散尼奥，因为凭着这个指环，那博士已经跟我睡过觉了。

聂 原谅我，我的好葛莱西安诺；就是那个发育不全的孩子，那个博士的书记，因为我问他讨这个指环，昨天晚上已经跟我睡在一起了。

葛 嗳哟，这就像是在夏天把铺得好好的道路重新翻造。嘿！我们就这样冤冤枉枉地做起忘八来了吗？

鲍 不要说得那么难听。你们大家都有点莫名其妙；这儿有一封信，拿去慢慢地念吧，它是裴拉里奥从帕度亚寄来的，你们从这封信里，就可以知道那位博士就是鲍细霞，她的书记便是这位聂莉莎。罗伦佐可以向你们证明，当你们出发以后，我就立刻动身；我回家来还没有多少时候，连大门也没有进去过呢。安东尼奥，我们非常欢迎您到这儿来；我还带着一个您所意料不到的好消息给您，请您拆开这封信，您就可以知道您有三艘商船，已经满载而归，快要到港了。您再也想不出这封信怎么会巧巧儿地到了我的手里。

安 我没有话说。

巴 你就是那个博士，我却不认识你吗？

葛 你就是要叫我当忘八的那个书记吗？

聂 是的，可是除非那书记会长成一个男子，他再也不能叫你当忘八。

巴 好博士，你今晚就陪着我睡觉吧；当我不在的时候，你可以睡在我妻子的床上。

安 好夫人，您救了我的命，又给了我一条活路；我从这封信里得到了确实的消息，我的船只已经平安到港了。

鲍 喂，罗伦佐！我的书记也有一件好东西要给您哩。

聂 是的，我可以免费送给他。这儿是那犹太富翁亲笔签署的一张授赠产业的文契，声明他死了以后，全部遗产都传给您和吉雪加，请你们收下了。

罗 两位好夫人，你们像是散布玛那[1]的天使，救济着饥饿的人们。

鲍 天已经差不多亮了，可是我知道你们还想把这些事情知道得详细一点。我们大家进去吧；你们还有什么疑惑的地方，尽管再向我们发问，我们一定老老实实地回答一切的问题。

葛 很好，我要我的聂莉莎宣誓答复的第一个问题，是现在离白昼只有两小时了，我们还是就去睡觉呢，还是等明天晚上再睡？正是——

不惧黄昏近，但愁白日长；
翩翩书记俊，今夕喜同床。
金环束指间，灿烂自生光，
为恐娇妻骂，莫将弃道旁。（**众下**）

---

① 玛那（manna），天粮，见《旧约·出埃及记》。——译者

三

罗密欧与朱丽叶

《罗密欧与朱丽叶》是莎氏早期的抒情悲剧，也是继《所罗门雅歌》以后一首最美丽悱恻的恋歌。这里并没有对于人性的深刻的解剖，只是真挚地道出了全世界青年男女的心声。命运的偶然造成这一对恋人的悲剧的结局，然而剧终的启示，爱情不但战胜死亡，并且使两族的世仇消弭于无形；从这一个意义上看来，它无宁是一本讴歌爱情至上的喜剧。

生豪志于三十三年四月

——《莎士比亚戏剧全集》第二辑提要

剧中人物

埃斯卡勒斯　维洛那亲王

巴里斯　少年贵族，亲王的亲戚

蒙太玖
凯普莱脱　}互相敌视的两家家长

罗密欧　蒙太玖之子

迈邱西奥　亲王的亲戚
卞伏里奥　蒙太玖之侄　}罗密欧的朋友

泰保尔脱　凯普莱脱之侄

劳伦斯神父　法朗西斯派教士

约翰神父　与劳伦斯同门的教士

鲍尔萨泽　罗密欧的仆人

桑泼生
葛雷古利　}凯普莱脱的仆人

彼得　朱丽叶乳母的从仆

亚伯拉罕　蒙太玖的仆人

卖药人

乐工三人

迈邱西奥的侍童

巴里斯的侍童

蒙太玖夫人

凯普莱脱夫人

朱丽叶　凯普莱脱之女

朱丽叶的乳母

维洛那市民；两家男女亲属；跳舞者、卫士、巡丁、及侍从等

副末　说明剧情者

地点

维洛那；第五幕第一场在曼多亚

开场诗

【副末上念：

故事发生在维洛那名城，
　有两家门第相当的巨族，
累世的宿怨激起了新争，
　鲜血把市民的白手污渎。
是命运注定这两家仇敌，
　生下了一双不幸的恋人，
他们的悲惨凄凉的殒灭，
　和解了他们交恶的尊亲。
这一段生生死死的恋爱，
　还有那两家父母的嫌隙，
把一对多情的儿女杀害，
　演成了今天这一本戏剧。
交代过这几句挈领提纲，
请诸位耐着心细听端详。（下）

第一幕

第一场　维洛那；广场

【桑泼生及葛雷古利各持盾剑上。

桑　葛雷古利，咱们可真的不能让人家当做苦力一样欺侮。

葛 对了，咱们不是可以随便给人欺侮的。

桑 我说，咱们要是发起脾气来，就会拔刀子动武。

葛 对了，你可不要把脖子缩进领口里去。

桑 我一动性子，我的剑是不认人的。

葛 可是你不大容易动性子。

桑 我见了蒙太玖家的狗子就生气。

葛 有胆量的，生了气就应当站住不动；逃跑的不是好汉。

桑 我见了他们家里的狗子，就会站住不动；是男人我就把他们从墙边推出去，是女人我就把她们望着墙壁摔过去。

葛 吵架是咱们两家主仆男人们的事，与她们女人有什么相干？

桑 那我不管，我要做一个杀人不眨眼的魔王；一面跟男人们打架，一面对娘儿们也不留情面，我要割掉她们的头。

葛 割掉娘儿们的头吗？

桑 对了，娘儿们的头，或是她们的奶奶头，你爱怎么说就怎么说。

葛 拔出你的家伙来；有两个蒙太玖家的人来啦。

【亚伯拉罕及鲍尔萨泽上。

桑 我的刀子已经出鞘；你去跟他们吵起来，我就在你背后帮你的忙。

葛 怎么？你想转过背逃走吗？

桑 你放心吧，我不是那样的人。

葛 哼，我倒有点不放心！

桑 还是让他们先动手，打起官司来也是咱们的理直。

葛 我走过去向他们横个白眼，瞧他们怎么样。

桑 好，瞧他们有没有胆。我要向他们咬我的大拇指，瞧他们能不能忍受这样的侮辱。

亚 你向我们咬你的大拇指吗？

桑 我是咬我的大拇指。

亚 你是向我们咬你的大拇指吗？

桑 （向葛旁白）要是我说是，那么打起官司来是谁的理直？

葛 （向桑旁白）是他们的理直。

桑 不，我不是向你们咬我的大拇指；可是我是咬我的大拇指。

葛 你是要向我们挑衅吗？

亚 挑衅！不，那儿的话。

桑 你要是想跟我们吵架，那么我可以奉陪；你也是你家主子的奴才，我也是我家主子的奴才，难道我家的主子就比不上你家的主子？

亚 比不上。

桑 好。

葛 （向桑旁白）说"比得上"；我家老爷的一位亲戚来了。

桑 比得上。

亚 你胡说。

桑 是汉子就拔出刀子来。葛雷古利，别忘了你的杀手剑。（双方互斗）

【卞伏里奥上。

卞 分开，蠢才！收起你们的剑；你们不知道你们在干些什么事。（击下众仆的剑）

【泰保尔脱上。

泰 怎么！你跟这些不中用的奴才吵架吗？过来，卞伏里奥，让我结果你的性命。

卞 我不过维持和平；收起你的剑，或者帮我分开这些人。

泰 什么！你拔出了剑，还说什么和平？我痛恨这两个字，就跟我痛恨地狱，痛恨所有蒙太玖家的人和你一样。照剑，懦夫！（二人相斗）

【两家各有若干人上，加入争斗；一群市民持枪棍继上。

众市民 打！打！打！把他们打下来！打倒凯普莱脱！打倒蒙太玖！

【凯普莱脱穿长袍及凯普莱脱夫人同上。

凯 什么事吵得这个样子？喂！把我的长剑拿来。

凯妻 我的拐杖呢？我的拐杖呢？你要剑做什么用？

凯 快拿剑来！蒙太玖那老东西来啦；他还耀着他的剑，明明在跟我寻事。

【蒙太玖及蒙太玖夫人上。

蒙 凯普莱脱，你这奸贼！——别拉住我；让我去。

蒙妻 你要去跟人家吵架，我不让你走一步路。

【亲王率侍从上。

亲王 目无法纪的臣民，扰乱治安的罪人，你们的刀剑都被你们邻人的血沾污了；——他们不听我的话吗？喂，听着！你们这些人，你们这些畜生，你们为了扑灭你们怨毒的怒焰，不惜让殷红的流泉从你们的血管里喷涌出来；你们要是畏惧刑法，赶快给我把你们的凶器从你们血腥的手里丢下来，静听你们震怒的君王的判决。凯普莱脱，蒙太玖，你们已经三次为了一句口头上的空言，引起了市民的械斗，扰乱了我们街道上的安宁，害得维洛那的年老公民，也不能不脱下他们尊严的装束，在他们习于安乐的苍老衰弱的手里，掮起古旧的长枪来，分解你们溃烂的纷争。要是你们以后再在市街上闹事，就要把你们的生命作为扰乱治安的代价。现在别人都给我退下去；凯普莱脱，你跟我来；蒙太玖，你今天下午到自由村的审判厅里来，听候我对于今天这一案的宣判。大家散开去，倘有逗留不去的，格杀不论！（除蒙太玖夫妇及卞伏里奥外皆下）

蒙 谁把这一场宿怨重新挑起纷争？侄儿，对我说，他们动手的时候，你也在场吗？

卞 我还没有到这儿来，您的仇家的仆人跟你们家里的仆人已经打成一块了。我拔出剑来分开他们；就在这时候，那个性如烈火的泰保尔脱提着剑来了，他向我口出不逊之言，把剑在他自己头上挥舞，那剑在风中发出嗞嗞的声音，就像风在那儿讥笑他的装腔作势一样。当我们正在剑来剑去的时候，人越来越多，有的帮这一面，有的帮那一面，乱哄哄地互相争斗，直等亲王来了，方才把两边的人喝开。

蒙妻 啊，罗密欧呢？你今天见过他吗？我很高兴他没有参加这场争斗。

卞 伯母，在尊严的太阳开始从东方的黄金窗里探出头来的前一个时辰，我因为心中烦闷，到郊外去散步，在城西一丛枫树的下面，我看见罗密欧兄弟一早在那儿走来走去。我正要向他走过去,他已经看见了我,就躲到树林深处去了。我因为自己也是心灰意懒,觉得连自己这一身也是多余的,只想找一处没有人踪的地方,所以凭着自己的心境推测别人的心境,也就不去多事追寻他,彼此互相避开了。

蒙 好多天的早上曾经有人在那边看见过他,用眼泪洒为清晨的露水,用长叹嘘成天空的云雾;可是一等到鼓舞众生的太阳在东方的天边开始揭起黎明女神床上灰黑色的帐幕的时候,我那怀着一颗沉重的心的儿子,就逃避了光明,溜回到家里;一个人关起了门躲在房间里,闭紧了窗子,把大好的阳光锁在外面,为他自己造成了一个人工的黑夜。他这一种怪脾气恐怕不是好兆,除非良言劝告可以替他解除心头的烦恼。

卞 伯父,您知道他的烦恼的根源吗?

蒙 我不知道,也没有法子从他自己嘴里探听出来。

卞 您有没有设法探问过他?

蒙 我自己以及许多其他的朋友都曾经探问过他,可是他把心事一起闷在自己肚里,总是绝口严守着秘密,不让人家试探出来,正像一朵初生的蓓蕾,还没有迎风舒展它的嫩瓣,向太阳献吐它的娇艳,就给妒嫉的蛀虫咬啮了一样。只要能够知道他的悲哀究竟是从什么地方来的,我们一定会尽心竭力替他找寻治疗的方案。

卞 瞧,他来了;请您站在一旁,等我去问问他究竟有些什么心事,看他理不理我。

蒙 但愿你留在这儿,能够听到他的真情的吐露。来,夫人,我们去吧。(*蒙太玖夫妇同下*)

【*罗密欧上。*

卞 早安,兄弟。

罗 天还是这样早吗?

卞 刚才敲过九点钟。

罗 唉!在悲哀里度过的时间似乎是格外长的。急忙忙地走过去的那个人，不就是我的父亲吗？

卞 正是。什么悲哀使罗密欧的时间过得这样长？

罗 因为我缺少了可以使时间变为短促的东西。

卞 你跌进了恋爱的网里了吗？

罗 我徘徊在恋爱的门外，因为我不能得到我的意中人的欢心。

卞 唉！想不到爱神的外表这样温柔，实际上却是如此残暴！

罗 唉！想不到爱神蒙着眼睛，却会一直闯进了人们的心灵！我们在什么地方吃饭？嗳哟！又是谁在这儿打过架了？可是不必告诉我，我早就知道了。这些都是怨恨造成的后果，可是爱情的力量比它还要大过许多。啊，吵吵闹闹的相爱，亲亲热热的怨恨！啊，无中生有的一切！啊，沉重的轻浮，严肃的狂妄，整齐的混乱，铅铸的羽毛，光明的烟雾，寒冷的火焰，憔悴的健康，永远觉醒的睡眠，否定的存在！我感觉到的爱情正是这么一种东西，可是我并不喜爱这一种爱情。你不会笑我吗？

卞 不，兄弟，我倒是有点儿想哭。

罗 好人，为什么呢？

卞 因为瞧着你善良的心受到这样的痛苦。

罗 唉！这就是爱情的错误，我自己已经有太多的忧愁重压在我的心头，你对我表示的同情，徒然使我在太多的忧愁之上，再加上一重忧愁。爱情是叹息吹起的一阵烟；恋人的眼中有它净化了的火星；恋人的眼泪是它激起的波涛。它又是最智慧的疯狂，哽喉的苦味，沁舌的蜜糖。再见，兄弟。（**欲去**）

卞 且慢，让我跟你一块儿去；要是你就这样丢下了我，未免太不给我面子啦。

罗 嘿！我已经遗失了我自己；我不在这儿；这不是罗密欧，他是在别的地方。

卞 老实告诉我，你所爱的是谁？

罗 什么！你要我在痛苦呻吟中说出她的名字来吗？

卞 痛苦呻吟！不，你只要告诉我她是谁就得了。

罗 叫一个病人郑重其事地立起遗嘱来！啊，对于一个病重的人，还有什么比这更刺痛他的心？老实对你说，兄弟，我是爱上了一个女人。

卞 我说你一定有了恋爱，果然猜得不错。

罗 好一个每发必中的射手！我所爱的是一位美貌的姑娘。

卞 好兄弟，只要目标准确，不怕发而不中。

罗 你这一箭就射岔了。邱必特的金箭不能射中她的心；她有黛安那女神的圣洁，不让爱情稚弱的弓矢损害她的坚不可破的贞操。她不愿听任深怜密爱的词句把她包围，也不愿让灼灼逼人的眼光向她进攻，更不愿接受可以使圣人动心的黄金的诱惑；啊！美貌便是她巨大的财富，只可惜她一死以后，她的美貌也要化为黄土！

卞 那么她已经立誓终身守贞不嫁了吗？

罗 她已经立下了这样的誓言，为了珍惜她自己，造成了莫大的浪费；因为她让美貌在无情的岁月中日就枯萎，不知道替后世传留下她的绝世容华。她是个太美丽，太聪明的人儿，不应该剥夺她自身的幸福，使我抱恨终天。她已经立誓割舍爱情，我现在活着也就等于死去一般。

卞 听我的劝告，别再想起她了。

罗 啊！那么你教我怎样忘记吧。

卞 你可以放纵你的眼睛，让它们多看几个世间的美人。

罗 那不过格外使我觉得她的美艳无双罢了。那些吻着美人娇额的幸运的面罩，因为它们是黑色的缘故，常常使我们想起被它们遮掩的面庞，不知应该多少娇丽。突然盲目的人，永远不会忘记存留在他消失了的视觉中的宝贵的影像。给我看一个姿容绝代的美人，她的美貌除了使我记起世上有一个人比她更美以外，还有什么别的用处？再见，你不能教我怎样忘记。

卞 我一定要证明我的意见不错，否则死了也不瞑目。（**各下**）

第二场　同前;街道

【凯普莱脱、巴里斯及仆人上。

凯　可是蒙太玖也负着跟我同样的责任;我想像我们这样有了年纪的人,维持和平还不是难事。

巴　你们两家都是很有名望的大族,结下了这样不解的冤仇,真是一件不幸的事。可是老伯,您对于我的求婚有什么见教?

凯　我的意思早就对您表示过了。我的女儿今年还没有满十四岁,完全是一个不懂事的孩子;再过两个夏天,才可以谈到亲事。

巴　比她年纪更小的人,都已经做了幸福的母亲了。

凯　早结果的树木一定早凋。我在这世上什么希望都已经没有了,只有她是我的唯一的安慰。可是向她求爱吧,善良的巴里斯,得到她的欢心;只要她愿意,我的同意是没有问题的。今天晚上,我要按照旧例,举行一次宴会,邀请许多友好参加;您也是我所要邀请的一个,请您接受我的最诚意的欢迎。在我的寒舍里,今晚您可以见到灿烂的群星翩然下降,照亮了黑暗的天空;在蓓蕾一样娇艳的女郎丛里,您可以充分享受青春的愉快,正像盛装的四月追随着残冬的足迹君临人世,在年青人的心里充满着活跃的欢欣一样。您可以听一个畅,看一个饱,从许多美貌的女郎中间,连我的女儿也在其内,拣一个最好的做您的意中人。来,跟我去。(以一纸交仆)你去到维洛那全城走一转,一个一个去找这单子上有名字的人,请他们到我的家里来。(凯、巴同下)

仆　找这单子上有名字的人!人家说,鞋匠的针线,裁缝的钉锤,渔夫的笔,画师的网,各人有各人的职司;可是我们的老爷却叫我找这单子上有名字的人,我怎么知道写字的人在这上面写着些什么?我一定要找个识字的人。来得正好。

【卞伏里奥及罗密欧上。

卞　不,兄弟,新的火焰可以把旧的火焰扑灭,大的苦痛可以使小的苦痛减轻;头晕目眩的时候,只要转身向后;一桩绝望的忧伤,也可以用另一桩烦恼把它驱除。给你的眼睛找一个新的迷惑,你的原来的痼疾就可以霍然脱体。

罗　你的药草只好医治——

卞　医治什么?

罗　医治你的跌伤的胫骨。

卞　怎么,罗密欧,你疯了吗?

罗　我没有疯,可是比疯人更不自由;关在牢狱里,不进饮食,挨受着鞭挞和酷刑,——晚安,好朋友!

仆　晚安!请问先生,您念过书吗?

罗　是的,这是我的贫困的资产。

仆　也许您会不看着书念;可是请问您会不会看着字一个儿一个儿的念?

罗　是我认得的字,我就会念。

仆　您说得很老实;上帝保佑您!(欲去)

罗　等一等,朋友;我会念。

"玛丁诺先生暨夫人及诸位令嫒;安赛尔美伯爵及诸位令妹;寡居之维特鲁维奥夫人;帕拉森西奥先生及诸位令侄女;迈邱西奥及其令弟伐伦泰因;凯普莱脱叔父暨婶母及诸位贤妹;罗瑟琳贤侄女;丽维霞;伐伦西奥先生及其令表弟泰保尔脱;琉西奥及活泼之海伦那。"

好一群名士贤媛!请他们到什么地方去?

仆　到我们家里吃饭去。

罗　谁的家里?

仆　我的主人的家里。

罗　那还用问吗?

仆　那么好,您不用问我,我就告诉您吧。我的主人就是那个有财有势的凯普莱脱;要是您不是蒙太玖家里的人,请您也来跟我们喝一杯酒。上帝保佑您!(下)

卞　在这一个凯普莱脱家里按照旧例举行的宴会中间,你所热恋的美人罗瑟琳也要跟着维洛那城里所有的绝色名嫒一同去赴宴。你也到那儿去吧，用着不带成见的眼光，把她的容貌跟别人比较比较，你就可以知道你的天鹅不过是一头乌鸦罢了。

罗 要是我的虔敬的眼睛会相信这种谬误的幻象，那么让眼泪变成火焰，把这一双罪状昭著的异教邪徒烧成灰烬吧！比我的爱人还美！烛照万物的太阳，自有天地以来也不曾看见过一个可以和她比美的人。

卞 嘿！你看见她的时候，因为没有别人在旁边，你的两只眼睛里只有她一个人，所以你以为她是美丽的；可是在你那水晶的天秤里，要是把你的恋人跟另外一个我可以在这宴会里指点给你看的美貌的姑娘同时较量起来，那么她现在虽然仪态万方，那时候就要自惭形秽了。

罗 我倒要去这一次；不是去看你所说的美人，只要看看我自己的爱人怎样大放光彩，我就心满意足了。（同下）

第三场　同前；凯普莱脱家中一室

【凯普莱脱夫人及乳媪上。

凯妻 奶妈，我的女儿呢？叫她出来见我。

乳媪 凭着我十二岁时候的童贞发誓，我早就叫过她了。喂，小绵羊！喂，小鸟儿！上帝保佑！这孩子什么地方去啦？喂，朱丽叶！

【朱丽叶上。

朱 什么事？谁叫我？

乳媪 你的母亲。

朱 母亲，我来了。您有什么吩咐？

凯妻 是这么一件事。奶妈，你出去一会儿。我们要谈些秘密的话。——奶妈，你回来吧；我想起来了，你也应当听听我们的谈话。你知道我的女儿年纪也不算怎么小啦。

乳媪 对啊，我把她的时辰八字记得清清楚楚的。

凯妻 她现在还不满十四岁。

乳媪 我可以用我的十四颗牙齿打赌，——唉，说来伤心，我的牙齿掉得只剩四颗啦！——她还没有满十四岁呢。现在离开收获节还有多久？

凯妻 两个星期多一点。

乳媪 不多不少，不先不后，到收获节的晚上她才满十四岁。苏珊跟她同年，——上帝安息一切基督徒的灵魂！唉！苏珊是跟上帝在一起啦，我命里不该有这样一个孩子。可是我说过的，到收获节的晚上，她就要满十四岁啦；正是，一点不错，我记得清清楚楚的。自从地震那一年到现在，已经十一年啦；那时候她已经断了奶，我永远不会忘记，不先不后，刚巧在那一天；因为我在那时候用艾叶涂在奶头上，坐在鸽棚下面晒着太阳；老爷跟您那时候都在曼多亚。瞧，我的记性可不算坏。可是我说的，她一尝到我那奶头上的艾叶的味道，觉得变了苦啦，嗳哟这可爱的小傻瓜！她就发起脾气来，把奶头摔开啦。这句话说来话长，算来也有十一年啦；后来她就慢慢儿会一个人站得直挺挺的，还会摇呀摆的到处乱跑，就是在她跌破额角的那一天，我那去世的丈夫——上帝安息他的灵魂！他是个喜欢说说笑笑的人，——把这孩子抱了起来，"啊！"他说，"你扑在地上了吗？再过两年，你就要仰在床上了；是不是呀，朱丽？"谁知道这个可爱的坏东西忽然停住了哭声，说"嗯"。嗳哟，真把人都笑死了！要是我活到一千岁，我也再不会忘记这句话。"是不是呀，朱丽？"他说；这可爱的小傻瓜就停住了哭声，说"嗯"。

凯妻 得了得了，请你别说下去了吧。

乳媪 是，太太。可是我一想到她会停住了哭说"嗯"，就禁不住笑起来。不说假话，她额角上肿起了像小雄鸡的睾丸那么大的一个块哩；她痛得放声大哭；"啊！"我的丈夫说，"你扑在地上了吗？等你年纪一大，你就要仰在床上了；是不是呀，朱丽？"她就停住了哭声，说"嗯"。

朱 我说，奶妈，你也可以停嘴了。

乳媪 好，我不说啦，我不说啦。上帝保佑你！你是在我手里抚养长大的一个最可爱的小宝贝；要是我能够活到有一天瞧着你嫁了出去，也算了结我的一桩心愿啦。

凯妻 是呀，我现在就是要谈起她的亲事。朱丽叶我的孩子，告诉我，要是现在把你嫁了出去，你觉得怎么样？

朱 这是我做梦也没有想到过的一件荣誉。

乳媪 一件荣誉！倘不是你只有我这一个奶妈，我一定要说你的聪明是从奶头上得来的。

凯妻 好，现在你把婚姻问题考虑考虑吧。在这儿维洛那城里，比你再年轻点儿的千金小姐们，都已经做了母亲啦。就拿我来说吧，我在你现在这样的年纪，也已经生下了你。废话用不到多说，少年英俊的巴里斯已经来向你求过婚啦。

乳媪 真是一位好官人，小姐！像这样的一个男人，小姐，真是天下少有。嗳哟！他才是一位十全十美的好郎君。

凯妻 维洛那的夏天找不到这样一朵好花。

乳媪 是啊，他是一朵花，真是一朵好花。

凯妻 你怎么说？你能不能够欢喜这个绅士？这晚上在我们家里的宴会中间，你就可以看见他。从年青的巴里斯的脸上，你可以读到用秀美的笔写成的迷人的字句；一根根齐整的线条，交织成整个的一幅谐和的图画；要是你想探索这一卷美好的书中的奥秘，在他的眼角上可以找到微妙的诠注。这本珍贵的恋爱的经典，只缺少一帧可以使它相得益彰的封面；正像游鱼需要活水，美妙的内容也少不了美妙的外表陪衬。记载着金科玉律的宝籍，锁合在金漆的封面里，它的辉煌富丽为众目所共见；要是你做了他的封面，那么他所有的一切都属于你所有了。简简单单回答我，你能够接受巴里斯的爱吗？

朱 要是我看见了他以后，能够发生好感，那么我是准备着欢喜他的。可是我的眼光的飞箭，倘然没有得到您的允许，是不敢大胆发射出去的呢。

【一仆人上。

仆 太太，客人都来了，餐席已经摆好了，请您跟小姐快些出去。大家在厨房里埋怨着奶妈，什么都乱成一团糟。我要伺候客人去；请您马上就来。

凯妻 我们就来了。朱丽叶,那伯爵在等着哩。

乳媪 去,孩子,快去找天天欢乐,夜夜良宵。(同下)

第四场 同前;街道

【罗密欧、迈邱西奥、卞伏里奥及五六人或戴假面或持火炬上。

罗 怎么!我们就用这一番话作为我们的进身之阶,还是就这么昂然直入,不说一句道歉的话?

卞 这种虚文俗套,现在早就不时行了。我们用不到蒙着眼睛的邱必特,背着一张花漆的木弓,像个稻草人似的去吓那些娘儿们;也用不到跟着提示的人一句一句念那从书上默诵出来的登场白;凭他们把我们认做什么人,我们只要跳完一回舞,走了就完啦。

罗 给我一个火炬,我不高兴跳舞。我的阴沉的心需要着光明。

迈 不,好罗密欧,我们一定要你陪着我们跳舞。

罗 我实在不能跳。你们都有轻快的舞鞋;我只有一个铅一样重的灵魂,把我的身体紧紧地钉在地上,使我的脚步也不能移动。

迈 你是一个恋人,你就借着邱必特的翅膀,高高地飞起来吧。

罗 他的羽镞已经穿透我的胸膛,我不能借着他的羽翼高翔;他束缚住了我整个的灵魂,爱的重担压得我向下坠沉。

迈 爱是一件温柔的东西,要是你拖着它一起沉下去,那未免太难为它了。

罗 爱是温柔的吗?它是太粗暴太专横太野蛮了;它像荆棘一样刺人。

迈 要是爱情虐待了你,你也可以虐待爱情;它刺痛了你,你也可以刺痛它;这样你就可以战胜了爱情。给我一个脸具,让我把我的尊容藏起来;(戴假面)哎哟,好难看的鬼脸!再给我拿一个脸具来把它罩住了吧。也罢,就让人家笑我丑,也有这一张鬼脸儿替我遮羞。

卞 来,敲门进去;大家一进门,就跳起舞来。

罗 拿一个火炬给我。让那些无忧无虑的公子哥儿们去卖弄他们的舞步吧；莫怪我说句老气横秋的话，我对于这种顽意儿实在敬谢不敏，还是作个壁上旁观的人吧。

迈 胡说！要是你已经没头没脑深陷在恋爱的泥沼里，——恕我说这样的话，——那么我们一定要拉你出来。来来来，别浪费光阴啦！

罗 我们去参加他们的舞会，实在不是一件聪明的事。

迈 为什么？请问。

罗 昨天晚上我做了一个梦。

迈 我也做了一个梦。

罗 好，你做了什么梦？

迈 我梦见做梦的人老是说谎。

罗 一个人在睡梦里往往可以见到真实的事情。

迈 啊！那么一定春梦婆来望过你了。

卞 春梦婆！她是谁？

迈 她是精灵们的稳婆；她的身体只有郡吏手指上一颗玛瑙那么大；几匹蚂蚁大小的细马替她拖着车子，越过酣睡的人们的鼻梁。她的车辐是用蜘蛛的长脚作成的；车篷是蚱蜢的翅膀；挽索是如水的月光；马鞭是蟋蟀的骨头；缰绳是天际的游丝。替她驾车的是一头小小的灰色的蚊虫，它的大小还不及从一个贪懒丫头的指尖上挑出来的懒虫的一半。她的车子是野蚕用一个榛子的空壳替她造成，它们从古以来，就是精灵们的车匠。她每夜驱着这样的车子，穿过情人们的脑中，他们就会在梦里谈情说爱；经过官员们的膝上，他们就会在梦里打恭作揖；经过律师们的手指，他们就会在梦里伸手讨讼费；经过娘儿们的嘴唇，她们就会在梦里跟人家接吻，可是因为春梦婆讨厌她们嘴里吐出来的口香糖的气息，往往罚她们满嘴长着水泡。有时她从捐献给教会的猪身上拔下它的尾巴来，撩拨着一个牧师的鼻孔，他就会梦见他自己又领到一份俸禄；有时她绕过一个兵士的颈项，他就会梦见杀敌人的头，进攻，埋伏，锐利的剑锋，淋漓的痛饮，忽然被耳边的鼓声惊醒，咒骂了几句，又翻了个身睡去了。就是这一个春梦婆在夜里把马鬣打成了辫子，把懒女人的龌龊的乱发烘成一处处胶黏的硬块，倘然把它们梳通了就要遭逢祸事；就是这个婆子在人家女孩子们仰面睡觉的时候，压在她们的身上，教会她们怎样养儿子；就是她——

罗 得啦，得啦，迈邱西奥，别说啦！你全然在那儿痴人说梦。

迈 对了，梦本来是痴人脑中的胡思乱想；它的本质像空气一样稀薄；它的变化莫测，就像一阵风，刚才还在向着冰雪的北方求爱，忽然发起恼来，一转身又到雨露的南方来了。

卞 你讲起的这一阵风，把我们自己不知吹到那儿去了。人家晚饭都用过了，我们进去怕要太晚啦。

罗 我怕也许是太早了；我觉得仿佛有一种不可知的命运，将要从我们今天晚上的狂欢开始它的恐怖的统治，我这可憎恨的生命，将要遭遇惨酷的夭折而告一结束。可是让支配我的前途的上帝指导我的行动吧！前进，勇敢的朋友们！

卞 来，把鼓擂起来。（同下）

第五场　同前；凯普莱脱家中厅堂

【乐工各持乐器等候；众仆上。

甲仆 卜得潘呢？他怎么不来帮忙把这些盆子拿下去？他不愿意搬碟子！他不愿意揩砧板！

乙仆 自己没有洗净手，却怪人家不懂规矩，这才糟糕！

甲仆 把折凳拿进去，把食器架搬开，留心打碎盆子。好兄弟，留一块杏仁酥给我；谢谢你去叫那管门的让苏珊跟耐儿进来。安东尼！卜得潘！

乙仆 噉，兄弟，我在这儿。

甲仆 里头在找着你，叫着你，问着你，到处寻着你。

丙仆 咱们可不能把一个身子分在两处呀。

乙仆 来，孩儿们，大家出力！（众仆退后）

【凯普莱脱、朱丽叶、泰保尔脱及其家族等自一方上；众宾客及假面跳舞者等自另一方上，相遇。

凯 诸位朋友，欢迎欢迎！足趾上不生茧的小姐太太们要跟你们跳一回儿舞呢。啊哈！我的小姐们，你们中间现在有什么人不愿意跳舞？我可以发誓，谁要是推三阻四的，一定脚上长着老大的茧；果然给我猜中了吗？诸位朋友，欢迎欢迎！我从前也曾经戴过假脸，在一个缥致姑娘的耳朵旁边讲些使得她心花怒放的话儿；这种时代现在是过去了，过去了，过去了。诸位朋友，欢迎欢迎！来，乐工们，奏起音乐来吧。站开些！站开些！让出地位来。姑娘们，跳起来吧。（奏乐；众开始跳舞）混蛋，把灯点亮一点，把桌子一起搬掉，把火炉熄了，这屋子里太热啦。啊，好小子！这才玩得有兴。啊！请坐，请坐，好兄弟，我们两人现在是跳不起来的了；您还记得我们最后一次戴着假脸跳舞是在什么时候？

凯普莱脱族人 这句话说来也有三十年啦。

凯 什么，兄弟！没有这么久，没有这么久；那是在卢森西奥结婚的那年，大概离开现在有二十五年模样，我们曾经跳过一次。

族人 不止了，不止了；大哥，他的儿子也有三十岁啦。

凯 我难道不知道吗？他的儿子两年以前还没有成年哩。

罗 搀着那位武士的手的那一位小姐是谁？

仆 我不知道，先生。

罗 啊！火炬远不及她的明亮；
她皎然照耀在暮天颊上，
像黑奴耳边璀璨的珠环；
她是天上明珠降落人间！
瞧她随着女伴进退周旋，
像鸦群中一头白鸽翩跹。
我要等舞阑后追随左右，
握一握她那纤纤的素手。

我从前的恋爱是假非真，
今晚才遇见绝世的佳人！

泰 听这个人的声音，好像是一个蒙太玖家里的人。孩儿，拿我的剑来。哼！这不知死活的奴才，竟敢套着一个鬼脸，到这儿来嘲笑我们的盛会吗？为了保持凯普莱脱家族的光荣，我把他杀死了也不算是罪过。

凯 嗳哟，怎么，侄儿！你怎么动起怒来啦？

泰 伯父，这是我们的仇家蒙太玖家里的人；这贼子今天晚上到这儿来，一定不怀好意，存心来捣乱我们的盛会。

凯 他是罗密欧那小子吗？

泰 正是他，正是罗密欧这小杂种。

凯 别生气，好侄儿，让他去吧。瞧他的举动倒也规规矩矩；说句老实话，在维洛那城里，他也算得一个品行很好的青年。我无论如何不愿意在我自己的家里跟他闹事。你还是耐着性子，别理他吧。我的意思就是这样，你要是听我的话，赶快收下了怒容，和和气气的，不要打断了大家的兴致。

泰 这样一个贼子也来做我们的宾客，我怎么不生气？我不能容他在这儿放肆。

凯 不容也得容；哼，目无尊长的孩子！我偏要容他。嘿！谁是这里的主人？是你还是我？嘿！你容不得他！什么话！你要当着这些客人的面前吵闹吗？你不服气！你要充好汉！

泰 伯父，咱们不能忍受这样的耻辱。

凯 得啦，得啦，你真是一点规矩都不懂。——是真的吗？您也许不欢喜这个调调儿。——我知道你一定要跟我闹蹩扭！——说得很好，我的好人儿！——你是个放肆的孩子；去，别闹！不然的话——把灯再点亮些！把灯再点亮些！——不害臊的！我要叫你闭嘴。——啊！痛痛快快玩一下，我的好人儿们！

泰 我这满腔怒火偏给他浇下一盆冷水，好教我气得浑身起了哆嗦。我且退下去；可是今天由他闯进了咱们的屋子，看他不会有一天得意翻

成了后悔。(下)

罗 (向朱)要是我这俗手上的尘污

亵渎了你的神圣的庙宇,

这两片嘴唇,含羞的信徒,

愿意用一吻乞求你宥恕。

朱 信徒,莫把你的手儿侮辱,

这样才是最虔诚的礼敬;

神明的手本许信徒接触,

掌心的密合远胜如亲吻。

罗 生下了嘴唇有什么用处?

朱 信徒的嘴唇要祷告神明。

罗 那么我要祷求你的允许,

让手的工作交给了嘴唇。

朱 你的祷告已蒙神明允准。

罗 神明,请容我把殊恩受领。(吻朱)

这一吻涤清了我的罪孽。

朱 你的罪却沾上我的唇间。

罗 啊!请原谅我无心的过失,

这一次我要把罪恶收还。

乳媪 小姐,你妈要跟你说话。

罗 谁是她的母亲?

乳媪 小官人,她的母亲就是这儿府上的太太,她是个好太太,又聪明,又贤德;我替她抚养她的女儿,就是刚才跟您说话的那个;告诉您吧,谁要是娶了她去,才发财哪。

罗 她是凯普莱脱家里的人吗?哎哟!我的生死现在操在我的仇人的手里了!

卞 去吧,跳舞快要完啦。

罗 是的,我只怕盛筵易散,良会难逢。

凯 不，列位，请慢点儿去；我们还要请你们稍微用一点茶点。真的吗？那么谢谢你们；各位朋友，谢谢谢谢，再会再会！再拿几个火把来！来，我们去睡吧。啊，好小子！天真的不早了；我是要去休息一会儿。（除朱丽叶及乳媪外俱下）

朱 过来，奶妈。那边的那位绅士是谁？

乳媪 泰佩里奥那老头儿的儿子。

朱 现在跑出去的那个人是谁？

乳媪 呃，我想他就是那个年青的比特鲁乔。

朱 那个跟在人家后面不跳舞的人是谁？

乳媪 我不认识。

朱 去问他叫什么名字。——要是他已经结过婚，那么婚床便是我的新坟。

乳媪 他的名字叫罗密欧，是蒙太玖家里的人，咱们仇家的独子。

朱 恨灰中燃起了爱火融融，
要是不该相识，何必相逢！
昨天的仇敌，今日的情人，
这场恋爱怕要种下祸根。

乳媪 你在说什么？你在说什么？

朱 那是刚才一个陪我跳舞的人教给我的几句诗。（内呼“朱丽叶！”）

乳媪 就来，就来！——来，咱们去吧；客人们都已经散了。（同下）

【副末上念：

旧日的温情已尽付东流，
　新生的爱恋正如日初上；
为了朱丽叶的绝世温柔，
　忘却了曾为谁魂思梦想。
罗密欧爱着她媚人容貌，
　把一片痴心呈献给仇雠；

朱丽叶恋着他风流才调，
　　甘愿被香饵钓上了金钩。
只恨解不开的世仇宿怨，
　　这段山海深情向谁声诉？
幽闺中锁住了桃花人面，
　　要相见除非是梦魂来去。
可是热情总会战胜辛艰，
　　苦味中间才有无限甘甜。（下）

第二幕

第一场　维洛那；凯普莱脱花园墙外的小巷

【罗密欧上。

罗　我的心还逗留在这里，我能够就这样掉头前去吗？缩回去吧，无情的土地，让我回到这世界的中心。（攀登墙上，跳入墙内）

【卞伏里奥及迈邱西奥上。

卞　罗密欧！罗密欧兄弟！

迈　他是个乖巧的家伙；我说他一定溜回家去睡了。

卞　他望着这条路上跑，一定跳进这花园的墙里去了。好迈邱西奥，你叫叫他吧。

迈　不，我还要念咒喊他出来呢。罗密欧！痴人！疯子！恋人！情郎！快快化做一声叹息出来吧！我不要你多说什么，只要你念一行诗，叹一口气，把咱们那位维纳丝奶奶恭维两句，替她的瞎眼儿子邱必特少爷取个绰号就行啦。他没有听见，他没有作声，他没有动静；这猴儿崽子难道死了吗？待我咒他的鬼魂出来。凭着罗瑟琳的光明的眼睛，凭着她的高额角，她的红嘴唇，她的玲珑的脚，挺直的小腿，弹性的大腿，和大腿附近的那一部分，凭着这一切的名义，赶快给我现出真形来吧！

卞 他要是听见了，一定会生气的。来，他已经躲到树丛里，跟那多露水的黑夜作伴去了；爱情本来是盲目的，让他在黑暗里摸索去吧。

迈 罗密欧，晚安！我要上床睡觉去；这儿草地上太冷啦，我可受不了。来，咱们去吧。

卞 好，去吧；他要避着我们，找他也是白费辛勤。（同下）

第二场 同前；凯普莱脱家的花园

【罗密欧上。

罗 没有受过伤的才会讥笑别人身上的创痕。（朱丽叶自上方窗户中出现）轻声！那边窗子里亮起来的是什么光？那就是东方，朱丽叶就是太阳！起来吧，美丽的太阳！赶走那妒忌的月亮，她因为她的女弟子比她美得多，已经气得面色惨白了。既然她这样妒忌着你，你不要皈依她吧；脱下她给你的这一身惨绿色的贞女的道服，它是只配给愚人穿着的。那是我的意中人；啊！那是我的爱；唉，但愿她知道我在爱着她！她欲言又止，可是她的眼睛已经道出了她的心事。待我去回答她吧；不，我不要太卤莽，她不是对我说话。天上两颗最灿烂的星，因为有事他去，请求她的眼睛替代它们在空中闪耀。要是她的眼睛变成了天上的星，天上的星变成了她的眼睛，那便怎样呢？她脸上的光辉会掩盖了星星的明亮，正像灯光在朝阳下黯然失色一样；在天上的她的眼睛，会在太空中大放光明，使鸟儿们误认为黑夜已经过去而展开它们的歌声。瞧！她用纤手托住了脸庞，那姿态是多么美妙！啊，但愿我是那一只手上的手套，好让我亲一亲她脸上的香泽！

朱 唉！

罗 她说话了。啊！再说下去吧，光明的天使！因为我在这夜色之中仰视着你，就像一个尘世的凡人，张大了出神的眼睛，瞻望着一个生着翅膀的天使，驾着白云缓缓地驶过了天空一样。

朱　罗密欧啊，罗密欧！为什么你偏偏是罗密欧呢？否认你的父亲，抛弃你的姓名吧；也许你不愿意这样做，那么只要你宣誓做我的爱人，我也不愿再姓凯普莱脱了。

罗　（*旁白*）我还是继续听下去呢？还是现在就对她说话？

朱　只有你的名字才是我的仇敌；你即使不姓蒙太玖，仍然是这样的一个你。姓不姓蒙太玖又有什么关系呢？它又不是手，又不是脚，又不是手臂，又不是脸孔，又不是身体上任何其他的部分。啊！换一个姓名吧！姓名本来是没有意义的；我们叫做玫瑰的这一种花，要是换了个名字，它的香味还是同样的芬芳；罗密欧要是换了别的名字，他的可爱的完美也决不会有丝毫改变。罗密欧，抛弃了你的名字吧；我愿意把我整个的心魂，赔偿你这一个身外的空名。

罗　那么我就听你的话，你只要叫我做爱，我就有了一个新的名字；从今以后，永远不再叫罗密欧了。

朱　你是什么人，在黑夜里躲躲闪闪地偷听人家的说话？

罗　我没法告诉你我叫什么名字。敬爱的神明，我痛恨我自己的名字，因为它是你的仇敌；要是把它写在纸上，我一定把这几个字撕成粉碎。

朱　我的耳朵里还没有灌进从你嘴里吐出来的一百个字，可是我认识你的声音；你不是罗密欧，蒙太玖家里的人吗？

罗　不是，美人，要是你不喜欢这两个名字。

朱　告诉我，你怎么会到这儿来，为什么到这儿来？花园的墙这么高，不是容易爬得上的；要是我家里的人瞧见你在这儿，他们一定不让你活命。

罗　我借着爱的轻翼飞过园墙，因为瓦石的墙垣是不能把爱情阻隔的；爱情的力量所能够做到的事，它都会冒险尝试，所以我不怕你家里人的干涉。

朱　要是他们瞧见了你，一定会把你杀死的。

罗　唉！你的眼睛比他们二十柄刀剑还利害；只要你用温柔的眼光看着我，他们就不能伤害我的身体。

朱　我怎么也不愿让他们瞧见你在这儿。

罗　朦胧的夜色可以替我遮过他们的眼睛。只要你爱我，就让他们瞧见我吧；与其因为得不到你的爱情而在这世上捱命，还不如在仇人的刀剑下丧生。

朱　谁教你找到这儿来的？

罗　爱情怂恿我探听出这一个地方；他替我出主意，我借给他眼睛。我不会操舟驾舵，可是倘使你在辽远辽远的海滨，我也会冒着风波把你寻访。

朱　幸亏黑夜替我罩上了一重面幕，否则为了我刚才被你听去的话，你一定可以看见我脸上羞愧的红晕。我真想遵守礼法，否认已经说过的言语，可是这些虚文俗礼，现在只好一切置之不顾了！你爱我吗？我知道你一定会说"是的"；我也一定会相信你的话；可是也许你起的誓只是一个谎，人家说，对于恋人们的寒盟背信，上帝是一笑置之的。温柔的罗密欧啊！你要是真的爱我，就请你诚意告诉我；你要是嫌我太容易降心相从，我也会堆起怒容，装出倔强的神气，拒绝你的好意，好让你向我宛转求情，否则我是无论如何不会拒绝你的。俊秀的蒙太玖啊，我真的太痴心了，所以也许你会觉得我的举动有点轻浮；可是相信我，朋友，总有一天你会知道我的忠心远胜过那些善于矜持作态的人。我必须承认，倘不是你乘我不备的时候偷听去了我的真情的表白，我一定会更加矜持一点的；所以原谅我吧，是黑夜泄漏了我心底的秘密，不要把我的允诺看作了无耻的轻狂。

罗　姑娘，凭着这一轮皎洁的月亮，它的银光涂染着这些果树的梢端，我发誓——

朱　啊！不要指着月亮起誓，它是变化无常的，每个月都有盈亏圆缺；你要是指着它起誓，也许你的爱情也会像它一样无常。

罗　那么我指着什么起誓呢？

朱　不用起誓吧；或者要是你愿意的话，就凭着你优美的自身起誓，那是我所崇拜的偶像，我一定会相信你的。

罗 要是我的出自深心的爱情——

朱 好，别起誓啦。我虽然喜欢你，却不喜欢今天晚上的密约；它是太仓卒，太轻率，太出人意外了，正像一闪电光，等不及人家开一声口，已经消隐了下去。好人，再会吧！这一朵爱的蓓蕾，靠着夏天的暖风的吹嘘，也许会在我们下次相见的时候，开出鲜艳的花来。晚安，晚安！但愿恬静的安息同样降临到你我两人的心头！

罗 啊！你就这样离我而去，不给我一点满足吗？

朱 你今夜还要什么满足呢？

罗 你还没有把你的爱情的忠实的盟誓跟我交换。

朱 在你没有要求以前，我已经把我的爱给了你了；可是我很愿意再把它重新收回转来。

罗 你要把它收回去吗？为什么呢，爱人？

朱 为了表示我的慷慨，我要把它重新给你。可是这样等于希望得到自己已经有的东西：我的慷慨像海一样浩渺，我的爱情也像海一样深沉；我给你的越多，我自己也越是富有，因为这两者都是没有穷尽的。（乳媪在内呼唤）我听见里面有人在叫；亲爱的，再会吧！——就来了，好奶妈！——亲爱的蒙太玖，愿你不要负心。再等一会儿，我就会来的。（自上方下）

罗 幸福的，幸福的夜啊！我怕我只是在晚上做了一个梦，这样美满的事不会是真实的。

【朱丽叶自上方重上。

朱 亲爱的罗密欧，再说三句话，我们真的要再会了。要是你的爱情的确是光明正大，你的目的是在于婚姻，那么明天我会叫一个人到你的地方来，请你叫他带一个信给我，告诉我你愿意在什么地方什么时候举行婚礼；我就会把我的整个命运交托给你，把你当作我的主人，跟随你到世界的尽头。

乳媪 （在内）小姐！

朱 就来。——可是你要是没有诚意，那么我请求你，——

乳媪 （在内）小姐！

朱 等一等，我来了。——停止你的求爱，让我一个人独自伤心吧。明天我就叫人来看你。

罗 凭着我的灵魂——

朱 一千次的晚安！（自上方下）

罗 晚上没有你的光，我只有一千次的心伤！恋爱的人去赴他情人的约会，像一个放学归来的儿童；可是当他和情人分别的时候，却像上学去一般满脸懊丧。（退后）

【朱丽叶自上方重上。

朱 嘘！罗密欧！嘘！唉！我希望我会发出呼鹰的声音，招这头鹰儿回来。我不能高声说话，否则我要捣毁厄科①的洞穴，让她的无形的喉咙因为反复叫喊着我的罗密欧的名字而变成嘶哑。

罗 那是我的灵魂在叫喊着我的名字。恋人的声音在晚间多么清婉，听上去就像最柔和的音乐！

朱 罗密欧！

罗 我的爱！

朱 明天我应该在什么时候叫人来看你？

罗 就在九点钟吧。

朱 我一定不失信；挨到那个时候，该有二十年那么长久！我记不起为什么要叫你回来。

罗 让我站在这儿，等你记起来告诉我。

朱 你这样站在我的面前，我一心想着多么爱跟你在一块儿，一定永远记不起来了。

罗 那么我就永远等在这儿，让你永远记不起来，忘记除了这里以外还有什么家。

---

① 厄科（Echo）是希腊神话中的仙女，因恋爱美少年 Narcissus 不遂而形消体灭，化为山谷中的回声。——译者

朱　天快要亮了；我希望你快去；可是我就好比一个淘气的女孩子，像放松一个囚犯似的让她心爱的鸟儿暂时跳出她的掌心，又用一根丝线把它拉了回来，爱的私心使她不愿意给它自由。

罗　我但愿我是你的鸟儿。

朱　好人，我也但愿这样；可是我怕你会死在我的过分的抚爱里。晚安！晚安！离别是这样甜蜜的凄清，我真要向你道晚安直到天明！（下）

罗　但愿睡眠合上你的眼睛！
但愿平和安息我的心灵！
我如今要去向神父求教，
把今宵的艳遇诉他知晓。（下）

第三场　同前；劳伦斯神父的庵院

【劳伦斯神父携篮上。

劳　黎明笑向着含愠的残宵，
金鳞浮上了东方的天梢；
看赤轮驱走了片片乌云，
像一群醉汉向四处狼奔。
趁太阳还没有睁开火眼，
晒干深夜里的涔涔露点，
我待要采摘下满箧盈筐
毒草灵葩充实我的青囊。
大地是生化万类的慈母，
她又是掩藏群生的坟墓，
试看她无所不载的胸怀，
乳哺着多少的姹女婴孩！
天生下的万物没有弃掷，
什么都有它各自的特色，
石块的冥顽，草木的无知，

都含着玄妙的造化生机。
莫看那蠢蠢的恶木莠蔓，
对世间都有它特殊贡献；
即使最纯良的美谷嘉禾，
用得失当也会害性戕躯：
美德的误用会变成罪过，
罪恶有时反会造成善果。
这一朵有毒的弱蕊纤苞，
也会把淹煎的痼疾医疗；
它的香味可以祛除百病，
吃下腹中却会昏迷不醒。
草木和人心并没有不同，
各自有善意和恶念争雄；
恶的势力倘然占了上风，
死便会蛀蚀进它的心中。

【罗密欧上。

罗 早安，神父。

劳 上帝祝福你！是谁的温柔的声音这么早就在叫我？孩子，你一早起身，一定有什么心事。老年人因为多忧多虑，往往容易失眠，可是身心壮健的青年，一上了床就应该酣然入睡；所以你的早起，倘不是因为有什么烦恼，一定是昨夜没有睡过觉。

罗 你的第二个猜测是对的；我昨夜享受到比睡眠更甜蜜的安息。

劳 上帝饶恕我们的罪恶！你是跟罗瑟琳在一起吗？

罗 跟罗瑟琳在一起，我的神父？不，我已经忘记那一个名字，那是个使人不快的名字。

劳 那才是我的好孩子；可是你究竟在什么地方呢？

罗 我愿意在你没有问我第二遍以前告诉你。昨天晚上我跟我的仇敌在一起宴会，突然有一个人伤害了我，同时她也被我伤害了；只有你的帮助和你的圣药,才会医治我们两人的重伤。神父,我并不怨恨我的敌人,因为瞧,我来向你请求的事,不单为了我自己,也同样为了她。

劳 好孩子,说明白一点,把你的意思老老实实告诉我,别打着哑谜了。

罗 那么老实告诉你吧,我心底的一往深情,已经完全倾注在凯普莱脱的美丽的女儿身上了。她也是同样爱着我;一切都完全定当了,只要你肯替我们主持神圣的婚礼。我们在什么时候遇见,在什么地方求爱,怎样彼此交换着盟誓,这一切我都可以慢慢儿告诉你;可是无论如何,请你一定答应就在今天替我们成婚。

劳 圣法朗西斯啊!多么快的变化!难道你所深爱着的罗瑟琳,就这样一下子被你抛弃了吗?这样看来,年青人的爱情,都是见异思迁,不是发于真心的。耶稣玛利亚!你为了罗瑟琳的缘故,曾经用多少的眼泪洗过你消瘦的脸庞!为了替无味的爱情添加一点辛酸的味道,曾经浪费掉多少的咸水!太阳还没有扫清你吐向穹苍的怨气,我这龙钟的耳朵里还留着你往日的呻吟;瞧!就在你自己的颊上,还剩着一丝不曾揩去的旧时的泪痕。要是你不曾变了一个人,这些悲哀都是你真实的情感,那么你是罗瑟琳的,这些悲哀也是为罗瑟琳而发;难道你现在已经变心了吗?男人既然这样没有恒心,那就莫怪女人家朝秦暮楚了。

罗 你常常因为我爱罗瑟琳而责备我。

劳 我的学生,我不是说你不该恋爱,我只叫你不要因为恋爱而发痴。

罗 你又叫我把爱情埋葬在坟墓里。

劳 我没有叫你把旧的爱情埋葬了,再去另找新欢。

罗 请你不要责备我;我现在所爱的她,跟我心心相印,不像前回那个一样。

劳 啊,罗瑟琳知道你对她的爱情完全抄着人云亦云的老调,你还没有读过恋爱入门的一课哩。可是来吧,朝三暮四的青年,跟我来;为了一个理由,我愿意帮助你一臂之力:因为你们的结合也许会使你们两家释嫌修好,那就是天大的幸事了。

罗 啊！我们就去吧，我巴不得越快越好。

劳 凡事三思而行；跑得太快是会滑跌的。（同下）

第四场　同前；街道

【卞伏里奥及迈邱西奥上。

迈 见鬼的，这罗密欧究竟到那儿去了？他昨天晚上没有回家吗？

卞 没有，我问过他的用人了。

迈 嗳哟！那个白脸孔狠心肠的女人，那个罗瑟琳，把他虐待得一定要发疯了。

卞 泰保尔脱，凯普莱脱那老头子的亲戚，有一封信送在他父亲那里。

迈 一定是一封挑战书。

卞 罗密欧一定会给他一个答复。

迈 只要会写几个字，谁都会写一封复信。

卞 不，我说他一定会接受他的挑战。

迈 唉！可怜的罗密欧！他已经死了：一个白女人的黑眼睛戳破了他的心；一支恋歌穿过了他的耳朵；瞎眼的邱必特的箭把他当胸射中；他现在还能够抵得住泰保尔脱吗？

卞 泰保尔脱是个什么人？

迈 我可以告诉你，他不是个平常的阿猫阿狗。啊！他是个顶懂得礼节的人。他跟人打起架来，就像照着乐谱唱歌一样，一板一眼都不放松，一秒钟的停顿，然后一，二，三，刺进了人家的胸膛；他全然是个穿礼服的屠夫，一个决斗的专家。啊！那了不得的侧击！那反击！那直中要害的一剑！

卞 那什么？

迈 见他的鬼！这种怪模怪样扭扭捏捏的装腔作势，说起话来怪声怪气的，"耶稣哪，好一柄锋利的刀子！"——好一个高大的汉子，好一个风流的婊子！嘿，老爹，咱们中间有这么一群不知从那儿飞来的苍蝇，这一群满嘴法国话的时髦人，他们因为趋新好异，坐在一张旧凳子上也会不舒服,这不是一件可以痛哭流涕的事吗?

【罗密欧上。

卞 罗密欧来了,罗密欧来了。

迈 瞧他孤零零的神气,倒像一条风干的咸鱼。现在他又要念起披屈拉克[①]的诗句来了:萝拉比起他的情人来不过是个灶下的丫头,虽然她有一个会做诗的爱人;黛陀是个蓬头垢面的村妇;克莉奥佩屈拉是个吉卜赛姑娘;海伦和希罗都是下流的娼妓;雪丝佩也许有一双美丽的灰色眼睛,可是也不配相提并论。早安,罗密欧先生!

罗 两位大哥早安!

迈 你昨天晚上逃走得好。

罗 对不起,迈邱西奥,我因为有一件很重要的事情,所以只好失礼了。

【乳媪及彼得上。

乳媪 彼得!

彼 有!

乳媪 彼得,我的扇子。

迈 好彼得,替她把脸孔遮了;因为她的扇子比她的脸孔好看一点。

乳媪 早安,列位先生。

迈 早安,好太太。

乳媪 列位先生,你们有谁能够告诉我年青的罗密欧在什么地方?

罗 我可以告诉你;可是等你找到他的时候,年青的罗密欧已经比你寻访他的时候老了点儿了。我因为取不到一个好一点的名字,所以就叫做罗密欧;在取这一个名字的人们中间,我是最年青的一个。

乳媪 您真会说话,先生。要是您就是他,我要跟您讲句心腹话儿。

---

① 披屈拉克(Petrarch)是14世纪意大利诗人,后面所提到的萝拉(Laura)是他终身的爱人。黛陀(Dido)为古代 Carthage 王后;克莉奥佩屈拉(Cleopatra)为埃及著名女王;海伦(Helen)是荷马史诗 *Iliad* 中的美人;希罗(Hero)是古代传说中的女郎,其恋人 Leander 因赴其约会而泅水渡 Hellespont 海峡,卒遭没顶;雪丝佩(Thisbe)及其恋人匹拉麦斯(Pyramus)的故事见《仲夏夜之梦》。——译者

卞　她要拉他吃晚饭去。

迈　一个老虔婆，哼！罗密欧，你到不到你父亲那儿去？我们要在那边吃饭。

罗　我就来。

迈　再见，老太太；（唱）再见，我的好姑娘！（迈、卞下）

乳媪　好，再见！先生，这个满嘴胡说八道的放肆的家伙是什么人？

罗　奶妈，这位先生最喜欢听他自己讲话；他在一分钟里所说的话，比他在一个月里听人家讲的话还多。

乳媪　要是他对我说了一句不客气的话，尽管他力气再大一点，我也要给他一顿教训；这种家伙二十个我都对付得了，要是对付不了，我会叫那些对付得了他们的人来。混账东西！他把老娘看做什么人啦？我不是那些烂污婊子，由得他随便取笑的。（向彼得）你也是个好东西，看着人家把我欺侮，站在旁边一动也不动！

彼　我没有看见什么人欺侮你；要是我看见了，一定会立刻拔出刀子来的。碰到吵架的事，只要理直气壮，打起官司来不怕人家，我是从来不肯落在人家后头的。

乳媪　嗳哟！真把我气得浑身发抖。混账的东西！对不起，先生，让我跟您说句话儿。我刚才说过的，我家小姐叫我来找您；她叫我说些什么话我可不能告诉您；可是我要先明白对您说一句，要是正像人家说的，您想骗她做一场春梦，那可真是人家说的一件顶坏的行为；因为这位姑娘年纪还小，所以您要是欺骗了她，实在是一桩对无论那一位好人家的姑娘都是对不起的事情，而且也是一桩顶不应该的举动。

罗　奶妈，请你替我向你家小姐致意。我可以对你发誓，——

乳媪　很好，我就这样告诉她。主啊！主啊！她听见了一定会非常欢喜的。

罗　奶妈，你去告诉她什么话呢？你没有听我说呀。

乳媪　我就对她说您发过誓了，那可以证明您是一位正人君子。

罗　你请她今天下午想个法子出来到劳伦斯神父的庵院里忏悔，就在那个地方举行婚礼。这几个钱是给你的酬劳。

乳媪 不,真的,先生,我一个钱也不要。

罗 别客气了,你还是拿着吧。

乳媪 今天下午吗,先生? 好,她一定会去的。

罗 好奶妈,请你在这寺墙后面等一等,就在这一点钟之内,我要叫我的仆人去拿一捆扎得像船上的软梯一样的绳子来给你带去;在秘密的夜里,我要凭着它攀登我的幸福的尖端。再会! 愿你对我们忠心,我一定不会有负你的辛劳。再会! 替我向你的小姐致意。

乳媪 天上的上帝保佑您! 先生,我对您说。

罗 你有什么话说,我的好奶妈?

乳媪 您那仆人可靠得住吗? 您不听见老古话说,两个人知道是秘密,三个人知道就不是秘密吗?

罗 你放心吧,我的仆人是再可靠不过的。

乳媪 好先生,我那小姐是个最可爱的姑娘,——主啊! 主啊! ——那时候她还是个咿咿呀呀怪会说话的小东西,——啊! 本地有一位叫做巴里斯的贵人,他巴不得把我家小姐抢到手里;可是她,好人儿,瞧他比瞧一只虾蟆还讨厌。我有时候对她说巴里斯人品不错,你才不知道哩,她一听见这样的话,就会气得面如土色。

罗 替我向你小姐致意。

乳媪 一定一定。(罗下)彼得!

彼 有!

乳媪 给我带路,快些走。(同下)

第五场 同前;凯普莱脱家花园

【朱丽叶上。

朱 我在九点钟差奶妈去;她答应在半小时以内回来。也许她碰不见他;那是不会的。啊! 她的脚走起路来不大方便。恋爱的使者应当是思想,因为它比驱散山坡上的阴影的太阳光还要快过十倍;所以维纳丝的云车是用白鸽驾驶的,所以凌风而飞的邱必特生着翅膀。现在太阳已经升上中天,从九点钟到十二点钟是三个长长的钟点,可是她还没有回来。要是她是个有感情有温暖的青春的血液的人,她的行动一定会像球儿一样敏捷,我用一句话就可以把她抛到我的心爱的情人那里,他也可以用一句话把她抛回到我这里;可是老年纪的人,大多像死人一般,手脚滞钝,呼唤不灵,慢吞吞地没有一点精神。

【乳媪及彼得上。

朱 啊上帝!她来了。啊,好心肝奶妈!什么消息?你碰到了他吗?叫那个人出去。

乳媪 彼得,到门口去等着。(彼得下)

朱 亲爱的好奶妈,——嗳呀!你怎么一脸孔的懊恼?即使是坏消息,你也应该装着笑容说;如果是好消息,你就不该用这副难看的脸孔奏出美妙的音乐来。

乳媪 我累死了,让我歇一会儿吧。嗳呀,我的骨头好痛!我赶了多少的路!

朱 我但愿把我的骨头给你,你的消息给我。求求你,快说呀;好奶妈,说呀。

乳媪 耶稣哪!你忙着什么?你不能等一下子吗?你不见我气都喘不过来吗?

朱 你既然气都喘不过来,那么你怎么会告诉我说你气都喘不过来?你费了这么久的时间推三推四的,要是干脆告诉了我,还不是几句话就完了。我只要你回答我,你的消息是好的还是坏的?只要先回答我一个字,详细的话儿慢慢再说好了。快让我知道了吧,是好消息还是坏消息?

乳媪 好,你是个傻孩子,选中了这么一个人;你不知道怎样选一个男人。罗密欧!不,他不行,虽然他的脸孔长得比人家漂亮一点;可是他的腿才长得有样子;讲到他的手,他的脚,他的身体,虽然这种话是不大好出口,可是的确谁也比不上他。他不是顶懂得礼貌,可是温柔得就像一头羔羊。好，看你的运气吧，姑娘；好好敬奉上帝。怎么，你在家里吃过饭了吗？

朱 没有，没有。你这些话我都早就知道了。他对于结婚的事情怎么说？

乳媪 主啊！我的头痛死了！我害了多利害的头痛！痛得好像要裂成二十块似的。还有我那一边的背痛；嗳哟，我的背！我的背！你的心肠真好，叫我到外边东奔西走去寻死。

朱 害你这样不舒服，我真是说不出的抱歉。亲爱的，亲爱的，亲爱的奶妈，告诉我，我的爱人说些什么话？

乳媪 你的爱人说，——他说得很像个老老实实的绅士，很有礼貌，很和气，很漂亮，而且也很规矩，——你的妈呢？

朱 我的妈！她就在里面；她还会在什么地方？你回答得多么古怪："你的爱人说，他说得很像个老老实实的绅士，你的妈呢？"

乳媪 嗳哟，圣母娘娘！你这样性急吗？哼！反了反了，这就是你瞧着我筋骨酸痛替我涂上的药膏吗？以后还是你自己去送信吧。

朱 别缠下去啦！快些，罗密欧怎么说？

乳媪 你已经得到准许今天去忏悔吗？

朱 我已经得到了。

乳媪 那么你快到劳伦斯神父的庵院里去，有一个丈夫在那边等着你去做他的妻子。现在你的脸孔红起来啦。你到教堂里去吧，我还要到别处去搬一张梯子来，等到天黑的时候，你的爱人就可以凭着它爬进鸟窠里。去吧，我还没有吃过饭呢。

朱 我要找寻我的幸运去！好奶妈，再会。（各下）

第六场　同前；劳伦斯神父的庵院

【劳伦斯神父及罗密欧上。

劳 愿上天祝福这神圣的结合，不要让日后的懊恨把我们谴责！

罗 阿们，阿们！可是无论将来会发生什么悲哀的后果，都抵不过我在看见她这短短一分钟内的欢乐。不管侵蚀爱情的死亡怎样伸展它的魔手，只要你用神圣的言语，把我们的灵魂结为一体，让我能够称她一声我的人，我也就不再有什么遗恨了。

劳 这种狂暴的快乐将会产生狂暴的结局，正像火和火药的亲吻，就在最得意的一刹那烟消云散。最甜的蜜糖可以使味觉麻木；不太热烈的爱情才会维持久远；太快和太慢，结果都不会圆满。

【朱丽叶上。

劳 这位小姐来了。啊！这样轻盈的脚步，是永远不会踹破神龛前的砖石的；一个恋爱中的人，可以踏在随风飘荡的蛛网上而不会跌下，幻妄的幸福使他灵魂飘然轻举。

朱 晚安，神父。

罗 啊，朱丽叶！要是你感觉到像我一样多的快乐，要是你的灵唇慧舌，能够宣述你衷心的快乐，那么让空气中满布着从你嘴里吐出来的芳香，用无比的妙乐，把这一次会晤中我们两人给与彼此的无限欢欣倾吐出来吧。

朱 充实的思想不在于语言的富丽；只有乞儿才能够计数他的家私。真诚的爱情充溢在我的心里，我无法估计自己享有的财富。

劳 来，跟我来，我们要把这件事情早点办好；因为在神圣的教会没有把你们两人结合以前，你们两人是不能在一起的。（同下）

第三幕

第一场　维洛那；广场

【迈邱西奥、卞伏里奥、侍童及若干仆人上。

卞 好迈邱西奥，咱们还是回去吧。天这么热，凯普莱脱家里的人满街都是，要是碰到了他们，又免不了一场吵架；因为在这种热的天气，一个人的脾气最容易暴躁起来。

迈　你就像有一种家伙，他们跑进了酒店的门，把剑在桌子上一放，说，“上帝保佑我不要用到你！”等到两杯喝罢，他就无缘无故拿起剑来跟酒保吵架。

卞　我难道是这样一种人吗？

迈　得啦得啦，你的坏脾气比得上意大利无论那一个人；动不动就要生气，一生气就要乱动。

卞　再以后怎样呢？

迈　哼！要是有两个像你这样的人碰在一起，结果总会一个也没有，因为大家都要把对方杀死了方肯甘休。你！嘿，你会跟人家吵架，因为他比你多一根或是少一根胡须。瞧见人家咬栗子，你也会跟他闹翻，你的理由只是因为你有一双栗色的眼睛。除了生着这样一双眼睛的人以外，谁还会像这样吹毛求疵地去跟人家寻事？你的脑袋里装满了惹是招非的念头，正像鸡蛋里装满了蛋黄蛋白，虽然为了惹是招非的缘故，你的脑袋曾经给人打得像个坏蛋一样。你曾经为了有人在街上咳了一声嗽而跟他吵架，因为他咳醒了你那条在太阳底下睡觉的狗。不是有一次你因为看见一个裁缝在复活节以前穿起他的新背心来，所以跟他大闹吗？不是还有一次因为他用旧带子结他的新鞋子，所以又跟他大闹吗？现在你却要教我不要跟人家吵架！

卞　要是我像你一样爱吵架，不消一时半刻，我的性命早就卖给人家了。——嗳哟！凯普莱脱家里的人来了。

迈　我可不把他们放在我的脚跟上。

【泰保尔脱及余人等上。

泰　你们跟着我不要走开，等我去向他们说话。两位晚安！我要跟你们中间无论那一位说句话儿。

迈　您只要跟我们两人中间的一个人讲一句话吗？那未免太不成意思了。要是您愿意在一句话以外，再跟我们较量一两手，那我们倒愿意奉陪。

泰　只要您给我一个理由，您就会知道我也不是个怕事的人。

迈 您不会自己想出一个什么理由来吗？

泰 迈邱西奥，你陪着罗密欧到处乱闯，——

迈 到处拉唱！怎么！你把我们当作一群沿街卖唱的人吗？你要是把我们当作沿街卖唱的人，那么我们倒要请你听一点儿不大好听的声音；这就是我的胡琴上的拉弓，拉一拉就要叫你跳起舞来。他妈的！到处拉唱！

卞 这儿来往的人太多，讲话不大方便，最好还是找个清静一点的地方去谈谈；要不然大家别闹意气，有什么过不去的事平心静气理论理论；否则各走各的路，也就完了，别让这么许多人的眼睛瞧着我们。

迈 人们生着眼睛总要瞧，让他们瞧去好了；我可不能趁着别人的高兴。

【罗密欧上。

泰 好，我的人来了；我不跟你吵。

迈 他又不吃你的饭不穿你的衣服，怎么是你的人？可是他虽然不是你的跟班，要是你逃走起来，他倒一定会紧紧跟住你的。

泰 罗密欧，我对你的仇恨，使我只能用一个名字称呼你，——你是一个恶贼！

罗 泰保尔脱，我跟你无冤无恨，你这样无端挑衅，本来我是不能容忍的，可是因为我有必须爱你的理由，所以也不愿跟你计较了。我不是恶贼；再见，我看你还不知道我是个什么人。

泰 小子，你冒犯了我，现在可不能用这种花言巧语掩饰过去；赶快回过身子，拔出剑来吧。

罗 我可以郑重声明，我从来没有冒犯过你，而且你想不到我是怎样爱你，除非你知道了我所以爱你的理由。所以，好凯普莱脱，——我尊重这一个姓氏，就像尊重我自己的姓氏一样，——咱们还是讲和了吧。

迈 哼，好丢脸的屈服！只有武力才可以洗去这种耻辱。（拔剑）泰保尔脱，你这捉耗子的猫儿，你愿意跟我决斗吗？

泰 你要我跟你干么？

迈　好猫儿精，听说你有九条性命，我只要取你一条命，留下那另外八条，等以后再跟你算账。快快拔出你的剑来，否则莫怪无情，我的剑就要临到你的耳朵边了。

泰　（拔剑）好，我愿意奉陪。

罗　好迈邱西奥，收起你的剑。

迈　来，来，来，我倒要领教领教你的剑法。（二人互斗）

罗　卞伏里奥，拔出剑来，把他们的武器打下来。两位老兄，这算什么？快别闹啦！泰保尔脱，迈邱西奥，亲王已经明令禁止在维洛那的街道上斗殴。住手，泰保尔脱！好迈邱西奥！（泰及其党徒下）

迈　我受伤了。你们这两家倒霉的人家！我已经完啦。他不带一点伤就去了吗？

卞　啊！你受伤了吗？

迈　嗯，嗯，擦破了一点儿；可是伤得很利害。我的童儿呢？狗才，快去找个外科医生来。（童下）

罗　放心吧，老兄；这伤口不会十分利害的。

迈　是的，它没有一口井那么深，也没有一扇门那么阔，可是这一点点儿伤也就够要命了；要是你明天找我，就到坟墓里来看我吧。我这一生是完了。你们这两家倒霉的人家！他妈的！狗，耗子，猫儿，都会咬得死人！这个说大话的家伙，这个混账东西，打起架来也要按照着数学的公式！谁叫你把身子插了进来？都是你把我拉住了我才中了伤。

罗　我完全是出于好意。

迈　卞伏里奥，快把我扶进什么屋子里去，不然我就要晕过去了。你们这两家倒霉的人家！我已经死在你们手里了。——你们这两家人家！（迈、卞同下）

罗　他是亲王的近亲，也是我的好友；如今他为了我的缘故受到了致命的重伤。泰保尔脱杀死了我的朋友，又毁谤了我的名誉，虽然他在一小时以前还是我的亲人。亲爱的朱丽叶啊！你的美丽使我变成懦弱，磨钝了我的勇气的锋刃！

【卞伏里奥重上。

卞　啊，罗密欧，罗密欧！勇敢的迈邱西奥死了；他已经撒手离开尘世，他的英魂已经升上天庭了！

罗　今天这一场意外的变故，怕要引起日后的灾祸。

【泰保尔脱重上。

卞　暴怒的泰保尔脱又来了。

罗　迈邱西奥死了，他却耀武扬威活在人世！现在我只好抛弃了一切顾忌，不怕伤了亲戚的情分，让眼睛里喷出火焰的愤怒支配着我的行动了！泰保尔脱，你刚才骂我恶贼，我要你把这两个字收回去；迈邱西奥的阴魂就在我们头上，他在等着你去跟他作伴；我们两个人中间必须有一个人去陪陪他，要不然就是两人一起死。

泰　你这该死的小子，你生前跟他做朋友，死后也去陪着他吧！

罗　这柄剑可以替我们决定谁死谁生。（二人互斗；泰倒下）

卞　罗密欧，快走！市民们都已经被这场争吵惊动了，泰保尔脱又死在这儿。别站着发怔；要是你给他们捉住了，亲王就要判你死刑。快去吧！快去吧！

罗　唉！我是受命运玩弄的人。

卞　你为什么还不走？（罗下）

【市民等上。

市民甲　杀死迈邱西奥的那个人逃到那儿去了？那凶手泰保尔脱逃到什么地方去了？

卞　躺在那边的就是泰保尔脱。

甲　先生，请你跟我去。我用亲王的名义命令你服从。

【亲王率侍从；蒙太玖夫妇、凯普莱脱夫妇及余人等上。

亲王　这一场争吵的肇祸的罪魁在什么地方？

卞　啊，尊贵的亲王！我可以把这场流血的争吵的不幸的经过向您从头告禀。躺在那边的那个人，就是把您的亲戚，勇敢的迈邱西奥，杀死的人，他现在已经被年青的罗密欧杀死了。

凯妻 泰保尔脱，我的侄儿！啊我的哥哥的孩子！亲王啊！侄儿啊！丈夫啊！嗳哟！我的亲爱的侄儿给人杀死了！殿下，您是正直无私的，我们家里流的血，应当用蒙太玖家里流的血来报偿。嗳哟，侄儿啊！侄儿啊！

亲王 卞伏里奥，谁开始这一场流血的争斗？

卞 死在这儿的泰保尔脱，他是被罗密欧杀死的。罗密欧很诚恳地劝告他，叫他想一想这种争吵多少没意思，并且也提起您的森严的禁令。他用温和的语调，谦恭的态度，陪着笑脸向他反复劝解，可是泰保尔脱充耳不闻，一味逞着他的骄强，拔出剑来就向勇敢的迈邱西奥胸前刺了过去；迈邱西奥也动了怒气，就和他两下交锋起来，自恃着本领高强，满不在乎地一手挡开了敌人致命的剑锋，一手向泰保尔脱还刺过去，泰保尔脱眼明手快，也把它挡开了。那个时候罗密欧就高声喊叫，"住手，朋友；两下分开！"说时迟，来时快，他的敏捷的腕臂已经打下了他们的利剑，他就插身在他们两人中间；谁料泰保尔脱怀着毒心，冷不防打罗密欧的手臂下面刺了一剑过去，竟中了迈邱西奥的要害，于是他就逃走了。等了一会儿他又回来找罗密欧，罗密欧这时候正是满腔怒火，就像闪电似的跟他打起来，我还来不及拔剑阻止他们，勇猛的泰保尔脱已经中剑而死，罗密欧见他倒在地上，也就转身逃走了。我所说的句句都是真话，倘有虚言，愿受死刑。

凯妻 他是蒙太玖家的亲戚，他说的话都是徇着私情，完全是假的。他们一共有二十来个人参加这场残酷的斗争，二十个人合力谋害一个人的生命。殿下，我要请您主持公道，罗密欧杀死了泰保尔脱，罗密欧必须抵命。

亲王 罗密欧杀了他，他杀了迈邱西奥；迈邱西奥的生命应当由谁抵偿？

蒙 殿下，罗密欧不应该偿他的命；他是迈邱西奥的朋友，他的过失不过是执行了泰保尔脱依法应处的死刑。

亲王 为了这一个过失，我现在宣布把他立刻放逐出境。你们双方的憎恨已经牵涉到我的身上，在你们残暴的争斗中，已经流下了我的亲人的血；可是我要给你们一个重重的惩罚，儆戒儆戒你们的将来。我不要听任何的请求辩护，哭泣和祈祷都不能使我枉法徇情，所以不用想什么挽回的办法，赶快把罗密欧遣送出境吧；不然的话，他在什么时候被我们发现，就在什么时候把他处死。把这尸体扛去，不许违抗我的命令；对杀人的凶手不能讲慈悲，否则就是鼓励杀人了。（同下）

第二场　同前；凯普莱脱家的花园

【朱丽叶上。

朱　快快跑过去吧，踏着火云的骏马，把太阳拖回到它的安息的所在；但愿驾车的腓通[①]鞭策你们飞驰到西方，让阴沉的暮夜赶快降临。展开你密密的帷幕吧，成全恋爱的黑夜！遮住夜行人的眼睛，让罗密欧悄悄地投入我的怀里，不被人家看见也不被人家谈论！恋人们可以在他们自身美貌的光辉里互相缱绻；即使恋爱是盲目的，那也正好和黑夜相称。来吧，温文的夜，你朴素的黑衣妇人，教会我怎样在一场全胜的赌博中失败，把各人纯洁的童贞互为赌注。用你黑色的罩巾遮住我脸上羞怯的红潮，等我深藏内心的爱情慢慢儿胆大起来，不再因为在行动上流露真情而惭愧。来吧，黑夜！来吧，罗密欧！来吧，你黑夜中的白昼！因为你将要睡在黑夜的翼上，比乌鸦背上的新雪还要皎白。来吧，柔和的黑夜！来吧，可爱的黑颜的夜，把我的罗密欧给我！等他死了以后，你再把他带去，分散成无数的星星，把天空装饰得如此美丽，使全世界都恋爱着黑夜，不再崇拜眩目的太阳。啊！我已经买下了一所恋爱的华厦，可是它还不曾属我所有；虽然我已经把自己出卖，可是还没有被买主领去。这日子长得真叫人厌烦，正像一个做好了新衣服的小孩，在节日的前夜焦躁地等着天明一样。啊！我的奶妈来了。

---

① 腓通(Phathon)是希腊日神 Helios 的儿子，为其父驾御日车。——译者

【乳媪携绳上。

朱　她带着消息来了。谁的舌头上只要说出了罗密欧的名字,他就在吐露着天上的仙音。奶妈,什么消息?你带着些什么来了?那就是罗密欧叫你去拿的绳子吗?

乳媪　是的,是的,这绳子。(将绳掷下)

朱　嗳哟!什么事?你为什么扭着你的手?

乳媪　唉!唉!唉!他死了,他死了,他死了!我们完了,小姐,我们完了!唉!他去了,他给人杀了,他死了!

朱　天道竟会这样狠毒吗?

乳媪　不是天道狠毒,罗密欧才下得了这样狠毒的手。啊!罗密欧,罗密欧!谁想得到会有这样的事情?罗密欧!

朱　你是个什么鬼,这样煎熬着我?这简直就是地狱里的酷刑。罗密欧把他自己杀死了吗?你只要回答我一个是字,这一个是字就比毒龙眼里射放的死光更会致人于死命。要是他死了,你就说是;要是他没有死,你就说不;这两个简单的字就可以决定我的终身祸福。

乳媪　我看见他的伤口,我亲眼看见他的伤口,慈悲的上帝!就在他的勇敢的胸前。一个可怜的尸体,一个可怜的流血的尸体,像灰一样苍白,满身都是血,满身都是一块块的血;我一瞧见就晕过去了。

朱　啊,我的心要碎了!——可怜的破产者,你已经丧失了一切,还是赶快碎裂了吧!失去了光明的眼睛,你从此不能再见天日了!你这俗恶的泥土之躯,赶快停止了呼吸,复归于泥土,去和罗密欧同眠在一个圹穴里吧!

乳媪　啊!泰保尔脱,泰保尔脱!我的顶好的朋友!啊,温文的泰保尔脱,正直的绅士!想不到我活到今天,却会看见你死去!

朱　这是一阵什么风暴,一会儿又换了方向!罗密欧给人杀了,泰保尔脱又死了吗?一个是我的最亲爱的哥哥,一个是我的更亲爱的夫君?那么,可怕的号角,宣布世界末日的来临吧!要是这样两个人都可以死去,谁还应该活在这世上?

乳媪 泰保尔脱死了，罗密欧放逐了；罗密欧杀了泰保尔脱，他现在被放逐了。

朱 上帝啊！泰保尔脱是死在罗密欧的手里吗？

乳媪 是的，是的；唉！是的。

朱 啊，花一样的脸庞里藏着蛇一样的心！那一条恶龙曾经栖息在这样清雅的洞府里？美丽的暴君！天使般的魔鬼！披着白鸽羽毛的乌鸦！豺狼一样贪残的羔羊！圣洁的外表包覆着丑恶的实质！你的内心刚巧和你的形状相反，一个万恶的圣人，一个庄严的奸徒！造物主啊！你为什么要从地狱里提出这一个恶魔的灵魂，把它安放在这样可爱的一座肉体的天堂里？那一本邪恶的书籍曾经装订得这样美观？啊！谁想得到这样一座富丽的宫殿里，会容纳着欺人的虚伪！

乳媪 男人都是靠不住，没有良心，没有真心的；谁都是三心两意，反复无常，奸恶多端，净是些骗子。啊！我的人呢？快给我倒点儿酒来；这些悲伤烦恼，已经使我老起来了。愿耻辱降临到罗密欧的头上！

朱 你说出这样的愿望，你的舌头上就应该长起水疱来！耻辱从来不曾和他在一起；它不敢侵上他的眉宇，因为那是君临天下的荣誉的宝座。啊！我刚才把他这样辱骂，我真是个畜生！

乳媪 杀死了你的族兄的人，你还说他好话吗？

朱 他是我的丈夫，我应当说他坏话吗？啊！我的可怜的丈夫！你的三小时的妻子都这样凌辱你的名字，谁还会对它说一句温情的慰藉呢？可是你这恶人，你为什么杀死我的哥哥？他要是不杀死我的哥哥，我的凶恶的哥哥就会杀死我的丈夫。回去吧，愚蠢的眼泪，流回到你的源头；你那滴滴的细流，本来是悲哀的倾注，可是你却错把它呈献给喜悦。我的丈夫活着，他没有被泰保尔脱杀死；泰保尔脱死了，他想要杀死我的丈夫！这明明是喜讯，我为什么要哭泣呢？还有两个字比泰保尔脱的死更使我痛心，像一柄利刃刺进了我的胸中；我但愿忘了它们，可是唉！它们紧紧地牢附在我的记忆里，就像萦回在罪人脑中的不可宥恕的罪恶。“泰保尔脱死了，罗密欧放逐了！”放逐了！这

“放逐”两个字，就等于杀死了一万个泰保尔脱。单单泰保尔脱的死，已经可以令人伤心了；即使祸不单行，必须在“泰保尔脱死了”这一句话以后，再接上一句不幸的消息，为什么不说你的父亲，或是你的母亲，或是父母两人都死了，那也可以引起一点人情之常的哀悼？可是在泰保尔脱的噩耗以后，再接连一记更大的打击，“罗密欧放逐了！”这句话简直等于说，父亲，母亲，泰保尔脱，罗密欧，朱丽叶，一起被杀，一起死了。“罗密欧放逐了！”这一句话里面包含着无穷无际无极无限的死亡，没有字句能够形容出这里面蕴蓄着的悲伤。——奶妈，我的父亲我的母亲呢？

乳媪 他们正在抚着泰保尔脱的尸体痛哭。你要去看他们吗？让我带着你去。

朱 让他们用眼泪洗涤他的伤口，我的眼泪是要留着为罗密欧的放逐而哀哭的。拾起那些绳子来。可怜的绳子，你是失望了，我们两人都失望了，因为罗密欧已经被放逐；他要借着你做接引相思的桥梁，可是我却要做一个独守空闺的怨女而死去。来，绳儿；来，奶妈。我要去睡上我的新床，把我的童贞奉献给死亡！

乳媪 那么你快到房里去吧；我去找罗密欧来安慰你，我知道他在什么地方。听着，你的罗密欧今天晚上一定会来看你；他现在躲在劳伦斯神父的庵里，我就去找他。

朱 啊！你快去找他；把这指环拿去给我的忠心的武士，叫他来作一次最后的诀别。（各下）

第三场 同前；劳伦斯神父的庵院

【劳伦斯神父上。

劳 罗密欧，跑出来；出来吧，你受惊的人，你已经和坎坷的命运结下了不解之缘。

【罗密欧上。

罗 神父，什么消息？亲王的判决怎样？还有什么我所没有知道的不幸的事情将要来找到我？

劳　我的好孩子，你已经遭逢到太多的不幸了。我来报告你亲王的判决。

罗　除了死罪以外，还会有什么判决？

劳　他的判决是很温和的：他并不判你死罪，只宣布把你放逐。

罗　嘿！放逐！慈悲一点，还是说“死”吧！不要说“放逐”，因为放逐比死还要可怕。

劳　你必须立刻离开维洛那境内。不要懊恼，这是一个广大的世界。

罗　在维洛那城以外没有别的世界，只有地狱的苦趣；所以从维洛那放逐，就是从这世界上放逐，也就是死。明明是死，你却说是放逐，这就等于用一柄利斧斫下我的头，反因为自己犯了杀人罪而洋洋得意。

劳　嗳哟，罪过罪过！你怎么可以这样不知恩德！你所犯的过失，按照法律本来应该处死，幸亏亲王仁慈，特别对你开恩，才把可怕的死罪改成了放逐；这明明是莫大的恩典，你却不知道。

罗　这是酷刑，不是恩典。朱丽叶所在的地方就是天堂；这儿的每一只猫，每一只狗，每一只小小的老鼠，都生活在天堂里，都可以瞻仰到她的容颜，可是罗密欧却看不见她。污秽的苍蝇都可以接触亲爱的朱丽叶的皎洁的玉手，从她的嘴唇上偷取天堂中的幸福，那两片嘴唇是这样的纯洁贞淑，永远含着娇羞，好像觉得它们自身的相吻也是一种罪恶一样；苍蝇可以这样做，我却必须远走高飞，它们是自由人，我却是一个放逐的流徒。你还说放逐不是死吗？难道你没有配好的毒药，锋锐的刀子，无论什么致命的利器，而必须用“放逐”两个字把我杀害吗？放逐！啊神父！只有沉沦在地狱里的鬼魂才会用到这两个字，伴着凄厉的呼号；你是一个教士，一个替人忏罪的神父，又是我的朋友，怎么忍心用这两个字，“放逐”，来寸磔我呢？

劳　你这痴心的疯子，听我说一句话。

罗　啊！你又要对我说起放逐了。

劳　我要教给你怎样抵御这两个字的方法，用哲学的甘乳安慰你的逆运，让你忘却被放逐的痛苦。

罗 又是“放逐”！我不要听什么哲学！除非哲学能够制造一个朱丽叶，迁徙一个城市，撤销一个亲王的判决，否则它就没有什么用处。别再多说了吧。

劳 啊！那么我看疯人是不生耳朵的。

罗 聪明人不生眼睛，疯人何必生耳朵呢？

劳 让我跟你讨论讨论你现在的处境。

罗 你不能谈论你所没有感觉到的事情；要是你也像我一样年青，朱丽叶是你的爱人，才结婚了一个小时，就把泰保尔脱杀了；要是你也像我一样热恋，像我一样被放逐，那时你才可以讲话，那时你才会像我现在一样扯着你的头发，倒在地上，替你自己量一个葬身的墓穴。（内叩门声）

劳 快起来，有人在敲门；好罗密欧，躲起来吧。

罗 我不要躲，除非我心底里发出来的痛苦呻吟的气息，会像一重云雾一样把我掩过了追寻者的眼睛。（叩门声）

劳 听！门打得多么响！——是谁在外面？——罗密欧，快起来，你要给他们捉住了。——等一等！——站起来；（叩门声）跑到我的书斋里去。——就来了！——上帝啊！瞧你多么不听话！——来了，来了！（叩门声）谁把门敲得这么响？你是什么地方来的？你有什么事？

乳媪 （在内）让我进来，你就可以知道我的来意；我是从朱丽叶小姐那里来的。

劳 那好极了，欢迎欢迎！

【乳媪上。

乳媪 啊神父！啊，告诉我，神父，我的小姐的姑爷呢？罗密欧呢？

劳 在那边地上哭得如醉如痴的就是他。

乳媪 啊！他正像我的小姐一样，正像她一样！唉！真是同病相怜，一般的伤心！她也是这样躺在地上，一头唠叨一头哭，一头哭一头唠叨。起来，起来；您是个男子汉，就该起来；为了朱丽叶的缘故，为了她的缘故，站起来吧。为什么您要伤心到这个样子呢？

罗 奶妈!

乳媪 唉,姑爷!唉,姑爷!一个人到头来总是要死的。

罗 你刚才不是说起朱丽叶吗?她现在怎么样?我现在已经用她近亲的血液沾污了我们的新欢,她不会把我当作一个杀人的凶犯吗?她在什么地方?她怎么样?我这位秘密的新妇对于我们这一段中断的情缘说些什么话?

乳媪 啊,她没有说什么话,姑爷,只是哭呀哭的哭个不停;一会儿倒在床上,一会儿又跳了起来;一会儿叫一声泰保尔脱,一会儿哭一声罗密欧;然后又倒了下去。

罗 好像那一个名字是从枪口里瞄准了射出来似的,一弹出去就把她杀死,正像我这一双该死的手杀死了她的亲人一样。啊!告诉我,神父,告诉我,我的名字是在我身上那一处万恶的地方?告诉我,好让我捣毁这可恨的巢穴。(**拔剑**)

劳 放下你的卤莽的手!你是一个男子吗?你的形状是一个男子,你却流着妇人的眼泪;你的狂暴的举动,简直是一头野兽的无可理喻的咆哮。你这须眉的贱妇,你这人头的畜类!我真想不到你的性情竟会这样毫无涵养。你已经杀死了泰保尔脱,你还要杀死你自己吗?你不想到你对自己采取了这种万劫不赦的暴行,不也就是杀死与你相依为命的你的妻子吗?为什么你要怨恨天地,怨恨你自己的生不逢辰?天地好容易生下你这一个人来,你却要亲手把你自己摧毁!呸!呸!你有的是一副堂堂的七尺之躯,有的是热情和智慧,你却不知道把它们好好利用,这岂不是辜负了你的七尺之躯,辜负了你的热情和智慧?你的堂堂的仪表不过是一尊蜡塑的形像,没有一点男子汉的血气;你的山盟海誓都是些空虚的诳语,杀害你所发誓珍爱的情人;你的智慧不知道指示你的行动,驾御你的感情,它已经变成了愚妄的谬见,正像装在一个笨拙的军士的枪膛里的火药,本来是自卫的武器,因为不懂得怎样点燃的方法,反而毁损了自己的肢体。怎么!起来吧,孩子!你刚才几乎要为了你的朱丽叶而自杀,可是她现在好好活着，这是你的第一件幸事。泰保尔脱要把你杀死，可是你却杀死了泰保尔脱，这是你的第二件幸事。法律上本来规定杀人抵命，可是它对你特别留情，减成了放逐的处分，这是你的第三件幸事。这许多幸事照顾着你，幸福穿着盛装向你献媚，你却像一个倔强乖僻的女孩，向你的命运和爱情撅起了嘴唇。留心，留心，像这样不知足的人是不得好死的。去，快去会见你的情人，按照预定的计划，到她的寝室里去，安慰安慰她；可是在逻骑没有出发以前，你必须及早离开，否则你就不能到曼多亚去。你可以暂时在曼多亚住下，等我们觑着机会，把你们的婚姻宣布出来，和解了你们两家的亲族，向亲王请求特赦，那时我们就可以用超过你现在离别的悲痛二百万倍的欢乐招呼你回来。奶妈，你先去，替我向你家小姐致意；叫她设法催促她家里的人早早安睡，他们在遭到这样重大的悲伤以后，这是很容易办到的。你对她说，罗密欧就要来了。

乳媪 主啊！像这样好的教训，我就是在这儿听上一整夜都愿意；啊！真是有学问人的说话！姑爷，我就去对小姐说您就要来了。

罗 很好，请你再叫我的爱人端整好一顿责骂。

乳媪 姑爷，这一个戒指小姐叫我拿来送给您，请您赶快就去，天色已经很晚了。（下）

罗 现在我又重新得到了多大的安慰！

劳 去吧，晚安！你的运命在此一举：你必须在巡逻者没有开始查缉以前脱身，否则就得在黎明时候化装逃走。你就在曼多亚安身下来；我可以找到你的仆人，倘使这儿有什么关于你的好消息，我会叫他随时通知你。把你的手给我。时候不早了，再会吧。

罗 倘不是一个超乎一切喜悦的喜悦在招呼着我，像这样匆匆的离别，一定会使我黯然神伤。再会！（各下）

第四场　同前；凯普莱脱家中一室

【凯普莱脱、凯普莱脱夫人及巴里斯上。

凯　伯爵，舍间因为遭逢变故，我们还没有时间去开导小女；您知道她跟她那个族兄泰保尔脱是友爱很笃的，我也是非常喜欢他；唉！人生不免一死，也不必再去说他了。现在时间已经很晚，她今夜不会再下来了；不瞒您说，倘不是您大驾光临，我也早在一小时以前上了床啦。

巴　我在你们正在伤心的时候来此求婚，实在是太冒昧了。晚安，伯母；请您替我向令嫒致意。

凯妻　好，我明天一早就去探听她的意思；今夜她已经抱着满腔的悲哀关上门睡了。

凯　巴里斯伯爵，我可以大胆替我的孩子作主，我想她一定会绝对服从我的意志；是的，我对于这一点可以断定。夫人，你在临睡以前先去看看她，把这位巴里斯伯爵向她求爱的意思告诉她知道；你再对她说，听好我的话，叫她在星期三——且慢！今天星期几？

巴　星期一，老伯。

凯　星期一！哈哈！好，星期三是太快了点儿，那么就是星期四吧。对她说，在这个星期四，她就要嫁给这位尊贵的伯爵。您预备得起来吗？您不嫌太匆促吗？咱们也不必十分铺张，略为请几位亲友就够了；因为，您听我说，泰保尔脱才死得不久，他是我们自己家里的人，要是我们大开欢宴，人家也许会说我们对去世的人太没有情分。所以我们只要请五六个亲友，把仪式举行一下就算了。您说星期四怎样？

巴　老伯，我但愿星期四便是明天。

凯　好，你去吧；那么就是星期四。夫人，你在临睡前先去看看朱丽叶，叫她预备预备，好作起新嫁娘来啦。再见，伯爵。喂！掌灯！时候已经很晚，等一会儿我们就要说它很早了。晚安！（各下）

第五场　同前;朱丽叶的卧室

【罗密欧及朱丽叶上。

朱　你现在就要去了吗？天亮还有一会儿呢。那刺进你惊恐的耳膜中的,不是云雀,是夜莺的声音;它每天晚上在那边石榴树上歌唱。相信我,爱人,那是夜莺的歌声。

罗　那是报晓的云雀,不是夜莺。瞧,爱人,不作美的晨熹已经在东天的云朵上镶起了金线,夜晚的星光已经烧尽,愉快的白昼蹑足踏上了迷雾的山巅。我必须到别处去找寻生路,或者留在这儿束手待死。

朱　那光明不是晨熹,我知道;那是从太阳中吐射出来的流星,要在今夜替你拿着火炬,照亮你到曼多亚去。所以你不必急着要去,再耽搁一会吧。

罗　让我被他们捉住,让我被他们处死;只要是你的意思,我就毫无怨恨。我愿意说那边灰白色的云彩不是黎明睁开它的睡眼,那不过是从月亮的眉宇间反映出来的微光;那响彻层霄的歌声,也不是出于云雀的喉中。我巴不得留在这里,永远不要离开。来吧,死,我欢迎你！因为这是朱丽叶的意思。怎么,我的灵魂？让我们谈谈;天还没有亮哩。

朱　天已经亮了,天已经亮了;快去吧,快去吧！那唱得这样刺耳,嘶着粗涩的噪声和讨厌的锐音的,正是天际的云雀。有人说云雀会发出千变万化的甜蜜的歌声,这句话一点不对,因为它只使我们彼此分离;有人说云雀曾经和丑恶的蟾蜍交换眼睛,啊！我但愿他们也交换了声音,因为那声音使你离开了我的怀抱,用催醒的晨歌催促你就道。啊！现在你快去吧;天越来越亮了。

罗　天越来越亮,我们悲哀的心却越来越黑暗。

【乳媪上。

乳媪　小姐！

朱　奶妈？

乳媪　你的母亲就要到你房里来了。天已经亮啦,留点儿心。(下)

朱 那么窗啊,让白昼进来,让生命出去。

罗 再会,再会!给我一个吻,我就下去。(由窗口下降)

朱 你就这样去了吗?我的夫君,我的爱人,我的朋友!我必须在每一小时内的每一天听到你的消息,因为一分钟就等于许多日子。啊!照这样计算起来,等我再看见我的罗密欧的时候,我不知道已经老到怎样了。

罗 再会!我决不放弃任何的机会,爱人,向你传达我的衷忱。

朱 啊!你想我们会不会再有见面的日子?

罗 一定会的;我们现在这一切悲哀痛苦,到将来便是握手谈心的资料。

朱 上帝啊!我有一颗预感不祥的灵魂;你现在站在下面,我仿佛望见你像一具坟墓底下的尸骸。也许是我的眼光昏花,否则就是你的面容太惨白了。

罗 相信我,爱人,在我的眼中你也是这样;忧伤吸干了我们的血液。再会!再会!(下)

朱 命运啊命运!谁都说你反复无常;要是你真的反复无常,那么你怎样对待一个忠贞不二的人呢?愿你不要改变你的轻浮的天性,因为这样也许你会厌倦于把他玩弄,早早打发他回来。

凯妻 (在内)喂,女儿!你起来了吗?

朱 谁在叫我?是我的母亲吗?——难道她这么晚还没有睡觉?还是这么早就起来了?什么特殊的原因使她到这儿来?

【凯普莱脱夫人上。

凯妻 啊!怎么,朱丽叶!

朱 母亲,我不大舒服。

凯妻 老是为了你族兄的死而掉泪吗?什么!你想用眼泪把他从坟墓里冲出来吗?就是冲得出来,你也没法子叫他复活;所以还是算了吧。适当的悲哀可以表示感情的深切,过度的伤心却可以证明智慧的欠缺。

朱 可是让我为了这样一个痛心的损失而流泪吧。

凯妻 损失固然痛心，可是一个失去的亲人，不是可以用眼泪哭得回来的。

朱 因为这损失是如此痛心，我不能不为了失去的亲人而痛哭。

凯妻 好，孩子，人已经死了，你也不用多哭他了；顶可恨的是那杀死他的恶人仍旧活在世上。

朱 什么恶人，母亲？

凯妻 就是罗密欧那个恶人。

朱 （*旁白*）恶人跟他相去着不知多少距离呢。——上帝饶恕他！我愿意全心饶恕他；可是像他这样的人，是不值得我为他伤心的。

凯妻 那是因为这个万恶的凶手还活在世上。

朱 是的，母亲，我恨不得把他抓住在我的手里。但愿我能够独自报复这一段杀兄之仇！

凯妻 我们一定要报仇的，你放心吧；别再哭了。这个亡命的流徒现在到曼多亚去了，我要差一个人到那边去，用一种希有的毒药把他毒死，让他早点儿跟泰保尔脱见面；那时候我想你一定可以满足了。

朱 真的，我心里永远不会感到满足，除非我看见罗密欧在我的面前——死去；我这颗可怜的心是这样为了一个亲人而痛楚！母亲，要是您能够找到一个愿意带毒药去的人，让我亲手把它调好，好叫那罗密欧服下以后，就会安然睡去。唉！我心里多么难过，只听到他的名字，却不能赶到他的面前，让他知道我是多么爱着我的——泰保尔脱哥哥。

凯妻 你去想办法，我一定可以找到这样一个人。可是，孩子，现在我要告诉你好消息。

朱 在这样不愉快的时候，好消息来得真是再适当没有了。请问母亲，是什么好消息呢？

凯妻 哈哈，孩子，你有一个体贴你的好爸爸哩；他为了替你排解愁闷，已经为你选定了一个大喜的日子，不但你想不到，就是我也没有想到。

朱 母亲，快告诉我，是什么日子？

凯妻 哈哈，我的孩子，星期四的早晨，那位风流年少的贵人，巴里斯伯爵，就要在圣彼得教堂里娶你做他的幸福的新娘了。

朱 凭着圣彼得教堂和圣彼得的名字起誓，我决不让他娶我做他的幸福的新娘。世间那有这样匆促的事情，人家还没有来向我求过婚，我倒先做了他的妻子了！母亲，请您对我的父亲说，我现在还不愿意就出嫁；就是要出嫁，我可以发誓，我也宁愿嫁给我所痛恨的罗密欧，不愿嫁给巴里斯。真是些好消息！

凯妻 你爸爸来啦；你自己对他说去，去看他会不会受你的话。

【凯普莱脱及乳媪上。

凯 太阳西下的时候，天空中散下了蒙蒙的细露；可是我的侄儿死了，却有倾盆的大雨送着他下葬。怎么！装起喷水管来了吗，孩子？咦！还在哭吗？雨到现在还没有停吗？你这小小的身体里面，也有船，也有海，也有风；因为你的眼睛就是海，永远有泪潮在那儿涨退；你的身体是一艘船，在这泪海上面航行；你的叹气是海上的狂风；你的身体经不起风浪的吹打，是会在这汹涌的怒海中覆没的。怎么，妻子！你没有把我们的主张告诉她吗？

凯妻 我告诉她了；可是她说谢谢你，她不要嫁人。我希望这傻丫头还是死了干净！

凯 且慢！讲明白点儿，讲明白点儿，妻子。怎么！她不要嫁人吗？她不谢谢我们吗？她不称心吗？像她这样一个贱丫头，我们替她找到了这么一位高贵的绅士做她的新郎，她还不想想这是多大的福气吗？

朱 我没有欢喜，只有感激；你们不能勉强我欢喜一个我对他没有好感的人，可是我感激你们爱我的一片好心。

凯 怎么！怎么！胡说八道！这是什么话？什么欢喜不欢喜，感激不感激！好丫头，我也不要你感谢，我也不要你欢喜，只要你预备好星期四到圣彼得教堂里去跟巴里斯结婚；你要不愿意，我就把你装在木笼里拖了去。不要脸的死丫头，贱东西！

凯妻 嗳哟！嗳哟！你疯了吗？

朱 好爸爸，我跪下来求求您，请您耐心听我说一句话。

凯　该死的小贱妇！不孝的畜生！我告诉你，星期四给我到教堂里去，不然以后再也不要见我的面。不许说话，不要回答我；我的手指儿痒着呢。——夫人，我们常常怨叹自己福薄，只生下这一个孩子；可是现在我才知道就是这一个已经太多了，总是家门不幸，出了这一个冤孽！不要脸的贱货！

乳媪　上帝祝福她！老爷，您不该这样骂她。

凯　为什么不该！我的聪明的老太太？谁要你多嘴，我的好大娘？你去跟你那些婆婆妈妈们谈天去吧，去！

乳媪　我又没有说过一句冒犯您的话。

凯　闭嘴，你这叽哩咕噜的蠢婆娘！我们不要听你的教训。

凯妻　你的脾气太躁了。

凯　哼！我气都气疯啦。每天每夜，时时刻刻，不论忙着空着，独自一个人或是跟别人在一起，我心里总是在盘算着怎样替她配一份好好的人家；现在好容易找到一位出身高贵的绅士，又有家私，又年青，又受过高尚的教养，正是人家说的十二分的人才，好到没得说的了；偏偏这个不懂事的傻丫头，放着送上门来的好福气不要，说甚么“我不要结婚”，“我不懂恋爱”，“我年纪太小”，“请你原谅我”；好，你要是不愿意嫁人，我可以放你自由，尽你的意思到什么地方去，我这屋子里可容不得你了。你给我想想明白，我是一向说到那里做到那里的。星期四就在眼前；自己仔细考虑考虑。你倘然是我的女儿，就得听我的话嫁给我的朋友；你倘然不是我的女儿，那么你去上吊也好，做叫化子也好，挨饿也好，死在街路上也好，我都不管，因为凭着我的灵魂起誓，我是再也不会认你这个女儿的，你也别想我会分一点什么给你。我不会骗你，你想一想吧；我誓也发过了，一定要把它做到的。（下）

朱　天知道我心里是多么难过，难道它竟会不给我一点慈悲吗？啊，我的亲爱的母亲！不要丢弃我！把这头亲事延期一个月，或者一个星期也好；或者要是您不答应我，那么请您把我的新床安放在泰保尔脱长眠的幽暗的坟茔里吧！

凯妻　不要对我讲话,我没有什么话好对你说。随你的便吧,我是不管你的啦。(下)

朱　上帝啊!啊,奶妈!这件事情怎么避过去呢?我的丈夫还在世间,我的誓言已经上达天听;倘使我的誓言可以收回,那么除非我的丈夫已经脱离人世,从天上把它送还给我。安慰安慰我,替我想想办法吧。唉!唉!想不到天也会作弄像我这样一个柔弱的人!你怎么说?难道你没有一句可以使我快乐的话吗?奶妈,给我一点安慰吧!

乳媪　好,那么你听我说。罗密欧是已经放逐了;我可以打赌无论什么东西,他再也不敢回来责问你,除非他偷偷儿溜了回来。事情既然这样,那么我想你最好还是跟那伯爵结婚。啊!他真是个可爱的绅士!罗密欧比起他来只好算是一块抹布;小姐,一头鹰也没有像巴里斯那样一双又是碧绿得好看,又是锐利的眼睛。说句该死的话,我想你这第二个丈夫,比第一个丈夫好得多啦;话也许不是这么说,可是你的第一个丈夫虽然还在世上,对你已经没有什么用处,也就跟死了差不多啦。

朱　你这些话是从心里说出来的吗?

乳媪　那不但是我心里的话,也是我灵魂里的话;倘有虚假,让我的灵魂下地狱。

朱　阿们!

乳媪　什么!

朱　好,你已经给了我很大的安慰。你进去吧;告诉我的母亲说我出去了,因为得罪了我的父亲,要到劳伦斯的庵院里去忏悔我的罪过。

乳媪　很好,我就这样告诉她;这才是聪明的办法哩。(下)

朱　老而不死的魔鬼!顶丑恶的妖精!她希望我背弃我的盟誓;她几千次向我夸奖我的丈夫,说他比谁都好,现在却又用同一条舌头说他的坏话!去,我的顾问;从此以后,我再也不把你当作心腹看待了。我要到神父的地方去向他求救;要是一切办法都已穷尽,我唯有一死了之。(下)

第四幕

第一场　维洛那；劳伦斯神父的庵院

【劳伦斯神父及巴里斯上。

劳　在星期四吗，伯爵？时间未免太局促了。

巴　这是我的岳父凯普莱脱的意思；他既然这样性急，我也不愿把时间延迟下去。

劳　您说您还没有知道那小姐的心思；我不赞成这种片面决定的事情。

巴　她为了泰保尔脱的死流着过度的眼泪，所以我没有多跟她谈恋爱，因为在一间哭哭啼啼的屋子里，维纳丝也是露不起笑容来的。神父，她的父亲因为瞧她这样一味伤心，恐怕会发生什么意外，所以他才决定替我们提早完婚，免得她一天到晚哭得像个泪人儿一般；一个人在房间里最容易触绪兴怀，要是有了伴侣，也许可以替她排去悲哀。现在您可以知道我这次匆促结婚的理由了。

劳　（旁白）我希望我不知道它为什么必须延迟的理由。——瞧，伯爵，这位小姐到我庵里来了。

【朱丽叶上。

巴　您来得正好，我的爱妻。

朱　伯爵，等我做了妻子以后，也许您可以这样叫我。

巴　爱人，这个也许到星期四就会成为事实了。

朱　事实是无可避免的。

劳　那是当然的道理。

巴　您是来向这位神父忏悔吗？

朱　回答您这一个问题，我必须向您忏悔了。

巴　不要在他的面前否认您爱我。

朱　我愿意在您的面前承认我爱他。

巴　我相信您也一定愿意在我的面前承认您爱我。

朱　要是我必须承认，那么在您的背后承认，比在您的面前承认好得多啦。

巴　可怜的人儿！眼泪已经毁损了你的美貌。

朱　眼泪并没有得到多大的胜利；因为我这副容貌在没有被眼泪毁损以前，已经够丑了。

巴　你不该说这样的话诽谤你的美貌。

朱　这不是诽谤，伯爵，这是实在的话，我当着我自己的脸说的。

巴　你的脸是我的，你不该侮辱它。

朱　也许是的，因为它不是我自己的。神父，您现在有空吗？还是让我在晚祷的时候再来？

劳　我还是现在有空，多愁的女儿。伯爵，我们现在必须请您离开我们。

巴　我不敢打扰你们的祈祷。朱丽叶，星期四一早我就来叫醒你；现在我们再会吧，请你保留下这一个神圣的吻。（下）

朱　啊！把门关了！关了门，再来陪着我哭吧。没有希望，没有补救，没有挽回了！

劳　啊，朱丽叶！我早已知道你的悲哀，实在想不出一个万全的计策。我听说你在星期四必须跟这伯爵结婚，而且毫无拖延的可能了。

朱　神父，不要对我说你已经听见这件事情，除非你能够告诉我怎样避免它；要是你的智慧不能帮助我，那么只要你赞同我的决心，我就可以立刻用这把刀解决一切。上帝把我的心和罗密欧的心结合在一起，我们两人的手是你替我们结合的；要是我这一只已经由你证明和罗密欧缔盟的手，再去和别人缔结新盟，或是我的忠贞的心起了叛变，投进别人的怀里，那么这把刀可以割下这背盟的手，诛戮这叛变的心。所以，神父，凭着你的丰富的见识阅历，请你赶快给我一些指教；否则瞧吧，这把血腥气的刀，就可以在我跟我的困难之间做一个公正人，替我解决你的经验和才能所不能替我觅得一个光荣解决的难题。

不要老是不说话；要是你不能指教我一个补救的办法，那么我除了一死以外没有别的希冀。

劳　住手，女儿；我已经望见了一线希望，可是那必须用一种非常的手段，方才能够抵御这一种非常的变故。要是你因为不愿跟巴里斯伯爵结婚，能够毅然立下视死如归的决心，那么你也一定愿意采取一种和死差不多的办法，来避免这种耻辱；倘然你敢冒险一试，我就可以把办法告诉你。

朱　啊！只要不嫁给巴里斯，你可以叫我从那边塔顶的雉堞上跳下来；你可以叫我在盗贼出没，毒蛇潜迹的路上匍匐行走；把我和咆哮的怒熊锁禁在一起；或者在夜间把我关在堆积尸骨的地窟里，用许多陈死的白骨，霉臭的腿胴，和失去下颚的焦黄的骷髅掩盖着我的身体；或者叫我跑进一座新坟里去，把我隐匿在死人的殓衾里：无论什么使我听了战栗的事，只要可以让我活着对我的爱人做一个纯洁无瑕的妻子，我都愿意毫不恐惧毫不迟疑地做去。

劳　好，那么放下你的刀；快快乐乐地回家去，答应嫁给巴里斯。明天就是星期三了；明天晚上你必须一人独睡，别让你的奶妈睡在你的房间里；这一个药瓶你拿去，等你上床以后，就把这里面炼就的汁液一口喝下，那时就会有一阵昏昏沉沉的寒气通过你全身的血管，跟着脉搏就会停止下来；没有一丝温暖和呼吸可以证明你还活着；你的嘴唇和颊上的红色都会变成灰白；你的眼帘闭下，就像死神的手关闭了生命的白昼；你身上的每一部分失去了灵活的控制，都像死一样僵硬寒冷；在这种与死无异的状态中，你必须经过四十二小时，然后你就仿佛从一场酣睡中醒了过来。当那新郎在早晨来催你起身的时候，他们会发现你已经死了；然后，照着我们国里的规矩，他们就要替你穿起了盛装，用柩车载着你到凯普莱脱族中祖先的坟茔里。一方面我这里因为要预备你醒来，我可以写信给罗密欧，告诉他我们的计划，叫他立刻到这儿来；我跟他两个人就守在你身边，等你一醒过来，当夜就叫罗密欧带着你到曼多亚去。只要你不临时变卦，不中途气馁，这一个办法一定可以使你避免这一场眼前的耻辱。

朱 给我！给我！啊，不要对我说起害怕两个字！

劳 拿着；你去吧，愿你立志坚强，前途顺利！我就叫一个弟兄飞快到曼多亚，带我的信去送给你的丈夫。

朱 爱情啊，给我力量吧！只有力量可以打救我。再会，亲爱的神父！（各下）

第二场 同前；凯普莱脱家中厅堂

【凯普莱脱、凯普莱脱夫人、乳媪及众仆上。

凯 这单子上有名字的，都是要去邀请的客人。（甲仆下）来人，给我去雇二十个有本领的厨子来。（乙仆下）咱们这一次实在有点儿措手不及。什么！我的女儿到劳伦斯神父那里去了吗？

乳媪 正是。

凯 好，也许他可以劝告劝告她；真是个乖僻不听话的浪蹄子！

乳媪 瞧她已经忏悔完毕，高高兴兴地回来啦。

【朱丽叶上。

凯 啊，我的倔强的丫头！你荡到什么地方去啦？

朱 我因为自知忤逆不孝，违抗了您的命令，所以特地前去忏悔我的罪过。现在我听从劳伦斯神父的指教，跪在这儿请您宽恕。爸爸，请您宽恕我吧！从此以后，我永远听您的话了。

凯 去请伯爵来，对他说：我要把婚礼改在明天早上举行。

朱 我在劳伦斯庵里遇见这位少年伯爵；我已经在不超过礼法的范围以内，向他表示过我的爱情了。

凯 啊，那很好，我很高兴。站起来吧；这样才对。让我见见这伯爵；喂，快去请他过来。多谢上帝，把这位可尊敬的神父赐给我们！我们全城的人都感戴他的好处。

朱 奶妈，请你陪我到我的房间里去，帮我检点检点衣饰，看有那几件可以在明天穿戴。

凯妻 不,还是到星期四再说吧,急什么呢?

凯 去,奶妈,陪她去。我们一准明天上教堂。(朱及乳媪下)

凯妻 我们现在预备起来怕来不及;天已经快夜了。

凯 胡说!我现在就动手起来,你瞧着吧,太太,到明天一定什么都安排得好好的。你快去帮朱丽叶打扮打扮;我今天晚上不睡了,让我一个人在这儿做一次管家妇。喂!喂!这些人一个都不在。好,让我自己跑到巴里斯那里去,叫他准备明天做新郎。这个倔强的孩子现在回心转意,真叫我高兴得了不得。(各下)

第三场　同前;朱丽叶的卧室

【朱丽叶及乳媪上。

朱 嗯,那些衣服都很好。可是,好奶妈,今天晚上请你不用陪我,因为我还要念许多祷告,求上天宥恕我过去的罪恶,默佑我将来的幸福。

【凯普莱脱夫人上。

凯妻 啊!你正在忙着吗?要不要我帮你?

朱 不,母亲;我们已经选择好了明天需用的一切,所以现在请您让我一个人在这儿吧;让奶妈今天晚上陪着您不睡,因为我相信这次事情办得太匆促了,您一定忙得不可开交。

凯妻 晚安!早点睡觉,你应该好好休息休息。(凯妻及乳媪下)

朱 再会!上帝知道我们将在什么时候相见。我觉得仿佛有一阵寒颤刺激着我的血液,简直要把生命的热流冻结起来似的;待我叫她们回来安慰安慰我。奶妈!——要她到这儿来干么?这凄惨的场面必须让我一个人扮演。来,药瓶。要是这药水不发生效力呢?那么我明天早上就必须结婚吗?不,不,这把刀会阻止我;你躺在那儿吧。(将匕首置枕边)也许这瓶里是毒药,那神父因为已经替我和罗密欧证婚,现在我再跟别人结婚,恐怕损害他的名誉,所以有意骗我服下去毒死我;我怕果然会有这样的事;可是他一向是众人公认为道高德重的人,我想大概不至于;我不能抱着这样卑劣的思想。要是我在坟墓里醒了过来，罗密欧还没有到来把我救出去呢？这倒是很可怕的一点！那时我不是要在终年透不进一丝新鲜空气的地窟里活活闷死，等不及我的罗密欧到来吗？即使不闷死，那死亡和长夜的恐怖，那古墓中阴森的气象，几百年来，我祖先的尸骨都堆积在那里，入土未久的泰保尔脱蒙着他的殓衾，正在那里腐烂；人家说，一到晚上，鬼魂便会归返他们的墓穴；唉！唉！要是我太早醒来，这些恶臭的气味，这些使人听了会发疯的凄厉的呼声；啊！要是我醒来，周围都是这种吓人的东西，我不会心神迷乱，疯狂地抚弄着我的祖宗的骨骼，把肢体溃烂的泰保尔脱拖出了他的殓衾吗？在这样疯狂的状态中，我不会拾起一根老祖宗的骨头来，当作一根棍子，打破我的发昏的头颅吗？啊，瞧！那不是泰保尔脱的鬼魂，正在那里追赶罗密欧，报复他的一剑之仇吗？等一等，泰保尔脱，等一等！罗密欧，我来了！我为你干了这一杯！（倒在幕内的床上）

第四场　同前；凯普莱脱家中厅堂

【凯普莱脱夫人及乳媪上。

凯妻　奶妈，把这串钥匙拿去，再拿一点香料来。

乳媪　点心房里在喊着要枣子和榅桲呢。

【凯普莱脱上。

凯　来，赶紧点儿，赶紧点儿！鸡已经叫了第二次，熄灯钟已经打过，三点钟到了。好安吉丽加，当心看看肉饼有没有烘焦。多化费几个钱没有关系。

乳媪　走开，走开，女人家的事用不到您多管；快去睡吧，今天吵了一个晚上，明天又要害病了。

凯　不，那儿的话！嘿，我为了没要紧的事，也曾经整夜不睡，几曾害过病来？

凯妻　对啦，你从前也是顶惯偷女人的夜猫儿，可是现在我却不放你出去胡闹啦。（凯妻及乳媪下）

凯 真是个醋娘子！真是个醋娘子！

【三四仆人持炙叉、木柴及篮上。

凯 喂，这是什么东西？

甲仆 老爷，这些都是拿去给厨子的，我也不知道是什么东西。

凯 赶紧点儿，赶紧点儿。（甲仆下）喂，木头要拣干燥点儿的，你去问彼得，他可以告诉你什么地方有。

乙仆 老爷，我自己也长着眼睛会拣木头，用不到麻烦彼得。（下）

凯 嘿，倒说得有理，这个淘气的小杂种！嗳哟！天已经亮了；伯爵就要带着乐工来了，他说过的。（内乐声）我听见他已经走近，奶妈！妻子！喂，喂！喂，奶妈呢？

【乳媪重上。

凯 快去叫朱丽叶起来，把她打扮打扮；我要去跟巴里斯谈天去了。快去，快去，赶紧点儿；新郎已经来了；赶紧点儿！（各下）

第五场　同前；朱丽叶卧室

【乳媪上。

乳媪 小姐！喂，小姐！朱丽叶！她准是睡熟了。喂，小羊！喂，小姐！哼，你这懒丫头！喂，亲亲！小姐！心肝！喂，新娘！怎么！一声也不响？现在尽你睡去，尽你睡一个星期；到今天晚上，巴里斯伯爵可不让你安安静静休息一忽儿了。上帝饶恕我，阿们，她睡得多熟！我必须叫她醒来。小姐！小姐！小姐！好，让那伯爵自己到你床上来吧，那时你可要吓得跳起来了，是不是？怎么！衣服都穿好了，又重新睡下去吗？我必须把你叫醒。小姐！小姐！小姐！嗳哟！嗳哟！救命！救命！我的小姐死了！嗳哟！我还活着做什么！喂，拿一点酒来！老爷！太太！

【凯普莱脱夫人上。

凯妻 吵些什么？

乳媪 嗳哟，好伤心啊！

凯妻　什么事？

乳媪　瞧瞧！嗳哟，好伤心啊！

凯妻　嗳哟，嗳哟！我的孩子，我的唯一的生命！醒醒！睁开你的眼睛来！你死了，叫我怎么活得下去？救命！救命！大家来啊！

【凯普莱脱上。

凯　还不送朱丽叶出来，她的新郎已经来啦。

乳媪　她死了，死了，她死了！嗳哟，伤心啊！

凯妻　唉！她死了，她死了，她死了！

凯　嘿！让我瞧瞧。嗳哟！她身上冰冷的；她的血液已经停止不流，她的手脚都硬了；她的嘴唇里已经没有了生命的气息；死像一阵未秋先降的寒霜，摧残了这一朵最鲜嫩的娇花。

乳媪　嗳哟，好伤心啊！

凯妻　嗳哟，好苦啊！

凯　死神夺去了我的孩子，他使我悲伤得说不出话来。

【劳伦斯神父、巴里斯及乐工等上。

劳　来，新娘有没有预备好上教堂去？

凯　她已经预备动身，可是这一去再不回来了。啊贤婿！死神已经在你新婚的前夜降临到你妻子的身上。她躺在那里，像一朵被他摧残了的鲜花。死神是我的新婿，是我的后嗣，他已经娶去了我的女儿。我也快要死了，把我的一切都传给他；我的生命，财产，一切都是死神的！

巴　难道我眼巴巴望到天明，却让我看见这一个凄惨的情景吗？

凯妻　倒霉的，不幸的，可恨的日子！永无休止的时间的运行中的一个顶悲惨的时辰！我就生了这一个孩子，这一个可怜的疼爱的孩子，她是我唯一的欢喜和安慰，现在却被残酷的死神从我眼前夺了去啦！

乳媪　好苦啊！好苦的，好苦的，好苦的日子啊！我这一生一世里顶伤心的日子，顶凄凉的日子！嗳哟，这个日子！这个可恨的日子！从来不曾见过这样倒霉的日子！好苦的，好苦的日子啊！

巴　最可恨的死,你欺骗了我,杀害了她,拆散了我们的良缘,一切都被残酷的残酷的你破坏了!啊爱人!啊我的生命!没有生命,只有被死亡吞噬了的爱情!

凯　悲痛的命运,为什么你要来打破,打破了我们的盛礼?儿啊!儿啊!我的灵魂,你死了!你已经不是我的孩子了!死了!唉!我的孩子死了,我的快乐也随着我的孩子埋葬了!

劳　静下来!不害羞吗?你们这样乱哭乱叫是无济于事的。上天和你们共有着这一个好女儿;现在她已经完全属于上天所有,这是她的幸福,因为你们不能使她的肉体避免死亡,上天却能使她的灵魂得到永生。你们竭力替她找寻一个美满的前途,因为你们的幸福是寄托在她的身上;现在她高高的升上云中去了,你们却为她哭泣吗?啊!你们瞧着她享受最大的幸福,却这样发疯一样号啕叫喊,这可以算是真爱你们的女儿吗?活着,嫁了人,一直到老,这样的婚姻有什么乐趣呢?在年青时候结了婚而死去,才是最幸福不过的。揩干你们的眼泪,把你们的香花散布在这美丽的尸体上,按照着习惯,把她穿着盛装抬到教堂里去。愚痴的天性虽然使我们伤心痛哭,可是在理智眼中,这些天性的眼泪却是可笑的。

凯　我们本来为了喜庆预备好的一切,现在都要变成悲哀的殡礼;我们的乐器要变成忧郁的丧钟,我们的婚筵要变成凄凉的丧席,我们的歌诗要变成沉痛的挽曲,新娘手里的鲜花要放在坟墓中殉葬,一切都要相反而行。

劳　凯普莱脱先生,您进去吧;夫人,您陪他进去;巴里斯伯爵,您也去吧;大家准备送这具美丽的尸体下葬。上天的愤怒已经降临在你们身上,不要再违逆他的意志,招致更大的灾祸。(凯夫妇、巴、劳同下)

乐工甲　真的,咱们也可以收起笛子来走啦。

乳媪　啊!好兄弟们,收起来吧,收起来吧;这真是一场伤心的横祸!(下)

【彼得上。

彼　乐工！啊！乐工，《心里的安乐》，《心里的安乐》！啊！替我奏一曲《心里的安乐》，否则我要活不下去了。

乐工甲　为什么要奏《心里的安乐》呢？

彼　啊！乐工，因为我的心在那里唱着"我心里充满了忧伤"。啊！替我奏一支快活的歌儿，安慰安慰我吧。

乐工乙　不奏不奏，现在不是奏乐的时候。

彼　那么你不奏吗？

众乐工　不奏。

彼　那么我就给你们——

乐工甲　你给我们什么？

彼　我可不给你们钱，哼！我要给你们一顿骂；我骂你们是一群卖唱的叫化子。

乐工甲　那么我就骂你是个下贱的奴才。

彼　那么我就把奴才的刀搁在你们的头颅上。

乐工乙　且慢，君子动口，小人动手。

彼　好，那么让我用舌剑唇枪杀得你们抱头鼠窜。有本领的，回答我这一个问题：

"悲哀伤痛着心灵，
　忧郁萦绕在胸怀，
惟有音乐的银声——"

为什么说"银声"？为什么说"音乐的银声"？西门·凯特林，你怎么说？

乐工甲　因为银子的声音很好听。

彼　说得好！修利培克，你怎么说？

乐工乙　因为乐工奏乐的目的，是想人家赏他几两银子。

彼　说得好！杰姆士·桑特普斯脱，你怎么说？

乐工丙　不瞒你说，我可不知道应当怎么说。

彼　啊！对不起，你是只会唱唱歌的；我替你说了吧：因为乐工尽管奏乐奏到老死,也换不到一些金子。

“惟有音乐的银声,

可以把烦闷推开。”(下)

乐工甲 真是个讨厌的家伙!

乐工乙 该死的奴才!来,咱们且慢回去,等吊客来的时候吹奏两声,吃他们一顿饭再去。(同下)

第五幕

第一场 曼多亚;街道

【罗密欧上。

罗 要是梦寐中的美景果然可以成为事实,那么我的梦预兆着将有好消息到来;我觉得心君宁恬,整日里有一种向来所没有的精神,用快乐的思想把我从地面上飘扬起来。我梦见我的爱人来看见我死了,——奇怪的梦,一个死人也会思想!——她吻着我,把生命吐进了我的嘴唇里,于是我复活了,并且成为一个君王。唉!仅仅是爱的影子,已经给人这样丰富的欢乐,要是占有了爱的本身,那该是多少的甜蜜!

【鲍尔萨泽上。

罗 从维洛那来的消息!啊,鲍尔萨泽!不是神父叫你带信来给我吗?我的爱人怎样?我父亲好吗?我再问你一遍,我的朱丽叶安好吗?因为只要她安好,一定什么都是好好儿的。

鲍 那么她是安好的,什么都是好好儿的;她的身体长眠在凯普莱脱家的坟茔里,她的不死的灵魂和天使们在一起。我看见她下葬在她亲族的墓穴里,所以立刻飞马前来告诉您。啊,少爷!恕我带了这恶消息来,因为这是您吩咐我做的事。

罗　有这样的事！命运，我咒诅你！——你知道我的住处；给我买些纸笔，雇下两匹快马，我今天晚上就要动身。

鲍　少爷，请您宽心一下；您的脸色惨白而仓皇，恐怕是不吉之兆。

罗　胡说，你看错了。快去，把我叫你做的事赶快办好。神父没有叫你带信给我吗？

鲍　没有，我的好少爷。

罗　算了，你去吧，把马匹雇好了；我就来找你。（**鲍下**）好，朱丽叶，今晚我要睡在你的身旁。让我想个办法。啊，罪恶的念头！你会多么快钻进一个绝望者的心里！我想起了一个卖药的人，他的铺子就开设在附近，我曾经看见他穿着一身破烂的衣服，皱着眉头在那儿拣药草；他的形状十分消瘦，贫苦把他煎熬得只剩一把骨头；他的寒伧的铺子里挂着一头乌龟，一头剥制的鳄鱼，还有几张形状丑陋的鱼皮；他的架子上稀疏地散放着几只空匣子，绿色的瓦罐，一些胞囊和发霉的种子，几段包扎的麻绳，还有几块陈年的干玫瑰花，作为聊胜于无的点缀。看到这一种寒酸的样子，我就对自己说，在曼多亚城里，谁出卖了毒药是会立刻处死的，可是倘有谁现在需要毒药，这儿有一个可怜的奴才会卖给他。啊！不料我这一个思想，竟会预兆着我自己的需要，这个穷汉的毒药却要卖给我。我记得这里就是他的铺子；今天是假日，所以这叫化子没有开门。喂！卖药的！

【卖药人上。

卖药人　谁在高声叫喊？

罗　过来，朋友。我瞧你很穷，这儿是四十块钱，请你给我一点能够迅速致命的毒药，厌倦于生命的人一服下去便会散入全身的血管，立刻停止呼吸而死去，就像火药从炮膛里放射出去一样快。

卖药人　这种致命的毒药我是有的；可是曼多亚的法律严禁发卖，出卖的人是要处死刑的。

罗　难道你这样穷苦，还怕死吗？饥寒的痕迹刻在你的脸颊上，贫乏和迫害在你的眼睛里射出了饿火，轻蔑和卑贱重压在你的背上；这世间不是你的朋友，这世间的法律也保护不到你，没有人为你定下一条法律使你富有；那么你何必苦耐着贫穷呢？违犯了法律，把这些钱拿下了吧。

卖药人　我的贫穷答应了你，可是那是违反我的良心的。

罗　我的钱是给你的贫穷，不是给你的良心的。

卖药人　把这一服药放在无论什么饮料里面喝了下去，即使你有二十个人的气力，也会立刻送命。

罗　这儿是你的钱，那才是害人灵魂的更坏的毒药，在这万恶的世界上，它比你那些不准贩卖的微贱的药品更会杀人；你没有把毒药卖给我，是我把毒药卖给你。再见；买些吃的东西，把你自己喂得胖一点。——来，你不是毒药，你是替我解除痛苦的仙丹，我要带着你到朱丽叶的坟上去，少不得要借重你一下哩。（各下）

第二场　维洛那；劳伦斯神父的庵院

【约翰神父上。

约　喂！师兄那里？

【劳伦斯神父上。

劳　这是约翰师弟的声音。欢迎你从曼多亚回来！罗密欧怎么说？要是他的意思在信里写明，那么把他的信给我吧。

约　我在临走的时候，因为要找寻一个同伴，去看一个同门的师弟，他正在这城里访问病人，不料给本地巡逻的人看见了，疑心我们走进了一家染着瘟疫的人家，把门封锁住了，不让我们出来，所以耽误了我的曼多亚之行。

劳　那么谁把我的信送去给罗密欧呢？

约　我没有法子把它送出去，现在我又把它带回来了；因为他们害怕瘟疫传染，也没有人愿意把它送还给你。

劳　糟了！这封信不是等闲，性质十分重要，把它耽误下来，也许会引起极大的灾祸。约翰师弟，你快去给我找一柄铁锄，立刻带到这儿来。

约 好师兄，我去给你拿来。（下）

劳 现在我必须独自到墓地里去；在这三小时之内，朱丽叶就会醒来，她因为罗密欧不曾知道这些事情，一定会责怪我。我现在再要写一封信到曼多亚去，让她留在我的庵里，直等罗密欧到来。可怜的没有死的尸体，幽闭在一座死人的坟墓里！（下）

第三场　同前；凯普莱脱家坟茔所在的墓地

【巴里斯及侍童携鲜花火炬上。

巴 孩子，把你的火把给我；走开，站在远远的地方；还是熄了吧，我不愿给人看见。你去在那边的紫杉树底下直躺下来，把你的耳朵贴着中空的地面，听听有没有跟跄的脚步走到坟地上来发掘坟墓；要是听见了什么声息，便吹一个唿哨通知我。把那些花给我。照我的话做去，走吧。

童 （旁白）我简直不敢独个儿站在这墓地上，可是我要硬着头皮试一下。（退后）

巴
这些鲜花替你铺盖新床；
　惨啊，一朵娇红永委沙尘！
我要用沉痛的热泪淋浪，
　和着香水浇溉你的芳坟；
夜夜到你墓前散花哀泣，
这一段相思啊永无消歇！（童吹口哨）

这孩子在警告我有人来了。那一个该死的家伙在这晚上到这儿来打扰我在爱人墓前的凭吊？什么！还拿着火把来吗？——让我躲在一旁看看他的动静。（退后）

【罗密欧及鲍尔萨泽持火炬锹锄等上。

罗 把那锄头跟铁钳给我。且慢，拿着这封信；等天一亮，你就把它送去给我的父亲。把火把给我。听好我的吩咐，无论你听见什么瞧见什么，都只好远远的站着不许动，免得妨碍了我的事情；要是动一动我就要你的命。我所以要跑下这个坟墓里去,一部分的原因是要探望探望我的爱人,可是主要的理由却是要从她的手指上取下一个宝贵的指环,因为我有一个很重要的用途。所以你赶快给我走开吧;要是你不相信我的话,胆敢回来窥伺我的行动,那么,我可以对天发誓,我要把你的骨骼一节一节扯下来,让这饥饿的墓地上散满了你的肢体。我现在的心境非常狂野,比饿虎或是咆哮的怒海都要凶猛无情,你可不要惹我性起。

鲍 少爷,我去就是了,决不来打扰您。

罗 这才像个朋友。这些钱给你拿去,愿你一生幸福。再会,好朋友。

鲍 (旁白)虽然这么说,我还是要躲在附近的地方看着他;他的脸色使我害怕,我不知道他究竟打算做些什么出来。(退后)

罗 你无情的泥土,吞噬了世上最可爱的人儿,我要擘开你的馋吻,(将墓门掘开)索性让你再吃一个饱!

巴 这就是那个已经放逐出去的骄横的蒙太玖,他杀死了我爱人的族兄,据说她就是因为伤心他的惨死而夭亡的。现在这家伙又要来盗尸发墓了,待我去抓住他。(上前)万恶的蒙太玖!停止你的罪恶的工作,难道你杀了他们还不够,还要在死人身上发泄你的仇恨吗?该死的凶徒,赶快束手就捕,跟我见官去!

罗 我果然该死,所以才到这儿来。好孩子,不要激怒一个不顾死活的人,快快离开我走吧;想想这些死了的人,你也该胆寒了。孩子,请你不要激动我的怒气,使我再犯一次罪;啊,去吧!我可以对天发誓,我爱你远过于爱我自己,因为我来此的目的,就是要跟自己作对。别留在这儿,去吧;好好儿留着你的活命,以后也可以对人家说,一个疯子发了慈悲,叫你逃走的。

巴 我不听你这种鬼话;你是一个罪犯,我要逮捕你。

罗 你一定要激怒我吗?那么好,来,孩子!(二人格斗)

童 哎哟,主啊!他们打起来了;我去叫巡逻的人来!(下)

巴 (倒下)啊,我死了!——你倘有几分仁慈,打开墓门来,把我放在朱

丽叶的身旁吧！（死）

罗　好，我愿意成全你的志愿。让我瞧瞧他的脸孔；啊，迈邱西奥的亲戚，尊贵的巴里斯伯爵！当我们一路上骑马而来的时候，我的仆人曾经对我说过几句话，那时我因为心绪烦乱，没有听得进去；他说些什么？好像他告诉我说巴里斯本来预备娶朱丽叶为妻；他不是这样说吗？还是我做过这样的梦？或者还是我神经错乱，听见他说起朱丽叶的名字，所以发生了这一种幻想？啊！把你的手给我，你我都是登录在恶运的黑册上的人，我要把你葬在一个胜利的坟墓里；一个坟墓吗？啊，不！被杀害的少年，这是一个灯塔，因为朱丽叶睡在这里，她的美貌使这一个墓窟变成一座充满着光明的欢宴的华堂。死了的人，躺在那儿吧，一个死了的人把你安葬了。（将巴放下墓中）人们在临死的时候，往往反会觉得心中愉快，旁观的人便说这是死前的一阵回光返照；啊！这也就是我的回光返照吗？啊，我的爱人！我的妻子！死虽然已经吸去了你呼吸中的芳蜜，却还没有力量摧残你的美貌；你还没有被他征服，你的嘴唇上，脸庞上，依然呈显着红润的美艳，不曾让灰白的死亡进占。泰保尔脱，你也裹着你的血淋淋的殓衾躺在那儿吗？啊！你的青春葬送在你仇人的手里，现在我来替你报仇来了，我要亲手杀死那杀害你的人。原谅我吧，兄弟！啊！亲爱的朱丽叶，你为什么仍然是这样美丽？难道那虚无的死亡，那枯瘦可憎的妖魔，也是个多情种子，所以把你藏匿在这幽暗的洞府里做他的情妇吗？为了防止这样的事情，我要永远陪伴着你，再不离开这漫漫长夜的幽宫；我要留在这儿，跟你的侍婢，那些蛆虫们在一起；啊！我要在这儿永久安息下来，从我这厌倦人世的凡躯上挣脱恶运的束缚。眼睛，瞧你的最后一眼吧！手臂，作你最后一次的拥抱吧！嘴唇，啊！你呼吸的门户，用一个合法的吻，跟网罗一切的死亡订立一个永久的契约吧！来，苦味的向导，你绝望的领港人，现在赶快把你的厌倦于风涛的船舶向那巉岩上冲撞过去吧！为了我的爱人，我干了这一杯！（饮药）啊！卖药的人果然没有骗我，药性很快地发作了。在这一吻中我

死去。(死)

【劳伦斯神父持灯笼锄锹自墓地另一端上。

劳　圣法朗西斯保佑我！我这双老脚今天晚上怎么老是在坟堆里绊来跌去的！那边是谁？

鲍　是一个朋友,也是一个跟您熟识的人。

劳　祝福你！告诉我,我的好朋友,那边是什么火把,对蛆虫和没有眼睛的骷髅浪费着它的光明？照我辨认起来,那火把亮着的地方,似乎是凯普莱脱家里的坟茔。

鲍　正是,神父;我的主人,他是您的好朋友,就在那儿。

劳　他是谁？

鲍　罗密欧。

劳　他来了多久了？

鲍　足足半点钟。

劳　陪我到墓穴里去。

鲍　我不敢,神父。我的主人不知道我还没有走;他曾经对我严辞恐吓,说要是我留在这儿窥伺他的动静,就要把我杀死。

劳　那么你留在这儿,让我一个人去吧。恐惧临到我的身上;啊！我怕会有什么不幸的祸事发生。

鲍　当我在这株紫杉树底下睡了过去的时候,我梦见我的主人跟另外一个人打架,那个人被我的主人杀了。

劳　(趋前)罗密欧！嗳哟！嗳哟！这坟墓的石门上染着些什么血迹？在这安静的地方,怎么横放着这两柄无主的血污的刀剑？(进墓)罗密欧！啊,他的脸色这么惨白！还有谁？什么！巴里斯也躺在这儿？浑身浸在血泊里？啊！多么残酷的时辰,造成了这场凄惨的意外！那小姐醒了。(朱丽叶醒)

朱　啊,善心的神父！我的夫君呢？我记得很清楚我应当在什么地方,现在我正在这地方。我的罗密欧呢？(内喧声)

劳　我听见有什么声音。小姐,赶快离开这个密布着毒氛腐臭的死亡的巢穴吧；一种我们所不能反抗的力量已经阻挠了我们的计划。来，出去吧。你的丈夫已经在你的怀中死去；巴里斯也死了。来，我可以替你找一处地方出家做尼姑。不要耽误时间盘问我，巡夜的人就要来了。来，好朱丽叶，去吧。（内喧声又起）我不敢再等下去了。

朱 去，你去吧！我不愿意走。（劳下）这是什么？一只杯子，紧紧地握住在我的忠心的爱人的手里？我知道了，一定是毒药结果了他的生命。唉，冤家！你一起喝干了，不留下一滴给我吗？我要吻着你的嘴唇，也许这上面还留着一些毒液，可以让我当作兴奋剂服下而死去。（吻罗）你的嘴唇还是温暖的！

巡丁甲 （在内）孩子，带路；在那一个方向？

朱 啊，人声吗？那么我必须快一点了结。啊，好刀子！（攫住罗密欧的匕首）这就是你的鞘子；（以匕首自刺）你插了进去，让我死了吧。（仆在罗密欧身上死去）

【巡丁及巴里斯侍童上。

童 就是这儿，那火把亮着的地方。

巡丁甲 地上都是血；你们几个人去把墓地四周搜查一下，看见什么人就抓起来。（若干巡丁下）好惨！伯爵被人杀了躺在这儿，朱丽叶胸口流着血，身上还是热热的，好像死得不久，虽然她已经葬在这里两天了。去，报告亲王，通知凯普莱脱家里，再去把蒙太玖家里的人也叫醒了，剩下的人到各处搜搜。（若干巡丁续下）我们看见这些惨事发生在这个地方，可是在没有得到人证以前，却无法明了这些惨事的真相。

【若干巡丁率鲍尔萨泽上。

巡丁乙 这是罗密欧的仆人；我们看见他躲在墓地里。

巡丁甲 把他好生看押起来，等亲王来审问。

【若干巡丁率劳伦斯神父上。

巡丁丙 我们看见这个教士从墓地旁边跑出来，神色慌张，一边叹气一边流着眼泪，他手里还拿着锄头铁锹，都给我们拿下来了。

巡丁甲 他有很重大的嫌疑;把这教士也看押起来。

【亲王及侍从上。

亲王 什么祸事在这样早的时候发生,打断了我的清晨的安睡?

【凯普莱脱、凯普莱脱夫人及余人等上。

凯 外边这样乱叫乱喊,是怎么一回事?

凯妻 街上的人们有的喊着罗密欧,有的喊着朱丽叶,有的喊着巴里斯;大家沸沸扬扬地向我们家里的坟上奔去。

亲王 这么许多人为什么发出这样惊人的叫喊?

巡丁甲 王爷,巴里斯伯爵被人杀死了躺在这儿;罗密欧也死了;已经死了两天的朱丽叶,身上还热着,又被人重新杀死了。

亲王 用心搜寻,把这场万恶的杀人命案的真相调查出来。

巡丁甲 这儿有一个教士,还有一个被杀的罗密欧的仆人,他们都拿着掘墓的器具。

凯 天啊!——啊妻子!瞧我们的女儿流着这么多的血!这把刀弄错了地位了!瞧,它的空鞘子还在蒙太玖家小子的背上,它却插进了我的女儿的胸前!

凯妻 嗳哟!这些死的惨象就像惊心动魄的钟声,警告我这风烛残年,快要不久于人世了。

【蒙太玖及余人等上。

亲王 来,蒙太玖,你起来得虽然很早,可是你的儿子倒下得更早。

蒙 唉!殿下,我的妻子因为悲伤小儿的远逐,已经在昨天晚上去世了;还有什么祸事要来跟我这老头子作对呢?

亲王 瞧吧,你就可以看见。

蒙 啊,你这不孝的东西!你怎么可以抢在你父亲的前面,自己先钻到坟墓里去呢?

亲王 暂时停止你们的悲恸,让我把这些可疑的事实讯问明白,知道了详细的原委以后,再来领导你们放声一哭吧;也许我的悲哀还胜过你们多多呢!——把嫌疑人犯带上来。

劳　时间和地点都可以作不利于我的证人;在这场悲惨的血案中,我虽然是一个能力最薄弱的人,但却是嫌疑最重的人。我现在站在殿下的面前,一方面是要供认我自己的罪过,一方面也要为我自己辩解。

亲王　那么快把你所知道的一切说出来。

劳　我要把经过的情形尽简单地叙述出来,因为我的短促的残生还不及一段冗烦的故事那么长。死了的罗密欧是死了的朱丽叶的丈夫,她是罗密欧的忠心的妻子,他们的婚礼是由我主持的。就在他们秘密结婚的那天,泰保尔脱死于非命,这位才做的新郎也从这城里被放逐出去;朱丽叶是为了他,不是为了泰保尔脱,才那样伤心憔悴的。你们因为要替她解除烦恼,把她许婚给巴里斯伯爵,还要强迫她嫁给他,她就跑来见我,神色慌张地要我替她想个办法避免这第二次的结婚,否则她要在我的庵里自杀。所以我就根据我的医药方面的学识,给她一服安眠的药水;它果然发生了我所预期的效力,她一服下去就像死了一样昏沉过去。同时我写信给罗密欧,叫他就在这一个悲惨的晚上到这儿来,帮助把她搬出她的寄寓的坟墓,因为药性一到时候便会过去。可是替我带信的约翰神父却因遭到意外,不能脱身,昨天晚上才把我的信依然带了回来。那时我只好按照着预先算定她醒来的时间,一个人前去把她从她家族的墓茔里带出来,预备把她藏匿在我的庵里,等有方便再去叫罗密欧来;不料我在她醒来以前几分钟到这儿来的时候,尊贵的巴里斯和忠诚的罗密欧已经双双惨死了。她一醒过来,我就请她出去,劝她安心忍受这一种出自天意的变故;可是那时我听见了纷纷的人声,吓得逃出了墓穴,她在万分绝望之中不肯跟我去,看样子她是自杀了。这是我所知道的一切,至于他们两人的结婚,那么她的乳母也是预闻的。要是这一场不幸的惨祸,是由我的疏忽所造成,那么我这条老命愿受最严厉的法律的制裁,请您让它提早几点钟牺牲了吧。

亲王　我一向知道你是一个道行高尚的人。罗密欧的仆人呢?他有些什么话说?

鲍 我把朱丽叶的死讯通知了我的主人,因此他从曼多亚急急地赶到这里,到了这座坟堂的前面。这封信他叫我一早送去给我家老爷;当他走进墓穴里的时候,他还恐吓我,说要是我不赶快走开,让他一个人在那儿,他就要杀死我。

亲王 把那信给我,我要看看。叫起巡丁来的那个伯爵的童儿呢? 喂,你的主人到这地方来做什么?

童 他带了花来散在他夫人的坟上,他叫我站得远远的,我就听他的话;不多一会儿工夫,来了一个拿着火把的人把坟墓打开了。后来我的主人就拔剑跟他打了起来,我就奔去叫巡丁来。

亲王 这封信证实了这个神父的话,讲起他们恋爱的经过,和她的去世的消息;他还写着说他从一个穷苦的卖药人手里买到一种毒药,要把它带到墓穴里来,准备和朱丽叶长眠在一起。这两家仇人在那里? ——凯普莱脱! 蒙太玖! 瞧你们的仇恨已经受到了多大的惩罚,上天借手于爱情,夺去了你们心爱的人;我为了忽视你们的争执,也已经丧失了一双亲戚,大家都受到惩罚了。

凯 啊,蒙太玖大哥! 把你的手给我;这就是你给我女儿的一份聘礼,我不能再作更大的要求了。

蒙 但是我可以给你更多的;我要用纯金替她铸一座像,只要维洛那一天不改变它的名称,任何塑像都不会比忠贞的朱丽叶那一座更为超卓。

凯 罗密欧也要有一座同样富丽的金像卧在他情人的身旁,这两个在我们的仇恨下惨遭牺牲的可怜虫!

亲王 清晨带来了凄凉的和解,
　　太阳也惨得在云中躲闪。
大家先回去发几声感慨,
　　该恕的该罚的再听宣判。
古往今来多少离合悲欢,
谁曾见像这样哀怨辛酸! (**同下**)

四

汉姆莱脱

《汉姆莱脱》《奥瑟罗》《李尔王》《麦克佩斯》，这四本是公认为莎氏的“四大悲剧”的。在这些作品中间，作者直抉人性的幽微，探照出人生多面的形像，开拓了一个自希腊悲剧以来所未有的境界。关于这些悲剧中主人公的性格，无数的批评家已经写过洋洋洒洒的大文，对它们作详细的分析和讨论了；这里译者除了把剧本的本身直接介绍给读者以外，不想用三言两语的粗略的叙述，向读者作空泛的提示。关于这四剧的艺术的价值，几乎是难分高下的：《汉姆莱脱》因为内心观照的深微而取得首屈一指的地位；……

生豪志于三十三年四月

——《莎士比亚戏剧全集》第二辑提要

剧中人物

克劳迪斯 丹麦国王

汉姆莱脱 前王之子,今王之侄

福丁勃拉斯 挪威王子

霍拉旭 汉姆莱脱之友

普隆涅斯 御前大臣

勒替斯 其子

伏底曼特
考尼力斯
罗森克兰滋 朝士
基腾史登
奥斯力克

玛昔勒斯
勃那陀 军官

弗兰西斯科 兵士

雷瑙陀 普隆涅斯之仆

英国使臣

众伶人

二小丑 掘坟墓者

葛特露 丹麦王后,汉姆莱脱之母

莪菲莉霞 普隆涅斯之女

贵族、贵妇、军官、兵士、教士、水手、使者及侍从等

汉姆莱脱父亲的鬼魂

地点

厄耳锡诺

第一幕

第一场　厄耳锡诺;城堡前的露台

【弗兰西斯科立台上守望。勃那陀自对面上。

勃　那边是谁?

弗　不,你先回答我;站住,告诉我你是什么人。

勃　国王万岁!

弗　勃那陀吗?

勃　正是。

弗　你来得很准时。

勃　现在已经打过十二点钟;你去睡吧,弗兰西斯科。

弗　谢谢你来替换了我;天冷得利害,我心里也老大不舒服。

勃　你守在这儿,一切都很安静吗?

弗　一只小老鼠也不见走动。

勃　好,晚安!要是你碰见霍拉旭和玛昔勒斯,我的守夜的伙伴们,就叫他们赶紧一点来。

弗　我想我听见他们的声音。喂,站定!那边是谁?

【霍拉旭及玛昔勒斯上。

霍　都是自己人。

玛　丹麦王的臣民。

弗　祝你们晚安!

玛　啊!再会,正直的军人!谁替换了你?

弗　勃那陀代替我值班。祝你们晚安!(下)

玛　喂!勃那陀!

勃　喂,——啊!霍拉旭也来了吗?

霍　这儿有一个他。

勃　欢迎,霍拉旭!欢迎,好玛昔勒斯!

玛　什么!这东西今晚又出现过了吗?

勃　我还没有瞧见什么。

玛　霍拉旭说那不过是我们的幻想。我告诉他我们已经两次看见这一个可怕的怪象,他总是不肯相信;所以我请他今晚也来陪我们守一夜,要是这鬼再出来,就可以证明我们并没有看错,还可以叫他对它说几句话。

霍　嘿,嘿,它不会出现的。

勃　先请坐下;虽然你一定不肯相信我们的故事,我们还是要把我们这两夜来所看见的情形再向你絮渎一遍。

霍　好,我们坐下来,听听勃那陀怎么说。

勃　昨天晚上,当那照耀在旗竿西端的天空的明星正在向它现在吐射光辉的地方运行的时候,玛昔勒斯跟我两个人,那时候钟刚敲了一点,——

玛　住声!不要说下去;瞧,它又来了!

【鬼上。

勃　正像已故的国王的模样。

玛　你是有学问的人,对它说话去,霍拉旭。

勃　它的样子不像已故的国王吗?看好,霍拉旭。

霍　像得很;它使我心里充满了恐怖和惊奇。

勃　它希望我们对它说话。

玛　你去问它,霍拉旭。

霍　你是什么鬼物,胆敢僭窃丹麦先王神武的雄姿,在这样深夜的时分出现?凭着上天的名义,我命令你说话!

玛　它生气了。

勃　瞧,它悄悄地去了!

霍　不要去!说呀,说呀!我命令你,快说!(鬼下)

玛 它去了，不愿回答我们。

勃 怎么，霍拉旭！你在发抖，你的脸色这样惨白。这不是幻想吧？你有什么高见？

霍 当着上帝的面前，倘不是我自己的眼睛向我证明，我再也不会相信这样的怪事。

玛 它不像我们的国王吗？

霍 正像你就是你自己一样。它身上的那副战铠，正就是他讨伐野心的挪威那时候所穿的；它脸上的那副怒容，活像他有一次在一场激烈的争辩中，把那些波兰人打倒在冰上那时候的神气。怪事怪事！

玛 前两次他也是这样不先不后地在这个静寂的时辰，用军人的步态走过我们的眼前。

霍 我不知道究竟应该怎样想法；可是大概推测起来，这恐怕预兆着我们国内将要有一番非常的变故。

玛 好吧，坐下来。谁要是知道的，请告诉我，为什么我们要有这样森严的戒备，使全国的军民每夜不得安息；为什么每天都在制造铜炮，还要向国外购买战具；为什么赶造这许多船只，连星期日也不停止工作；这样夜以继日的辛苦忙碌，究竟将要有什么事情发生呢？谁能够告诉我？

霍 我可以告诉你；至少一般人都是这样传说。刚才他的形像还向我们出现的那位已故的王上，你们知道，曾经接受骄矜好胜的挪威的福丁勃拉斯的挑战；在那一次决斗中间，我们的勇武的汉姆莱脱，——他的英名是举世称颂的，——把福丁勃拉斯杀死了；按照双方根据法律和武士精神所订立的协定，福丁勃拉斯要是战败了，除了他自己的生命以外，必须把他所有的一切土地拨归胜利的一方；同时我们的王上也提出相当的土地作为赌注，要是福丁勃拉斯得胜了，就归他没收占有，正像在同一协定上所规定的，他失败了汉姆莱脱可以把他的土地没收占有一样。现在要说起那位福丁勃拉斯的儿子，他生得一副烈火也似的性格，已经在挪威的四境招集了一群无赖之徒，供给他们衣食，驱策他们去干冒险的勾当；他的唯一的目的我们的当局看得很清楚，无非是要用武力和强迫性的条件，夺回他父亲所丧失的土地。照我所知道的，这就是我们种种准备的主要动机，我们这样戒备的唯一原因，也是全国所以这样慌忙骚乱的缘故。

勃 我想正是为了这一个缘故。我们那位王上在过去和目前的战乱中间，都是一个主要的角色，所以无怪他的武装的形像要向我们出现示警了。

霍 那是扰乱我们心灵之眼的一点微尘。从前在富强繁盛的罗马，当那雄才大略的裘力斯·该撒驾崩以前不久的时候，披着殓衾的死人都从坟墓里出来，在街道上啾啾鬼语，拖着火尾喷着血露的星辰在白昼殒落，支配潮汐的月亮被吞蚀得像一个没有起色的病人；这一类预报重大变故的朕兆，在我们国内也已经屡次见到了。可是不要响！瞧！瞧！它又来了！

【鬼重上。

霍 我要挡住它的去路，即使它会害我。不要去，幻象！要是你会开口，对我说话吧；要是我有可以为你效劳之处，使你的灵魂得到安息，那么对我说话吧；要是你预知祖国的命运，靠着你的指示，也许可以及时避免未来的灾祸，那么对我说话吧！或者你在生前曾经把你搜括得来的财宝埋藏在地下，我听见人家说，鬼魂往往在他们藏金的地方徘徊不散，（鸡啼）要是有这样的事，你也对我说吧；不要去，说呀！拦住它，玛昔勒斯。

玛 要不要用我的戟子打它？

霍 好的，要是它不肯站定。

勃 它在这儿！

霍 它在这儿！（鬼下）

玛 它去了！我们不该用暴力对待这样一个尊严的亡魂；因为它是像空气一样不可侵害的，我们无益的打击不过是恶意的徒劳。

勃 它正要说话的时候，鸡就啼了。

霍 于是它就像一个罪犯听到了可怕的召唤似的惊跳起来。我听人家说，报晓的雄鸡用它高锐的啼声，唤醒了白昼之神，一听到它的警告，那些在海里，火里，地下，空中，到处浪游的有罪的灵魂，就一个个钻回各自的巢窟里去；这句话现在已经证实了。

玛 它在鸡啼的时候隐去。有人说我们的救主将要诞生以前，这报晓的鸟儿彻夜长鸣；那时候，他们说，没有一个鬼魂可以出外行走，夜间的空气非常清净，没有一颗星用毒光射人，没有一个神仙用法术迷人，妖巫的符咒也失去了力量，一切都是圣洁而美好的。

霍 我也听人家这样说过，倒有几分相信。可是瞧，清晨披着赤褐色的外衣，已经踏着那边东方高山上的露水走过来了。我们也可以下班了。照我的意思，我们应该把我们今夜看见的事情告诉年青的汉姆莱脱；因为凭着我的生命起誓，这一个鬼魂虽然对我们不发一言，见了他一定有话要说。你们以为按着我们的忠心和责任说起来，是不是应当让他知道这件事情？

玛 很好，我们决定去告诉他吧；我知道今天在什么地方最容易找到他。（同下）

第二场　城堡中的大厅

【国王、王后、汉姆莱脱、普隆涅斯、勒替斯、伏底曼特、考尼力斯、群臣、侍从等上。

王 虽然我们亲爱的王兄汉姆莱脱新丧未久，我们的心里应当充满了悲痛，我们全国都应当表示一致的哀悼，可是我们凛于后死者责任的重大，不能不违情逆性，一方面固然要用适度的悲哀纪念他，一方面也要为自身的利害着想；所以在一种悲喜交集的情绪之下，让幸福和忧郁分据了我的两眼，殡葬的挽歌和结婚的笙乐同时并奏，用盛大的喜乐抵销沉重的不幸，我已经和我旧日的长嫂，当今的王后，这一个多事之国的共同的统治者，结为夫妇；这一次婚姻事先曾经征求各位的意见，多承你们诚意的赞助，这是我必须向大家致谢的。现在我要告诉你们知道,年青的福丁勃拉斯看轻了我们的实力,也许他以为自从我们亲爱的王兄崩逝以后,我们的国势已经瓦解,所以挟着他的从中取利的梦想,不断向我们书面要求把他的父亲依法割让给我们英勇的王兄的土地归还。这是他一方面的说话。现在要讲到我们的态度,和今天召集各位来此的目的。我们的对策是这样的:我这儿已经写好了一封信给挪威国王,年青的福丁勃拉斯的叔父,他因为卧病在床,不曾与闻他侄子的企图,在信里我请他注意他的侄子擅自在国内征募丁壮,训练士卒,积极进行各种准备的事实,要求他从速制止他的进一步的行动;现在我就派遣你,考尼力斯,还有你,伏底曼特,替我把这封信送去给挪威老王,除了训令上所规定的条件以外,你们不得僭用你们的权力,和挪威成立逾越范围的妥协。你们赶紧就去吧,再会!

考、伏 我们敢不尽力执行陛下的旨意。

王 我相信你们的忠心;再会!(*伏、考同下*)现在,勒替斯,你有什么话说?你对我说你有一个请求;是什么请求,勒替斯?只要是合理的事情,你向丹麦王说了,他总不会不答应你;你还有什么要求,勒替斯,是我不曾在你没有开口以前就自动给了你的?丹麦王室和你父亲的关系,正像头脑之于心灵一样密切;丹麦国王乐意为你父亲效劳,正像嘴里所说的话,可以由双手去执行一样。你要些什么,勒替斯?

勒 陛下,我要请求您允许我回到法国去。这一次我回国参加陛下加冕的盛典,略尽臣子的微忱,实在是莫大的荣幸;可是现在我的任务已尽,我的心愿又向法国飞驰,但求陛下开恩允许。

王 你父亲已经答应了你吗?普隆涅斯怎么说?

普 陛下,我却不过他几次三番的恳求,已经勉强答应他了;请陛下放他去了吧。

王 好好利用你的时间,勒替斯,尽情发挥你的才能吧!可是来,我的侄儿汉姆莱脱,我的孩子,——

汉 (*旁白*)超乎寻常的亲族,漠不相干的路人。

王 为什么愁云依旧笼罩在你的身上?

汉 不,陛下;我已经在太阳里晒得太久了。

后 好汉姆莱脱,脱下你的黑衣,对你的父王应该和颜悦色一点;不要老是垂下了眼皮,在泥土之中找寻你的高贵的父亲。你知道这是一件很普通的事情,活着的人谁都要死去,从生存的空间踏进了永久的宁静。

汉 嗯,母亲,这是一件很普通的事情。

后 既然是很普通的,那么你为什么瞧上去好像老是这样郁郁于心呢?

汉 好像,母亲!不,是这样就是这样,我不知道什么"好像"不"好像"。好妈妈,我的墨黑的外套,礼俗上规定的丧服,勉强吐出来的叹气,像滚滚江流一样的眼泪,悲苦沮丧的脸色,以及一切仪式,外表,和忧伤的流露,都不能表示出我的真实的情绪。这些才真是给人瞧的,因为谁也可以做作成这种样子。它们不过是悲哀的装饰和衣服;可是我的郁结的心事却是无法表现出来的。

王 汉姆莱脱,你这样孝思不匮,原是你天性中纯笃过人之处;可是你要知道,你的父亲也曾失去过一个父亲,那失去的父亲自己也失去过父亲;那后死的儿子为了尽他的孝道起见,必须有一个时期服丧守制,然而固执不变的哀伤,却是一种逆天背理的愚行,不是堂堂男子所应有的举止;它表显出一个不肯安于天命的意志,一个经不起艰难痛苦的心,一个缺少忍耐的头脑,和一个简单愚昧的理性。既然我们知道那是无可避免的事,无论谁都要遭遇到同样的经验,那么我们为什么要这样固执地把它介介于怀呢?嘿!那是对上天的罪戾,对死者的罪戾,也是违反人情的罪戾;在理智上它是完全荒谬的,因为从第一个死了的父亲起,直到今天死去的最后一个父亲为止,理智永远在呼喊,"这是无可避免的"。我请你抛弃了这种无益的悲伤,把我当作你的父亲;因为我要让全世界知道,你是王位的直接的继承者,我要给你尊荣和恩宠,不亚于一个最慈爱的父亲之于他的儿子。至于你要回到威登堡去继续求学的意思,那是完全违反我们的愿望的;请你听从我的劝告，不要离开这里，在朝廷上领袖群臣，做我们最密近的国亲和王儿，使我们因为每天能够看见你而心生快慰。

后 不要让你母亲的祈求全归无用，汉姆莱脱；请你不要离开我们，不要到威登堡去。

汉 我将要勉力服从您的意见，母亲。

王 啊，那才是一句有孝心的答复；你将在丹麦享有和我同等的尊荣。御妻，来。汉姆莱脱这一种自动的顺从使我非常高兴；为了表示庆祝起见，今天丹麦王每一次举杯祝饮的时候，都要放一响高入云中的祝炮，让上天应和着地上的雷鸣，发出欢乐的回声来。（除汉外均下）

汉 啊，但愿这一个太坚实的肉体会融解，消散，化成一堆露水！或者那永生的真神不曾制定禁止自杀的律法！上帝啊！上帝啊！人世间的一切在我看来是多么可厌，陈腐，乏味，而无聊！哼！哼！那是一个荒芜不治的花园，长满了恶毒的莠草。想不到居然会有这种事情！刚死了两个月！不，两个月还不满！这样好的一个国王，比起这一个来，简直是天神和丑怪；这样爱我的母亲，甚至于不愿让天风吹痛了她的脸庞。天上和地下！我必须记着吗？嘿，她会偎倚在他的身旁，好像吃了美味的食物，格外促进了食欲一般；可是，只有一个月的时间，我不能再想下去了！脆弱啊，你的名字就是女人！短短的一个月以前，她哭得像个泪人儿似的，送我那可怜的父亲下葬；她在送葬的时候所穿的那双鞋子现在还没有破旧，她就，她就，——上帝啊！一头没有理性的畜生也要悲伤得长久一些，——她就嫁给我的叔父，我的父亲的弟弟，可是他一点不像我的父亲，正像我一点不像赫邱利斯①一样。只有一个月的时间，她那流着虚伪之泪的眼睛还没有消去它们的红肿，她就嫁了人了。啊，罪恶的匆促，这样迫不及待地钻进

---

① 赫邱利斯：希腊神话传说中的英雄，传说他是世上最强壮的人，他不仅勇敢，还富同情心，不但智慧高，而且又有很大的力量，受到希腊人的广泛尊敬和赞誉。——编者

了乱伦的衾被！那不是好事，也不会有好结果；可是碎了吧，我的心，因为我必须噤住我的嘴！

【霍拉旭、玛昔勒斯、勃那陀同上。

霍 祝福，殿下！

汉 我很高兴看见你身体康健，霍拉旭。

霍 我也是这样，殿下；我永远是您的卑微的仆人。

汉 不，你是我的好朋友；我愿意和你朋友相称。你怎么不在威登堡，霍拉旭？玛昔勒斯！

玛 殿下，——

汉 我很高兴看见你。（向勃）午安，朋友。——可是你究竟为什么离开威登堡？

霍 无非是偷闲躲懒罢了，殿下。

汉 我不愿听见你的仇敌说这样的话，你也不能用这样的话刺痛我的耳朵，使它相信你对你自己所作的诽谤；我知道你不是一个偷闲躲懒的人。可是你在厄耳锡诺有什么事？趁着你未去之前，我们要陪你痛饮几杯哩。

霍 殿下，我是来参加您的父王的葬礼的。

汉 请你不要取笑，我的同学；我想你是来参加我的母后的婚礼的。

霍 真的，殿下，这两件事情相去得太近了。

汉 这是一举两便的办法，霍拉旭！葬礼中剩下来的残羹冷炙，正好宴请婚筵上的宾客。霍拉旭，我宁愿在天上遇见我的最痛恨的仇人，也不愿看到那样的一天！我的父亲，我仿佛看见我的父亲。

霍 啊，在什么地方，殿下？

汉 在我的心灵的眼睛里，霍拉旭。

霍 我曾经见过他一次；他是一位很好的君王。

汉 他是一个堂堂男子；整个儿的说起来，我再也见不到像他那样的人了。

霍 殿下，我想我昨天晚上看见他。

汉 看见谁？

霍 殿下，我看见您的父王。

汉 我的父王！

霍 不要吃惊，请您静静地听我把这件奇事告诉您，这两位可以替我做见证。

汉 看在上帝的分上，讲给我听。

霍 这两位朋友，玛昔勒斯和勃那陀，在万籁俱寂的午夜守望的时候，曾经连续两夜看见一个自顶至踵全身甲胄，像您父亲一样的人形，在他们的面前出现，用庄严而缓慢的步伐走过他们的身边。当着他们惊奇骇愕的眼前，他三次步行过去，他手里所握的鞭杖可以碰得到他们的身上；他们吓得几乎浑身都瘫痪了，只是呆立着不动，一句话也没有对他说。怀着惴惧的心情，他们把这件事悄悄地告诉了我，我就在第三夜陪着他们一起守望；正像他们所说的一样，那鬼魂又出现了，出现的时间和他的形状，证实了他们的每一个字都是正确的。我认识您的父亲；那鬼魂是那样酷肖他的生前，我这两手也不及他们彼此的相似。

汉 可是这是在什么地方？

玛 殿下，就在我们守望的露台上。

汉 你有没有对它说话？

霍 殿下，我说的，可是它没有回答我；不过有一次我觉得它好像抬起头来，像要开口说话似的，可是就在那时候，晨鸡高声啼了起来，它一听见鸡声，就很快地隐去不见了。

汉 这很奇怪。

霍 凭着我的生命起誓，殿下，这是真的；我们认为按着我们的责任，应该让您知道这件事。

汉 不错，不错，朋友们；可是这件事情很使我迷惑。你们今晚仍旧要去守望吗？

玛、勃 是，殿下。

汉 你们说他穿着甲胄吗？

玛、勃 是，殿下。

汉 从头到脚？

玛、勃 从头到脚，殿下。

汉 那么你们没有看见他的脸吗？

霍 啊，见的，殿下；他的脸甲是掀起的。

汉 怎么，他瞧上去像在发怒吗？

霍 他的脸上悲哀多于愤怒。

汉 他的脸色是惨白的还是红红的？

霍 非常惨白。

汉 他把眼睛注视着你吗？

霍 他直盯着我瞧。

汉 我希望我也在那边。

霍 那一定会使您骇愕万分。

汉 多分会的，多分会的。它停留得长久吗？

霍 大概有一个人用不快不慢的速度从一数到一百的那段时间。

玛、勃 还要长久一些，还要长久一些。

霍 我看见他的时候，不过是这么久。

汉 他的胡须是斑白的吗？

霍 是的，正像我在他生前看见的那样，乌黑的胡须里略有几根变成白色。

汉 我今晚也要守夜去；也许它还会出来。

霍 我可以担保它一定会出来。

汉 要是它借着我的父王的形貌出现，即使地狱张开嘴来，叫我不要作声，我也一定要对它说话。要是你们到现在还没有把你们所看见的告诉别人，那么我要请求你们大家继续保持沉默；无论今夜发生什么事情，都请放在心里，不要在口舌之间泄漏出来。我一定会报答你们的忠诚。好，再会；今晚十一点钟到十二点钟之间，我要到露台上来看你们。

众 我们愿意为殿下尽忠。

汉 让我们彼此保持着不渝的交情;再会!(霍、玛、勃同下)我父亲的灵魂披着甲胄!事情有些不妙;我恐怕这里面有奸人的恶计。但愿黑夜早点到来!静静地等着吧,我的灵魂;罪恶的行为总有一天会发现,虽然地上所有的泥土把它们遮掩。(下)

第三场 普隆涅斯家中一室

【勒替斯及莪菲莉霞上。

勒 我的需要物件已经装在船上,再会了;妹妹,在好风给人方便,路上没有阻碍的时候,不要贪睡,让我听见你的消息。

莪 你还不相信我吗?

勒 对于汉姆莱脱和他的调情献媚,你必须把它认作一时的感情冲动,一朵初春的紫罗兰,早熟而易凋,馥郁而不能持久,一分钟的芬芳和喜悦,如此而已。

莪 不过是如此吗?

勒 不过如此;因为像新月一样逐渐饱满的人生,不仅是肌肉和体格的成长,而且随着身体的发展,精神和心灵也同时扩大。也许他现在爱你,他的真诚的意志是纯洁而不带欺诈的;可是你必须留心,他有这样高的地位,他的意志并不属于他自己,因为他自己也要被他的血统所支配;他不能像一般庶民一样为自己选择,因为他的决定足以影响到整个国本的安危,他是全身的首脑,他的选择必须得到各部分肢体的同意;所以要是他说,他爱你,你可以相信他在他的地位之上,也许会把他的说话见之行事,可是那必须以丹麦的公意给他赞许为限。你再想一想要是你用过于轻信的耳朵倾听他的歌曲,让他攫走了你的心,在他的狂妄的渎求之下打开了你的宝贵的童贞,那时候你的名誉将要蒙受多大的损失。留心,莪菲莉霞,留心,我的亲爱的妹妹,不要放纵你的爱情,不要让欲望的利箭把你射中。一个自爱的女郎不应该向月亮显露她的美貌；圣贤也不能逃避谗口的中伤；春天的草木往往还没有吐放它们的蓓蕾，就被蛀虫蠹蚀；朝露一样晶莹的青春，常常会受到罡风的吹打。所以留心着吧，戒惧是最安全的方策；即使没有旁人的诱惑，少年的血气也要向他自己叛变。

莪 我将要记住你这段很好的教训，让它看守着我的心。可是，我的好哥哥，你不要像有些坏牧师一样，指点我上天去的险峻的荆棘之途，自己却在花街柳巷流连忘返，忘记了自己的箴言。

勒 啊！不要为我担心。我耽搁得太久了；可是我的父亲来了。

【普隆涅斯上。

勒 两重的祝福是双倍的恩荣；第二次的告别是格外可喜的。

普 还在这儿，勒替斯！上船去，上船去，真好意思！风息在帆顶上，人家都在等着你哩。好，我为你祝福！还有几句教训，希望你铭刻在记忆之中：不要想到什么就说什么，凡事必须三思而行。对人要和气，可是不要过分狎昵。相知有素的朋友，应该用钢圈箍住在你的灵魂上，可是不要对每一个泛泛的新知滥施你的交情。留心避免和人家争吵；可是万一争端已起，就应该让对方知道你不是可以轻侮的。倾听每一个人的意见，可是只对极少数人发表你自己的意见；接纳每一个人的批评，可是保留你自己的判断。尽你的财力购制贵重的衣服，可是不要炫新立异，必须富丽而不浮艳，因为服装往往可以表现人格；法国的名流要人，在这一点上是特别注重的。不要向人告贷，也不要借钱给人；因为债款放了出去，往往不但丢了本钱，而且还失去了朋友；向人告贷的结果容易养成因循懒惰的习惯。尤其要紧的，你必须对你自己忠实；正像有了白昼才有黑夜一样，对自己忠实，才不会对别人欺诈。再会；让我的祝福使你记住这一番话！

勒 父亲，我告别了。

普 时候不早了；去吧，你的仆人都在等着。

勒 再会，莪菲莉霞，记住我对你说的话。

莪 你的话已经锁在我的记忆里，那钥匙你替我保管着吧。

勒 再会!(下)

普 莪菲莉霞,他对你说些什么话?

莪 回父亲的话,我们刚才谈起汉姆莱脱殿下的事情。

普 嗯,这是应该考虑一下的。听说他近来常常跟你在一起,你也从来不拒绝他的求见;要是果然有这种事,——人家这样告诉我,也无非是叫我注意的意思,——那么我必须对你说,你还没有懂得你做了我的女儿,按照你的身分,应该怎样留心你自己的行动。究竟在你们两人之间有些什么关系?老实告诉我。

莪 父亲,他最近曾经屡次向我表示他的爱情。

普 爱情!呸!你讲的话完全像是一个不曾经历过这种危险的不懂事的女孩子。你相信他的那种你所说的表示吗?

莪 父亲,我不知道我应该怎样想才好。

普 好,让我来教你;你应该这样想,你是一个小孩子,把这些假意的表示当作了真心的奉献。你应该把你自己的价值抬高一些。

莪 父亲,他向我求爱的态度是很光明正大的。

普 嗯,他的态度;很好,很好。

莪 而且,父亲,他差不多用尽一切指天誓日的神圣的盟约,证实他的言语。

普 嗯,这些都是捕捉愚蠢的山鹬的圈套。我知道在热情燃烧的时候,一个人无论什么盟誓都会说出口来;这些火焰,女儿,是光多于热的,一下子就会光销焰灭,因为它们本来是虚幻的,你不能把它们当作真火看待。从现在起,你还是少露一些你的女儿家的脸;你应该自高身价,不要让人家以为你是可以随意呼召的。对于汉姆莱脱殿下,你应该这样想,他是个年青的王子,他比你在行动上有更大的自由。总而言之,莪菲莉霞,不要相信他的盟誓,因为它们都是诱人堕落的鸩媒,用庄严神圣的辞令,掩饰淫邪险恶的居心。我的言尽于此,简单一句话,从现在起,我不许你跟汉姆莱脱殿下谈一句话。你留点儿神吧;进去。

莪 我一定听从您的话，父亲。（同下）

第四场 露台

【汉姆莱脱、霍拉旭及玛昔勒斯上。

汉 风吹得人怪痛的，这天气真冷。

霍 是很凛冽的寒风。

汉 现在是什么时候了？

霍 我想还不到十二点。

玛 不，已经打过了。

霍 真的？我没有听见；那么鬼魂出现的时候快要到了。（内喇叭奏花腔，及鸣炮声）这是什么意思，殿下？

汉 王上今晚大宴群臣，作通宵的醉舞；每次他喝下了一杯葡萄美酒，铜鼓和喇叭便吹打起来，欢祝万寿。

霍 这是向来的风俗吗？

汉 嗯，是的。可是我虽然从小就熟习这种风俗，却也不是常常举行的。这一种酗酒纵乐的风俗，使我们在东西各国受到许多诽毁；他们称我们为酒徒醉汉，用下流的污名加在我们头上，使我们各项伟大的成就都因此而大为减色。在个人方面也常常是这样，有些人因为身体上长了丑陋的黑痣，——这本来是天生的缺陷，不是他们自己的过失，——或者生就一种令人侧目的怪癖，虽然他们此外还有许多纯洁优美的品性，可是为了这一个缺点，往往会受到世人的歧视。

【鬼上。

霍 瞧，殿下，它来了！

汉 天使保佑我们！不管你是一个善良的灵魂或是万恶的妖魔，不管你带来了天上的和风或是地狱中的罡风，不管你的来意好坏，因为你的形状是这样和蔼可亲，我要对你说话；我要叫你汉姆莱脱，君王，父亲！尊严的丹麦先王，啊，回答我！不要让我在无知的蒙昧里抱恨终天；告诉我为什么你的长眠的骸骨不安窀穸，为什么安葬着你的遗体的坟墓张开它的沉重的大理石的两颚,把你重新吐放出来。你这已死的尸体这样全身甲胄,出现在月光之下,使黑夜变得这样阴森,使我们这些为造化所玩弄的愚人充满了不可思议的恐怖,究竟是什么意思呢?说,这是为了什么?你要我们怎样?(**鬼向汉招手**)

霍 它招手叫您跟着它去,好像它有什么话要对您一个人说似的。

玛 瞧,它用很有礼貌的举动,招呼您到一个僻远的所在去;可是别跟它去。

霍 千万不要跟它去。

汉 它不肯说话;我还是跟它去。

霍 不要去,殿下。

汉 嗨,怕什么呢?我把我的生命看得不值一枚针;至于我的灵魂,那是跟它自己同样永生不灭的,它能够把它加害吗?它又在招手叫我前去了;我要跟它去。

霍 殿下,要是它把您诱到潮水里去,或者把您领到下临大海的峻峭的悬崖之巅,在那边它现出了狰狞的化形,使您丧失理智,变成疯狂,那可怎么好呢?您想,无论什么人一到了那样的地方,望着下面千仞的峭壁,听见海水奔腾的怒吼,即使没有别的原因,也会吓得心惊胆裂的。

汉 它还是在向我招手。去吧,我跟着你。

玛 您不能去,殿下。

汉 放下你们的手!

霍 听我们的劝告,不要去。

汉 我的运命在高声呼喊,使我全身每一根微细的血管都变得像怒狮的筋骨一样坚硬。(**鬼招手**)它仍旧在招我去。放开我,朋友们;(**挣脱二人之手**)凭着上天起誓,谁要是拉住了我,我要叫他变成一个鬼!走开!去吧,我跟着你。(**鬼及汉同下**)

霍 幻想占据了他的头脑,使他不顾一切。

玛 让我们跟上去;我们不应该服从他的话。

霍 那么去吧。这种事情会引出些什么结果来呢?

玛 丹麦国里恐怕有些不可告人的坏事。

霍 上天的意旨支配一切。

玛 不,我们还是跟上去。(同下)

第五场 露台的另一部分

【鬼及汉姆莱脱上。

汉 你要领我到什么地方去?说;我不愿再前进了。

鬼 听我说。

汉 我在听着。

鬼 我的时间快要到了,我必须再回到硫黄的烈火里去受煎熬的痛苦。

汉 唉,可怜的亡魂!

鬼 不要可怜我,你只要留心听着我将要告诉你的话。

汉 说吧;我在这儿听着。

鬼 你听了以后,必须替我报仇。

汉 什么?

鬼 我是你父亲的灵魂,因为生前孽障未尽,被判在晚间游行地上,白昼忍受火焰的烧灼,必须经过相当的时期,等生前的过失被火焰净化以后,方才可以脱罪。可是我不能违犯禁令,泄漏我的狱室中的秘密;我可以告诉你一个故事,它的最轻微的一句话,都可以使你魂飞魄散,使你年青的血液凝冻成冰,使你的双眼像脱了轨道的星球一样向前突出,你的纠结的卷发根根分开,像愤怒的豪猪身上的刺毛一样森然耸立;可是这一种永恒的神秘,是不能向血肉的凡耳宣示的。听着,听着,啊,听着!要是你曾经爱过你的亲爱的父亲,——

汉 上帝啊!

鬼 你必须替他报复那逆伦惨恶的杀身的仇恨。

汉 杀身的仇恨!

鬼 杀人是重大的罪恶;可是这一件谋杀的惨案,是最骇人听闻而逆天害理的罪行。

汉 赶快告诉我知道，让我驾着像思想和爱情一样迅速的翅膀，飞去把仇人杀死。

鬼 我的话果然激动了你；要是你听见了这种事情而漠然无动于中，那你除非比舒散在忘河之滨的蔓草还要冥顽不灵。现在，汉姆莱脱，听我说；一般人都以为我在花园里睡觉的时候，一条蛇来把我螫死；这一个虚构的死状，把丹麦全国的人都骗过了；可是你要知道，好孩子，那毒害你父亲的蛇，头上戴着王冠呢。

汉 啊，果然给我猜到了！我的叔父！

鬼 嗯，那头乱伦的奸淫的畜生，他有的是过人的诡诈，天赋的奸恶，凭着他的阴险的手段，诱惑了我的外表上似乎非常贞淑的王后，满足他的无耻的兽欲。啊，汉姆莱脱，那是一个多么相去悬殊的差异！我的爱情是那样纯洁真诚，始终信守着我在结婚的时候对她所作的盟誓；她却会对一个天赋的才德远不如我的恶人降心相从！可是正像一个贞洁的女子，虽然淫欲罩上神圣的外表，也不能把她煽动一样，一个淫妇虽然和光明的天使为偶，也会有一天厌倦于天上的唱随之乐，而宁愿搂抱人间的朽骨。可是且慢！我仿佛嗅到了清晨的空气；让我把话说得简短一些。当我按照每天午后的惯例，在花园里睡觉的时候，你的叔父乘我不备，悄悄溜了进来，拿着一个盛着毒草汁的小瓶，把一种使人麻痹的药水注入我的耳腔之内，那药性发作起来，会像水银一样很快地流过了全身的大小血管，像酸液滴进牛乳般的把淡薄而健全的血液凝结起来；它一进入我的身体里，我全身光滑的皮肤上便立刻发生无数疱疹，像害着癞病似的满布着可憎的鳞片。这样我在睡梦之中，被一个兄弟同时夺去了我的生命，我的王冠，和我的王后；甚至于不给我一个忏罪的机会，使我在没有领到圣餐也没有受过临终涂膏礼以前，就一无准备地负着我的全部罪恶去对簿阴曹。可怕啊，可怕！要是你有天性之情，不要默尔而息，不要让丹麦的御寝变成了藏奸养逆的卧榻。可是无论你怎样进行复仇，你的行事必须光明磊落，更不可对你的母亲有什么不利的图谋；让她去受上天的裁判，和她自己内心中的荆棘的刺戳吧。现在我必须去了！萤火的微光已经开始暗淡下去，清晨快要到来了；再会，再会！汉姆莱脱，记着我。（下）

汉 天上的神明啊！地啊！再有什么呢？我还要向地狱呼喊吗？啊，呸！忍着吧，忍着吧，我的心！我的全身的筋骨，不要一下子就变成衰老，支持着我的身体呀！记着你！是的，你可怜的亡魂，当记忆不曾从我这混乱的头脑里消失的时候，我会记着你的。记着你！是的，我要从我的记忆的碑版上，拭去一切琐碎愚蠢的记录，一切书本上的格言，一切陈言套语，一切过去的印象，我的少年的阅历所留下的痕迹，只让你的命令留在我的脑筋的书卷里，不搀杂一些下贱的废料；是的，上天为我作证！啊，最恶毒的妇人！啊，奸贼，奸贼，脸上堆着笑的万恶的奸贼！我的写字版呢？我必须把它记下来：一个人尽管满面都是笑，骨子里却是杀人的奸贼；至少我相信在丹麦是这样的。（写字）好，叔父，我把你写下来了。现在我要记下我的话，那是，“再会，再会！记着我。”我已经发过誓了。

霍 （在内）殿下！殿下！

玛 （在内）汉姆莱脱殿下！

霍 （在内）上天保佑他！

玛 （在内）但愿如此！

霍 （在内）嘿啰，呵，呵，殿下！

汉 嘿啰，呵，呵，孩儿！来，鸟儿，来。

【霍拉旭及玛昔勒斯上。

玛 怎样，殿下？

霍 有什么事，殿下？

汉 啊！奇怪！

霍 好殿下，告诉我们。

汉 不，你们会泄漏出去的。

霍 不，殿下，凭着上天起誓，我一定不泄漏。

玛 我也一定不泄漏，殿下。

汉 那么你们说，那一个人会想得到有这种事？可是你们能够保守秘密吗？

霍、玛 是，上天为我们作证，殿下。

汉 在全丹麦从来不曾有那一个奸贼——不是一个十足的坏人。

霍 殿下，这样一句话是用不到什么鬼魂从坟墓里出来告诉我们的。

汉 啊，对了，你说得有理；所以，我们还是不必多说废话，大家挽挽手分开了吧。你们可以去照你们自己的意思干你们自己的事，——因为各人都有各人的意思和各人的事，——至于我自己，那么我对你们说我是要去祈祷去的。

霍 殿下，您这些话好像有些疯疯颠颠似的。

汉 我的话冒犯了你，真是非常抱歉；是的，我从心底里抱歉。

霍 那儿的话，殿下。

汉 不，凭着圣伯特力克[①]的名义，霍拉旭，我真是非常冒犯了你。讲到这一个幽灵，那么让我告诉你们，它是一个真实的亡魂；你们要是想知道它对我说了些什么话，我只好请你们暂时不必动问。现在，好朋友们，你们都是我的朋友，都是学者和军人，请你们允许我一个卑微的要求。

霍 是什么要求，殿下？我们一定允许您。

汉 永远不要把你们今晚所见的事情告诉别人。

霍、玛 殿下，我们一定不告诉别人。

汉 不，你们必须宣誓。

霍 凭着良心起誓，殿下，我决不告诉别人。

玛 凭着良心起誓，殿下，我也决不告诉别人。

---

① 圣伯特力克(St. Patrick)，罗马教皇于公元 432 年派遣前往爱尔兰劝说爱尔兰人皈依基督教的传教士，传说他还曾把毒蛇从爱尔兰赶走，被爱尔兰人奉为守护神，并把他逝世的 3 月 17 日定为圣伯特力克节。关于圣伯特力克的传说有多种说法，此为其中之一。——编者

汉 把手按在我的剑上宣誓。

玛 殿下,我们已经宣誓过了。

汉 那不算,把手按在我的剑上。

鬼 (在下)宣誓!

汉 啊哈! 孩儿! 你也这样说吗? 你在那儿吗,好家伙? 来;你们不听见这个地下的人怎么说吗? 宣誓吧。

霍 请您教我们怎样宣誓,殿下。

汉 永不向人提起你们所看见的这一切。把手按在我的剑上宣誓。

鬼 (在下)宣誓!

汉 又在那边了吗? 那么我们换一个地方。过来,朋友们。把你们的手按在我的剑上,宣誓永不向人提起你们所听见的这一切。

鬼 (在下)宣誓!

汉 说得好,老鼹鼠! 你能够在地底钻得这么快吗? 好一个开路的先锋! 好朋友们,我们再来换一个地方。

霍 嗳哟,真是不可思议的怪事!

汉 那么你还是用见怪不怪的态度对待它吧。霍拉旭,天地之间有许多事情,是你们的哲学里所没有梦想到的呢。可是来,上帝的慈悲保佑你们,你们必须再作一次宣誓:我今后也许有时候要故意装出一副疯疯痴痴的样子,你们要是在那时候看见了我的古怪的举动,切不可像这样交叉着手臂,或者这样颠头摆脑的,或者嘴里说一些吞吞吐吐的词句,例如"呃,呃,我们知道",或是"只要我们高兴,我们就可以",或是"要是我们愿意说出来的话",或是"有人要是怎么怎么",诸如此类的含糊其辞的话语,表示你们知道我有些什么秘密;你们必须答应我避免这一类言动,上帝的恩惠和慈悲保佑着你们,宣誓吧。

鬼 (在下)宣誓!(二人宣誓)

汉 安息吧,安息吧,受难的灵魂! 好,朋友们,我用全心的真情,信赖着你们两位;要是在汉姆莱脱的微弱的能力以内,能够有可以向你们表示他的友情之处,上帝在上,我一定不会有负你们。让我们一同进去;请你们记着在无论什么时候都要守口如瓶。这是一个颠倒混乱的时代,唉,倒霉的我却要负起重整乾坤的责任!来,我们一块儿去吧。(同下)

第二幕

第一场　普隆涅斯家中一室

【普隆涅斯及雷瑙陀上。

普　把这些钱和这封信交给他,雷瑙陀。

雷　是,老爷。

普　好雷瑙陀,你在没有去看他以前,最好先探听探听他的行为。

雷　老爷,我本来就有这个意思。

普　很好,很好,好得很。你先给我调查调查有些什么丹麦人在巴黎,他们是干什么事情去的,叫什么名字,有没有钱,住在什么地方,跟那些人作伴,用度大不大;用这种转弯抹角的方法,要是你打听到他们也认识我的儿子,你就可以更进一步,表示你对他也有相当的认识;你可以这样说:“我知道他的父亲和他的朋友,对他也略为有点认识。”你听着没有,雷瑙陀?

雷　是,我在留心听着,老爷。

普　“对他也略为有点认识,可是,”你可以说,“不怎么熟悉,不过假如果然是他的话,那么他是个很放浪的人,有些怎么怎么的坏习惯。”说到这里,你就可以随便捏造一些关于他的坏话;当然啰,你不能把他说得太不成样子,那是会损害他的名誉的,这一点你必须注意;可是你不妨举出一些纨绔子弟们所犯的最普通的浪荡的行为。

雷　譬如赌钱,老爷。

普　对了,或是喝酒,斗剑,赌咒,吵嘴,嫖妓之类,你都可以说。

雷 老爷,那是会损害他的名誉的。

普 不,不,你可以在言语之间说得轻淡一些。你不能说他公然纵欲,那可不是我的意思;可是你要把他的过失讲得那么巧妙,让人家听着好像那不过是行为上的小小的不检,一个血气方刚的少年的一时胡闹,算不了什么事的。

雷 可是老爷,——

普 为什么叫你做这种事?

雷 是的,老爷,请您告诉我。

普 呃,我的用意是这样的,我相信我可以有这种权利:你这样轻描淡写地说了我儿子的一些坏话,就像你提起一件略有污损的东西似的,听着,要是跟你谈话的那个人,也就是你向他探询的那个人,果然看见过你所说起的那个少年犯着你刚才所列举的那些罪恶,他一定会用这样的话对你表示同意:"好先生,——"也许他称你"朋友","仁兄",按照着各人的身份和各国的习惯。

雷 很好,老爷。

普 然后他就,——他就,——我刚才要说一句什么话?嗳哟,我正要说一句什么话;我说到什么地方啦?

雷 您刚才说到"用这样的话表示同意"。

普 说到"用这样的话表示同意",嗯,对了;他会用这样的话对你表示同意:"我认识这位绅士,昨天我还看见他,或许是前天,或许是什么什么时候,跟什么什么人在一起,正像您所说的,他在什么地方赌钱,在什么地方喝得醺醺大醉,在什么地方因为拍网球而跟人家打起架来";也许他还会说,"我看见他走进什么什么的一家生意人家去",那就是说窑子或是诸如此类的所在。你瞧,你用说谎的钓饵,就可以把事实的真相诱上你的钓钩;我们有智慧有见识的人,往往用这种旁敲侧击的方法,间接达到我们的目的;你也可以照着我上面所说的那一番话,探听出我的儿子的行为。你懂得我的意思没有?

雷 老爷,我懂得。

普　上帝和你同在;再会!

雷　那么我去了,老爷。

普　你自己也得留心观察他的举止。

雷　是,老爷。

普　叫他用心学习音乐。

雷　是,老爷。

普　你去吧!(雷下)

【莪菲莉霞上。

普　啊,莪菲莉霞!什么事?

莪　嗳哟,父亲,我吓死了!

普　凭着上帝的名义,吓什么?

莪　父亲,我正在房间里缝纫的时候,汉姆莱脱殿下跑了进来,走到我的面前;他的上身的衣服完全没有扣上钮子,头上也不戴帽子,他的袜子上沾着污泥,没有袜带,一直垂到脚踝上;他的脸色像他的衬衫一样白,他的膝盖互相碰撞,他的神气是那样凄惨,好像他刚从地狱里逃出来,要向人讲述它的恐怖一样。

普　他因为不能得到你的爱而发疯了吗?

莪　父亲,我不知道,可是我想也许是的。

普　他怎么说?

莪　他握住我的手腕紧紧不放,拉直了手臂向后退立,用他的另一只手这样遮在他的额角上,一眼不霎地瞧着我的脸,好像要把它临摹下来似的。这样经过了好久的时间,然后他轻轻地摇动一下我的手臂,他的头上上下下地颠了三颠,于是他发出一声非常惨痛而深长的叹息,好像他的整个的胸部都要爆裂,他的生命就在这一声叹息中间完毕似的。然后他放松了我,转过他的身体,他的头还是向后回顾,好像他不用眼睛的帮助也能够找到他的路,因为直到他走出了门外,他的两眼还是注视在我的身上。

普　跟我来;我要见王上去。这正是恋爱不遂的疯狂;一个人受到这种剧烈的刺激,什么不顾一切的事情都会干得出来。我真后悔。怎么,你最近对他说过什么使他难堪的话没有?

莪 没有,父亲,可是我已经遵从您的命令,拒绝他的来信,并且不允许他来见我。

普 这就是使他疯狂的原因。我很后悔看错了人。我以为他不过把你玩弄玩弄,恐怕贻误你的终身;可是我不该这样多疑!正像年青人干起事来,往往不知道瞻前顾后一样,我们这种上了年纪的人,总是免不了鳃鳃过虑。来,我们见王上去。这种事情是不能蒙蔽起来的,要是隐讳不报,也许会闹出乱子来。来。(**同下**)

第二场 城堡中一室

【国王、王后、罗森克兰滋、基腾史登及侍从等上。

王 欢迎,亲爱的罗森克兰滋和基腾史登!这次匆匆召请你们两位前来,一方面是因为我非常思念你们,一方面也是因为我有需要你们帮忙的地方。你们大概已经听到汉姆莱脱的变化;我把它称为变化,因为无论在外表上或是精神上,他已经和从前大不相同。除了他父亲的死以外,究竟还有些什么原因,把他激成了这种疯疯颠颠的样子,我实在无从猜测。你们从小便跟他在一起长大,素来知道他的脾气,所以我特地请你们到我们宫庭里来盘桓几天,陪伴陪伴他,替他解解愁闷,同时乘机窥探他究竟有些什么秘密的心事,为我们所不知道的,也许一旦公开之后,我们就可以替他下对症的药饵。

后 他常常讲起你们两位,我相信世上没有那两个人比你们更为他所亲信了。你们要是不嫌怠慢,答应在我们这儿小作勾留,帮助我们实现我们的希望,那么你们的盛情雅意,一定会受到丹麦王室隆重的礼谢的。

罗 我们是两位陛下的臣子,两位陛下有什么旨意,尽管命令我们;像这样言重的话,倒使我们置身无地了。

基 我们愿意投身在两位陛下的足下,两位陛下无论有什么命令,我们都愿意尽力奉行。

王 谢谢你们,罗森克兰滋和善良的基腾史登。

后 谢谢你们,基腾史登和善良的罗森克兰滋。现在我就要请你们立刻去看看我的大大变了样子的儿子。来人,领这两位绅士到汉姆莱脱的地方去。

基 但愿上天加佑,使我们能够得到他的欢心,帮助他恢复常态!

后 阿们!(罗、基及若干侍从下)

【普隆涅斯上。

普 禀陛下,我们派往挪威去的两位钦使已经喜气洋洋地回来了。

王 你总是带着好消息来报告我们。

普 真的吗,陛下?不瞒陛下说,我把我对于我的上帝和我的宽仁厚德的王上的责任,看得跟我的灵魂一样重呢。要是我的脑筋还没有出毛病,想到了岔路上去,那么我想我已经发现了汉姆莱脱发疯的原因。

王 啊!你说吧,我急着要听呢。

普 请陛下先接见了钦使;我的消息留着做盛筵以后的佳果美点吧。

王 那么有劳你去迎接他们进来。(普下)我的亲爱的王后,他对我说他已经发现了你的儿子心神不定的原因。

后 我想主要的原因还是他父亲的死和我们过于迅速的结婚。

王 好,我们可以把他试探试探。

【普隆涅斯率伏底曼特及考尼力斯重上。

王 欢迎,我的好朋友们!伏底曼特,我们的挪威王兄怎么说?

伏 他叫我们向陛下转达他的友好的问候。他听到了我们的要求,就立刻传谕他的侄儿停止征兵;本来他以为这种举动是准备对付波兰人的,可是一经调查,才知道它的对象原来是陛下;他知道此事以后,痛心自己因为年老多病,受人欺罔,震怒之下,传令把福丁勃拉斯逮捕;福丁勃拉斯并未反抗,受到了挪威王一番申斥,最后就在他的叔父面前立誓决不兴兵侵犯陛下。老王看见他诚心悔过,非常欢喜,当下就给他三千克郎的年俸,并且委任他统率他所征募的那些军士，去向波兰人征伐；同时他叫我把这封信呈上陛下，（以书信呈上）请求陛下允许他的军队借道通过陛下的领土，他已经在信里提出若干条件，作为保证。

王 这样很好，等我们有空的时候，还要仔细考虑一下，然后答复。你们远道跋涉，不辱使命，很是劳苦了，先去休息休息，今天晚上我们还要在一起欢宴。欢迎你们回来！（伏、考同下）

普 这件事情总算圆满结束了。王上，娘娘，要是我向你们长篇大论地解释君上的尊严，臣下的名分，白昼何以为白昼，黑夜何以为黑夜，时间何以为时间，那不过徒然浪费了昼夜的时间；所以，既然简洁是智慧的灵魂，冗长是肤浅的藻饰，我还是把话说得简单一些吧。你们的那位殿下是疯了；我说他疯了，因为假如要说明什么才是真疯，那么除了说他疯了以外，还有什么话好说呢？可是那也不用说了。

后 多谈些实际，少弄些玄虚。

普 娘娘，我发誓我一点不弄玄虚。他疯了，这是真的；惟其是真的，所以才可叹，它的可叹也是真的，——蠢话少说，因为我不愿弄玄虚。好，让我们同意他已经疯了；现在我们就应该求出这一个结果的原因，或者不如说，这一种病态的原因，因为这个病态的结果不是无因而至的。这就是我们现在要做的一步工作。我们来想一想吧。我有一个女儿，——当她还不过是我的女儿的时候，她是属于我的，——难得她一片孝心，把这封信给了我；现在请猜一猜这里面说些什么话。“给那天仙化人的，我的灵魂的偶像，最美丽的莪菲莉霞——”这是一句恶劣的句子；可是你们听下去吧：“让这几行诗句留下在她的皎洁的胸中，——”

后 这是汉姆莱脱写给她的吗？

普 好娘娘，等一等，听我念下去：

“你可以疑心星星是火把；
　　你可以疑心太阳会移转；
你可以疑心真理是谎话；

可是我的爱永没有改变。

亲爱的我菲莉霞啊！我的诗写得太坏。我不会用诗句来抒写我的愁怀；可是相信我，最好的人儿啊！我最爱的是你。再会！

永远是你的，汉姆莱脱。”

这一封信是我的女儿出于孝顺之心拿来给我看的；此外，她又把他一次次求爱的情形，在什么时候，用什么方法，在什么所在，全都讲给我听了。

王 可是她对于他的爱情抱着怎样的态度呢？

普 陛下以为我是怎么样的一个人？

王 一个忠心正直的人。

普 但愿我能够证明自己是这样一个人。可是假如我看见这场热烈的恋爱正在进行，——不瞒陛下说，我在我的女儿没有告诉我以前，就早已看出来了，——假如我知道有了这么一回事，却在暗中玉成他们的好事，或者故意视若无睹，假作痴聋，一切不闻不问，那时候陛下的心里觉得怎样？我的好娘娘，您这位王后陛下的心里又觉得怎样？不，我一点儿也不敢懈怠我的责任，立刻我就对我那位小姐说："汉姆莱脱殿下是一位王子，不是你可以仰望的；这种事情不能让它继续下去。"于是我把她教训一番，叫她深居简出，不要和他见面，不要接纳他的来使，也不要收受他的礼物；她听了这番话，就照着我的意思实行起来。说来话短，他受到拒绝以后，心里就郁郁不快，于是饭也吃不下了，觉也睡不着了，他的身体一天憔悴一天，他的精神一天恍惚一天，这样一步步发展下去，就变成现在他这一种为我们大家所悲痛的疯狂。

王 你想是这个原因吗？

后 这是很可能的。

普 我倒很想知道知道，那一次我肯定地说过了"这件事情是这样的"，结果却并不是这样？

王 照我所知道的，那倒是没有。

普　要是我说错了话，把这个东西从这个上面拿了下来吧。（指自己的头及肩）只要有线索可寻，我总会找出事实的真相，即使那真相一直藏在地球的中心。

王　我们怎么可以进一步试验试验？

普　您知道，有时候他会接连几个钟头在这儿走廊里踱来踱去。

后　他真的常常这样踱来踱去。

普　乘他踱来踱去的时候，我就放我的女儿去见他，你我可以躲在帏幕后面注视他们相会的情形；要是他不爱她，他的理智不是因为恋爱而丧失，那么不要叫我襄理国家的政务，让我去做个耕田的农夫吧。

王　我们要试一试。

后　可是瞧，这可怜的孩子忧忧愁愁地念着一本书来了。

普　请两位陛下避一避开；让我走上去招呼他。（王、后及侍从等下）

【汉姆莱脱读书上。

普　啊，恕我冒昧。您好，汉姆莱脱殿下？

汉　呃，上帝怜悯世人！

普　您认识我吗，殿下？

汉　认识认识，你是一个卖鱼的贩子。

普　我不是，殿下。

汉　那么我但愿你是一个老实人。

普　老实，殿下！

汉　嗯，先生；在这世上，一万个人中间只不过有一个老实人。

普　这句话说得很对，殿下。

汉　要是太阳在一头和天神亲吻的死狗尸体上孵育蛆虫，——你有一个女儿吗？

普　我有，殿下。

汉　不要让她在太阳光底下行走；怀孕是一种幸福，可是你的女儿要是怀了孕，那可糟了。朋友，留心哪。

普　（旁白）你们瞧，他念念不忘地提着我的女儿；可是最初他不认识我，他说我是一个卖鱼的贩子。他的疯病已经很深了,很深了。说句老实话,我在年青的时候,为了恋爱也曾大发其疯,那样子也跟他差不多哩。让我再去对他说话。——您在读些什么,殿下?

汉 都是些空话,空话,空话。

普 有些什么内容,殿下?

汉 一派诽谤,先生;这个专爱把人讥笑的坏蛋在这儿说着,老年人长着灰白的胡须,他们的脸上满是皱纹,他们的眼睛里黏满着眼屎,他们的头脑是空空洞洞的,他们的两腿是摇摇摆摆的;这些话,先生,虽然我十分相信,可是照这样写在书上,总有些有伤厚道;因为就是拿您先生自己来说,要是您能够像一只蟹一样向后倒退,那么您也应该跟我差不多老了。

普 (旁白)这些虽然是疯话,却有深意在内。——您要走进里边去吗,殿下?

汉 走进我的坟墓里去?

普 (旁白)他的回答有时候是多么深刻!疯狂的人往往能够说出理智清明的人所说不出来的话。我要离开他,立刻就去想法让他跟我的女儿见面。——殿下,我要向您告别了。

汉 先生,那是再好没有的事;但愿我也能够向我的生命告别,但愿我也能够向我的生命告别,但愿我也能够向我的生命告别。

普 再会,殿下。(欲去)

汉 这些讨厌的老傻瓜!

【罗森克兰滋及基腾史登重上。

普 你们要去找汉姆莱脱殿下,那边就是。

罗 上帝保佑您,大人!(普下)

基 我的尊贵的殿下!

罗 我的最亲爱的殿下!

汉 我的好朋友们!你好,基腾史登?啊,罗森克兰滋!好孩子们,你们两人都好?

罗　不过像一般庸庸碌碌之辈,在这世上虚度时光而已。

基　无荣无辱便是我们的幸福;我们不是命运女神帽上的钮扣。

汉　也不是她鞋子的底吗?

罗　也不是,殿下。

汉　那么你们是在她的腰上,或是在她的怀抱之中吗?

基　说老实话,我们是在她的私处。

汉　在命运身上秘密的那部分吗?啊,对了;她本来是一个娼妓。你们听到什么消息没有?

罗　没有,殿下,我们只知道这世界变得老实起来了。

汉　那么世界末日快要到了;可是你们的消息是假的。让我再问你们一些私人的问题;我的好朋友们,你们在命运手里犯了什么案子,她把你们送到这儿牢狱里来了?

基　牢狱,殿下!

汉　丹麦是一所牢狱。

罗　那么世界也是一所牢狱。

汉　一所很大的牢狱,里面有许多监房囚室;丹麦是一间最坏的囚室。

罗　我们倒不是这样想,殿下。

汉　啊,那么对于你们它并不是牢狱;因为世上的事情本来没有善恶,都是各人的思想把它们分别出来的;对于我它是一所牢狱。

罗　啊,那么因为您的梦想太大,丹麦是个狭小的地方,不够给您发展,所以您把它看成一所牢狱啦。

汉　上帝啊!倘不是因为我有了恶梦,那么即使把我关在一个果壳里,我也会把自己当作一个拥有着无限空间的君王的。

基　那种恶梦便是您的野心;因为野心者本身的存在,也不过是一个梦的影子。

汉　一个梦的本身便是一个影子。

罗　不错,因为野心是那么空虚轻浮的东西,所以我认为它不过是影子的影子。

汉 那么我们的乞丐是实体,我们的帝王和大言不惭的英雄,却是乞丐的影子了。我们进宫去好不好?因为我实在不能陪着你们谈玄说理。

罗、基 我们愿意伺候殿下。

汉 没有的事,我不愿把你们当作我的仆人一样看待;老实对你们说吧,在我旁边伺候我的人太多啦。可是,凭着我们多年的交情,老实告诉我,你们到厄耳锡诺来有什么贵干?

罗 我们是来拜访您来的,殿下;没有别的原因。

汉 像我这样一个叫化子,我的感谢也是不值钱的,可是我谢谢你们;我想,亲爱的朋友们,你们专诚而来,只换到我的一声不值半文钱的谢谢,未免太不值得了。不是有人叫你们来的吗?果然是你们自己的意思吗?真的是自动的访问吗?来,不要骗我。来,来,快说。

基 叫我们说些什么话呢,殿下?

汉 无论什么话都行,只要不是废话。你们是奉命而来的;瞧你们掩饰不了你们良心上的惭愧,已经从你们的脸色上招认出来了。我知道是我们这位好国王和好王后叫你们来的。

罗 为了什么目的呢,殿下?

汉 那可要请你们指教我了。可是凭着我们朋友间的道义,凭着我们少年时候亲密的情谊,凭着我们始终不渝的友好的精神,凭着其他一切更有力量的理由,让我要求你们开诚布公,告诉我究竟你们是不是奉命而来的?

罗 (*向基旁白*)你怎么说?

汉 (*旁白*)好,那么我看透你们的行动了。——要是你们爱我,别再抵赖了吧。

基 殿下,我们是奉命而来的。

汉 让我代你们说明来意,免得你们泄漏了自己的秘密,有负国王王后的付托。我近来不知为了什么缘故,一点兴致都提不起来,什么游乐的事都懒得过问;在这一种抑郁的心境之下,仿佛支载万物的大地,这一座美好的框架,只是一个不毛的荒岬;覆盖群动的穹苍,这一顶壮丽的帐幕,这一个点缀着金黄色的火球的庄严的屋宇,只是一大堆污浊的瘴气的集合。人类是一件多么了不得的杰作! 多么高贵的理性! 多么广大的能力! 多么优美的仪表! 多么文雅的举动! 在行为上多么像一个天使! 在智慧上多么像一个天神! 宇宙的精华! 万物的灵长! 可是在我看来,这一个泥土塑成的生命算得什么? 人类不能使我发生兴趣;不,女人也不能使我发生兴趣,虽然从你的微笑之中,我可以看到你的意思。

罗　殿下,我心里并没有这样的思想。

汉　那么当我说"人类不能使我发生兴趣"的时候,你为什么笑起来?

罗　我想,殿下,要是人类不能使您发生兴趣,那么那班戏子们恐怕要来自讨一场没趣了;我们在路上追上他们,他们是要到这儿来向您献技的。

汉　扮演国王的那个人将要得到我的欢迎,我要在他的御座之前致献我的敬礼;冒险的武士可以挥舞他的剑盾;情人的叹息不会没有酬报;躁急易怒的角色可以平安下场;小丑将要使那班善笑的观众捧腹;我们的女主角必须坦白诉说她的心事,否则那无韵诗的句子将要脱去板眼。他们是一班什么戏子?

罗　就是您向来所欢喜的那一个班子,在城里专演悲剧的。

汉　他们怎么走起江湖来呢? 固定在一个地方演戏,在名誉和进益上都要好得多哩。

罗　我想他们不能在一个地方立足,是为了时势的变化。

汉　他们的名誉还是跟我在城里那时候一样吗? 他们的观众还是那么多吗?

罗　不,他们现在已经大非昔比了。

汉　怎么会这样的? 他们的演技退落了吗?

罗　不,他们还是跟从前一样努力;可是,殿下,他们的地位已经被一群羽毛未丰的黄口小儿占夺了去。这些娃娃们的嘶叫博得了台下疯狂的喝采,他们是目前流行的宠儿,他们的声势压倒了所谓普通的戏班,以至于许多腰佩长剑的悲剧伶人,都因为惧怕批评家鹅毛管的威力,而不敢到那边去。

汉 什么!是一些童伶吗?谁维持他们的生活?他们的薪工是怎么计算的?他们一到不能唱歌的年龄,就不再继续他们的本行了吗?要是他们攒不了多少钱,长大起来多分还是要做普通戏子的,那时候他们不是要抱怨他们的批评家们不该在从前把他们捧得那么高,结果反而妨碍了他们自己的前途吗?

罗 真的,两方面闹过不少的纠纷,全国的人都站在旁边恬不为意地呐喊助威,怂恿他们互相争斗。曾经有一个时期,一本脚本非到编剧家和演员争吵得动起武来,是没有人愿意出钱购买的。

汉 有这等事?

基 啊!多少人的头都打破了。

汉 那也没有什么希奇;我的叔父是丹麦的国王,当我父亲在世的时候对他扮鬼脸的那些人,现在都愿意拿出二十,四十,五十,一百块金洋来买他的一幅小照。哼,这里面有些不是常理可解的地方,要是哲学能够把它推究出来的话。(内喇叭奏花腔)

基 这班戏子们来了。

汉 两位先生,欢迎你们到厄耳锡诺来。把你们的手给我;按照通行的礼节,我应该向你们表示欢迎。让我不要对你们失礼,因为这些戏子们来了以后,我不能不敷衍他们一番,也许你们见了会发生误会,以为我招待你们还不及招待他们的殷勤。我欢迎你们;可是我的叔父父亲和婶母母亲可弄错啦。

基 弄错了什么,我的好殿下?

汉 天上刮着西北风,我才是发疯的;风从南方吹来的时候,我不会把一头鹰当作了一头鹭鸶。

【普隆涅斯重上。

普 祝福你们,两位先生!

汉 听着,基腾史登;你也听着;两人站在我的两边,听我说:你们看见的那个大孩子，还在襁褓之中，没有学会走路哩。

罗 也许他是第二次裹在襁褓里，因为人家说，一个老年人是第二次做婴孩。

汉 我可以预言他是来报告我戏子们来了的消息；听好。——你说得不错；在星期一早上；正是正是。

普 殿下，我有消息要来向您报告。

汉 大人，我也有消息要向您报告。当罗歇斯①在罗马演戏的时候。——

普 那班戏子们已经到这儿来了，殿下。

汉 嗤，嗤！

普 凭着我的名誉起誓，——

汉 那时每一个伶人都骑着驴子而来，——

普 他们是全世界最好的伶人，无论悲剧，喜剧，历史剧，田园剧，田园喜剧，田园史剧，历史悲剧，历史田园悲喜剧，不分场的古典剧，或是近代的自由诗剧，他们无不擅场；瑟尼加的悲剧不嫌其太沉重，帕劳脱斯的喜剧不嫌其太轻浮②。无论在规律的或是即兴的演出方面，他们都是唯一的演员。

汉 以色列的士师耶弗撒③啊，你有一件怎样的宝贝！

普 他有什么宝贝，殿下？

汉 嗨，“他有一个独生娇女，

　　爱她胜过掌上明珠。”

普 （*旁白*）还是在提着我的女儿。

汉 我念得对不对，耶弗撒老头儿？

普 要是您叫我耶弗撒，殿下，那么我有一个爱如掌珠的娇女。

---

① 罗歇斯（Roscius），古罗马著名伶人。——译者

② 瑟尼加（Seneca），帕劳脱斯（Plautus），均为罗马剧作家，前者善写悲剧，后者善写喜剧。——译者

③ 耶弗撒（Jephthah）得上帝之助，击败敌人，乃以其女献祭。事见《旧约 · 士师记》。——译者

汉 不,下面不是这样的。

普 那么是应当怎样的呢,殿下?

汉 你去查那原歌的第一节吧。瞧,有人来打断我的谈话了。

【优伶四五人上。

汉 欢迎,各位朋友,欢迎欢迎!我很高兴看见你们都是这样健好。啊,我的老朋友!你的脸上比我上次看见你的时候,多长了几根胡子,格外显得威武啦;你是要到丹麦来向我挑战吗?啊,我的年青的姑娘!凭着圣母起誓,您穿上了一双高底木靴,比我上次看见您的时候更苗条得多啦;求求上帝,但愿您的喉咙不要沙嗄得像一面破碎的铜锣才好!各位朋友,欢迎欢迎!我们要像法国的猎鹰一样,看见什么就飞扑上去;让我们立刻就来念一段剧词。来,试一试你们的本领,来一段激昂慷慨的剧词。

甲伶 殿下要听的是那一段?

汉 我曾经听见你向我背诵过一段台词,可是它从来没有上演过;即使上演,也不会有一次以上,因为我记得这本戏并不受大众的欢迎。它是不合一般人口味的鱼子酱;可是照我的意思看来,还有其他在这方面比我更有权威的人也抱着同样的见解,它是一本绝妙的戏剧,场面支配得很是适当,文字质朴而富于技巧。我记得有人这样批评它,说是没有耐人寻味的名言隽句,可是一点不见矫揉造作的痕迹;他把它称为一种老老实实的写法,兼有刚健与柔和之美,壮丽而不流于纤巧。其中有一段话是我最喜爱的,那就是伊尼亚斯对黛陀讲述的故事,尤其是讲到普赖姆被杀的那一节[①]。要是你们还没有把它忘记,请从这一行念起;让我看,让我看:——

野蛮的披勒斯[②]像猛虎一样,——

---

① 以下所引剧词,叙述特洛埃亡国惨状,大约系莎翁模拟古典剧风之作。普赖姆(Priam),为特洛埃之王。——译者

② 披勒斯(Pyrrhus),希腊英雄亚契尔斯(Achilles)之子,以骁勇残忍著称。——译者

不，不是这样；它是从披勒斯开始的：——

野蛮的披勒斯蹲伏在木马之中，
黝黑的手臂和他的决心一样，
像黑夜一般阴森而恐怖；
在这黑暗狰狞的肌肤之上，
现在更染上令人惊怖的纹章，
从头到脚，他全身一片殷红，
溅满了父母子女们无辜的血；
那些燃烧着融融烈火的街道，
发出残忍而惨恶的凶光，
照亮敌人去肆行他们的杀戮，
也焙干了到处横流的血泊；
冒着火焰的熏炙，像恶魔一般，
全身胶黏着凝结的血块，
圆睁着两颗血红的眼睛，
他来往寻找普赖姆老王的踪迹。

你接下去吧。

普 上帝在上，殿下，您念得好极了，真是抑扬顿挫，曲尽其妙。

甲伶 那老王正在气喘吁吁，
在希腊人的重围中苦战。
一点不听他手臂的指挥，
他的古老的剑锵然落地；
披勒斯瞧他孤弱可欺，
疯狂似地向他猛力攻击，
凶恶的剑锋上下四方挥舞，
把那心胆俱丧的老翁击倒。
这一下打击有如天崩地裂，

惊动了没有感觉的伊利恩[1],
冒着火焰的屋顶霎时坍下,
那轰然的巨响像一个霹雳,
震聋了披勒斯的耳朵;瞧!
他的剑还没有砍下普赖姆的
白发的头颅,却已在空中停住;
像一个涂朱抹彩的暴君,
对自己的行为漠不关心,
他兀立不动。
在一场暴风雨未来以前,
天上往往有片刻的宁寂,
一块块乌云静悬在空中,
狂风悄悄地收起它的声息,
死样的沉默笼罩整个大地;
可是就在这片刻之内,
可怕的雷鸣震裂了天空。
经过暂时的休止,杀人的暴念
重新激起了披勒斯的精神;
赛克洛普[2]为战神铸造甲胄,
那巨力的锤击,还不及披勒斯的
流血的剑向普赖姆身上劈下
那样凶狠无情。
去,去,你娼妇一样的命运!
天上的诸神啊!剥去她的权力,
不要让她僭窃神明的宝座;

---

① 伊利恩(Ilium),特洛埃之别名。——译者
② 赛克洛普(the Cyclops),传说中之一族独眼巨人。——译者

拆毁她的车轮，把它滚下神山，

直到地狱的深渊。

普 这一段太长啦。

汉 它应当跟你的胡子一起到理发匠那儿去薙一薙。念下去吧。他只爱听俚俗的歌曲和淫秽的故事，否则他就要瞌睡的。念下去；下面要讲到赫邱琶[①]了。

甲伶 可是啊！谁看见那蒙脸的王后，——

汉 “那蒙脸的王后”？

普 那很好；“蒙脸的王后”是很好的句子。

甲伶 满面流泪，在火焰中赤脚奔走，

一块布覆在失去宝冕的头上，

也没有一件蔽体的衣服，

只有在惊惶中抓到的一幅毡巾，

裹住她瘦削而多产的腰身；

谁见了这样伤心惨目的景象，

不要向残酷的命运申申毒詈？

她看见披勒斯以杀人为戏，

正在把她丈夫的肢体脔割，

忍不住大放哀声，那凄凉的号叫，——

除非人间的哀乐不能感动天庭，——

即使光明的日月也会陪她流泪，

诸神的心中都要充满悲愤。

普 瞧，他的脸色都变了，他的眼睛里已经含着眼泪！不要念下去了吧。

汉 很好，其余的部分等会儿再念给我听吧。大人，请您去找一处好好的地方安顿这一班伶人。听着，他们是不能怠慢的，因为他们是这一个时代的缩影；宁可在死后得到一首恶劣的墓铭，不要在生前受他们一

---

① 赫邱琶(Hecuba)，特洛埃王普赖姆之后。——译者

场刻毒的讥讽。

普 殿下，我按着他们应得的名分对待他们就是了。

汉 嗳哟，朋友，还要客气得多哩！要是照每一个人应得的名分对待他，那么谁逃得了一顿鞭子？照你自己的名誉地位对待他们；他们越是不配受这样的待遇，越可以显出你的谦虚有礼。领他们进去。

普 来，各位朋友。

汉 跟他去，朋友们；明天我们要听你们唱一本戏。（普偕众伶下，甲伶独留）听着，老朋友，你会演《贡扎古之死》吗？

甲伶 会演的，殿下。

汉 那么我们明天晚上就把它上演。也许我因为必要的理由，要另外写下约摸有十几行句子的一段剧词插进去，你能够把它预先背熟吗？

甲伶 可以，殿下。

汉 很好。跟着那位老爷去；留心不要取笑他。（甲伶下）（向罗、基）我的两位好朋友，我们今天晚上再见；欢迎你们到厄耳锡诺来！

基 再会，殿下！（罗、基同下）

汉 好，上帝和你们同在！现在我只剩一个人了。啊，我是一个多么不中用的蠢才！这一个伶人不过在一本虚构的故事，一场激昂的幻梦之中，却能够使他的灵魂融化在他的意象里，在它的影响之下，他的整个的脸色变成惨白，他的眼中洋溢着热泪，他的神情流露着仓皇，他的声音是这么呜咽凄凉，他的全部动作都表现得和他的意象一致，这不是很不可思议的吗？而且一点也不为了什么！为了赫邱琶！赫邱琶对他有什么相干，他对赫邱琶又有什么相干，他却要为她流泪？要是他也有了像我所有的那样使人痛心的理由，他将要怎样呢？他一定会让眼泪淹没了舞台，用可怖的字句震裂了听众的耳朵，使有罪的人发狂，使无罪的人骇愕，使愚昧无知的人惊惶失措，使所有的耳目迷乱了它们的功能。可是我，一个糊涂颟顸的家伙，垂头丧气，一天到晚像在做梦似的，忘记了杀父的大仇；虽然一个国王给人家用万恶的手段掠夺了他的权位，杀害了他的最宝贵的生命，我却始终哼不出一句话来。我是一个懦夫吗？谁骂我恶人？谁敲破我的脑壳？谁拔去我的胡子，把它吹在我的脸上？谁扭我的鼻子？谁当面指斥我胡说？谁对我做这种事？吓！我应该忍受这样的侮辱，因为我是一个没有心肝，逆来顺受的怯汉，否则我早已用这奴才的尸肉，喂肥了四境之内的乌鸢了。嗜血的，荒淫的恶贼！狠心的，奸诈的，淫邪的，悖逆的恶贼！啊！复仇！——嗨，我真是个蠢才！我的亲爱的父亲被人谋杀了，鬼神都在鞭策我复仇，我这做儿子的却像一个下流女人似的，只会用空言发发牢骚，学起泼妇骂街的样子来，真是了不得的勇敢！呸！呸！活动起来吧，我的脑筋！我听人家说，犯罪的人在看戏的时候，因为台上表演的巧妙，有时会激动天良，当场供认他们的罪恶；因为暗杀的事情无论干得怎样秘密，总会借着神奇的喉舌泄露出来。我要叫这班伶人在我的叔父面前表演一本跟我的父亲的惨死情节相仿的戏剧，我就在一旁窥察他的神色；我要探视到他的灵魂的深处，要是他稍露惊骇不安之态，我就知道我应该怎么办。我所看见的幽灵也许是魔鬼的化身，借着一个美好的形状出现，魔鬼是有这一种本领的；对于柔弱忧郁的灵魂，他最容易发挥他的力量；也许他看准了我的柔弱和忧郁，才来向我作祟，要把我引诱到沉沦的路上。我要先得到一些比这更切实的证据；凭着这一本戏，我可以发掘国王内心的隐秘。（下）

第三幕

第一场　城堡中的一室

【国王、王后、普隆涅斯、莪菲莉霞、罗森克兰滋及基腾史登上。

王　你们不能用迂回婉转的方法，探出他为什么这样神思颠倒，让紊乱而危险的疯狂困扰他的安静的生活吗？

罗　他承认他自己有些神经迷惘，可是绝口不肯说为了什么缘故。

基　他也不肯虚心接受我们的探问；当我们想要从他嘴里知道他自己的一些真相的时候，他总是用假作痴呆的神气回避不答。

后　他对待你们还客气吗？

罗　很有礼貌。

基　可是不大出于自然。

罗　对于我们的问题力守缄默，可是对我们倒盘问得很是详细。

后　你们有没有劝诱他找些什么消遣？

罗　娘娘，我们来的时候，刚巧有一班戏子也要到这儿来，给我们追上了；我们把这消息告诉了他，他听了好像很高兴。现在他们已经到了宫里，我想他今晚就要看他们表演的。

普　一点不错；他还叫我来请两位陛下同去看看他们演得怎样哩。

王　那好极了；我非常高兴听见他在这方面感到兴趣。请你们两位还要更进一步鼓起他的兴味，把他的心思移转到这种娱乐上面。

罗　是，陛下。（罗、基同下）

王　亲爱的葛特露，你也暂时离开我们；因为我们已经暗中差人去唤汉姆莱脱到这儿来，让他和莪菲莉霞见见面，就像是他们偶然相遇的一般。她的父亲跟我两人将要权充一下密探，躲在可以看见他们，却不能被他们看见的地方，注意他们会面的情形，从他的行为上判断他的疯病究竟是不是因为恋爱上的苦闷。

后　我愿意服从您的意旨。莪菲莉霞，但愿你的美貌果然是汉姆莱脱疯狂的原因；更愿你的美德能够帮助他恢复原状，使你们两人都能安享尊荣。

莪　娘娘，但愿如此。（后下）

普　莪菲莉霞，你在这儿走走。陛下，我们就去躲起来吧。（向莪）你拿这本书去读，他看见你这样用功，就不会疑心你为什么一个人在这儿了。人们往往用至诚的外表和虔敬的行动，掩饰一颗魔鬼般的内心，这样的例子是太多了。

王　（旁白）啊，这句话是太真实了！它在我的良心上抽了多么重的一鞭！

涂脂抹粉的娼妇的脸颊，还不及掩藏在虚伪的言辞后面的我的行为更丑恶。难堪的重负啊！

普 我听见他来了；我们退下去吧，陛下。（王及普下）

【汉姆莱脱上。

汉 生存还是毁灭，这是一个值得考虑的问题；默然忍受命运的暴虐的毒箭，或是挺身反抗人世的无涯的苦难，在奋斗中结束了一切，这两种行为，那一种是更勇敢的？死了；睡去了；什么都完了；要是在这一种睡眠之中，我们心头的创痛，以及其他无数血肉之躯所不能避免的打击，都可以从此消失，那正是我们求之不得的结局。死了，睡去了；睡去了也许还会做梦；嗯，阻碍就在这儿：因为当我们摆脱了这一具朽腐的皮囊以后，在那死的睡眠里，究竟将要做些什么梦，那不能不使我们踌躇顾虑。人们甘心久困于患难之中，也就是为了这一个缘故；谁愿意忍受人世的鞭挞和讥嘲，压迫者的凌辱，傲慢者的冷眼，被轻蔑的爱情的惨痛，法律的迁延，官吏的横暴，和微贱者费尽辛勤所换来的鄙视，要是他只要用一柄小小的刀子，就可以清算他自己的一生？谁愿意负着这样的重担，在烦劳的生命的迫压下呻吟流汗，倘不是因为惧怕不可知的死后，那从来不曾有一个旅人回来过的神秘之国，是它迷惑了我们的意志，使我们宁愿忍受目前的磨折，不敢向我们所不知道的痛苦飞去？这样理智使我们全变成了懦夫，决心的赤热的光彩，被审慎的思维盖上了一层灰色，伟大的事业在这一种考虑之下，也会逆流而退，失去了行动的意义。且慢！美丽的莪菲莉霞！——女神，在你的祈祷之中，不要忘记替我忏悔我的罪孽。

莪 我的好殿下，您这许多天来贵体安好吗？

汉 谢谢你，很好，很好，很好。

莪 殿下，我有几件您送给我的纪念品，我早就想把它们还给您；请您现在收回去吧。

汉 不，我不要；我从来没有给你什么东西。

莪 殿下，我记得很清楚您把它们送给我，那时候您还向我说了许多甜蜜的言语，使这些东西格外显得贵重；现在它们的芳香已经消散，请您拿了回去吧，因为送礼的人要是变了心，礼物虽贵，也会失去了价值。拿去吧，殿下。

汉 哈哈！你贞洁吗？

莪 殿下！

汉 你美丽吗？

莪 殿下是什么意思？

汉 要是你既贞洁又美丽，那么顶好不要让你的贞洁跟你的美丽来往。

莪 殿下，美丽跟贞洁相交，那不是再好没有吗？

汉 嗯，真的；因为美丽可以使贞洁变成淫荡，贞洁却未必能使美丽受它自己的感化；这句话从前像是怪诞之谈，可是现在的时世已经把它证实了。我曾经爱过你。

莪 真的，殿下，您曾经使我相信您爱我。

汉 你当初就不应该相信我，因为美德不能熏陶我们罪恶的本性；我没有爱过你。

莪 那么我真是受了骗了。

汉 进尼姑庵去吧；为什么你要生养一群罪人出来呢？我自己还不算是一个顶坏的人；可是我可以指出我的许多过失，一个人有了那些过失，他的母亲还是不要生下他来的好。我很骄傲，使气，不安分，还有那么多的罪恶，连我的思想里也容纳不下，我的想像也不能给它们形相，甚至于我没有充分的时间可以把它们实行出来。像我这样的家伙，匍匐于天地之间，有什么用处呢？我们都是些十足的坏人；一个也不要相信我们。进尼姑庵去吧。你的父亲呢？

莪 在家里，殿下。

汉 把他关起来，让他只好在家里发发傻劲。再会！

莪 嗳哟，天哪！救救他！

汉 要是你一定要嫁人，我就把这一个咒诅送给你做嫁奁：尽管你像冰一样坚贞，像雪一样纯洁，你还是逃不过谗人的诽毁。进尼姑庵去吧，去；再会！或者要是你必须嫁人的话，就去嫁一个傻瓜吧；因为聪明人都明白你们会叫他们变成怎样的怪物。进尼姑庵去吧，去；越快越好。再会！

莪 天上的神明啊，让他清醒过来吧！

汉 我也知道你们会怎样涂脂抹粉；上帝给了你们一张脸，你们又替自己另外造了一张。你们烟视媚行，淫声浪气，替上帝造下的生物乱取名字，卖弄你们不懂事的风骚。算了吧，我再也不敢领教了；它已经使我发了狂。我说，我们以后再不要结什么婚了；已经结过婚的，除了一个人以外，都可以让他们活下去；没有结婚的不准再结婚，进尼姑庵去吧，去。（下）

莪 啊，一颗多么高贵的心是这样殒落了！朝士的眼睛，学者的辩舌，军人的利剑，国家所属望的一朵娇花，时流的明镜，人伦的雅范，举世注目的中心，这样无可挽回地殒落了！我是一切妇女中间最伤心而不幸的，我曾经从他音乐一般的盟誓中吮吸芬芳的甘蜜，现在却眼看着他的高贵无上的理智，像一串美妙的银铃失去了谐和的音调，无比的青春美貌，在疯狂中凋谢！啊！我好苦，谁料过去的繁华，变作今朝的泥土！

【国王及普隆涅斯重上。

王 恋爱！他的精神错乱不像是为了恋爱；他说的话虽然有些颠倒，也不像是疯狂。他有些什么心事盘据在他的灵魂里，我怕它也许会产生危险的结果。为了防免万一起见，我已经当机立断，决定了一个办法：他必须立刻到英国去，向他们追索延宕未纳的贡物；也许他到海外各国游历一趟以后，时时变换的环境，可以替他排解去这一桩使他神思恍惚的心事。你看怎么样？

普 那很好；可是我相信他的烦闷的根本原因，还是为了恋爱上的失意。啊，莪菲莉霞！你不用告诉我们汉姆莱脱殿下说些什么话；我们全都听见了。陛下，照您的意思办吧；可是您要是认为可以的话，不妨在戏剧终场以后，让他的母后独自一人跟他在一起，恳求他向她吐露他的心事;她必须很坦白地跟他谈谈,我就找一个所在听他们说些什么。要是她也探听不出他的秘密来,您就叫他到英国去,或者凭着您的高见,把他关禁在一个适当的地方。

王 就是这样吧;大人物的疯狂是不能听其自然的。(同下)

第二场 城堡中的厅堂

【汉姆莱脱及若干伶人上。

汉 请你念这段剧词的时候,要照我刚才读给你听的那样子,一个字一个字打舌头上很轻快地吐出来;要是你也像多数的伶人们一样,只会拉开了喉咙嘶叫,那么我宁愿叫那传宣告示的公差念我这几行词句。也不要老是把你的手在空中这么摇挥;一切动作都要温文,因为就是在洪水暴风一样的感情激发之中,你也必须取得一种节制,免得流于过火。啊! 我顶不愿意听见一个披着满头假发的家伙在台上乱嚷乱叫,把一段感情片片撕碎,让那些只爱热闹的下层观众听出了神,他们中间的大部分是除了欣赏一些莫明其妙的手势以外,什么都不懂得的。我可以把这种家伙抓起来抽一顿鞭子,因为他把妥玛刚脱形容过了分,希律王的凶暴也要对她甘拜下风①。请你留心避免才好。

甲伶 我留心着就是了,殿下。

汉 可是太平淡了也不对,你应该接受你自己的常识的指导,把动作和言语互相配合起来;特别要注意到这一点:你不能越过人情的常道;因为不近情理的过分描写,是和演剧的原意相反的,自有戏剧以来,它的目的始终是反映人生,显示善恶的本来面目,给它的时代看一看它自己演变发展的模型。要是表演得过了分或者太懈怠了,虽然可以博外行的观众一笑,明眼之士却要因此而皱眉;你必须看重这样一个

---

① 妥玛刚脱(Termagant),传说中残恶凶暴之回教女神。希律(Herod),耶稣时代统治伽利利之暴君。二者为往时教训剧(Morality)及神迹剧(Mystery)中常见之角色。——译者

卓识者的批评,甚于满场观众盲目的毁誉。啊！我曾经看见有几个伶人演戏,而且也听见有人把他们极口捧场,说一句并不过分的话,他们既不会说基督徒的语言,又不会学着人的样子走路,瞧他们在台上大摇大摆,使劲叫喊的样子,我心里就想一定是什么造化的雇工把他们造了下来,造得这样拙劣,以至于全然失去了人类的面目。

甲伶 我希望我们在这方面已经相当纠正过来了。

汉 啊！你们必须彻底纠正这一种弊病。还有你们那些扮演小丑的,除了剧本上专为他们写下的台词以外,不要让他们临时编造一些话儿加上去。往往有许多小丑爱用自己的笑声,引起台下一些无知的观众的哄笑,虽然那时候全场的注意力应当集中于其他更重要的问题上;这种行为是不可恕的,它表示出那丑角的可鄙的野心。去,准备起来吧。(伶人等同下)

【普隆涅斯、罗森克兰滋及基腾史登上。

汉 啊,大人,王上愿意来听这一本戏吗?

普 他跟娘娘都就要来了。

汉 叫那些戏子们赶紧点儿。(普下)你们两人也去帮着催催他们。

罗、基 是,殿下。(罗、基下)

汉 喂！霍拉旭！

【霍拉旭上。

霍 有,殿下。

汉 霍拉旭,你是在我所交接的人们中间最正直的一个人。

霍 啊！殿下,——

汉 不,不要以为我在恭维你;你除了你的善良的精神以外,身无长物,我恭维了你又有什么好处呢？为什么要向穷人恭维？不,让蜜糖一样的嘴唇去吮舐愚妄的荣华,在有利可图的所在弯下他们生财有道的膝盖来吧。听着。自从我能够辨别是非,察择贤愚以后,你就是我灵魂里选中的一个人,因为你虽然经历一切的颠沛,却不曾受到一点伤害,命运的虐待和恩宠,对于你都是一样;能够把感情和理智调整得那么适当,命运不能把他玩弄于指掌之间,那样的人是有福的。给我一个不为感情所奴役的人,我愿意把他珍藏在我的心坎,我的灵魂的深处,正像我对你一样。这些话现在也不必多说了。今晚我们要在国王面前表演一本戏剧,其中有一场的情节跟我告诉过你的我的父亲的死状颇相仿佛;当那幕戏正在串演的时候,我要请你集中你的全付精神,注视我的叔父,要是他在听到了那一段剧词以后,他的隐藏的罪恶还是不露出一丝痕迹来,那么我们所看见的那个鬼魂一定是个恶魔,我的幻想也就像铁匠的砧石那样黑漆一团了。留心看好他;我也要把我的眼睛看定他的脸上;过后我们再把各人观察到的结果综合起来,替他下一个判断。

霍 很好,殿下;在这本戏表演的时候,要是他在容色举止之间,有什么地方逃过了我们的注意,请您唯我是问。

汉 他们来看戏了;我必须装作无所事事的神气。你去拣一个地方坐下。

【奏丹麦进行曲,喇叭吹花腔。国王、王后、普隆涅斯、莪菲莉霞、罗森克兰滋、基腾史登及余人等上。

王 你好吗,汉姆莱脱贤侄?

汉 很好,好极了;我吃的是变色蜥蜴的肉,喝的是充满着甜言蜜语的空气,你们的肥鸡还没有这样的味道哩。

王 你这种话真是答非所问,汉姆莱脱;我不是那个意思。

汉 不,我现在也没有那个意思。(向普)大人,您说您在大学里念书的时候,曾经演过一回戏吗?

普 是的,殿下,他们都赞我是一个很好的演员哩。

汉 您扮演什么角色呢?

普 我扮的是裘力斯·该撒;勃鲁脱斯在裘必脱①神殿里把我杀死。

---

① 裘必脱(Jupiter),现一般译为"朱庇特",是罗马神话中统领神域和凡间的众神之王。关于裘力斯·该撒在裘必脱神殿被弑的故事,可见莎士比亚的另一个剧本《该撒遇弑记》(今译名多为《裘力斯·凯撒》)。——编者

汉 他在神殿里杀死了那么好的一头小牛，真太残忍了。那班戏子已经预备好了吗？

罗 是，殿下，他们在等候您的旨意。

后 过来，我的好汉姆莱脱，坐在我的旁边。

汉 不，好妈妈，这儿有一个更迷人的东西哩。

普 （向王）啊哈！您看见吗？

汉 小姐，我可以睡在您的怀里吗？

莪 不，殿下。

汉 我的意思是说，我可以把我的头枕在您的膝上吗？

莪 嗯，殿下。

汉 您以为我在转着下流的念头吗？

莪 我没有想到，殿下。

汉 睡在姑娘大腿的中间，想起来倒是很有趣的。

莪 什么，殿下？

汉 没有什么。

莪 您在开玩笑哩，殿下。

汉 谁，我吗？

莪 嗯，殿下。

汉 上帝啊！我不过是给您消遣消遣的。一个人为什么不说说笑笑呢？您瞧，我的母亲多么高兴，我的父亲还不过死了两个钟头。

莪 不，已经四个月了，殿下。

汉 这么久了吗？嗳哟，那么让魔鬼去穿孝服吧，我可要去做一身貂皮的新衣啦。天啊！死了两个月，还没有把他忘记吗？那么也许一个大人物死了以后，他的记忆还可以保持半年之久；可是凭着圣母起誓，他必须造下几所教堂，否则他就要跟那被遗弃的木马一样，没有人再会想念他了。

【高音笛奏乐。哑剧登场。

【一国王及一王后上，状极亲热，互相拥抱。后跪地，向王作宣誓状。王扶后起，俯首后颈上。王就花坪上睡下；后见王睡熟离去。另一人上，自王头上去冠，吻冠，注毒药于王耳，下。后重上，见王死，作哀恸状。下毒者率其他二三人重上，佯作陪后悲哭状。从者舁王尸下。下毒者以礼物赠后，向其乞爱；后先作憎恶不愿状，卒允其请。（同下）

莪 这是什么意思，殿下？

汉 呃，这是阴谋诡计的意思。

莪 大概这一场哑剧就是全剧的本事了。

【致开场词者上。

汉 这家伙可以告诉我们一切；演戏的都不能保守秘密，他们什么话都会说出来。

开场词：

这悲剧要是演不好，
要请各位原谅指教，
小的在这厢有礼了。（致开场词者下）

汉 这算开场词呢，还是指环上的诗铭？

莪 它很短，殿下。

汉 正像女人的爱情一样。

【二伶人扮国王王后上。

伶王 日轮已经盘绕三十春秋，
那茫茫海水和滚滚地球，
月亮吐耀着借来的晶光，
三百六十回向大地环航，
自从爱把我们缔结良姻，
亥门替我们证下了鸳盟。

伶后 愿日月继续他们的周游，
让我们再厮守三十春秋！
可是唉，你近来这样多病，

郁郁寡欢，失去旧时高兴，
好教我满心里为你忧惧。
可是，我的主，你不必疑虑；
女人的忧像她的爱一样，
不是太少，就是超过分量；
你知道我爱你是多么深，
所以才会有如此的忧心。
越是相爱，越是挂肚牵胸；
不这样那显得你我情浓？

伶王 爱人，我不久必须离开你，
我的全身将要失去生机；
留下你在这繁华的世界
安享尊荣，受人们的敬爱；
也许再嫁一位如意郎君，——

伶后 啊！我断不是那样薄情人；
我倘忘旧迎新，难邀天恕，
再嫁的除非是杀夫淫妇。

汉 （旁白）苦恼，苦恼！

伶后 妇人失节大半贪慕荣华，
多情女子决不另抱琵琶；
我要是与他人共枕同衾，
怎么对得起地下的先灵！

伶王 我相信你的话发自心田，
可是我们往往自食前言。
志愿不过是记忆的奴隶，
总是有始无终，虎头蛇尾，
像未熟的果子密布树梢，
一朝红烂就会离去枝条。

我们对自己所负的债务，
最好把它丢在脑后不顾；
一时的热情中发下誓愿，
心冷了，那志意也随云散。
过分的喜乐，剧烈的哀伤，
反会毁害了感情的本常。
人世间的哀乐变幻无端，
痛哭一转瞬早换了狂欢。
世界也会有毁灭的一天，
何怪爱情要随境遇变迁；
有谁能解答这一个哑谜，
是境由爱造？是爱逐境移？
失财势的伟人举目无亲；
走时运的穷酸仇敌逢迎。
这炎凉的世态古今一辙：
富有的门庭挤满了宾客；
要是你在穷途向人求助，
即使知交也要情同陌路。
把我们的谈话拉回本题，
意志命运往往背道而驰，
决心到最后会全部推倒，
事实的结果总难符预料。
你以为你自己不会再嫁，
只怕我一死你就要变卦。

伶后 地不要养我，天不要亮我！
昼不得游乐，夜不得安卧！
毁灭了我的希望和信心；
铁锁囚门把我监禁终身！

每一种恼人的飞来横逆，

把我一重重的心愿摧折！

我倘死了丈夫再作新人，

让我生前死后永陷沉沦！

汉 要是她现在背了誓！

伶王 难为你发这样重的誓愿。

爱人，你且去；我神思昏倦，

想要小睡片刻。（睡）

伶后 愿你安睡；

上天保佑我俩永无灾悔！（下）

汉 母亲，您觉得这本戏怎样？

后 我想那女人发的誓太重了。

汉 啊，可是她会守约的。

王 这本戏是怎么一个情节？里面没有什么要不得的地方吗？

汉 不，不，他们不过开顽笑毒死了一个人；没有什么要不得的。

王 戏名叫什么？

汉 《捕鼠机》。呃，怎么？这是一个象征的名字。戏中的故事影射着维也那的一件谋杀案。贡扎古是那公爵的名字；他的妻子叫做白普蒂丝妲，您看下去就知道是怎么一回事。这是一本很恶劣的作品，可是那有什么关系？它不会对您陛下跟我们这些灵魂清白的人有什么相干；让那有毛病的马儿去惊跳退缩吧，我们的肩背都是好好儿的。

【一伶人扮琉西安纳斯上。

汉 这个人叫做琉西安纳斯，是那国王的侄子。

莪 您很会解释剧情，殿下。

汉 要是我看见傀儡戏搬演您跟您爱人的故事，我也会替你们解释的。动手吧，凶手！混账东西，别扮鬼脸了，动手吧！来；哑哑的乌鸦发出复仇的啼声。

琉 黑心快手，遇到妙药良机；

趁着没人看见，事不宜迟：

你夜半采来的毒草炼成，

赫凯娣[①]的咒语念上三巡，

赶快发挥你凶恶的魔力，

让他的生命速归于幻灭。（以毒药注入睡者耳中）

汉 他为了觊觎权位，在花园里把他毒死。他的名字叫贡扎古；那故事原文还存在，是用很好的意大利文写成的。底下就要做到那凶手怎样得到贡扎古的妻子的爱了。

莪 王上起来了！

汉 什么！给一场假火吓怕了吗？

后 陛下怎么样啦？

普 不要演下去了！

王 给我点起火把来！去！

众 火把！火把！火把！（除汉、霍外均下）

汉 嗨，让那中箭的母鹿掉泪，

　没有伤的公鹿自去游玩；

有的人失眠，有的人酣睡，

　世界就是这样循环轮转。

老兄，要是我的命运跟我作起对来，凭着我这样的本领，再插上满头的羽毛，开缝的靴子上缀上两朵绢花，你想我能不能在戏班子里插足？

霍 也许他们可以让您领半额包银。

汉 我可要领全额的。

因为你知道，亲爱的台芒[②]，

　这一个荒凉破碎的国土

---

① 赫凯娣（Hecate），黑夜及幽冥之女神。——译者

② 台芒：现多译为达蒙。达蒙（Damon）和皮西厄斯（Pythias）是古罗马和希腊民间传说中的一对生死之交。故这里用来指代特别可信赖的朋友。——编者

原本是乔武统治的雄邦，

　而今王位上却坐着——孔雀。

霍 您该把它押了韵才是。

汉 啊，好霍拉旭！那鬼魂真的没有骗了我。你看见吗？

霍 看见的，殿下。

汉 当那演戏的一提到毒药的时候？

霍 我看得他很清楚。

汉 啊哈！来，奏乐！来，那吹笛子的呢？

　要是国王不爱这本喜剧，

　那么他多分是不能赏识。

来，奏乐！

【罗森克兰滋及基腾史登重上。

基 殿下，允许我跟您说句话。

汉 好，你对我讲全部历史都可以。

基 殿下，王上——

汉 嗯，王上怎么样？

基 他回去以后，非常不舒服。

汉 喝醉酒了吗？

基 不，殿下，他在动脾气。

汉 你应该把这件事告诉他的医生，才算你的聪明；因为叫我去替他诊视，恐怕反而更会激动他的脾气的。

基 好殿下，请您说话检点些，别这样拉扯开去。

汉 好，我是听话的，你说吧。

基 您的母后心里很难过，所以叫我来。

汉 欢迎得很。

基 不，殿下，这一种礼貌是用不到的。要是您愿意给我一个好好的回答，我就把您母亲的意旨向您传达；不然的话，请您原谅我，让我就这么回去，我的事情算是完了。

汉 我不能。

基 您不能什么,殿下?

汉 我不能给你一个好好的回答,因为我的脑子已经坏了;可是我所能够给你的回答,你——我应该说我的母亲,——可以要多少有多少。所以别说废话,言归正传吧;你说我的母亲——

罗 她这样说:您的行为使她非常惊愕。

汉 啊,好儿子,居然会叫一个母亲吃惊!可是在这母亲的惊愕的后面,还有些什么话说?说吧。

罗 她请您在就寝以前,到她房间里去跟她谈谈。

汉 即使她是我的十个母亲,我也一定服从她。你还有什么别的事情?

罗 殿下,我曾经蒙您错爱。

汉 凭着我这双扒儿手起誓,我现在还是欢喜你的。

罗 好殿下,您心里这样不痛快,究竟是为了什么原因?要是您不肯把您的心事告诉您的朋友,那恐怕会累您自己失去自由的。

汉 我不满足我现在的地位。

罗 怎么!王上自己已经亲口把您立为王位的继承者了,您还不能满足吗?

汉 嗯,可是"草儿青青,——"这句老古话也有点儿发了霉啦。

【乐工等持笛上。

汉 啊!笛子来了;拿一枝给我。跟你们退后一步说话;为什么你们这样千方百计地窥探我的隐私,好像一定要把我逼进你们的圈套?

基 啊!殿下,要是我有太冒昧放肆的地方,那都是因为我对于您的忠诚太激切了。

汉 我不大懂得你的话。你愿意吹吹这笛子吗?

基 殿下,我不会吹。

汉 请你吹一吹。

基 我真的不会吹。

汉 请你不要客气。

基　我真的一点不会，殿下。

汉　那是跟说谎一样容易的；你只要用你的手指按着这些笛孔，把你的嘴放在上面一吹，它就会发出最好听的音乐来。瞧，这些是音栓。

基　可是我不会从它里面吹出谐和的曲调来；我没有懂得它的技巧。

汉　哼，你把我看成了什么东西！你会玩弄我；你自以为摸得到我的心窍；你想要探出我的内心的秘密；你会从我的最低音试到我的最高音；可是在这枝小小的乐器之内，藏着绝妙的音乐，你却不会使它发出声音来。哼，你以为玩弄我比玩弄一枝笛子容易吗？无论你把我叫作什么乐器，我是不让你把我玩弄的。

【普隆涅斯重上。

汉　上帝祝福你，先生！

普　殿下，娘娘请您立刻就去见她说话。

汉　你看见那片像骆驼一样的云吗？

普　嗳哟，它真的像一头骆驼。

汉　我想它还是像一头鼬鼠。

普　它拱起了背，正像是一头鼬鼠。

汉　还是像一条鲸鱼吧？

普　很像一条鲸鱼。

汉　那么等一会儿我就去见我的母亲。（旁白）我给他们愚弄得再也忍不住了。（高声）我等一会儿就来。

普　我就去这么说。（下）

汉　等一会儿是很容易说的。离开我，朋友们。（除汉外均下）现在是一夜之中最阴森的时候，鬼魂都在此刻从坟墓里出来，地狱也要向人世吐放疠气；现在我可以痛饮热腾腾的鲜血，干那白昼所不敢正视的残忍的行为。且慢！我还要到我母亲那儿去一趟。心啊！不要失去你的天性之情，永远不要让尼罗①的灵魂潜入我这坚定的胸怀；让我做

---

① 尼罗（Nero），古罗马暴君。——译者

一个凶徒，可是不要做一个逆子。我要用利剑一样的说话刺痛她的心，可是决不伤害她身体上一根毛发；我的舌头和灵魂要在这一次学学伪善者的样子，无论在言语上给她多么严厉的谴责，在行动上却要做得丝毫不让人家指摘。（下）

第三场　城堡中的一室

【国王、罗森克兰滋及基腾史登上。

王　我不欢喜他；纵容他这样疯闹下去，对于我是一个很大的威胁。所以你们快去准备起来吧；我马上就可以发表明令，派遣你们两人护送他到英国去。就我的地位而论，他的疯狂每小时都可以危害我的安全，我不能让他留在我的近旁。

基　我们就去准备起来；许多人的安危都寄托在陛下身上，这一种顾虑是最圣明不过的。

罗　每一个庶民都知道怎样远祸全身，一身负天下重寄的人，尤其应该刻刻不懈地防备危害的袭击。君主的薨逝不仅是个人的死亡，它像一个漩涡一样，凡是在它近旁的东西，都要被它卷去同归于尽；又像一个矗立在最高山峰上的巨轮，它的轮辐上连附着无数的小物件，当巨轮轰然崩裂的时候，那些小物件也跟着它一齐粉碎。国王的一声叹气，总是随着全国的呻吟。

王　请你们准备立刻出发；因为我们必须及早制止这一种公然的威胁。

罗、基　我们就去赶紧预备。（罗、基同下）

【普隆涅斯上。

普　陛下，他到他母亲房间里去了。我现在就去躲在帏幕后面，听他们怎么说。我可以断定她一定会把他好好教训一顿。您说得很不错，母亲对于儿子总有几分偏心，所以最好有一个第三者躲在旁边偷听他们的谈话。再会，陛下；在您未睡以前，我还要来看您一次，把我所探听到的事情告诉您。

王　谢谢你，贤卿。（普下）啊！我的罪恶的戾气已经上达于天；我的灵魂上负着一个元始以来最初的咒诅，杀害兄弟的暴行！我不能祈祷，虽然我的愿望像决心一样强烈；我的更坚强的罪恶击败了我的坚强的意愿。像一个人同时要做两件事情，我因为不知道应该先从什么地方下手而徘徊歧途，结果反弄得一事无成。要是这一只可咒诅的手上染满了一层比它本身还厚的兄弟的血，难道天上所有的甘霖，都不能把它洗涤得像雪一样洁白吗？慈悲的使命，不就是宽宥罪恶吗？祈祷的目的，不是一方面预防我们的堕落，一方面救拔我们于已堕落之后吗？那么我要仰望上天；我的过失已经消灭了。可是唉！那一种祈祷才是我所适用的呢？“求上帝赦免我的杀人重罪”吗？那不能，因为我现在还占有着那些引起我的犯罪动机的目的物，我的王冠，我的野心，和我的王后。非分攫取的利益还在手里，就可以幸邀宽恕吗？在这贪污的人世，罪恶的镀金的手也许可以把公道推开不顾，暴徒的赃物往往就是枉法的贿赂；可是天上却不是这样的，在那边一切都无可遁避，任何行动都要显现它的真相，我们必须当面为我们自己的罪恶作证。那么怎么办呢？还有什么法子好想呢？试一试忏悔的力量吧。什么事情是忏悔所不能做到的？可是对于一个不能忏悔的人，它又有什么用呢？啊，不幸的处境！啊，像死亡一样黑暗的心胸！啊，越是挣扎，越是不能脱身的胶住了的灵魂！救救我，天使们！试一试吧：弯下来，顽强的膝盖；钢丝一样的心弦，变得像新生之婴的筋肉一样柔嫩吧！但愿一切转祸为福！（退后跪祷）

【汉姆莱脱上。

汉 他现在正在祈祷，我正好动手；我决定现在就干，让他上天堂去，我也算报了仇了。不，那还要考虑一下：一个恶人杀死我的父亲；我，他的独生子，却把这个恶人送上天堂。啊，这简直是以恩报怨了。他用卑鄙的手段，在我父亲罪孽方中的时候乘其不备地把他杀死；虽然谁也不知道在上帝面前，他的生前的善恶如何相抵，可是照我们一般的推想，他的业债多分是很重的。现在他正在洗涤他的灵魂，要是我在这时候结果了他的性命，那么天国的路是为他开放着，这样还算是复仇吗？不！收起来，我的剑，等候一个更惨酷的机会吧；当他在酒醉以后，在愤怒之中，或是在荒淫纵欲的时候，在赌博，咒骂，或是其他邪恶的行为的中间，我就要叫他颠踬在我的脚下，让他幽深黑暗不见天日的灵魂永堕地狱。我的母亲在等我。这一服续命的药剂不过延长了你临死的痛苦。（下）

【国王起立上前。

王 我的言语高高飞起，我的思想滞留地下；没有思想的言语永远不会上升天界。（下）

第四场 王后寝宫

【王后及普隆涅斯上。

普 他就要来了。请您把他着实教训一顿，对他说他这种狂妄的态度，实在叫人忍无可忍，倘没有您娘娘替他居中回护，王上早已对他大发雷霆了。我就悄悄地躲在这儿。请您对他讲得着力一点。

汉 （在内）母亲，母亲，母亲！

后 都在我身上，你放心吧。退下去，我听见他来了。（普匿帏后）

【汉姆莱脱上。

汉 母亲，您叫我有什么事？

后 汉姆莱脱，你已经大大得罪了你的父亲啦。

汉 母亲，您已经大大得罪了我的父亲啦。

后 来，来，不要用这种胡说八道的话回答我。

汉 去，去，不要用这种胡说八道的话问我。

后 啊，怎么，汉姆莱脱！

汉 现在又是什么事？

后 你忘记我了吗？

汉 不，凭着十字架起誓，我没有忘记你；你是王后，你的丈夫的兄弟的妻子，你又是我的母亲，——但愿你不是！

后 嗳哟，那么我要去叫那些会说话的人来跟你谈谈了。

汉 来，来，坐下来，不要动；我要把一面镜子放在你的面前，让你看一看你自己的灵魂。

后 你要干么呀？你不是要杀我吗？救命！救命呀！

普 （在后）喂！救命！救命！救命！

汉 （拔剑）怎么！是那一个鼠贼？要钱不要命吗？我来结果你。（以剑刺穿帏幕）

普 （在后）啊！我死了！

后 嗳哟！你干了什么事啦？

汉 我也不知道；那不是国王吗？

后 啊，多么卤莽残酷的行为！

汉 残酷的行为！好妈妈，简直就跟杀了一个国王，再去嫁给他的兄弟一样坏。

后 杀了一个国王！

汉 嗯，母亲，我正是这样说。（揭帏见普）你这倒运的，粗心的，爱管闲事的傻瓜，再会！我还以为是一个在你上面的人哩。也是你命不该活；现在你可知道爱管闲事的危险了。——别尽扭着你的手。静一静，坐下来，让我扭你的心；你的心倘不是铁石打成的，万恶的习惯倘不曾把它硬化得透不进一点感情，那么我的话一定可以把它刺痛。

后 我干了些什么错事，你才敢这样肆无忌惮地向我摇唇弄舌呢？

汉 你的行为可以使贞节蒙污，使美德得到了伪善的名称；从纯洁的恋情的额上取下娇艳的蔷薇，替它盖上一个烙印；使婚姻的盟约变成博徒的誓言一样虚伪；啊！这样一种行为，简直使盟约成为一个没有灵魂的躯壳，神圣的宗教变成一串谵妄的狂言；苍天的脸上也为它带上羞色，大地因为痛心这样的行为，也罩上满面的愁容，好像世界末日就要到来一般。

后 唉！究竟是什么极恶重罪，你把它说得这样惊人呢？

汉 瞧这一幅图画，再瞧这一幅；这是两个兄弟的肖像。你看这一个的相貌是多么高雅优美：亥披利恩[①]的卷发，乔武[②]的前额，像战神马斯[③]一样威风凛凛的眼睛，像降落在高吻穹苍的山巅的传报神迈邱利[④]一样矫健的姿态；这一个完善卓越的仪表，真像每一个天神都曾在那上面打下印记，向世间证明这是一个男子的典型。这是你从前的丈夫。现在你再看这一个：这是你现在的丈夫，像一株霉烂的禾穗，损害了他的健硕的兄弟。你有眼睛吗？你甘心离开这一座大好的高山，靠着这荒野生活吗？吓！你有眼睛吗？你不能说那是爱情，因为在你的年纪，热情已经冷淡下来，它必须等候理智的判断；什么理智愿意从这么高的地方，降落到这么低的所在呢？知觉你当然是有的，否则你就不会有行动；可是你那知觉也一定已经麻木了；因为就是疯人也不会犯那样的错误，无论怎样丧心病狂，总不会连这样悬殊的差异都分辨不出来的。那么是什么魔鬼蒙住了你的眼睛，把你这样欺骗呢？你的视觉，听觉，触觉，嗅觉，全都失去了交相为用的功能了吗？因为单单一个感官有了毛病，决不会使人愚蠢到这步田地的。羞啊！你不觉得惭愧吗？要是地狱中的孽火可以在一个中年妇人的骨髓里煽起了蠢动，那么在青春的烈焰中，让贞操像蜡一样融化了吧。在强力的威迫下失身，有什么可耻呢？霜雪都会自动燃烧，理智都会做情欲的奴隶呢。

后 啊，汉姆莱脱！不要说下去了！你使我的眼睛看进了我自己灵魂的深处，看见我灵魂里那些洗拭不去的黑色的污点。

汉 嘿，生活在汗臭垢腻的眠床上，让淫邪熏没了心窍，在污秽的猪圈里调情弄爱，——

后 啊，不要再对我说下去了！这些话像刀子一样戳进我的耳朵里；不要

---

① 亥披利恩(Hyperion)：希腊神话中的光亮之神，是大地女神盖亚和天神乌拉诺斯之子，掌管光亮，是太阳神、月亮女神和黎明女神的父亲。——编者

② 乔武(Jove)，即朱庇特(Jupiter)，罗马神话中的众神之王。——编者

③ 马斯(Mars)：罗马神话中的战神。——编者

④ 迈邱利(Mercury)：罗马神话中为众神传递信息的使者。——编者

说下去了，亲爱的汉姆莱脱！

汉 一个杀人犯，一个恶徒，一个不及你前夫二百分之一的庸奴，一个戴王冠的丑角，一个盗国窃位的扒儿手！

后 别说了！

汉 一个下流无赖的国王，——

【鬼上。

汉 天上的神明啊，救救我，用你们的翅膀覆盖我的头顶！——陛下英灵不昧，有什么见教？

后 嗳哟，他疯了！

汉 您不是来责备您的儿子不该浪费他的时间和感情，把您煌煌的命令搁在一旁，耽误了我所应该做的大事吗？啊，说吧！

鬼 不要忘记。我现在是来磨砺你的快要蹉跎下去的决心。可是瞧！你的母亲满身都是惊愕。啊，快去安慰安慰她的正在交战中的灵魂吧！最柔弱的人最容易受幻想的激动。对她说话去，汉姆莱脱。

汉 您怎么啦，母亲？

后 唉！你怎么啦？为什么你把眼睛睁视着虚无，向空中喃喃说话？你的眼睛里射出狂乱的神情；像熟睡的军士突然听到警号一般，你的整齐的头发一根根都像有了生命似地耸立起来。啊，好儿子！在你的疯狂的热焰上，浇洒一些清凉的镇静吧！你在瞧些什么？

汉 他，他！您瞧，他的脸色多么惨淡！看见了他这一种形状，要是再知道他所负的沉冤，即使石块也会感动的。——不要瞧着我，因为那不过徒然勾起我的哀感，也许反会妨碍我的冷酷的决心；也许我会因此而失去勇气，让挥泪代替了流血。

后 你这番话是对谁说的？

汉 您没有看见什么吗？

后 什么也没有；要是有什么东西在那边，我不会不看见的。

汉 您也没有听见什么吗？

后 不，除了我们两人的说话以外，我什么也没有听见。

汉 啊,您瞧！瞧,它悄悄儿去了！我的父亲,穿着他生前所穿的衣服！瞧！他就在这一刻,从门口走出去了！(鬼下)

后 这是你脑中虚构的意象;一个人在心神恍惚的状态中,最容易发生这种幻妄的错觉。

汉 心神恍惚！我的脉搏跟您的一样,在按着正常的节奏跳动哩。我所说的并不是疯话;要是您不信,我可以把我刚才说过的话一字不漏地复述一遍,一个疯人是不会记忆得那样清楚的。母亲,为了上帝的慈悲,不要自己安慰自己,以为我这一番说话,只是出于疯狂,不是真的对您的过失而发;那样的思想不过是骗人的油膏,只能使您溃烂的良心上结起一层薄膜,那内部的毒疮却在底下愈长愈大。向上天承认您的罪恶,忏悔过去,警戒未来;不要把肥料浇在莠草上,使它们格外蔓延起来。原谅我这一番正义的劝告;因为在这种万恶的时世,正义必须向罪恶乞恕,它必须俯首屈膝,要求人家接纳他的善意的箴规。

后 啊,汉姆莱脱！你把我的心劈为两半了！

汉 啊！把那坏的一半丢掉,保留那另外的一半,让您的灵魂清净一些。晚安！可是不要上我叔父的床;即使您已经失节,也得勉力学做一个贞节妇人的样子。习惯虽然是一个可以使人失去羞耻的魔鬼,但是它也可以做一个天使,对于勉力为善的人,它会用潜移默化的手段,使他徙恶从善。您要是今天晚上自加抑制,下一次就会觉得这一种自制的功夫并不怎样为难,慢慢儿就可以习以为常了;因为习惯简直有一种改变气质的神奇的力量,它可以使魔鬼主宰人类的灵魂,也可以把他从人们心里驱逐出去。让我再向您道一次晚安;当您希望得到上天祝福的时候,我将求您祝福我。至于这一位老人家,(指普)我很后悔自己一时卤莽把他杀死;可是这是上天的意思,要借着他的死惩罚我,同时借着我的手惩罚他,使我一方面自己受到天谴,一方面又成为代天行刑的使者。我现在先去把他的尸体安顿好了,再来担承这一个杀人的过咎。晚安！为了顾全母子的恩慈,我不得不忍情暴戾;不幸已经开始,更大的灾祸还在接踵而至。再有一句话,母亲。

后 我应当怎么做？

汉 我不能禁止您不再让那骄淫的僭王引诱您和他同床，让他拧您的脸颊，叫您做他的小耗子；我也不能禁止您因为他给了您一两个恶臭的吻，或是用他万恶的手指抚摩您的颈项，就把您所知道的事情一起说了出来，告诉他我实在是装疯，不是真疯。您应该让他知道；因为那一个聪明懂事的王后，愿意隐藏着这样重大的消息，不去告诉一头虾蟆，一头蝙蝠，一头老雄猫知道呢？不，虽然理性警告您保守秘密，您尽管学那寓言中的猴子，因为受了好奇心的驱使，到屋顶上去开了笼门，把鸟儿放出，自己钻进笼里去，结果连笼子一起掉下来跌死吧。

后 你放心吧，要是言语是从呼吸里吐出来的，我决不会让我的呼吸泄漏了你对我所说的话。

汉 我必须到英国去；您知道吗？

后 唉！我忘了；这事情已经这样决定了。

汉 公文已经封好，打算交给我那两个同学带去，这两个家伙我要像对待两条咬人的毒蛇一样随时提防；他们将要做我的先驱，引导我钻进什么圈套里去。我倒要瞧瞧他们的能耐。开炮的要是给炮轰了，也是一件好玩的事；他们会埋地雷，我要比他们埋得更深，把他们轰到月亮里去。啊！用诡计对付诡计，不是顶有趣的吗？这家伙一死，多分会提早了我的行期；让我把这尸体拖到隔壁去。母亲，晚安！这一位大臣生前是个愚蠢饶舌的家伙，现在却变成非常谨严庄重的人了。来，老先生，让我把您拖下您的坟墓里去。晚安，母亲！（**各下；汉曳普尸入内**）

第四幕

第一场　城堡中的一室

【国王、王后、罗森克兰滋及基腾史登上。

王　这些长吁短叹之中，都含着深长的意义，我们必须设法探索出来。你的儿子呢？

后　（向罗、基）请你们暂时退开。（罗、基下）啊，陛下！今晚我看见了多么惊人的事情！

王　什么，葛特露？汉姆莱脱怎么啦？

后　疯狂得像彼此争强斗胜的天风和海浪一样。在他野性发作的时候，他听见帏幕后面有什么东西爬动的声音，就拔出剑来，嚷着，“有耗子！有耗子！”于是在一阵疯狂的恐惧之中，把那躲在幕后的好老人家杀死了。

王　啊，罪过罪过！要是我在那儿，我也会照样死在他手里的；放任他这样胡作非为，对于你，对于我，对于每一个人，都是极大的威胁。唉！这一件流血的暴行应当由谁负责呢？我们是不能辞其咎的，因为我们早该防祸未然，把这个发疯的孩子关禁起来，不让他到处乱走；可是我们太爱他了，以至于不愿想一个适当的方策，正像一个害着恶疮的人，因为不让它出毒的缘故，弄到毒气攻心，无法救治一样。他到那儿去了？

后　拖着那个被他杀死的尸体出去了。像一堆下贱的铅铁，掩不了真金的光彩一样，他知道他自己做错了事，他的纯良的本性就从他的疯狂里透露出来。他哭了。

王　啊，葛特露！来！太阳一到了山上，我们必须赶紧让他登船出发。对于这一件罪恶的行为，我们必须用最严正的态度，最巧妙的措辞，决定一个执法原情的措置。喂！基腾史登！

【罗森克兰滋及基腾史登重上。

王 两位朋友，我们还要借重你们一下。汉姆莱脱在疯狂之中，已经把普隆涅斯杀死；他现在把那尸体从他母亲的房间里拖出去了。你们去找他来，对他说话要和气一点；再把那尸体搬到教堂里去。请你们快去把这件事情办一办好。（罗、基下）来，葛特露，我们要去召集我们那些最有见识的朋友们，把我们的决定和这一件意外的变故告诉他们，免得外边无稽的谰言牵涉到我们身上，它的毒箭从低声的密语中间散放出去，是像弹丸从炮口里射出去一样每发必中的。啊，来吧！我的灵魂里是充满着混乱和惊愕。（同下）

第二场　城堡中的另一室

【汉姆莱脱上。

汉 藏好了。

罗、基 （在内）汉姆莱脱！汉姆莱脱殿下！

汉 什么声音？谁在叫汉姆莱脱？啊，他们来了。

【罗森克兰滋及基腾史登上。

罗 殿下，您把那尸体怎么样啦？

汉 它本来就是泥土，我仍旧让它回到泥土里去。

罗 告诉我们它在什么地方，让我们把它搬到教堂里去。

汉 不要相信。

罗 相信什么？

汉 相信我会放弃我自己的意见来听你的话。而且，一块海绵也敢问起我来！一个堂堂王子应该用什么话去回答它呢？

罗 您把我当作一块海绵吗？殿下？

汉 嗯，先生，一块吸收君王的恩宠，利禄，和官爵的海绵。可是这样的官员要到最后才会显出他们最大的用处来；像猴子吃硬壳果一般，他们的君王先把他们含在嘴里舐弄了好久，然后再一口咽了下去。当他需要被你们所吸收去的东西的时候，他只要把你们一挤，于是，海绵，你又是一块干干的海绵了。

罗　我不懂您的话，殿下。

汉　那很好，一句下流的话睡在一个傻瓜的耳朵里。

罗　殿下，您必须告诉我们那尸体在什么地方，然后跟我们见王上去。

汉　他的身体和国王同在，可是那国王并不和他的身体同在。国王是一件东西，——

基　一件东西，殿下！

汉　一件虚无的东西。带我去见他。狐狸躲起来，大家追上去。（同下）

第三场　同前，另一室

【国王上，侍从后随。

王　我已经叫他们找他去了，并且叫他们把那尸体寻出来。让这家伙任意胡闹，是一件多么危险的事情！可是我们又不能把严刑峻法加在他的身上，他是为糊涂的群众所喜爱的，他们欢喜一个人，只凭眼睛，不凭理智；我要是处罚了他，他们只看见我的刑罚的苛酷，却不想到他犯的是什么重罪。为了顾全各方面的关系，叫他迅速离国，不失为一种适宜的策略；应付非常的变故，必须用非常的手段。

【罗森克兰滋上。

王　啊！事情怎么样啦？

罗　陛下，他不肯告诉我们那尸体在什么地方。

王　可是他呢？

罗　在外面，陛下；我们把他看起来了，等候您的旨意。

王　带他来见我。

罗　喂，基腾史登！带殿下进来。

【汉姆莱脱及基腾史登上。

王　啊，汉姆莱脱，普隆涅斯呢？

汉　吃饭去了。

王 吃饭去了！什么地方？

汉 不是在他吃饭的地方，是在人家吃他的地方；有一群精明的蛆虫正在他身上大吃特吃哩。蛆虫是全世界最大的饕餮家；我们喂肥了各种的牲畜给自己受用，再喂肥了自己去给蛆虫受用。胖胖的国王跟瘦瘦的乞丐是一个桌子上两道不同的菜；不过是这么一回事。

王 唉！唉！

汉 一个人可以拿一条吃过一个国王的蛆虫去钓鱼，再吃那吃过那条蛆虫的鱼。

王 你这句话是什么意思？

汉 没有什么意思，我不过指点你一个国王可以在一个乞丐的脏腑里经过一番什么变化。

王 普隆涅斯呢？

汉 在天上；你差人到那边去找他吧。要是你的使者在天上找不到他，那么你可以自己到另外一个所在去找他。可是你们在这一个月里要是找不到他的话，你们只要跑上走廊的阶石，也就可以闻到他的气味了。

王 （向若干从者）去到走廊里找一找。

汉 他在等着你们哩。（从者等下）

王 汉姆莱脱，你干出这种事来，使我非常痛心。为了你自身的安全起见，你必须火速离开国境；所以快去自己预备预备；船已经整装待发，风势也很顺利，同行的人都在等着你，一切都已经准备好向英国出发。

汉 到英国去！

王 是的，汉姆莱脱。

汉 好。

王 要是你明白我的用意，你应该知道这是为了你的好处。

汉 我看见一个明白你的用意的天使。可是来，到英国去！再会，亲爱的母亲！

王 你的慈爱的父亲,汉姆莱脱。

汉 我的母亲。父亲和母亲是夫妇两个,夫妇是一体之亲;所以再会吧,我的母亲!来,到英国去!(下)

王 跟在他的后面,劝诱他赶快上船,不要耽误;我要叫他在今晚离开国境。去!这件事情一解决,什么都没有问题了。请你们赶快一点。(罗、基下)英格兰啊,丹麦的宝剑在你的身上还留着鲜明的创痕,你向我们纳款输诚的敬礼至今未减,要是你畏惧我的威力,重视我的友谊,你就不能忽视我的意旨;我已经在公函里要求你把汉姆莱脱立即处死,照着我的意思做吧,英格兰,因为他像是我深入膏肓的痼疾,一定要借你的手把我医好。我必须知道他已经不在人世,我脸上才会有笑容浮起。(下)

第四场 丹麦原野

【福丁勃拉斯、一队长及军士等列队行进上。

福 队长,你去替我问候丹麦国王,告诉他说福丁勃拉斯因为得到他的允许,已经按照约定,率领一支军队通过他的国境。你知道我们在什么地方集合。要是丹麦王有什么话要跟我当面说的,我也可以入朝进谒;你就这样对他说吧。

队长 是,主将。

福 慢步前进。(福及军士等下)

【汉姆莱脱、罗森克兰滋、基腾史登等同上。

汉 官长,这些是什么人的军队?

队长 他们都是挪威的军队,先生。

汉 请问他们是开到什么地方去的?

队长 到波兰的某一部分去。

汉 谁是领兵的主将?

队长 挪威老王的侄儿福丁勃拉斯。

汉 他们是要向波兰本土进攻呢,还是去袭击边疆?

队长 不瞒您说，我们是要去夺一小块只有空名毫无实利的土地。叫我出五块钱去把它买了下来，我也不要；无论挪威人波兰人，要是把它标卖起来，谁也不会付出比这大一点的价钱来的。

汉 啊，那么波兰人一定不会防卫它的了。

队长 不，他们早已布防好了。

汉 为了这一块荒瘠的土地，浪掷了二千人的生命，二万块的金圆，谁也不对它表示一点疑问。这完全是因为国家太富足升平了，晏安的积毒蕴蓄于内，虽然已经到了溃烂的程度，外表上却还一点看不出将死的征象来。谢谢您，官长。

队长 上帝和您同在，先生。（下）

罗 我们去吧，殿下。

汉 我就来，你们先走一步。（除汉外均下）我所见到听到的一切，都好像在对我谴责，鞭策我赶快进行我的蹉跎未就的复仇大愿！一个人要是在他生命的盛年，只知道吃吃睡睡，他还算是个什么东西？简直不过是一头畜生！上帝造下我们来，使我们能够这样高谈阔论，瞻前顾后，当然要我们利用他所赋与我们的这一种能力和灵明的理智，不让它们白白废掉。现在我明明有理由，有决心，有力量，有方法，可以动手干我所要干的事，可是我还是在说一些空话，"我要怎么怎么干"，而始终不曾在行动上表现出来；我不知道这是为了鹿豕一般的健忘呢，还是为了三分懦怯一分智慧的过于审慎的顾虑。像大地一样显明的榜样都在鼓励我；瞧这一支勇猛的大军，领队的是一个娇养的少年王子，勃勃的雄心振起了他的精神，使他蔑视不可知的结果，为了区区弹丸大小的一块不毛之地，拼着血肉之躯，去向命运，死亡，和危险挑战。真正的伟大不是轻举妄动，而是在荣誉遭遇危险的时候，即使为了一根稻秆之微，也要慷慨力争。可是我的父亲给人惨杀，我的母亲给人污辱，我的理智和感情都被这种不共戴天的大仇所激动，我却因循隐忍，一切听其自然，看着这二万个人为了博取一个空虚的名声，视死如归地走下他们的坟墓里去，目的只是争夺一方还不够作为他们埋骨之所的土地，相形之下，我将何地自容呢？啊！从这一刻起，让我屏除一切的疑虑妄念，把流血的思想充满在我的脑际！（下）

第五场　厄耳锡诺；城堡中一室

【王后、霍拉旭及一侍臣上。

后　我不愿意跟她说话。

侍臣　她一定要见您；她的神气疯疯颠颠，瞧着怪可怜的。

后　她要什么？

侍臣　她不断提起她的父亲；她说她听见这世上到处是诡计；一边呻吟，一边搥她的心，对一些琐琐屑屑的事情痛骂，讲的都是些很玄妙的话，好像有意思好像没有意思。她的话虽然不知所云，可是却能使听见的人心中发生反应，而企图从它里面找出意义来；他们妄加猜测，把她的话断章取义，用自己的思想附会上去；当她讲那些话的时候，有时霎眼，有时点头，做着种种的手势，的确使人相信在她的言语之间，含蓄着什么意思，虽然不能确定，却可以作一些很不好听的解释。

霍　最好有什么人跟她谈谈，因为也许她会在愚妄的脑筋里散布一些危险的猜测。

后　让她进来。（侍臣下）

我负疚的灵魂惴惴惊惶，
琐琐细事也像预兆灾殃；
罪恶是这样充满了疑猜，
越小心越容易流露鬼胎。

【侍臣率莪菲莉霞重上。

莪　丹麦的美丽的王后陛下呢？

后　啊，莪菲莉霞！

莪　（唱）

张三李四满街走，
　谁是你情郎？

毡帽在头杖在手，

草鞋穿一双。

后 唉！好姑娘，这支歌是什么意思呢？

莪 您说？请您听好了。（唱）

姑娘，姑娘，他死了，

一去不复来；

头上盖着青青草，

脚下石生苔。

嗄呵！

后 嗳，可是，我菲莉霞，——

莪 请您听好了。（唱）

殓衾遮体白如雪，——

【国王上。

后 唉！陛下，您瞧。

莪 鲜花红似雨；

花上盈盈有泪滴，

伴郎坟墓去。

王 你好，美丽的姑娘！

莪 好，上帝保佑您！他们说猫头鹰是一个面包司务的女儿变成的。主啊！我们谁也不知道自己将来会变成什么。愿上帝在您的食桌上！

王 她父亲的死激成了她这种幻想。

莪 对不起，我们以后再别提这件事了。要是有人问您这是什么意思，您就这样对他说：（唱）

情人佳节就在明天，

我要一早起身，

梳洗齐整到你窗前，

来做你的恋人。

他下了床披了衣裳，

他开开了房门；
她进去时是个女郎，
出来变了妇人。

王 美丽的莪菲莉霞！

莪 真的，不用发誓，我会把它唱完：（唱）

凭着神圣慈悲名字，
这种事太丢脸！
少年男子不知羞耻，
一味无赖纠缠。
她说你曾答应婚嫁，
然后再同枕席；
谁料如今被你欺诈，
懊悔万千无及！

王 她这个样子已经多久了？

莪 我希望一切转祸为福！我们必须忍耐；可是我一想到他们把他放下寒冷的泥土里去，我就禁不住吊泪。我的哥哥必须知道这件事。谢谢你们很好的劝告。来，我的马车！晚安，太太们；晚安，可爱的小姐们；晚安，晚安！（下）

王 紧紧跟住她；留心不要让她闹出乱子来。（霍下）啊！深心的忧伤把她害成了这样子；这完全是为了她父亲的死。啊，葛特露，葛特露！不幸的事情总是接踵而来；第一是她父亲的被杀；然后是你儿子的远别，他闯了这样大祸，不得不亡命异国，也是自取其咎。人民对于善良的普隆涅斯的暴死，已经群疑蜂起，议论纷纷；我们这样匆匆忙忙地把他秘密安葬，更加引起了外间的疑窦；可怜的莪菲莉霞也因此而悲伤得失去了她的正常的理智，我们人类没有了理智，不过是画上的图形，无知的禽兽。最后，跟这些事情同样使我不安的，她的哥哥已经从法国秘密回来，行动诡异，居心莫测；他的耳中所听到的，都是那些播弄是非的人所散放的关于他父亲死状的恶意的谣言，少不得牵

涉到我们身上。啊，我的亲爱的葛特露！这种消息像一尊杀人的巨炮，到处都在危害我的生命。（内喧呼声）

后 嗳哟！这是什么声音？

【一侍臣上。

王 我的瑞士卫队呢？叫他们把守宫门。什么事？

侍臣 赶快避一避吧，陛下；比大洋中的怒潮冲决堤岸还要汹汹其势，年青的勒替斯带领着一队叛军，打败了您的卫士，冲进宫里来了。这一群暴徒把他称为主上；就像世界还不过刚才开始一般，他们推翻了一切的传统和习惯，高喊着，"我们推举勒替斯做国王！"他们掷帽举手，吆呼的声音响彻云霄，"让勒替斯做国王，让勒替斯做国王！"

后 他们这样兴高彩烈，却不知道已经误入歧途！啊，你们干了错事了，你们这些不忠的丹麦狗！（内喧呼声）

王 宫门都已打破了。

【勒替斯戎装上；一群丹麦人随上。

勒 这国王在那儿？弟兄们，大家站在外面。

众 不，让我们进来。

勒 对不起，请你们让我一个人在这儿。

众 好，好。（众退立门外）

勒 谢谢你们；把门看守好了。啊，你这万恶的奸王！还我的父亲来！

后 安静一点，好勒替斯。

勒 我身上要是有一点血安静下来，我就是个野生的杂种，我的父亲是个忘八，我的母亲的贞洁的额角上，也要雕上娼妓的恶名。

王 勒替斯，你这样大张声势，兴兵犯上，究竟为了什么原因？——放了他，葛特露；不要担心他会伤害我的身体，一个君王是有神圣呵护的，他的威焰可以吓退叛徒。——告诉我，勒替斯，你有什么气恼不平的事？——放了他，葛特露。——你说吧。

勒 我的父亲呢？

王 死了。

后 但是并不是他杀死的。

王 尽他问下去。

勒 他怎么会死的？我可不能受人家的愚弄。忠心，到地狱里去吧！让最黑暗的魔鬼把一切誓言抓了去！什么良心，什么礼貌，都给我滚下无底的深穴里去！我要向永劫挑战。我的立场已经决定：死也好，活也好，我什么都不管，只要痛痛快快地为我的父亲复仇。

王 谁可以阻止你？

勒 除了我自己的意志以外，全世界也不能阻止我；不费吹灰之力，就可以达到我的目的。

王 好勒替斯，要是你想知道你的亲爱的父亲究竟是怎样死去的话，你还是先认认清楚谁是友人谁是敌人呢，还是不分皂白地把他们一概作为你的复仇的对象？

勒 冤有头，债有主，我只要找我父亲的敌人算账。

王 那么你要知道谁是他的敌人吗？

勒 对于他的好朋友，我愿意张开我的手臂拥抱他们，像舍身的企鹅[①]一样，把我的血供他们喝饮。

王 啊，现在你才说得像一个孝顺的儿子和真正的绅士。我不但对于令尊的死不曾有分，而且为此也感觉到非常的悲痛；这一个事实将会透过你的心，正像白昼的阳光照射你的眼睛一样。

众 （在外）放她进去！

勒 怎么！那是什么声音？

【莪菲莉霞重上。

勒 啊，赤热的烈焰，炙枯了我的脑浆吧！七倍辛酸的眼泪，灼伤了我的视觉吧！天日在上，我一定要叫那害你疯狂的仇人重重地抵偿他的罪恶。啊，五月的玫瑰！亲爱的女郎，好妹妹，莪菲莉霞！天啊！一个少女的理智，也会像一个老人的生命一样受不起打击吗？

---

① 昔人误信企鹅以其血哺雏，故云。——译者

莪 （唱）

他们把他抬上柩架；

哎呀，哎呀，哎哎呀；

在他坟上泪如雨下；——

再会，我的鸽子！

勒 要是你没有发疯，你会激励我复仇，你的言语也不会比你现在这样子更使我感动了。

莪 啊，这纺轮转动的声音多么好听！是那坏良心的管家把主人的女儿拐了去了。

勒 这一种无意识的话，比正言危论还要有力得多。

莪 这是表示记忆的迷迭香；爱人，请你记着吧：这是表示思想的三色堇。

勒 她在疯狂中把思想和记忆混杂在一起了。

莪 这是给您的茴香和漏斗花；这是给您的芸香；这儿还留着一些给我自己；啊！您可以把您的芸香插戴得别致点儿。这儿是一枝雏菊；我想要给您几朵紫罗兰，可是我父亲一死，它们全都谢了；他们说他死得很好——

（唱）可爱的洛宾是我的宝贝。

勒 忧愁，痛苦，悲哀，和地狱中的磨难，在她身上都变成了可怜可爱。

莪 （唱）

他会不会再回来？

他会不会再回来？

不，不，他死了；

你的命难保，

他再也不会回来。

他的胡须像白银，

满头黄发乱纷纷。

人死不能活，

且把悲声歇；

上帝饶赦他灵魂!

求上帝饶赦一切基督徒的灵魂! 上帝和你们同在!(下)

勒 上帝啊,你看见这种惨事吗?

王 勒替斯,我必须跟你详细谈谈关于你所遭逢的不幸;你不能拒绝我这一个权利。你不妨先去选择几个你的最有见识的朋友,请他们在你我两人之间做公正人:要是他们评断的结果,认为是我主动或同谋杀害的,我愿意放弃我的国土,我的王冠,我的生命,以及我所有的一切,作为对你的补偿;可是他们假如认为我是无罪的,那么你必须答应帮助我一臂之力,让我们两人开诚合作,定出一个惩凶的方策来。

勒 就是这样吧;他死得这样不明不白,他的下葬又是这样偷偷摸摸的,他的尸体上没有一些战士的荣饰,也不曾替他举行一些哀祭的仪式,从天上到地下都在发出愤懑不平的呼声,我不能不问一个明白。

王 你可以明白一切;谁是真有罪的,让斧钺加在他的头上吧。请你跟我来。(同下)

第六场　同前,另一室

【霍拉旭及一仆人上。

霍 要来见我说话的是些什么人?

仆 是几个水手,主人;他们说他们有信要交给您。

霍 叫他们进来。(仆下)倘不是汉姆莱脱殿下差来的人,我不知道在这世上的那一部分会有人来看我。

【水手等上。

水手甲 上帝祝福您,先生!

霍 愿他也祝福你。

水手乙 他要是高兴,先生,他会祝福我们的。这儿有一封信给您,先生,——它是从那位到英国去的钦使寄来的,——要是您的名字果然是霍拉旭的话。

霍 "霍拉旭,你把这封信看过以后,请把来人领去见一见国王;他们还有信要交给他。我们在海上的第二天，就有一艘很凶猛的海盗船向我们追袭。我们因为船行太慢，只好勉力迎敌；在彼此相持的时候，我跳上了盗船，他们就立刻抛下我们的船，扬帆而去，剩下我一个人做他们的俘虏。他们对待我很是有礼，可是他们知道他们所做的事；我还要重谢他们哩。把我给国王的信交给他以后，请你就像逃命一般火速来见我。我有一些可以使你听了舌挢不下的话要在你的耳边说；可是事实的本身比这些话还要严重得多。来人可以把你带到我现在所在的地方。罗森克兰滋和基腾史登到英国去了；关于他们我还有许多话要告诉你。再会。你的汉姆莱脱。"

来，让我立刻就带你们去把你们的信送出，然后请你们领我到那把这些信交给你们的那个人的地方去。（同下）

第七场　同前，另一室

【国王及勒替斯上。

王　你已经用你同情的耳朵，听见我告诉你那杀死令尊的人，也在图谋我的生命；现在你必须明白我的无罪，并且把我当作你的一个心腹的友人了。

勒　听您所说，果然像是真的；可是告诉我，为了您自己的安全起见，为什么您对于这样罪大恶极的暴行，不采取严厉的手段呢？

王　啊！那是因为有两个理由，也许在你看来是不成其为理由的，可是对于我却有很大的关系。王后，他的母亲，差不多一天不看见他就不能生活；至于我自己，那么不管它是我的好处或是我的致命的弱点，我的生命和灵魂是这样跟她连结在一起，正像星球不能跳出轨道一样，我也不能没有她而生活。而且我所以不能把这件案子公开，还有一个重要的顾虑：一般民众对他都有很大的好感，他们盲目的崇拜像一道使树木变成石块的魔泉一样，把他所有的错处都变成了优点；我的箭太轻太没有力了，遇到这样的狂风，一定不能射中目的，反而给吹了转来。

勒　那么难道我的一个高贵的父亲就是这样白白死去，一个好好的妹妹就是这样白白疯了不成？她的完美卓越的姿容才德，是可以傲视一世，睥睨古今的。可是我的报仇的机会总有一天会到来。

王　不要让这件事扰乱了你的睡眠；你不要以为我是这样一个麻木不仁的人，会让人家揪着我的胡须，还以为不过是开开顽笑。不久你就可以听到消息。我爱你父亲，我也爱我自己；那我希望可以使你想到——

【一使者上。

王　啊！什么消息？

使者　启禀陛下，是汉姆莱脱寄来的信；这一封是给陛下的，这一封是给王后的。

王　汉姆莱脱寄来的！谁把它们送到这儿来？

使者　他们说是几个水手，陛下，我没有看见他们；这两封信是克劳第奥交给我的，他们把信送在他手里。

王　勒替斯，你可以听一听这封信。出去！（使者下）

“陛下，我已经光着身子回到您的国土上来了。明天我就要请您允许我拜见御容。让我先向您告我的不召而返之罪，然后再禀告您我这次突然而意外回国的原因。汉姆莱脱敬上。”

这是什么意思？同去的人也都一起回来了吗？还是什么人在捣鬼，并没有这么一回事？

勒　您认识这笔迹吗？

王　这确是汉姆莱脱的亲笔。“光着身子！”这儿还附着一笔，说是“一个人回来”。你看他是什么用意？

勒　我可懂不出来，陛下。可是他来得正好；我一想到我能够有这样一天当面申斥他的罪状，我的郁闷的心也热起来了。

王　要是果然这样的话，勒替斯，你愿意听我的吩咐吗？

勒　愿意，陛下，只要您不勉强我跟他和解。

王　我是要使你自己心里得到平安。要是他现在中途而返，不预备再作这样的航行，那么我已经想好了一个计策，激动他去干一件事情，一定可以叫他自投罗网；而且他死了以后，谁也不能讲一句闲话，即使他的母亲也不能觉察我们的诡计，只好认为是一件意外的灾祸。

勒 陛下，我愿意服从您的指挥；最好请您设法让他死在我的手里。

王 我正是这样计划。自从你到国外游学以后，人家常常说起你有一种特长的本领，这种话汉姆莱脱也是早就听到过的；虽然在我的意见之中，这不过是你所有的才艺中间最不足道的一种，可是你的一切才艺的总和，都不及这一种本领更能挑起他的妒忌。

勒 是什么本领呢，陛下？

王 它虽然不过是装饰在少年人帽上的一条缎带，但也是少不了的；因为年青人应该装束得华丽潇洒一些，表示他的健康活泼，正像老年人应该装束得朴素大方一些，表示他的矜严凝重一样。两个月以前，这儿来了一个诺曼第的绅士；我自己曾经和法国人在马上比过武艺，他们都是很精于骑术的；可是这位好汉简直有不可思议的魔力，他骑在马上，好像和他的坐骑化成了一体似的，随意驰骤，无不出神入化。他的技术是那样远超过我的预料，无论我杜撰一些怎样夸大的辞句，都不够形容它的奇妙。

勒 是个诺曼第人吗？

王 是诺曼第人。

勒 那么一定是拉摩特了。

王 正是他。

勒 我认识他；他的确是全国知名的勇士。

王 他承认你的武艺很是了得，对于你的剑术尤其极口称赞，说是倘有人能够和你对敌，那一定大有可观；他发誓说他们国里的剑士要是跟你交起手来，一定会眼花撩乱，全然失去招架之功。他对你的这一番夸奖，使汉姆莱脱妒恼交集，一心希望你快些回来，跟他比赛一下。从这一点上，——

勒 从这一点上怎么，陛下？

王 勒替斯，你是真爱你的父亲吗？还是不过是做作出来的悲哀，只有表面，没有真心吗？

勒 您为什么这样问我？

王 我不是以为你不爱你的父亲；可是我知道爱不过起于一时感情的冲动，经验告诉我，经过了相当时间，它是会逐渐冷淡下去的。爱像是一盏油灯，灯芯烧枯以后，它的火焰也会由微暗而至于消灭。一切事情都不能永远保持良好，因为过度的善反会摧毁它的本身，正像一个人因充血而死去一样。我们所要做的事，应该一想到就做；因为一个人的心理是会随时变化的，稍一迟疑就会遭遇种种的迁延阻碍。可是回到我们所要谈论的中心问题上来吧。汉姆莱脱回来了；你预备怎样用行动代替言语，表明你自己的确是你父亲的肖子呢？

勒 我要在教堂里割破他的喉咙。

王 无论什么所在都不能庇护一个杀人的凶手；复仇不应该在碍手碍脚的地方。可是，好勒替斯，你要是果然志切复仇，还是住在自己家里不要出来。汉姆莱脱回来以后，我们可以让他知道你也已经回来，叫几个人在他的面前夸奖你的本领，把你说得比那法国人所讲的还要了得，怂恿他和你作一次比赛。他是个粗心的人，一点不想到人家在算计他，一定不会仔细检视比赛用的刀剑的利钝；你只要预先把一柄利剑混杂在里面，趁他没有注意的时候不动声色地自己拿了，在比赛之际，看准他要害刺了过去，就可以替你的父亲报了仇了。

勒 我愿意这样做；为了达到复仇的目的，我还要在我的剑上涂一些毒药。我已经从一个卖药人手里买到一种致命的药油，只要在剑头上沾了一滴，刺到人身上，它一碰到血，即使只是擦破了一些皮肤，也会毒性发作，无论什么灵丹仙草，都不能挽救他的性命。

王 让我们再考虑考虑，看时间和机会能够给我们什么方便。要是这一个计策会失败，要是我们会在行动之间露出了破绽，那么还是不要尝试的好。为了预防失败起见，我们应该另外再想一个万全之计。且慢！让我想来；我们可以对你们两人的胜负打赌；啊，有了：你在跟他交手的时候，必须使出你全副的精神，使他疲于奔命，等他口干烦燥要讨水喝的当儿，我就为他预备好一杯毒酒，万一他逃过了你的毒剑，也逃不过我们这一着。且慢！什么声音？

【王后上。

王 啊，亲爱的王后！

后 一桩祸事刚刚到来，又有一桩接踵而至。勒替斯，你的妹妹掉在水里溺死了。

勒 溺死了！啊！在那儿？

后 在小溪之旁，斜生着一株杨柳，它的毵毵的枝叶倒映在明镜一样的水流之中；她一个人到那边去，用毛茛，荨麻，雏菊，和紫兰编成了一个个花圈，替她自己作成了奇异的装饰。她爬上一根横垂的树枝，想要把她的花冠挂在上面；就在这时候，树枝折断了，连人连花一起落下呜咽的溪水里。她的衣服四散展开，使她暂时像人鱼一样飘浮水上；她嘴里还断断续续唱着古旧的谣曲，好像一点不感觉到什么痛苦，又好像她本来就是生长在水中的一般。可是不多一会儿，她的衣服给水浸得重起来了，这可怜的人儿歌还没有唱完，就已经沉了下去。

勒 唉！那么她是溺死了吗？

后 溺死了，溺死了！

勒 太多的水淹没了你的身体，可怜的莪菲莉霞，所以我必须忍住我的眼泪。可是人类的常情是不能遏阻的，我掩饰不了心中的悲哀，只好顾不得惭愧了；当我们的眼泪干了以后，我们的妇人之仁也是会随着消灭的。再会，陛下！我有一段炎炎欲焚的烈火般的说话，可是我的傻气的眼泪把它浇熄了。（下）

王 让我们跟上去，葛特露；我好容易才把他的怒气平息了一下，现在我怕又要把它挑起来了。快让我们跟上去吧。（同下）

第五幕

第一场　墓地

【二小丑携锄锹等上。

甲丑　她存心自己脱离人世，却要照基督徒的仪式下葬吗？

乙丑　我对你说是的，所以你赶快把她的坟掘好了吧；验尸官已经验明她的死状，宣布应该按照基督徒的仪式把她下葬。

甲丑　这可奇了，难道她是因为自卫而跳下水里的吗？

乙丑　他们验明是这样的。

甲丑　那么故意杀人也可以罪从末减[①]了。因为问题是这样的：要是我有意投水自杀，那必须成立一个行为；一个行为可以分为三部分，那就是干，行，做；所以，她是有意投水自杀的。

乙丑　嗳，你听我说，——

甲丑　对不起。这儿是水；好。这儿站着人；好。要是这个人跑到这个水里，把他自己淹死了，那么，不管他自己愿不愿意，总是他自己跑下去的；你听好了没有？可是要是那水走到他的身上把他淹死了，那就不是他自己把自己淹死；所以，对于他自己的死无罪的人，并没有杀害他自己的生命。

乙丑　法律上是这样说的吗？

甲丑　嗯，是的，这是验尸官的验尸法。

乙丑　说一句老实话，要是这个死的不是一位贵家女子，他们决不会按照基督徒的仪式把她下葬的。

甲丑　对了，你说得有理；有财有势的人，就是要投河上吊，比起他们同教

---

① 罪从末减，即从轻论罪之意。——编者

的基督徒来也可以格外通融,世上的事情真是太不公平！来,我的锄头。古时候没有什么绅士,只有一些种地的,开沟的,掘坟的人;他们都继承着亚当的行业。

乙丑 他是一个绅士吗?

甲丑 什么！你是个异教徒吗?你有没有读过《圣经》?《圣经》上说,"亚当掘地"。让我再问你一个问题;要是你回答得不对,那么你就承认你自己——

乙丑 你问吧。

甲丑 谁造得比泥水匠,船匠,或是木匠更坚固?

乙丑 造绞架的人;因为一千个寄寓在这屋子里的人都已经先后死去,它还是站在那儿动都不动。

甲丑 我很欢喜你的聪明,真的。绞架是很合适的;可是它怎么是合适的?它对于那些有罪的人是合适的。你说绞架造得比教堂还坚固,说这样的话是罪过的;所以,绞架对于你是合适的。来,重新说过。

乙丑 谁造得比泥水匠,船匠,或是木匠更坚固?

甲丑 嗯,你回答了这个问题,我就让你下工。

乙丑 呃,现在我知道了。

甲丑 说吧。

乙丑 真的,我可回答不出来。

【汉姆莱脱及霍拉旭上,立远处。

甲丑 别尽绞你的脑筋了,懒驴子是打杀也走不快的;下回有人问你这个问题的时候,你就对他说,"掘坟的人",因为他造的房子是可以一直住到世界末日的。去,到酒店里去给我倒一杯酒来。(乙丑下;甲丑且掘且歌)

年青时候最爱偷情,
　觉得那事很有趣味;
规规矩矩学做好人,
　在我看来太无意义。

汉 这家伙难道对于他的工作一点没有什么感觉，在掘坟的时候还会唱歌吗？

霍 他做惯了这种事，所以不以为意。

汉 正是；不大劳动的手，它的感觉要比较灵敏一些。

甲丑 （唱）

谁料如今岁月潜移，
　老景催人急于星火，
两脚挺直，一命归西，
　世上原来不曾有我。（掷起一骷髅）

汉 那个骷髅里面曾经有一条舌头，它还会唱歌哩；瞧这家伙把它摔在地上，好像它是第一个杀人凶手该隐[①]的颚骨似的！它也许是一个政客的头颅，现在却让这蠢货把它丢来踢去；也许他生前是个偷天换日的好手，你看是不是？

霍 也许是的，殿下。

汉 也许是一个朝臣，他会说，“早安，大人！您好，大人！”也许他就是某大人，嘴里称赞某大人的马好，心里却想把它讨了来，你看是不是？

霍 是，殿下。

汉 啊，正是；现在却让蛆虫伴寝，他的下巴也落掉了，一柄工役的锄头可以在他头上敲来敲去。从这种变化上，我们大可看透生命无常的消息。难道这些枯骨生前受了那么多的教养，死后却只好给人家当木块一般抛着玩吗？想起来真是怪不好受的。

甲丑 （唱）

锄头一柄，铁铲一把，
　殓衾一方掩面遮身；
挖松泥土深深掘下，
　掘了个坑招待客人。（掷起另一骷髅）

---

① 该隐（Cain），亚当之长子，杀其弟埃布尔（Abel），见《旧约·创世记》。——译者

汉 又是一个;谁知道那不会是一个律师的骷髅?他的舞文弄法的手段,颠倒黑白的雄辩,现在都到那儿去了?为什么他让这个放肆的家伙用龌龊的铁铲敲他的脑壳,不去控告他一个殴打罪?哼!这家伙生前也许曾经买下许多的地产,开口闭口用那些条文,具结,罚款,证据,赔偿一类的名词吓人;现在他的脑壳里塞满了泥土,这就算是他所取得的最后的赔偿了吗?除了两张契约大小的一方地面以外,谁能替他证明他究竟有多少地产?这一抔黄土,就是他所有的一切了吗,吓?

霍 这就是他所有的一切了,殿下。

汉 我要去跟这家伙谈谈。喂,这是谁的坟墓?

甲丑 我的,先生,——

挖松泥土深深掘下,

　掘了个坑招待客人。

汉 胡说!坟墓是死人睡的,怎么说是你的?你给什么人掘这坟墓?是个男人吗?

甲丑 不是男人,先生。

汉 那么是什么女人?

甲丑 也不是女人。

汉 不是男人,也不是女人,那么谁葬在这里面?

甲丑 先生,她本来是一个女人,可是上帝安息她的灵魂,她已经死了。

汉 这混蛋倒会分辨得这样清楚!我们讲话必须直捷痛快,要是像这样含含糊糊的,那可把人烦死了。凭着上帝发誓,霍拉旭,我觉得这三年来,时世变得越发不成样子了,一个平民也敢用他的脚趾去踢痛贵人的后跟。——你做这掘墓的营生,已经多久了?

甲丑 我开始干这营生,是在我们的老王爷汉姆莱脱打败福丁勃拉斯那一天。

汉 那是多少时候以前的事?

甲丑 你不知道吗?每一个傻子都知道的;那正是小汉姆莱脱出世的那

一天，就是那个发了疯给他们送到英国去的。

汉 嗯，对了；为什么他们叫他到英国去？

甲丑 就是因为他发了疯呀；他到了英国去，他的疯病就会好的，即使疯病不会好，在那边也没有什么关系。

汉 为什么？

甲丑 英国人不会把他当作疯子；他们都是跟他一样疯的。

汉 他怎么会发疯？

甲丑 人家说得很奇怪。

汉 怎么奇怪？

甲丑 他们说他神经有了毛病。

汉 一个人埋在地下，要经过多少时候才会腐烂？

甲丑 假如他不是在未死以前就已经腐烂，——现在多的是害杨梅疮死去的尸体，简直抬都抬不下去，——他大概可以过八九年；一个硝皮匠在九年以内不会腐烂。

汉 为什么他要比别人长久一些？

甲丑 因为，先生，他的皮硝得比人家的硬，可以长久不透水；尸体一碰到水，是最会腐烂的。这儿又是一个骷髅；这骷髅已经埋在地下二十三年了。

汉 它是谁的骷髅？

甲丑 是个婊子养的疯小子；你猜是谁？

汉 不，我猜不出。

甲丑 这个遭瘟的疯小子！他有一次把一瓶葡萄酒倒在我的头上。这一个骷髅，先生，是国王的弄人郁利克的骷髅。

汉 这就是他！

甲丑 正是他。

汉 让我看。（**取骷髅**）唉，可怜的郁利克！霍拉旭，我认识他；他是一个最会开玩笑，非常富于想象力的家伙。他曾经把我负在背上一千次；现在我一想起来，却忍不住胸头作恶。这儿本来有两片嘴唇，我不知吻过它们多少次。——现在你还会把人挖苦吗？你还会窜窜跳跳，逗人发笑吗？你还会唱歌吗？你还会随口编造一些笑话，说得一座捧腹吗？你没有留下一个笑话，讥笑你自己吗？这样垂头丧气了吗？现在你给我到小姐的闺房里去，对她说，凭她脸上的脂粉搽得一寸厚，到后来总是要变成这个样子的；你用这样的话告诉她，看她笑不笑吧。霍拉旭，请你告诉我一件事情。

霍 什么事情，殿下？

汉 你想亚力山大在地下也是这一副形状吗？

霍 也是这样。

汉 也是有同样的臭味吗？呸！（掷下骷髅）

霍 也是有同样的臭味的，殿下。

汉 谁知道我们将来会变成一些什么下贱的东西，霍拉旭！要是我们用想像推测下去，谁知道亚力山大的高贵的尸体，不就是塞在酒桶口上的泥土？

霍 那未免太想入非非了。

汉 不，一点不，这是很可能的；我们可以这样想：亚力山大死了；亚力山大埋葬了；亚力山大化为尘土；人们把尘土做成烂泥；那么为什么亚力山大所变成的烂泥，不会被人家拿来塞在啤酒桶的口上呢？

　该撒死了，他尊严的尸体
　也许变了泥把破墙填砌；
　啊！他从前是何等的英雄，
　现在只好替人挡雨遮风！

可是不要作声！不要作声！站开；国王来了。

【教士等列队上：众舁莪菲莉霞尸体前行；勒替斯及诸送葬者、国王、王后及侍从等随后。

汉 王后和朝士们也都来了；他们是送什么人下葬呢？仪式又是这样草率的？瞧上去好像他们所送葬的那个人，是自杀而死的，同时又是个很有身分的人。让我们躲在一旁瞧瞧他们。（与霍退后）

勒 还有些什么仪式？

汉 （*向霍旁白*）那是勒替斯，一个很高贵的青年；听好。

勒 还有些什么仪式？

教士甲 她的葬礼已经超过了她所应得的名分。她的死状很是可疑；倘不是因为我们迫于权力，按例就该把她安葬在圣地以外，直到最后审判的喇叭吹召她起来。我们不但不应该替她念祷告，并且还要用砖瓦碎石丢在她坟上；可是现在我们已经允许给她处女的葬礼，用花圈盖在她的身上，替她散播鲜花，鸣钟送她入土，这还不够吗？

勒 难道不能再有其他的仪式了吗？

教士甲 不能再有其他的仪式了；要是我们为她奏安灵乐，就像对于一般平安死去的灵魂一样，那就要亵渎了教规。

勒 把她放下泥土里去；愿她的娇美无瑕的肉体上，生出芬芳馥郁的紫罗兰来！我告诉你，你这下贱的教士，我的妹妹将要做一个天使，你死了却要在地狱里呼号。

汉 什么！美丽的莪菲莉霞吗？

后 好花是应当散在美人身上的；永别了！（*散花*）我本来希望你做我的汉姆莱脱的妻子；这些鲜花本来要铺在你的新床上，亲爱的女郎，谁想得到我要把它们散在你的坟上！

勒 啊！但愿千百重的灾祸，降临在害得你精神错乱的那个该死的恶人的头上！等一等，不要就把泥土盖上去，让我再把她拥抱一次。（*跳下墓中*）现在把你们的泥土倒下来，把死的和活的一起掩埋了吧；让这块平地上堆起一座高山，那古老的丕利恩和苍秀插天的奥林帕斯[①]都要俯伏在它的足下。

汉 （*上前*）那一个人的心里装载得下这样沉重的悲伤？那一个人的哀恸的辞句，可以使天上的流星惊疑止步？那是我，丹麦王子汉姆莱脱！（*跳下墓中*）

---

① 丕利恩（Pelion），奥林帕斯（Olympus），均为希腊北境山名。——译者

勒 魔鬼抓了你的灵魂去！（将汉揪住）

汉 你祷告错了。请你不要拉住我的头颈；因为我虽然不是一个暴躁易怒的人，可是我的火性发作起来，是很危险的，你还是不要激恼我吧。放开你的手！

王 把他们扯开！

后 汉姆莱脱！汉姆莱脱！

众 殿下，公子，——

霍 好殿下，安静点儿。（侍从等分开二人，二人自墓中出）

汉 嘿，我愿意为了这个题目跟他决斗，直到我的眼皮不再睒动。

后 啊，我的孩子！什么题目？

汉 我爱莪菲莉霞；四万个兄弟的爱合起来，还抵不过我对她的爱。你愿意为她干些什么事情？

王 啊！他是个疯人，勒替斯。

后 看在上帝的情分上，不要跟他顶真。

汉 哼，让我瞧瞧你会干些什么事。你会哭吗？你会打架吗？你会绝食吗？你会撕破你自己的身体吗？你会喝一大缸醋吗？你会吃一条鳄鱼吗？我都做得到。你是到这儿来哭泣的吗？你跳下她的坟墓里，是要当面羞辱我吗？你跟她活埋在一起，我也会跟她活埋在一起；要是你还要夸说什么高山大岭，那么让他们把几百万亩的泥土堆在我们身上，直到我们的地面深陷到赤热的地心，让巍峨的奥萨①在相形之下变得只像一个瘤那么大小吧！嘿，你会吹，我就不会吹吗？

后 这不过是他一时的疯话。他的疯病一发作起来，总是这个样子的；可是等一会儿他就会安静下来，正像母鸽孵育她那一双金羽的雏鸽的时候一样温和了。

汉 听我说，老兄；你为什么这样对待我？我一向都是爱你的。可是这些都不用说了，有本领的，随他干什么事吧；猫总是要叫，狗总是要闹

---

① 奥萨（Ossa），亦希腊山名，与丕利恩及奥林帕斯相近。——译者

的。（下）

王 好霍拉旭，请你跟住他。（霍下）（向勒）记着我们昨天晚上所说的话，格外忍耐点儿吧；我们马上就可以实行我们的办法。好葛特露，叫几个人好好看守你的儿子。这一个坟上将要植立一块永久的墓碑。平静的时间不久就会到来；现在我们必须耐着心把一切安排。（同下）

第二场　城堡中的厅堂

【汉姆莱脱及霍拉旭上。

汉 这个题目已经讲完，现在我可以让你知道另外一段事情。你还记得当初的一切经过情形吗？

霍 记得，殿下？

汉 在我的心里有一种战争，使我不能睡眠；我觉得我的处境比套在脚镣里的叛变的水手还要难堪。我们应该知道，我们乘着一时的孟浪，往往反而可以做出一些为我们的深谋密虑所做不成功的事；从这一点上，我们可以看出来，无论我们怎样辛苦图谋，我们的结果却早已有一种冥冥中的力量把它布置好了。

霍 这是无可置疑的。

汉 从我的舱里起来，一件航海的宽衣罩在我的身上，我在黑暗之中摸索着找寻他们的所在，果然给我达到目的，摸到了他们的包裹，拿着它回到我自己的地方；疑心使我忘记了礼貌，我大胆地拆开了他们的公文，在那里面，霍拉旭，——啊，堂皇的诡计！——我发现一道切实的命令，借了许多好听的理由为名，掩藏着狰狞丑恶的鬼蜮的面貌，说是为了丹麦和英国双方的利益，必须不等磨好利斧，立即枭下我的首级。

霍 有这等事？

汉 这一封就是原来的国书；你有空的时候可以仔细读一下。可是你愿意听我告诉你后来我怎么办吗？

霍 请您告诉我。

汉 在这样重重诡计的包围之中，我的脑筋不等我定下心来思索，就开始活动起来了；我坐下来另外写了一通官样文章的国书。从前我曾经抱着跟我们那些政治家们同样的意见，认为文章写得好是一件有失体面的事，总是想竭力忘记这一种学问，可是现在它却对我有了大大的用处。你要知道我写些什么话吗？

霍 嗯，殿下。

汉 我用国王的名义，向英王提出恳切的要求，因为英国是他忠心的藩属，因为两国之间的友谊，必须让它像棕榈树一样发荣繁茂，因为和平的女神必须永远戴着他的荣冠，沟通彼此的情感，以及许许多多诸如此类的重要理由，请他在读完这一封信以后，不要有任何的迟延，立刻把那两个传书的来使处死，不让他们有从容忏悔的时间。

霍 可是国书上没有盖印，那怎么办呢？

汉 啊，就在这件事上，也可以看出一切都是上天预先注定。我的衣袋里恰巧藏着我父亲的私印，它跟丹麦的国玺是一个式样的；我把伪造的国书照着原来的样子折好，签上名字，盖上印玺，把它小心封好，归还原处，一点不露出破绽。下一天就遇见了海盗，那以后的情形，你早已知道了。

霍 这样说来，基腾史登和罗森克兰滋是去送死的了。

汉 哎，朋友，他们本来是自己钻求这件差使的；我在良心上没有对不起他们的地方，是他们自己的阿谀献媚断送了他们的生命。两个强敌猛烈争斗的时候，不自量力的微弱之辈，却去插身在他们的中间，这样的事情是最危险不过的。

霍 嘿，这是一个什么国王！

汉 你想，我是不是应该——他杀死了我的父王，奸污了我的母亲，篡夺了我的嗣位的权利，用这种诡计谋害我的生命，凭良心说我是不是应该亲手向他复仇雪恨？上天会不会嘉许我替世上剪除这一个戕害天性的蟊贼，不让他继续为非作恶？

霍 他不久就会从英国得到消息，知道这一回事情产生了怎样的结果。

汉 时间虽然很局促,可是我已经抓住眼前这一刻功夫;一个人的生命可以在说一个"一"字的一刹那之间了结。可是我很后悔,好霍拉旭,不该在勒替斯之前失去了自制;因为他所遭遇的惨痛,正是我自己的怨愤的影子。我要取得他的好感。可是他倘不是那样夸大他的悲哀,我也决不会动起那么大的火性来的。

霍 不要作声! 谁来了?

【奥斯力克上。

奥 殿下,欢迎您回到丹麦来!

汉 谢谢您,先生。(向霍旁白)你认识这头水苍蝇吗?

霍 (向汉旁白)不,殿下。

汉 (向霍旁白)那是你的运气,因为认识他是一件丢脸的事。他有许多肥田美壤;要是一头畜生做了万兽之王,他也会在御座之前低头吃草。他是个满身泥土气的伧夫。

奥 殿下,您要是有空的话,我奉陛下之命,要来告诉您一件事情。

汉 先生,我愿意恭聆大教。您的帽子是应该戴在头上的,您还是戴上去吧。

奥 谢谢殿下,天气真热。

汉 不,相信我,天冷得很,在吹北风哩。

奥 真的有点儿冷,殿下。

汉 可是对于像我这样的体质,我觉得这一种天气却是闷热得利害。

奥 对了,殿下;真是说不出来的闷热。可是,殿下,陛下叫我来通知您一声,他已经为您下了一个很大的赌注了。殿下,事情是这样的,——

汉 请您不要忘记了您的帽子。

奥 不,殿下,我还是这样舒服些,真的。殿下,勒替斯新近到我们的宫庭里来;相信我,他是一位完善的绅士,充满着最卓越的特点,他的礼貌非常温雅,他的谈吐又是非常渊博;说一句发自衷心的话,他是上流社会的南针,因为在他身上可以找到一个绅士所应有的品性的总汇。

汉 先生,他对于您这一番描写,的确可以当之无愧;虽然我知道,要是把他的好处一件一件列举出来，不但我们的记忆将要因此而淆乱，交不出一篇正确的账目来，而且他这一艘满帆的快船，也决不是我们失舵之舟所能追及；可是，凭着真诚的赞美而言，我认为他是一个才德优异的人，他的高超的禀赋是那样希有而罕见，说一句真心的话，除了在他的镜子里以外，再也找不到第二个跟他同样的人，纷纷追踪希迹之辈，不过是他的影子而已。

奥 殿下把他说得一点不错。

汉 您的用意呢？为什么我们要用尘俗的呼吸，嘘在这位绅士的身上呢？

奥 殿下？

霍 就是您自己所用的语言，到了别人嘴里，您就听不懂了吗？

汉 您向我提起这位绅士的名字，有什么目的？

奥 勒替斯吗？

霍 他的嘴里已经变得空空洞洞，因为他的那些好听话都说完了。

汉 正是勒替斯。

奥 我知道您不是不知道——

汉 您既然知道，那就很好；虽然即使您不知道对我也没有什么不好。好，您怎么说？

奥 您不是不知道勒替斯有些什么特长，——

汉 那我可不敢说，因为也许人家会疑心我有意跟他比并高下；可是要知道一个人的底细，应该先知道他自己。

奥 殿下，我的意思是说他的武艺；人家都称赞他的本领一时无两。

汉 他会使些什么武器？

奥 长剑和短刀。

汉 他会使这两种武器吗？很好。

奥 殿下，王上已经用六匹巴巴利的骏马跟他打赌；在他的一方面，照我所知道的，是六柄法国的宝剑和好刀，连同一切鞘带之类的附件，其中有三柄的革绶尤其珍奇可爱，跟剑柄配得非常合式，式样非常精致，花纹非常富丽。

汉　您所说的革绶是什么东西?

霍　我知道您要听懂他的说话,非得翻查一下注解不可。

奥　殿下,革绶就是剑柄上的皮带。

汉　好,说下去;六匹巴巴利骏马对六柄法国宝剑,附件在内,外加三条花纹富丽的革绶。为什么两方面要下这样的赌注呢?

奥　殿下,王上跟他打赌,要是你们两人交手起来,在十二个回合之中,他至多不过有三个回合占到您的上风;殿下要是答应的话,马上就可以试一试。

汉　要是我不答应呢?

奥　殿下,我的意思是说,王上要请您去跟他当面比较高低。

汉　先生,我还要在这儿厅堂里散步散步。您去回陛下说,现在是我一天之中休息的时间。叫他们把比赛用的钝剑预备好了,要是这位绅士愿意,王上也不改变他的意见的话,我愿意尽力为他博取一次胜利;万一不幸失败,那我也不过丢了一次脸,给他多剁了两下。

奥　我就是照这样去回话吗?

汉　您就照这个意思去说,随便您再加上一些什么花巧的句子都行。

奥　那么,殿下,我告辞了。

汉　再见,再见。(奥下)

霍　这一头小鸭子顶着壳儿逃走了。

汉　他在母亲怀抱里的时候,也要先把他母亲的乳头恭维了几句,然后吮吸。像他这一类靠着一些繁文缛礼撑撑场面的家伙,正是愚妄的世人所醉心的;他们的浅薄的牙慧使傻瓜和聪明人同样受他们的欺骗,可是一经试验,他们的水泡就爆破了。

【一贵族上。

贵族　殿下,陛下刚才叫奥斯力克来向您传话,知道您在这儿厅上等候他的旨意;他叫我再来问您一声,您是不是仍旧愿意跟勒替斯比剑,还是慢慢再说。

汉　我没有改变我的初心,一切服从王上的旨意。现在也好,无论什么时候都好，只要他方便，我总是随时准备着，除非我丧失了现在所有的力气。

贵族 王上，娘娘，跟其他的人都要到这儿来了。

汉 他们来得正好。

贵族 娘娘请您在开始比赛以前，对勒替斯客气点儿。

汉 我愿意服从她的教诲。（贵族下）

霍 殿下，您在这一回打赌中间，多分要失败的。

汉 我想我不会失败。自从他到法国去了以后，我练习得很勤；我一定可以把他打败。可是你不知道我的心里是多么不舒服；那也不用说了。

霍 啊，我的好殿下，——

汉 那不过是一种傻气的心理；可是一个女人也许会因为这种莫明其妙的疑虑而惶惑。

霍 要是您心里不愿意做一件事，那么就不要做吧。我可以去通知他们不用到这儿来，说您现在不能比赛。

汉 不，我们不要害怕什么预兆；一头雀子的死生，都是命运预先注定的。注定在今天，就不会是明天；不是明天，就是今天；逃过了今天，明天还是逃不了，随时准备着就是了。一个人既然不知道他会留下些什么，那么早早脱身而去，不是好吗？随它去。

【国王、王后、勒替斯、众贵族、奥斯力克及侍从等持钝剑等上。

王 来，汉姆莱脱，来，让我替你们两人和解和解。（牵勒、汉二人手使相握）

汉 原谅我，勒替斯；我得罪了你，可是你是个堂堂男子，请你原谅我吧。这儿在场的众人都知道，你也一定听见人家说起，我是怎样为疯狂所害苦。凡是我的所作所为，足以伤害你的感情和荣誉，挑起你的愤激来的，我现在声明都是我在疯狂中犯下的过失。难道汉姆莱脱会做对不起勒替斯的事吗？汉姆莱脱决不会做这种事。要是汉姆莱脱在丧失他自己的心神的时候，做了对不起勒替斯的事，那样的事不是汉姆莱脱做的，汉姆莱脱不能承认。那么是谁做的呢？是他的疯狂。

既然是这样，那么汉姆莱脱也是属于受害的一方，他的疯狂是可怜的汉姆莱脱的敌人。当着在座众人之前，我承认我在无心中射出的箭，误伤了我的兄弟；我现在要向他请求大度包涵，宽恕我的不是出于故意的罪恶。

勒 我的气愤虽然已经平息，可是几句道歉的说话，却不能使我抛弃我的复仇的誓愿；除非有什么为众人所敬仰的长者，告诉我可以跟你捐除宿怨，指出这样的事是有前例可援的，不至于损害我的名誉，那时我才可以跟你归言于好。可是现在我愿意抛弃一切的疑猜，诚心接受你的友好的表示。

汉 我绝对信任你的诚意，愿意奉陪你举行这一次友谊的比赛。把钝剑给我们。来。

勒 来，给我一柄。

汉 勒替斯，我的剑术荒疏已久，不是你的对手；正像最黑暗的夜里一颗吐耀的明星一般，彼此相形之下，一定更显得你的本领的高强。

勒 殿下不要取笑。

汉 不，我可以举手起誓，这不是取笑。

王 奥斯力克，把钝剑分给他们。汉姆莱脱侄儿，你知道我们怎样打赌吗？

汉 我知道，陛下；您把赌注下在实力较弱的一方了。

王 我想我的判断不会有错。你们两人的技术我都领教过；现在我们不过要看看他比从前进步得怎么样。

勒 这一柄太重了；换一柄给我。

汉 这一柄我很满意。这些钝剑都是同样长短的吗？

奥 是，殿下。（**二人准备比赛**）

王 替我在那桌子上斟下几杯酒。要是汉姆莱脱击中了第一剑或是第二剑，或者在第三次交锋的时候争得上风，让所有的碉堡上一齐鸣起炮来；国王将要饮酒慰劳汉姆莱脱，他还要拿一颗比丹麦四代国王戴在王冠上的更贵重的珍珠丢在酒杯里。把杯子给我；鼓声一起，喇叭就接着吹响，通知外面的炮手，让炮声震彻天地，报告这一个消息，“现在国王为汉姆莱脱祝饮了！”来，开始比赛吧；你们在场裁判的都要留心看好。

汉 请了。

勒 请了，殿下。（二人比赛）

汉 一剑。

勒 不，没有击中。

汉 请裁判员公断。

奥 中了，很明显的一剑。

勒 好；再来。

王 且慢；拿酒来。汉姆莱脱，这一颗珍珠是你的；祝你健康！把这一杯酒给他。（喇叭齐奏；内鸣炮）

汉 让我先赛完这一局；暂时把它放在一旁。来。（二人比赛）又是一剑；你怎么说？

勒 我承认给你碰着了。

王 我们的孩子一定会胜利。

后 他身体太胖，有些喘不过气来。来，汉姆莱脱，把我的手巾拿去，揩干你额上的汗。王后为你饮下这一杯酒，祝你的胜利了，汉姆莱脱。

汉 好妈妈！

王 葛特露，不要喝。

后 我要喝的，陛下；请您原谅我。

王 （旁白）这一杯酒里有毒；太迟了！

汉 母亲，我现在还不敢喝酒；等一等再喝吧。

后 来，让我揩揩干净你的脸孔。

勒 陛下，现在我一定要击中他了。

王 我怕你击不中他。

勒 （旁白）可是我的良心却不赞成我干这件事。

汉 来，再受我一剑，勒替斯。你怎么一点不上劲的？请你使出你的全身本领来吧;我怕你在开我的玩笑哩。

勒　你这样说吗？来。(二人比赛)

奥　两边都没有中。

勒　受我这一剑!(勒挺剑刺伤汉;二人在争夺中彼此手中之剑各为对方夺去,汉以夺来之剑刺勒,勒亦受伤。)

王　分开他们！他们动起火性来了。

汉　来,再试一下。(后倒地)

奥　嗳哟,瞧王后怎么样啦!

霍　他们两人都在流血。您怎么啦,殿下?

奥　您怎么啦,勒替斯?

勒　唉,奥斯力克,正像一头自投罗网的山鹬,我用诡计害人,反而害了自己,这也是我应得的报应。

汉　王后怎么样啦?

王　她看见他们流血,昏了过去了。

后　不,不,那杯酒,那杯酒,——啊,我的亲爱的汉姆莱脱！那杯酒,那杯酒;我中毒了。(死)

汉　啊,奸恶的阴谋！喂！把门锁上了！阴谋！查出来是那一个人干的。(勒倒地)

勒　凶手就在这儿,汉姆莱脱。汉姆莱脱,你已经不能活命了;世上没有一种药可以救治你,不到半小时,你就要死去。那杀人的凶器就在你的手里,它的锋利的刃上还涂着毒药。这奸恶的诡计已经回转来害了我自己;瞧！我躺在这儿,再也不会站起来了。你的母亲也中了毒。我说不下去了。国王,——国王,——都是他一个人的罪恶。

汉　锋利的刃上还涂着毒药！——好,毒药,发挥你的力量吧!(刺王)

众　反了！反了!

王　啊！帮帮我,朋友们,我不过受了点伤。

汉　好,你这败坏伦常,嗜杀贪淫,万恶不赦的丹麦奸王！喝干了这杯毒药;——你那颗珍珠是在这儿吗？——跟我的母亲一道去吧!

（王死）

勒 他死得应该；这毒药是他亲手调下的。尊贵的汉姆莱脱，让我们互相宽恕；我不怪你杀死我和我的父亲，你也不要怪我杀死你！（死）

汉 愿上天赦免你的错误！我也跟你来了。我死了，霍拉旭。不幸的王后，别了！你们这些看见这一幕意外的惨变而战栗失色的无言的观众，倘不是因为死神的拘捕不给人片刻的留滞，啊！我可以告诉你们——可是随它去吧。霍拉旭，我死了，你还活在世上；请你把我的行事的始末根由昭告世人，解除他们的疑惑。

霍 不，我虽然是个丹麦人，可是在精神上我却更是个古代的罗马人；这儿还留剩着一些毒药。

汉 你是个汉子，把那杯子给我；放手；凭着上天起誓，你必须把它给我。啊，上帝！霍拉旭，我一死之后，要是世人不明白这一切事情的真相，我的名誉将要永远蒙着怎样的损伤！你倘然爱我，请你暂时牺牲一下天堂上的幸福，留在这一个冷酷的世间，替我传述我的故事吧。（内军队自远处行进及鸣炮声）这是那儿来的战场上的声音？

奥 年青的福丁勃拉斯从波兰奏凯班师，这是他对英国来的钦使所发的礼炮。

汉 啊！我死了，霍拉旭；猛烈的毒药已经克服了我的精神，我不能活着听见英国来的消息。可是我可以预言福丁勃拉斯将被推戴为王，他已经得到我这临死之人的同意；你可以把这儿所发生的一切事实告诉他。此外惟余沉默。（死）

霍 一颗高贵的心现在碎裂了！晚安，亲爱的王子，愿成群的天使们用歌唱抚慰你安息！——为什么鼓声越来越近了？（内军队行进声）

【福丁勃拉斯、英国使臣及余人等上。

福 这一场比赛在什么地方举行？

霍 你们要看些什么？要是你们想知道一些惊人的惨事，那么不用再到别处找了。

福 好一场惊心动魄的屠杀！啊，骄傲的死神！你用这样残忍的手腕，一下子杀死了这许多王裔贵胄,在你的永久的幽窟里,将要有一席多么丰美的盛筵!

甲使 这一个景象太惨了。我们从英国奉命来此,本来是要回复这儿的王上,告诉他我们已经遵从他的命令,把罗森克兰滋和基腾史登两人处死;不幸我们来迟了一步,那应该听我们说话的耳朵已经没有知觉了,我们还希望从谁的嘴里得到一声感谢呢?

霍 即使他能够向你们开口说话,他也不会感谢你们;他从来不曾命令你们把他们处死。可是既然你们来得都是这样凑巧,有的刚从波兰回来,有的刚从英国到来,恰好看见这一幕流血的惨剧,那么请你们叫人把这几个尸体抬起来放在高台上面,让大家可以看见,让我向那懵无所知的世人报告这些事情的发生经过;你们可以听到奸淫残杀,反常背理的行为,冥冥中的判决,意外的屠戮,借手杀人的狡计,以及陷人自害的结局。这一切我都可以确确实实地告诉你们。

福 让我们赶快听你说;所有最尊贵的人,都叫他们一起来吧。我在这一个国内本来也有继承王位的权利,现在国中无主,正是我要求这一个权利的机会;可是我虽然准备接受我的幸运,我的心里却充满了悲哀。

霍 关于那一点,我受死者的嘱托,也有一句话要说,他的意见是可以影响许多人的;可是在这人心惶惶的时候,让我还是先把这一切解释明白了,免得引起更多的不幸,阴谋,和错误来。

福 让四个将士把汉姆莱脱像一个军人似的扛到台上,因为要是他能够践登王位,一定会成为一个贤明的君主的;为了表示对他的悲悼,我们要用军乐和战地的仪式,向他致敬。把这些尸体一起扛起来。这一种情形在战场上是不足为奇的,可是在宫庭之内,却是非常的变故。去,叫兵士放起炮来。(奏丧礼进行曲;众舁尸同下;鸣炮)

五

理查二世的悲剧

但是我所最看重，最愿意以全力赴之的，却是篇幅比较最多的第三分册，英国史剧的全部。不是因为它比喜剧悲剧的各种杰作更有价值，而是因为它从未被介绍到中国来过。这一部酣畅淋漓一气呵成的巨制（虽然一部分是出于他人之手），不但把历史写得那么生龙活虎似的，而且有着各种各样精细的性格描写……

——朱生豪 1936 年给宋清如的信

剧中人物

理查二世

约翰·刚脱　兰开斯脱公爵 ⎫
埃特门·兰格雷　约克公爵 ⎭ 理查王之叔父

亨利·波林勃洛克　喜尔福特公爵,约翰·刚脱之子,即位后称亨利四世

奥墨尔公爵　约克公爵之子

汤麦斯·毛勃雷　诺福克公爵

奢累公爵

萨力斯拜雷伯爵

勃克雷勋爵

布希 ⎫
巴谷脱 ⎬ 理查王之近侍
格林 ⎭

诺登勃兰伯爵

亨利·泼息·豪士魄　诺登勃兰伯爵之子

洛斯勋爵

惠罗比勋爵

费兹华脱勋爵

卡莱尔主教

威斯明斯脱长老

司礼官

披厄斯·埃克斯敦爵士

史蒂芬·史格鲁泼爵士

威尔斯军队长

王后

葛罗斯脱公爵夫人

约克公爵夫人

宫女

群臣、传令官、军官、兵士、园丁、狱吏、使者、马夫及其他侍从等

地点

英格兰及威尔斯各地

第一幕

第一场　伦敦;宫中一室

【理查王率侍从、约翰·刚脱及其他贵族等上。

理　高龄的约翰·刚脱,德隆望重的兰开斯脱,你有没有遵照你的誓约,把亨利·喜尔福特,你的勇敢的儿子带来,证实他上次对诺福克公爵汤麦斯·毛勃雷所提出的猛烈的控诉?那时我因为政务忙碌,没有听他说下去。

刚　我把他带来了,陛下。

理　再请你告诉我,你有没有试探过他的口气,究竟他控诉这位公爵,是出于私人的宿怨呢,还是因为尽一个忠臣的本分,知道他确实有谋逆的行动?

刚　照我从他嘴里所能探听出来的他的动机,的确是因为看到有人在进行不利于陛下的阴谋,并不是出于内心的私怨。

理　那么叫他们来见我吧;让他们当面对质,怒目相视,我要听一听原告和被告双方无拘束的争辩。(若干从者下)他们两个都是意气高傲,秉性刚强的人;在盛怒之中,他们就像大海一般聋聩,烈火一般躁急。

【从者等率波林勃洛克及毛勃雷重上。

波　愿无数幸福的岁月降临于我的宽仁慈爱的君王!

毛　愿陛下的幸福与日俱长,直到上天嫉妒地上的佳运,把一个不朽的荣称加在您的王冠之上!

理　我谢谢你们两位;可是两人之中,有一个人不过向我假意谄媚,因为你们今天来此的目的,是要彼此互控各人以叛逆的重罪。喜尔福特贤弟,你对于诺福克公爵汤麦斯·毛勃雷有什么不满?

波　第一,——愿上天记录我的言语!——我今天来到陛下的御座之前,提出这一件控诉，完全是出于一个臣子关怀他主上安全的一片忠心，绝对没有什么恶意的仇恨。现在，汤麦斯·毛勃雷，我要和你面面相对，听好我的话吧；我的身体将要在这人世证明我所说的一切，否则我的灵魂将要在天上担保它的真实。你是一个叛徒和奸贼，辜负国恩，死有余辜；天色越是晴朗空明，越显得浮云的混浊。让我再用奸恶的叛徒的名字塞在你的嘴里。请陛下允许我，在我离开这儿以前，我要用我正义的宝剑证明我的说话。

毛 不要因为我言辞的冷淡而责怪我情虚气馁；这不是一场妇人的战争，可以凭着舌剑唇枪，解决我们两人之间的争端；热血正在膛子里沸腾，准备因此而溅洒。可是我并没有唾面自干的耐性，能够忍受这样的侮辱而不发一言。第一因为当着陛下的天威之前，不敢不抑制我的口舌，否则我早就把这些叛逆的名称加倍掷还给他了。倘不是他的身体里流着高贵的王族的血液，假如他不是陛下的亲属，我就要向他公然挑战，把唾涎吐在他的身上，骂他是一个造谣诽谤的懦夫和恶汉；为了证实他是这样一个人，我愿意让他占我先着，和他决一雌雄，即使我必须徒步走到亚尔卑斯山的冰天雪地之间，或是任何英国人所敢于涉足的辽远的地方和他相会，我也决不畏避。现在让我为我的忠心辩护，凭着我的一切希望发誓，他说的全然是虚伪的诳话。

波 脸色惨白的战栗的懦夫，这儿我掷下我的手套，声明放弃我的国王亲属的身分；你的恐惧，不是你的尊敬，使你承认我的血统的尊严。要是你的畏罪的灵魂里还残留着几分勇气，敢接受我的荣誉的信物，那么俯身下去，把它拾起来吧；凭着它和一切武士的礼仪，我要和你彼此用各人的武器决战，证实你的罪状，揭破你的诳话。

毛 我把它拾起来了；凭着那轻按我的肩头，使我受到武士荣封的御剑起誓，我愿意接受一切按照武士规律的正当的挑战；假如我是叛徒，或者我的应战是违反良心的，但愿我一上了马，不再留着活命下来！

理 我的贤弟控诉毛勃雷的，究竟是一些什么罪名？像他那样为我们所倚畀的人，倘不是果然犯下彰明的重罪，是决不会引起我们丝毫恶意的猜疑的。

波 瞧吧，我所说的话，我的生命将要证明它的真实。毛勃雷曾经借着补助王军军饷的名义，领到八千金币；像一个奸诈的叛徒，误国的恶贼，他把这一笔饷款全数填充了他私人的欲壑。除了这一项罪状以外，我还要说，并且准备在这儿或者在任何英国人眼光所及的最远的边界，用武力证明，这十八年来，我们国内一切叛逆的阴谋，追本穷源，都是出于毛勃雷的主动。不但如此，我还要凭着他的罪恶的生命，肯定地指出葛罗斯脱公爵是被他设计谋害的，像一个卑怯的叛徒，他嗾使那位公爵的轻信的敌人用暴力溅洒了他的无辜的血液；正像被害的亚伯一样，他的血正在从无言的墓穴里向我高声呼喊，要求我替他伸冤雪恨，痛惩奸凶；凭着我的光荣的家世起誓，我要手刃他的仇人，否则宁愿丧失我的生命。

理 他的决心多么坚强高亢！汤麦斯·诺福克，你对于这番话有些什么辩白？

毛 啊！请陛下转过脸去，暂时塞住您的耳朵，等我告诉这侮辱他自己血统的人，上帝和善良的世人是多么痛恨这样一个说诳的恶徒。

理 毛勃雷，我的眼睛和耳朵是大公无私的；他不过是我的叔父的儿子，即使他是我的同胞兄弟，或者是我的王国的继承者，凭着我的御杖的威严起誓，这一种神圣的血统上的关连，也不能给他任何的特权，或者使我不可摇撼的正直的心灵对他略存偏袒。他是我的臣子，毛勃雷，你也是我的臣子；我允许你放胆说话。

毛 那么，波林勃洛克，我就说你这番诬蔑的狂言，完全是从你虚伪的心头经过你的奸诈的喉咙所发出的欺人的诳话。我所领到的那笔饷款，四分之三已经分发给驻在卡莱的陛下的军队；其余的四分之一是我奉命留下的，因为我上次到法国去迎接王后的时候，陛下还欠我一笔小小的旧债。现在把你那句诳话吞下去吧。讲到葛罗斯脱，他并不是我杀死的；可是我很惭愧那时我没有尽我应尽的责任。对于您，高贵的兰开斯脱公爵，我的敌人的可尊敬的父亲，我确曾一度企图陷害过您的生命，为了这一次过失，使我的灵魂感到极大的疚恨；可是在我最近一次领受圣餐以前，我已经坦白自认，要求您的恕宥，我希望您也已经不记旧恶了。这是我的错误。至于他所控诉我的其余的一切，全然出于一个卑劣的奸人，一个丧心的叛徒的恶意；我要勇敢地为我自己辩护，在这傲慢的叛徒的足前交换掷下我的挑战的信物，凭着他胸头最优良的血液，证明我的耿耿不贰的忠贞。我诚心请求陛下替我们指定一个决斗的日期，好让世人早一些判断我们的是非曲直。

理 你们这两个燃烧着怒火的武士，听从我的旨意；让我们用不流血的方式，销除彼此的愤怒。我虽然不是医生，却可以下这样的诊断：深刻的仇恨会造成太深的伤痕。劝你们捐嫌忘怨，言归于好，我们的医生说这一个月内是不应该流血的。好叔父，让我们赶快结束这一场刚刚开始的争端；我来劝解诺福克公爵，你去劝解你的儿子吧。

刚 像我这样年纪的人，做一个和事佬是最合适不过的。我的儿，把诺福克公爵的手套摔下了吧。

理 诺福克，你也把他的手套摔下来。

刚 怎么，哈利[①]，你还不摔下？做父亲的不应该向他的儿子发出第二次的命令。

理 诺福克，我吩咐你把它摔下；争持下去是没有好处的。

毛 尊严的陛下，我愿意把自己投身在你的足前。你可以支配我的生命，可是不能强迫我容忍耻辱；为你尽忠效死是我的天职，可是即使死神高踞在我的坟墓之上，你也不能使我的美好的名誉横遭污毁。我现在在这儿受到这样的羞辱和诬蔑，谗言的有毒的枪尖刺透了我的灵魂，只有他心头的鲜血，才可以医治我的创伤。

理 一切意气之争必须停止；把他的手套给我；雄狮的神威可以使豹子慑伏。

---

① 哈利（Harry）是亨利（Henry）的爱称。——编者

毛 是的,可是不能改变它身上的斑点。要是你能够取去我的耻辱,我就可以献上我的手套。我的好陛下,无瑕的名誉是世间最纯粹的珍宝;失去了名誉,人类不过是一些镀金的粪土,染色的泥块。忠贞的胸膛里一颗勇敢的心灵,就像藏在十重键锁的箱中的珠玉。我的荣誉就是我的生命,二者互相结为一体;取去我的荣誉,我的生命也就不再存在。所以,我的好陛下,让我为我的荣誉作一次试验吧;我借着荣誉而生,也愿为荣誉为死。

理 贤弟,你先摔下你的手套吧。

波 啊!上帝保佑我的灵魂不要犯这样的重罪!难道我要在我父亲的面前垂头丧气,怀着卑劣的恐惧,向这理屈气弱的懦夫低头服罪吗?在我的舌头用这种卑怯的侮辱伤害我的荣誉,发出这样可耻的求和的声请以前,我的牙齿将要把这种自食前言的懦怯的畏惧嚼为粉碎,把它带血唾在那无耻的毛勃雷的脸上。(刚下)

理 我是天生发号施令的人,不是惯于向人请求的。既然我不能使你们成为友人,那么准备着吧,圣兰勃脱日[①]在科文脱里,你们将要以生命为孤注,你们的短剑和长枪将要替你们解决你们势不两立的争端;你们既然不能听从我的劝告而和解,我们只好信任冥冥中的公道,把胜利的光荣判归无罪的一方。司礼官,传令执掌比武仪法的官吏准备起来,导演这一场同室的交讧。(同下)

第二场　同前;兰开斯脱公爵府中一室

【刚脱及葛罗斯脱公爵夫人上。

刚 唉!那在我血管里流着的伍特斯滔克[②]的血液,比你的呼吁更有力地要求我向那杀害他生命的屠夫复仇。可是矫正这一个我们所无能为

① 圣兰勃脱日(St. Lambert day),每年9月17日,纪念圣兰勃脱的节日。——译者

② 伍特斯滔克:即葛罗斯脱公爵,理查二世的叔父,刚脱的弟弟。因执法涉及理查王的亲信而被理查王派人秘密杀害。——编者

力的错误的权力，既然操之于造成这错误的人的手里，我们只有把我们的不平委托于上天的意志，到了时机成熟的一天，它将会向作恶的人们降下严厉的惩罚。

葛夫人 难道兄弟之情不能给你一点更深的刺激吗？难道你衰老的血液里的爱火已经不再燃烧了吗？你是爱德华的七个儿子中的一个，你们兄弟七人，就像盛放他的神圣的血液的七个宝瓶，又像同一树根上茁长的七条美好的树枝；七人之中，有的因短命而枯萎，有的被命运所摧残，可是汤麦斯，我的亲爱的夫主，我的生命，我的葛罗斯脱，满盛着爱德华的神圣的血液的一个宝瓶，从他的最高贵的树根上，茁长的一条繁茂的树枝，却被妒嫉的毒手击破，被凶徒的血斧斩断，倾尽了瓶中的宝液，凋落了枝头的茂叶。啊，刚脱！他的血也就是你的血；你和他同胞共体，同一的模型铸下了你们；虽然你还留着一口气活在世上，可是你的一部分生命已经跟着他死去了。你眼看着人家杀死你那不幸的兄弟，等于默许凶徒们谋害你的父亲，因为他的身上存留着你父亲生前的遗范。不要说那是忍耐，刚脱；那是绝望。你容忍你的兄弟被人这样屠戮，等于把你自己的生命开放一条通路，向凶恶的暴徒指示杀害你们的门径。在卑贱的人们中间我们所称为忍耐的，在尊贵者的胸中就是冷血的懦怯。我应该怎么说呢？为了保卫你自己的生命，最好的方法就是为我的葛罗斯脱复仇。

刚 这一场血案应该由上帝解决，因为促成他的死亡的祸首是上帝的代理人，一个受到圣恩膏沐的君主；要是他死非其罪，让上天平反他的冤屈吧，我是不能向上帝的使者举起愤怒的手臂来的。

葛夫人 那么，唉！什么地方可以让我声诉我的冤苦呢？

刚 向上帝声诉，他是寡妇的保卫者。

葛夫人 好，那么我要向上帝声诉。再会吧，年老的刚脱。你到科文脱里去，瞧我的侄儿喜尔福特和凶狠的毛勃雷决斗；啊！但愿我丈夫的冤魂依附在喜尔福特的枪尖上，让它穿进了屠夫毛勃雷的胸中；万一刺而不中，愿毛勃雷的罪恶压住他的全身，使他那流汗的坐骑因不胜重负而把他掀翻在地上，像一个卑怯的懦夫，匍匐在我的侄儿喜尔福特的足下！再会吧，年老的刚脱；你的已故的兄弟的妻子必须带着悲哀终结她的残生。

刚 弟妇，再会；我必须到科文脱里去。愿同样的幸运陪伴着你，跟随着我！

葛夫人 可是还有一句话。悲哀落在地上，还会重新跳起，不是因为它的空虚，而是因为它的重量。我的谈话还没有开始，我就向你告别，因为悲哀虽然好像已经终止，它却永远不会完毕。为我向我的兄弟埃特门·约克致意。瞧！这就是我所要说的一切。不，你不要就这样去了；虽然我只有这一句话，不要去得这样匆忙；我还要记起一些别的话来。请他——啊，什么？——赶快到普拉希看我一次。唉！善良的老约克到了那边，除了空旷的房屋，萧条的四壁，无人的仆舍，苔封的石级以外，还看得到什么？除了我的悲苦呻吟以外，还听得到什么欢迎的声音？所以为我向他致意；叫他不要到那边去，找寻那到处充斥着的悲哀。孤独地、孤独地我要去饮恨而死；我的流泪的眼向你作最后的永诀。（各下）

第三场 科文脱里附近旷地，设围场及御座；传令官等侍立场侧

【司礼官及奥墨尔上。

司礼官 奥墨尔大人，哈利·喜尔福特有没有武装好了？

奥 是的，他已经装束齐整，恨不得立刻进场。

司礼官 诺福克公爵精神抖擞，勇气勃勃，但等原告方面喇叭的召唤。

奥 那么决斗的双方都已经准备好了，只要王上一到，就可以开始。

【喇叭奏花腔。理查王上，就御座；刚脱、布希、巴谷脱、格林及余人等随上，各各就座。喇叭高鸣，另一喇叭在内相应。被告毛勃雷穿甲胄上，一传令官前导。

理 司礼官，问一声那边的武士，他穿了甲胄到这儿来的原因；问他叫什么名字，按照法定的手续，叫他宣誓他的动机是正直的。

司礼官 凭着上帝的名义和国王的名义，说你是什么人，为什么穿着骑士的装束到这儿来，你要跟什么人决斗，你们的争端是什么。凭着你的武士的身分和你的誓言，从实说来；愿上天和你的勇气保卫你！

毛 我是诺福克公爵汤麦斯·毛勃雷，遵照我所立下的不可毁弃的武士的誓言，到这儿来和控诉我的喜尔福特当面对质，向上帝，我的君王，和他的后裔表白我的忠心和诚实；凭着上帝的恩惠和我这手臂的力量，我要一面洗刷我的荣誉，一面证明他是一个对上帝不敬，对君王不忠，对我不义的叛徒。我为正义而战斗，愿上天佑我！（就座）

【喇叭高鸣；原告波林勃洛克穿甲胄上，一传令官前导。

理 司礼官，问一声那边穿着甲胄的武士，他是谁，为什么全副戎装到这儿来；按照我们法律上所规定的手续，叫他宣誓声明他的动机是正直的。

司礼官 你的名字叫什么？为什么你敢当着理查王的面前，到这儿他的校场里来？你要和什么人决斗？你们的争端是什么？像一个正直的武士，你从实说吧；愿上天保佑你！

波 我是兼领喜尔福特，兰开斯脱，和特培三处采邑的哈利；今天武装来此，准备在这围场之内，凭着上帝的恩惠和我的身体的勇力，证明诺福克公爵汤麦斯·毛勃雷是一个对上帝不敬，对理查王不忠，对我不信不义的奸诈险恶的叛徒。我为正义而战斗，愿上天佑我！

司礼官 除了司礼官和奉命监视这次比武仪典的官员以外，倘有大胆不逞之徒，擅敢触动围场界线，立处死刑，决不宽贷。

波 司礼官，让我吻一吻我的君王的手，向他的御座之前屈膝致敬；因为毛勃雷跟我就像两个立誓踏上漫长而辛苦的旅途的人，所以让我们按照正式的礼节，各自向我们的亲友们作一次温情的告别吧。

司礼官 原告恭顺地向陛下致敬，要求一吻御手，申达他告别的诚意。

理 （下座）我要亲下御座，把他拥抱在我的怀里。喜尔福特贤弟，你的动机既然是正直的，愿你在这次庄严的战斗里获得胜利！再会吧，我的亲人；要是你今天洒下你的血液，我可以为你悲恸，可是不能代你报复杀身之仇。

波　啊！要是我被毛勃雷的枪尖所刺中，不要让一只高贵的眼睛为我浪掷一滴泪珠。正像猛鹰追逐一头小鸟，我对毛勃雷抱着必胜的自信。我的亲爱的王上，我向您告别了；别了，我的奥墨尔贤弟；虽然我要去和死亡搏斗，可是我并没有病，我还是年青力壮，愉快地呼吸着空气。瞧！正像在英国的筵席上，最美味的佳肴总是放在最后，留给人们一个无限余甘的回忆；我最后才向你告别，啊，我的生命的人间的创造者！你的青春的精神复活在我的心中，用双重的巨力把我凌空举起，攀取那高不可及的胜利；愿你用祈祷加强我的甲胄的坚实，用祝福加强我的枪尖的锋锐，让它突入毛勃雷的蜡制的战袍之内，借着您儿子的勇壮的行为，使约翰·刚脱的名字闪耀出新的光彩。

刚　上帝保佑你的正义的行为得胜！愿你的动作像闪电一般敏捷，你的八倍威力的打击，像惊人的雷霆一般降在你的恶毒的敌人的盔上；振起你的青春的精力，勇敢地活着吧。

波　我的无罪的灵魂和圣乔治帮助我得胜！（就座）

毛　（起立）不论上帝和造化给我安排下怎样的命运，或生或死，我都是尽忠于理查王陛下的一个赤心正直的臣子。从来不曾有一个囚人用这样奔放的热情脱下他的缚身的锁链，拥抱那无拘束的黄金的自由，像我的雀跃的灵魂一样接受这一场跟我的敌人互决生死的鏖战。最尊严的陛下和我的各位同僚，从我的嘴里接受我的虔诚的祝福。像参加一场游戏一般，我怀着轻快的心情挺身赴战；正直者的胸襟永远是安定的。

理　再会，公爵。我看见正义和勇敢在你的眼睛里闪耀。司礼官，传令开始比武。（王及群臣各就原座）

司礼官　喜尔福特，兰开斯脱，和特培的哈利，过来领你的枪；上帝保佑正义的人！

波　（起立）抱着像一座高塔一般坚强的信心，我应着“阿们”。

司礼官　（向一官吏）把这枝枪送给诺福克公爵。

传令官甲　这儿是喜尔福特，兰开斯脱，和特培的哈利，站在上帝，他的君王和他自己的立场上，证明诺福克公爵汤麦斯·毛勃雷是一个对上帝不敬，对君王不忠，对他不义的叛徒；倘使所控不实，他愿意蒙上奸伪卑怯的恶名，永远受世人唾骂。他要求诺福克公爵出场，接受他的挑战。

传令官乙　这儿站着诺福克公爵汤麦斯·毛勃雷，准备表白他自己的无罪，同时证明喜尔福特，兰开斯脱，和特培的哈利是一个对上帝不敬，对君王不忠，对他不义的叛徒；倘使所言失实，他愿意蒙上奸伪卑怯的恶名，永远受世人的唾骂。他勇敢地怀着一腔热望，等候着决斗开始的信号。

司礼官　吹起来，喇叭，上前去，交战的斗士。（吹战斗号）且慢，且慢，王上把他的御杖掷下来了。

理　叫他们脱下战盔，放下长枪，各就原位。跟我退下去；当我向这两个公爵宣布我们的判决的时候，让喇叭高声吹响。（喇叭奏长花腔）（向决斗者）过来，倾听我们会议的结果。因为我们的国土不应被它所滋养的宝贵的血液所玷污；因为我们的眼睛痛恨同室操戈所造成的内部的裂痕；因为你们各人怀着凌云的壮志，冲天的豪气，造成各不相下的敌视和憎恨，把我们那像婴儿一般熟睡着的和平从它的摇篮中惊醒；那战鼓的喧聒的雷鸣，那喇叭的刺耳的嗥叫，那刀枪的愤怒的击触，也许会把美好的和平吓退出我们安谧的疆界以外，使我们的街衢上横流着我们自己亲属的血；所以我宣布把你们放逐出境。你，喜尔福特贤弟，必须在异国踏着流亡的征途，在十个夏天丰盛我们田野的收获以前，不准归返我们美好的国土，倘有故违，立处死刑。

波　愿您的旨意成全。我必须用这样的思想安慰我自己，那在这儿给您温暖的太阳，将要同样照在我的身上；它的金色的光辉耀射着您的王冠，也会把光明的希望渲染我的流亡的岁月。

理　诺福克，你所得到的是一个更严重的处分，虽然我很不愿意向你宣布这样的判决：狡猾而迟缓的光阴不能决定你的无期放逐的终限；“永远不准回来”，这一句绝望的话，就是我对你所下的宣告；倘有故违，立处死刑。

毛 一句严重的判决，我的无上尊严的陛下；从陛下的嘴里发出这样的宣告，是全然出于意外的；陛下要是顾念我过去的微劳，不应该把这样的处分加在我的身上，使我远窜四荒，和野人顽民呼吸着同一的空气。现在我必须放弃我在这四十年来所学习的语言，我的本国的英语；现在我的舌头对我一无用处，正像一张无弦的古琴，或是一具优美的乐器，放在一个不谙音律者的手里。您已经把我的舌头幽禁在我的嘴里，让我的牙齿和嘴唇成为两道闸门，使冥顽不灵的愚昧做我的狱卒。我太老了，不能重新做一个牙牙学语的婴孩；我的学童的年龄早已被我蹉跎过去。你现在禁止我的舌头说它故国的语言，这样的判决不等于无言的死刑吗？

理 悲伤对于你无济于事；判决已下，叫苦也太迟了。

毛 那么我就这样离开我的故国的光明，在无穷的黑夜的阴影里栖身。（欲退）

理 回来，你们必须再作一次宣誓。把你们被放逐的手按在我的御剑之上，虽然你们对我应尽的忠诚，已经随着你们自己同时被放，可是你们必须凭着你们对上帝的信心，立愿遵守我所要向你们提出的誓约。愿真理和上帝保佑你们！你们永远不准在放逐期中，接受彼此的友谊；永远不准互相见面；永远不准暗通声气，或是蠲除你们在国内时的嫌怨，言归于好；永远不准同谋不轨，企图危害我，我的政权，我的臣民，或是我的国土。

波 我宣誓遵守这一切。

毛 我也同样宣誓遵守。

波 诺福克，我认定你是我的敌人；要是王上允许我们，我们两人中的一人的灵魂，这时候早已飘荡于太虚之中，从我们这肉体的脆弱的坟墓里被放逐出来，正像现在我们的肉体被放逐出这国境之外一样了。趁着你还没有逃出祖国的领土，赶快承认你的奸谋吧；因为你将要走一段辽远的路程，不要让一颗罪恶的灵魂的重担沿途拖累着你。

毛 不，波林勃洛克，要是我曾经起过叛逆的贰心，愿我的名字从生命的册籍上注销；愿我从天上放逐，正像从我的本国放逐一样！可是上帝，你，我，都知道你是一个什么人；我怕转眼之间，王上就要自悔他的失着了。再会，我的陛下。现在我决不会迷路；除了回到英国以外，全世界都是我的去处。（下）

理 叔父，在你晶莹的眼球里，我可以看到你的悲痛的心；你的愁惨的容颜，已经从他放逐的期限中减去四年的时间了。（向波）度过了六个寒冬，你再在祖国的欢迎声中回来吧。

波 一句短短的言语里，藏着一段多么悠长的时间！四个沉滞的冬天，四个轻狂的春天，都在一言之间化为乌有：这就是君王的纶音。

刚 感谢陛下的洪恩，为了我的缘故，缩短我的儿子四年放逐的期限；可是这样额外的宽典，并不能使我沾到什么利益，因为在他六年放逐的岁月尚未完毕之前，我这一盏油干焰冷的灯，早已在无边的黑夜里熄灭，我这径寸的残烛早已烧尽，盲目的死亡再也不让我看见我的儿子了。

理 啊，叔父，你还有许多年好活哩。

刚 可是，王上，你不能赐给我一分钟的寿命。你可以假手阴沉的悲哀缩短我的昼夜，可是不能多借我一个清晨；你可以帮助时间刻划我额上的皱纹，可是不能中止它的行程，把我的青春留住；你的一言可以致我于死，可是一死之后，你的整个的王国买不回我的呼吸。

理 你的儿子是在郑重的考虑之下被判放逐的，你自己也曾表示你的同意；那时为什么你对我们的判决唯唯从命呢？

刚 美味的食物往往不宜于消化。您要求我站在法官的立场上发言，可是我宁愿您命令我用一个父亲的身分，为他的儿子辩护。啊！假如他是一个不相识者，不是我的孩子，我就可以用更温和的语调，设法减轻他的罪状；可是因为避免徇私偏袒的指责，我却宣判了我自己的死刑。唉！当时我希望你们中间有人会说，我把自己的儿子宣判放逐,未免太忍心了;可是你们却同意了我的违心之言,使我背反我的本意,给我自己这样重大的损害。

理 贤弟,再会吧;叔父,你也不必留恋了。我判决他六年的放逐,他必须立刻就道。(喇叭奏花腔;理查王及扈从等下)

奥 哥哥,再会吧;虽然不能相见,请你常通书信,让我们知道你在何处安身。

司礼官 少爵,我并不向您道别,因为我要和您并辔同行,一直送您到陆地的尽头。

刚 啊!你为什么缄口无言,不向你的亲友们说一句答谢的话?

波 虽然我的舌头应该大量吐露我心头的悲哀,可是没有话可以向你们表示我的离悰。

刚 你的悲哀不过是暂时的离别。

波 离别了欢乐,剩下的只有悲哀。

刚 六个冬天算得什么?它们很快就过去了。

波 对于欢乐中的人们,六年是一段短促的时间;可是悲哀使人度日如年。

刚 算它是一次陶情的游历吧。

波 要是我用这样谬误的名称欺骗自己,我的心将要因此而叹息,因为它知道这明明是一次强制的旅行。

刚 你的征途的忧郁将要衬托出你的还乡的快乐,正像箔片烘显出宝石的光辉一样。

波 不,每一个沉重的步伐,不过使我记起我已经多么迢遥地远离了我所宝爱的一切。难道我必须在异邦的道路上长期作客,当我最后重获自由的时候,除了曾经作过一度悲哀的旅人之外,再没有什么别的可以向人夸耀?

刚 凡是日月所照临的所在,在一个智慧的人看来都是安身的乐土。你应该用这样的思想宽解你的厄运;什么都比不上厄运更能磨炼人的德性。不要以为国王放逐了你,你应该设想你自己就是国王。越是缺少担负悲哀的勇气，悲哀压在心头越是沉重。去吧，就算这一次是我叫你出去追求荣誉，不是国王把你放逐；或者你可以假想噬人的疫疠弥漫在我们的空气之中，你是要逃到一个健康的国土里去。凡是你的灵魂所珍重宝爱的事物，你应该想像它们是在你的未来的前途，不是在你来时的旧径。歌鸟为你奏着音乐，芳草为你铺起地毯，鲜花是向你巧笑的美人，你的行步都是愉快的舞蹈；谁要是能够把悲哀一笑置之，悲哀也会减弱它的咬人的力量。

波 啊！谁能把一团火握在手里，想像他是在寒冷的高加索群山之上？或者空想着一席美味的盛宴，满足他的久饿的枵腹？或者赤身在严冬的冰雪里打滚，想像盛暑的骄阳正在当空晒炙？啊，不！美满的想像不过使人格外感觉到命运的残酷。悲哀的利齿虽然有时咬人，可是我们不应该触痛心底的伤痕。

刚 来，来，我的儿，让我送你上路。要是我也像你一样年青，处在和你同样的地位，我是不愿留在这儿的。

波 那么英国的大地，再会吧；我的母亲，我的保姆，我现在还在你的怀抱之中，可是从此刻起，我要和你分别了！无论我在何处流浪，至少可以这样自夸：虽然被祖国所放逐，我还是一个纯正的英国人。（同下）

第四场　伦敦；国王堡中一室

【理查王、巴谷脱及格林自一门上；奥墨尔自另一门上。

理 我们在这儿望得很清楚。奥墨尔贤弟，你把高傲的喜尔福特送到什么地方？

奥 我把高傲的喜尔福特——要是陛下喜欢这样叫他的话，——送上了最近的一条大路，就和他分手了。

理 说，你们流了多少临别的眼泪？

奥 说老实话，我是流不出什么眼泪来的；只有向我们迎面狂吹的东北风，偶或刺激我们的眼膜，逼出一两滴无心之泪，装缀我们漠然的离别。

理 你跟我那位好兄弟分别的时候，他说些什么话？

奥 他向我说“再会”。我因为不愿让我的舌头亵渎了这两个字眼，故意装出悲不自胜，仿佛连话都说不出来的样子，回避了我的答复。嘿，要是“再会”这两个字有延长时间的魔力，可以增加他的短期放逐的年限，那么我一定不会吝啬向他说千百声的“再会”；可是既然它没有这样的力量，我也不愿为他浪费我的唇舌。

理 贤弟，他是我们同祖的兄弟，可是他什么时候才能从放逐的生涯中被召回国，我们这一位亲人究竟能不能回来重见他的朋友，还是一个大大的疑问。我自己和这儿的布希，巴谷脱，格林三人，都曾注意到他向平民怎样殷勤献媚，用谦卑而亲昵的礼貌竭力勾引他们的欢心；他会向下贱的奴隶浪费他的敬礼，卑抑他自己的身分，用诡诈的微笑取悦穷苦的工匠，使他们忘记他的地位的尊严；他会向一个叫卖牡蛎的女郎脱帽；一对运酒的车夫向他说了一声上帝保佑他，他就向他们弯腰答礼，说，“谢谢，我的同胞，我的亲爱的朋友。”好像我们的英国已经操在他的手里，他是我的臣民所仰望的未来的君王一样。

格 好，他已经去了；我们也不必再想起这种事情。现在我们必须设法平定爱尔兰的叛乱；迅速的措置是必要的，陛下，否则坐延时日，徒然给叛徒们发展势力的机会，对于陛下却是一个莫大的损失。

理 这一次我要御驾亲征。我们的金库因为维持这一个宫庭的浩大的支出和巨量的赏赉，已经不大充裕，所以不得不出租王家的土地，靠着租税的收入补充这次出征的费用。要是再有不敷的话，我可以给我的居国的摄政者几道空头的诏敕，只要知道什么人有钱，就可以命令他们捐献巨额的金钱，接济我们的需要；因为我现在必须立刻动身到爱尔兰去。

【布希上。

理 布希，什么消息？

布 陛下，年老的约翰·刚脱突患重病，刚才差过急使来请求陛下去见他一面。

理　他现在在什么地方？

布　在埃利别邸里。

理　上帝啊，但愿他的医生们把他早早送下坟墓！他的金库的一层边缘，就可以使我那些出征爱尔兰的兵士们一个个披上簇新的战袍。来，各位，让我们大家去瞧瞧他；求上帝使我们去得尽快，到得已经太迟。

众　阿们！（同下）

第二幕

第一场　伦敦。埃利别邸中一室

【刚脱卧于榻上，约克公爵及余人等旁立。

刚　国王会不会来，好让我对他的少年浮薄的性情吐露我的最后的忠告？

约　不要烦扰你自己，省些说话的气力吧；他的耳朵是不听忠告的。

刚　啊！可是人家说，一个人的临死遗言，就像深沉的音乐一般，有一种自然吸引注意的力量；到了奄奄一息的时候，他的话决不会白费，因为真理往往是在痛苦呻吟中说出来的。一个从此以后不再说话的人，他的意见总是比那些少年浮华之徒的甘言巧辩更能被人听取。正像垂暮的斜阳，曲终的余奏，和最后一口啜下的美酒，留给人们最温馨的回忆一样，人们的结局也总是比他们的生前格外受人注目。虽然理查对于我生前的谏劝充耳不闻，我的垂死的哀音也许可以惊醒他的聋聩。

约　不，他的耳朵已经被一片歌功颂德之声所塞住了。他爱听的是淫靡的诗句，和豪奢的意大利流行些什么时尚的消息，它的一举一动，我们这落后的效颦的国家总是亦步亦趋地追随摹仿。这世上那一种浮华的习气，不管它是多么恶劣，只要是新近产生的，不是很快地就传进了他的耳中？当理性的顾虑全然为倔强的意志所蔑弃的时候，一切忠告都等于白说。不要指导那一意孤行的人;你现在呼吸都感到乏力,何必苦苦地浪费你的口舌。

刚 我觉得自己仿佛是一个新受到灵感激动的先知,在临死之际,这样预言出他的命运:他的轻躁狂暴的乱行决不能持久,因为火势越是猛烈,越容易顷刻烧尽;绵绵的微雨可以落个不断,倾盆的阵雨一忽儿就会停止;驰驱太速的人,很快就觉得精疲力竭;吃得太性急了,难保食物不会哽住喉咙;轻浮的虚荣是一个不知餍足的饕餮者,它在吞噬一切之后,结果必然牺牲在自己的贪欲之下。这一个君王们的御座,这一个统于一尊的岛屿,这一个庄严的大地,这一个战神的别邸,这一个地上的天堂,这一个造化女神为了防御毒害和战祸的侵入,为她自己造下的堡垒,这一个英雄豪杰的诞生之地,这一个小小的世界,这一个镶嵌在银色的海水之中的宝石,那海水就像是一堵围墙,或是一道沿屋的壕沟,杜绝了宵小的觊觎,这一个幸福的国土,这一个英格兰,这一个保姆,这一个繁育着明君贤主的母体,他们的诞生为世人所侧目,他们仗义卫道的功业远震寰宇,这一个像救世主的圣墓一样驰名,孕育着这许多伟大的灵魂的国土,这一个亲爱的亲爱的国土,它的声誉传遍世界,现在却像一幢房屋、一块田地一般出租了,——我要在垂死之前,宣布这样的事实。英格兰,它的周遭是为汹涌的怒涛所包围着的,它的岩石的崖岸击退海神的进攻,现在却笼罩在耻辱,墨黑的污点,和卑劣的契约之中;那一向征服别人的英格兰,现在已经可耻地征服了它自己。啊! 要是这耻辱能够随着我的生命同时消失,我的死该是多么幸福!

【理查王与王后、奥墨尔、布希、格林、巴谷脱、洛斯及惠罗比同上。

约 国王来了;他是个年少气盛之人,你要对他温和一些,因为激怒了一匹血气方刚的小马,它的野性将要更加难于驯伏。

后 我们的叔父兰开斯脱贵体怎样?

理 你好,汉子? 老刚脱憔悴得怎么样啦?

刚 啊! 那两个字加在我的身上多么合适;衰老而憔悴的刚脱,真的,我是因为衰老而憔悴了。悲哀在我的心中守着长期的斋戒,断绝肉食的人怎么能不憔悴?为了酣睡的英格兰,我已经长久不眠,不眠是会使人消瘦而憔悴的。望着儿女们的容颜,是做父亲的人们最大的快慰,我却享不到这样的满足;你隔绝了我们父子的亲谊,所以我才会这样憔悴。我这憔悴的一身不久就要进入坟墓,让它的空空的洞穴收拾我的一束枯骨。

理 病人也会这样大逞辞锋吗?

刚 不,一个人在困苦之中是会向自己揶揄的;因为我的名字似乎为你所嫉视,所以,伟大的君王,为了奉承你的缘故,我才作这样的自嘲。

理 临死的人应该奉承活着的人吗?

刚 不,不,活着的人奉承临死的人。

理 你现在快要死了,你说你奉承我。

刚 啊,不!虽然我比你病重,你才是将死的人。

理 我很健康,我在呼吸,我看见你病在垂危。

刚 那造下我来的天主知道我看见你的病状多么险恶。你负着你的重创的名声躺在你的国土之上,你的国土就是你的毕命的卧床;像一个过分粗心的病人,你把你那仰蒙圣恩膏沐的身体交给那些最初伤害你的庸医诊治;在你那仅堪覆顶的王冠之内,坐着一千个谄媚的佞人,凭借这小小的范围,侵蚀你的广大的国土。啊!要是你的祖父能够预先看到他的孙儿将要怎样摧残他的骨肉,他一定会早早把你废立,免得耻辱降临到你的身上,可是现在耻辱已经占领了你,你的王冠将要丧失在你自己的手里。嘿,侄儿,即使你是全世界的统治者,出租这一块国土也是一件可羞的事;可是只有这一块国土是你所享有的世界,这样的行为不是羞上加羞吗?你现在是英格兰的地主,不是它的国王;你在法律上的地位是一个必须受法律拘束的奴隶,而且——

理 而且你是一个疯狂的糊涂的呆子,倚仗你的疾病的特权,胆敢用你冷酷的讥讽,骂得我脸无人色。凭着我的王座的尊严起誓,倘不是因为你是伟大的爱德华[1]的儿子的兄弟，你这一条不知忌惮的舌头，将要使你的头颅从你那目无君上的肩头落下。

刚 啊！不要饶恕我，我的哥哥爱德华[2]的儿子；不要因为我是他父亲爱德华的儿子的缘故而饶恕我。像那啄饮母体血液的企鹅一般，你已经痛饮过爱德华的血；我的兄弟葛罗斯脱是个忠厚诚实的好人——愿他在天上和那些有福的灵魂同享极乐！——他就是一个前例，证明你对于溅洒爱德华的血是毫无顾恤的。帮着我的疾病杀害我吧；愿你的残忍像无情的衰老一般，快快摘下这一朵久已凋萎的枯花。愿你在你的耻辱中生存，可是不要让耻辱和你同归于尽！愿我的言语永远使你的灵魂痛苦！把我搬到床上去，然后再把我送下坟墓；享受着爱和荣誉的人，才会感到生存的乐趣。（侍从等舁刚下）

理 让那些年老而满腹牢骚的人去死吧；你正是这样的人，这样的人是只配在坟墓里的。

约 请陛下原谅他的年迈有病，出言不检；凭着我的生命发誓，他爱您就像爱他的儿子喜尔福特公爵哈利一样，要是他在这儿的话。

理 不错，你说得对；喜尔福特爱我，他也爱我；他们怎样爱我，我也怎样爱他们。让一切就是这样安排着吧。

【诺登勃兰上。

诺 陛下，年老的刚脱向您致意。

理 他怎么说？

诺 不，一句话都没有；他的话已经说完了。他的舌头现在是一具无弦的乐器；年老的兰开斯脱已经消耗了他的言语，生命，和一切。

约 愿约克也追随在他的后面同归毁灭！死虽然是苦事，却可以结束人生的惨痛。

---

① 这里所提到的爱德华是指理查二世的祖父，也是刚脱的父亲爱德华三世。——编者

② 这里刚脱所说的“我的哥哥爱德华”是指爱德华三世的长子，理查二世的父亲爱德华，他也是刚脱的哥哥，史称“黑太子”。因其先于爱德华三世去世，故未登王位。——编者

理 最成熟的果子最先落地,他正是这样;他的寿命已尽,我们也会有一天像他一样终结我们的旅程。别的话不必多说了。现在,让我们讨论讨论爱尔兰的战事。我们必须扫荡那些粗暴蓬发的爱尔兰步兵,他们像毒蛇猛兽一般,所到之处,除了他们自己以外,谁也没有生存的权利。因为这一次战事规模巨大,需要相当费用,为了补助我们的军需起见,我决定没收我的叔父刚脱生前所有的一切金银,钱币,收益,和动产。

约 我应该忍耐到什么时候呢?啊!恭顺的臣道将要使我容忍不义的乱行到什么限度呢?葛罗斯脱的被杀,喜尔福特的放逐,刚脱的谴责,国内人心的怨愤,我自己身受的耻辱,这些都从不曾使我镇静的脸上勃然变色,或者当着我的君王的面前皱过一回眉头。我是高贵的爱德华的最小的儿子,你的父亲威尔斯亲王是我的长兄,在战场上他比雄狮更凶猛,在和平的时候他比羔羊更温柔。他的脸貌遗传给了你,因为他在你这样的年纪,正是和你一般模样;可是当他发怒的时候,他是向法国人,不是向自己人发怒的;他的高贵的手付出了代价,总是取回重大的收获,他却没有把他父亲手里挣下的产业供他自己的挥霍;他没有溅洒过自己人的血,他的手上只染着他的亲属的仇人的血迹。啊,理查!约克伤心得太过度了,否则他决不会作这样的比较的。

理 嗨,叔父,这是怎么一回事?

约 啊!陛下,您愿意原谅我就原谅我,否则我也不希望得到您的宽恕。您要把被放逐的喜尔福特的产业和权利抓在您自己的手里吗?刚脱死了,喜尔福特不是还活着吗?刚脱不是一个正直的父亲,哈利不是一个忠诚的儿子吗?那样一位父亲不应该有一个后嗣吗?他的后嗣不是一个克绍家声的令子吗?剥夺了喜尔福特的权利,就是破坏传统的正常的惯例;明天可以不必跟在今天的后面,你也不必是你自己,因为倘不是按着父子祖孙世世相传的合法的王统,你怎么会成为一个国王?当着上帝的面前,我要说这样的话,——愿上帝使我的话不致成为事实！——要是您用非法的手段，攫夺了喜尔福特的权利，从他的法定代理人那儿取得他的产权证书，要求全部产业的移让，把他的善意的敬礼蔑弃不顾，您将要招引一千种危险到您的头上，失去一千颗爱戴的赤心，刺激我的温和的耐性，使我想起那些为一个忠心的臣子所以不能想到的念头。

理 随你怎样想吧，我还是要没收他的金银财物和土地。

约 那么我只好暂时告退；陛下，再会吧。谁也不知道什么事情将会接着发生，可是我们可以预料到，不由正道，决不会有好的结果。（下）

理 去，布希，立刻去找惠脱奢伯爵，叫他到埃利别邸来见我，帮我处理这件事情。明天我们就要到爱尔兰去，再不能耽搁了。我把我的叔父约克封为英格兰总督，代我摄理国内政务；因为他为人公正，一向对我很尽忠心。来，我的王后，明天我们必须分别了；快乐些吧，因为我们留恋的时间已经十分短促。（喇叭奏花腔。国王、王后、布、奥、格、巴等同下）

诺 各位大人，兰开斯脱公爵就是这样死了。

洛 可是他还活着，因为现在他的儿子应该承袭爵位。

惠 他所承袭的不过是一个空洞的名号，毫无实际的收益。

诺 要是世上还有公道，他应该名利兼收。

洛 我的心快要胀破了；可是我宁愿让它在沉默中爆裂，也不让一条没遮拦的舌头泄露它的秘密。

诺 不，把你的心事说出来吧；谁要是把你的话转告别人，使你受到不利的，愿他的舌头连根烂掉！

惠 你想和喜尔福特公爵互通声气吗？要是你果然有这个意思，放胆说吧，朋友；我的耳朵急着要听听对于他有利的消息呢。

洛 除了因为他的世袭财产横遭侵占，对他表示同情以外，我一点不能给他什么助力。

诺 当着上帝的面前发誓，像他这样一位尊贵的王孙，必须忍受这样的屈辱，真是一件可叹的事；而且在这堕落的国土里，还有许多血统高贵的人都遭过类似的命运。国王已经不是他自己,完全被一群谄媚的小人所愚弄;要是他们对我们中间无论那一个人有一些嫌怨,只要几句坏话一说,国王就会向我们,我们的生命,我们的子女和继承者严加究办。

洛 平民们因为他苛征暴敛,已经全然对他失去好感;贵族们因为他睚眦必报,也已经全然对他失去好感。

惠 每天都有新的苛税设计出来,什么空头券、德政税,我也说不清这许多;可是凭着上帝的名义,这样下去怎么是了呢?

诺 战争并没有消耗他的资财,因为他并没有正式上过战场,却用卑劣的妥协手段,把他祖先一刀一枪换来的产业轻轻断送。他在和平时的消耗,比在战时的消耗更大。

洛 惠脱奢伯爵已经奉命把王家的土地出租了。

惠 国王已经破产了,像一个破落的平民一样。

诺 他的行为已经造成了物议沸腾、人心瓦解的局面。

洛 虽然捐税这样烦重,他这次出征爱尔兰还是缺少军费,一定要劫夺这位被放逐的公爵,拿来救济他的眉急。

诺 他的同宗的兄弟;好一个下流的昏王!可是,各位大人,我们听见这一场可怕的暴风雨在空中歌唱,却不去找一个藏身的所在;我们看见逆风打着我们的帆篷,却不知道收帆转舵,只是袖手不动,坐待着覆舟的惨祸。

洛 我们可以明白看到我们必须遭受的覆亡的命运;因为我们容忍这一种祸根乱源而不加纠正,这样的危险现在已经是无可避免的了。

诺 那倒未必;即使在死亡的空洞的眼穴里,我也可以望见生命的消息;可是我不敢说我们的好消息什么时候会到来。

惠 啊,让我们分有你的思想,正像你分有着我们的思想一样。

洛 放心说吧,诺登勃兰。我们三人就像你自己一样;你告诉了我们,等于把你自己的思想藏在你自己的心里;所以你尽管大着胆说好了。

诺 那么你们听着:我从勃兰克港,不列登尼的一个海湾,那边得到消息,说是喜尔福特公爵哈利,最近和埃克斯脱公爵决裂的雷诺特·考勃汉勋爵,他的兄弟前任坎脱拜雷大主教,汤麦斯·欧宾汉爵士,约翰·兰斯顿爵士,约翰·诺勃雷爵士,劳勃脱·华脱登爵士,弗兰西斯·夸因脱,他们率领着所部人众,由不列颠公爵供给巨船八艘,战士三千,向这儿迅速开进,准备在短时间内登上我们北方的海岸。他们有心等候国王到爱尔兰去了,然后伺隙进窥,否则也许这时候早已登陆。要是我们决心摆脱奴隶的桎梏,用新的羽毛补葺我们祖国残破的病翼,把受污的王冠从当铺里赎出,拭去那遮掩我们御杖上的金光的尘埃,使庄严的王座恢复它旧日的光荣,那么赶快跟我到雷文斯泊去吧;可是你们倘然缺少这样的勇气,那么还是留下来,保守着这一个秘密,让我一个人前去。

洛 上马!上马!叫那些胆小怕事的人去反复考虑吧。

惠 把我的马牵出来,我要第一个到那边。(同下)

第二场 同前;宫中一室

【王后、布希及巴谷脱上。

布 娘娘,您伤心得太过度了。您跟王上分别的时候,您不是答应他说您一定快快乐乐的,不让沉重的忧郁摧残您的生命吗?

后 为了叫王上高兴,我才说这样的话;可是我实在没有法子叫我自己高兴起来。我不知道为什么我要欢迎像悲哀这样一位客人,除了因为我已经跟我的亲爱的理查告别;可是我仿佛觉得有一种尚未产生的不幸,已经在命运的母胎里成熟,正在向我行近,我的内在的灵魂因为一种并不存在的幻影而颤栗;不仅是为了跟我的君王离别,才勾起了我心底的悲哀。

布 每一个悲哀的本体都有二十个影子,它们的形状都和悲哀本身一样,但它们并没有实际的存在;因为镀着一层泪液的愁人之眼,往往会把一件整个的东西化成无数的形象。就像凹凸镜一般,从正面望去,只见一片模糊,从侧面观看,却可以辨别形状;娘娘因为把这次和王上分别的事情想到岔儿上去了，所以才会发现超乎离别以上的悲哀，其实从正面瞧看，它还不过[①]是一些并不存在的幻影。所以，大贤大德的娘娘，不要因为离别以外的事情而悲哀；未来是不可知的，即使被您看到了，那也只是悲哀的眼中的虚伪的影子，它往往把想像误为真实而浪掷它的眼泪。

后 也许是这样，可是我的内在的灵魂使我相信它并不是这么一回事。无论如何，我不能不悲哀；我的悲哀是如此沉重，即使在一无所思的时候，空虚的重压也会使我透不过气来。

布 那不过是一种意念罢了，娘娘。

后 它是一种意念；意念往往会从某种悲哀中产生；我的却不是这样，因为我的悲哀是凭空而来的，谁也不知道它的性质，我也不能给它一个名字；它是一种无名的悲哀。

【格林上。

格 上帝保佑陛下！两位朋友，你们都好。我希望王上还没有上船到爱尔兰去。

后 你为什么这样希望？我们应该希望他快一点去，因为他这次远征的计划，必须行动迅速，才有胜利的希望；那么你为什么希望他还没有上船呢？

格 因为他是我们的希望，我们希望他撤回他的军队，打击一个敌人的希望，那敌人已经凭借强大的实力，踏上我们的国土；被放逐的波林勃洛克已经自动回国，带着大队人马，安然到达雷文斯泊了。

后 上帝不允许这样的事！

格 啊！娘娘，这事情太真实了。更坏的是诺登勃兰伯爵和他的儿子，少年的亨利·泼息，还有洛斯，博蒙特，惠罗比这一批勋爵们，带着他们势力强大的朋友，全都投奔到他的麾下去了。

后 你们为什么不宣布诺登勃兰和那些逆党们的叛国的罪名？

---

① 原译稿中无“过”字，疑为笔误。——编者

格 我们已经这样宣布了;华斯脱伯爵听见这消息,就折断他的指挥杖,辞去内府总管的职位,所有内廷的仆役都跟着他一起投奔波林勃洛克去了。

后 格林,你是我的悲哀的助产妇,波林勃洛克却是我的忧郁的可怕的后嗣,现在我的灵魂已经产生了她的变态的胎儿,我,一个临盆不久的喘息的产妇,已经把悲哀和悲哀联结,忧愁和忧愁揉合了。

希 不要绝望,娘娘。

后 谁阻止得了我?我要绝望,我要和欺人的希望为敌;他是一个佞人,一个食客;当死神将要温柔地替人解除生命的羁缚的时候,虚伪的希望却拉住他的手,使人在困苦之中苟延残喘。

【约克上。

格 约克公爵来了。

后 他的年老的颈上围着战争的符号;啊!他一脸孔都是心事!叔父,为了上帝的缘故,说几句叫人听了安心的话吧。

约 要是我说那样的话,那就是言不由衷。安慰是在天上,我们都是地上的人,除了忧愁,困苦,和悲哀以外,这世间再没有其他的事物存在。你的丈夫到远处去保全他的疆土,别人却走进他的家里来打劫他的财产,留下我这年迈衰弱,连自己都照顾不了的老头儿替他支持门户。像一个过度醉饱的人,现在是他感到胸腹作恶的时候;现在他可以试试那些向他献媚的朋友们是不是真心对待他了。

【一仆人上。

仆 爵爷,我还没有到家,公子已经去了。

约 他去了?嗳哟,好!大家各奔前程吧!贵族们都出亡了,平民们都抱着冷淡的态度,我怕他们会帮着喜尔福特作乱。喂,你到普拉希去替我问候我的嫂子葛罗斯脱夫人,请她立刻给我送来一千镑钱。这指环你拿去作为凭证。

仆 爵爷,我忘记告诉您,今天我经过那边的时候,曾经进去探望过;可是说下去一定会叫您听了伤心。

约 什么事，小子？

仆 在我进去的一个小时以前，这位公爵夫人已经死了。

约 慈悲的上帝！怎样一阵悲哀的狂潮，接连不断地向这不幸的国土冲来！我不知道应该做些什么事；也许上帝鉴谅我的忠心，使我在这危邦苟延性命，可是我倒希望他早早就让国王把我的头跟我的哥哥的头同时砍去。什么！没有急使派到爱尔兰去吗？我们应该怎样处置这些战费？来，嫂子——恕我，我应该说侄妇。去，家伙，你到家里去，准备几辆车子，把那边所有的甲胄一起装来。（仆下）列位朋友，你们愿不愿意去征集一些士兵？我实在不知道怎样料理这些像一堆乱麻一般丢在我手里的事务。两方面都是我的亲族；一个是我的君王，按照我的盟誓和我的天职，我都应该尽力保卫他；那一个也是我的同宗的侄儿，他被国王所亏待，按照我的天良和我的亲属之谊[①]，我也应该替他主持公道。好，我们总要想个办法。来，侄妇，我要先把你安顿好了。列位朋友，你们去把兵士征集起来，立刻到勃克雷堡跟我相会。我应该再到普拉希去一趟，可是时间不会允许我。一切全是一团糟，什么事情都弄得七颠八倒。（约及后下）

布 派到爱尔兰去探听消息的使者，一路上有顺风照顾他们，可是谁也不见回来。叫我们征募一支可以和敌人抗衡的军队是全然不可能的事。

格 而且我们对王上的关系这样密切，格外容易引起那些对王上不满的人的仇视。

巴 那就是这班反复成性的平民群众；他们的爱是在他们的钱袋里的，谁倒空了他们的钱袋，等于把恶毒的仇恨注满在他们的膛子里。

布 所以国王才受到一般人的指斥。

巴 要是他们有判罪的权力，那么我们也免不了同样的罪名，因为我们一向和王上十分亲密。

---

① 此处朱生豪原译稿为“亲亲之谊”，疑系笔误。——编者

格　好，我要立刻到勃力斯多堡去躲避躲避；惠脱奢伯爵已经先在那边了。

布　我也跟你同去吧；因为怀恨的民众除了把我们当做恶狗一般剁成块块以外，是不会给我们什么好处的。你也愿意跟我们同去吗？

巴　不，我要到爱尔兰见王上去。再会吧；要是心灵的预觉并非虚妄，那么我们三人在这儿分手了，恐怕重见无期。

布　正像约克决不会打退波林勃洛克一样。

格　唉，可怜的公爵！他所担负的工作，简直是数沙饮海；一个人在他旁边作战，就有一千个人转身逃走。再会吧，我们从此永别了。

布　呃，也许我们还有相见的一天。

巴　我怕是不会的了。（各下）

第三场　葛罗斯脱郡的原野

【波林勃洛克及诺登勃兰率军队上。

波　伯爵，到勃克雷现在还有多少路？

诺　不瞒您说，殿下，我在这儿葛罗斯脱郡全然是一个陌生人；这些高峻的荒山和崎岖不平的道路，使我们的途程显得格外悠长而累人；幸亏一路上饱聆着您的清言妙语，使我津津有味，乐而忘疲。我想到洛斯和惠罗比两人从雷文斯泊到考资华特去，缺少了像您殿下这样一位同行的佳伴，他们的路途该是多么令人厌倦；但是他们可以用这样的希望安慰自己，他们不久就可以享受到我现在所享受的幸福；希望中的快乐是不下于实际享受的快乐的，凭着这样的希望，这两位辛苦的贵人可以忘记他们道路的迢遥，正像我因为追随您的左右而不知劳倦一样。

波　你太会讲话，未免把我的价值过分抬高了。可是谁来啦？

【亨利·涉息上。

诺　那是我的小儿哈利·涉息，我的兄弟华斯脱叫他来的，虽然我不知道他现在在什么地方。哈利，你的叔父好吗？

亨　父亲，我正要向您问讯他的安好呢。

诺　怎么，他不在王后那边吗？

亨　不，父亲，他已经离开宫庭，折断他的指挥杖，把王室的仆人都遣散了。

诺　他为什么这样做呢？我最近一次跟他谈话的时候，他并没有这样的决心。

亨　他是因为听见他们宣布您是叛徒，所以才气愤离职的。可是，父亲，他已经到雷文斯泊，向喜尔福特公爵投诚去了；他叫我从勃克雷一路来此，探听约克公爵在那边征集了多少军力，然后再到雷文斯泊去。

诺　孩子，你忘记喜尔福特公爵了吗？

亨　不，父亲；我的记忆中要是不曾有过他的印象，那就说不上忘记；我生平还没有见过他一面。

诺　那么现在你可以认识认识他；这位就是公爵。

亨　殿下，我向您掬献我的忠诚；现在我还只是一个少不更事的孩子，可是岁月的磨炼将会使我对您尽更大的劳力。

波　谢谢你，善良的泼息。相信我吧，我所唯一引为自傲的事，就是我有一颗不忘友好的灵魂；要是我借着你们善意的协助而安享富贵，我决不会辜负你们的盛情。我的心订下这样的盟约，我的手向你们作郑重的保证。

诺　这儿到勃克雷还有多远？什么事使善良的老约克带领他的战士在那边留驻不发？

亨　那边有一簇树木的所在就是城堡，照我所探听到的，堡中一共有三百军士；约克，勃克雷，和西摩这几位勋爵都在里边，此外就没有什么有名望的人了。

【洛斯及惠罗比上。

诺　这儿来的是洛斯勋将和惠罗比勋爵，他们因为急着赶路，马不停鞭，涨得满脸通红，连血筋都爆起来了。

波　欢迎，两位勋爵。我知道你们一片忠爱之心，追逐着一个亡命的叛徒。我现在所有的财富，不过是空言的感谢；等我囊橐充实以后，你们的好意和劳力将会得到它们的酬报。

罗 能够看见殿下的尊颜，已经是我们莫大的幸运了。

惠 得亲謦欬，足以抵偿我们的劳苦而有余。

波 感谢是穷人唯一的资本，可是等我幼稚的命运成熟以后，我的感谢将会变成慷慨的赐赠。可是谁来啦？

【勃克雷上。

诺 我想这是勃克雷勋爵。

勃 喜尔福特公爵，我是奉命来见您说话的。

波 大人，我的答复是，你应该找兰开斯脱公爵说话。我来的目的，就是要向英国要求这一个名号；我必须从你嘴里听到这样的称呼，才可以回答你的问话。

勃 不要误会，殿下，我并没有擅自取消您的尊号的意思。随便您是什么公爵都好，我是奉着这国土内最仁慈的摄政约克公爵之命，来问您究竟为了什么原因，乘着这国中无主的时候，您要用我们本国制造的刀枪惊扰我们国内的和平？

【约克率侍从上。

波 我不必凭你转达我的言语；他老人家亲自来了。我的尊贵的叔父！（跪）

约 让我看看你的谦卑的心；不必向我屈膝，那是欺人而虚伪的敬礼。

波 我的仁慈的叔父——

约 咄！咄！不要向我说什么仁慈，更不要叫我什么叔父；我不是叛徒的叔父；"仁慈"两字也不应该出之于一个残暴者的嘴里。为什么你敢让你这双被放逐摈斥的脚践踏英格兰的泥土？为什么你敢长驱直入，蹂躏它的和平的胸膛，用战争和可憎恶的武器的炫耀惊恐它的胆怯的乡村？你是因为受上天敕封的君王不在国中，所以想来窥伺神器吗？哼，傻孩子！王上并没有离开他的国土，他的权力都已经交托给了我。当年你的父亲，勇敢的刚脱跟我两人曾经从千万法军的重围之中，把那人间的少年战神黑太子[①]打救出来；可惜现在我的手臂已经瘫痪无力，再也提不起少年时的勇气，否则它将要多么迅速地惩罚你的过失！

波 我的仁慈的叔父，让我知道我的过失；什么是我的罪名，在那一点上我犯了错误？

约 你犯的是乱国和谋叛的极恶重罪，你是一个放逐的流徒，却敢在年限未满以前，举兵回国，反抗你的君上。

波 当我被放逐的时候，我是以喜尔福特的名义被放逐的；现在我回来，却是要求兰开斯脱的爵号。尊贵的叔父，请您用公正的眼光看看我所受的屈辱吧；您是我的父亲，因为我仿佛看见年老的刚脱活现在您的身上；啊！那么，我的父亲，您忍心让我做一个漂泊的流浪者，我的权利和财产被人用暴力劫夺，拿去给那些幸臣亲贵们挥霍吗？为什么我要生到这世上来？要是我那位王兄是英格兰的国王，我当然也是名正言顺的兰开斯脱公爵。您有一个儿子，我的奥墨尔贤弟；要是您先死了，他被人这样凌辱，他一定会从他的伯父刚脱身上找到一个父亲，替他伸雪不平。虽然我有产权证明书，他们却不准我声请执管我父亲的遗产；他生前所有的一切，都已被他们没收的没收，变卖的变卖，全部充作不正当的用途了。您说我应该怎么办？我是一个国家的臣子，要求法律的救援；可是没有一个辩护士替我仗义执言，所以我不得不亲自提出我的世袭继承权的要求。

诺 这位尊贵的公爵的确是被欺太过了。

罗 殿下应该替他主持公道。

惠 卑贱的小人因为窃据他的财产，已经身价十倍。

约 各位英国的贵爵们，让我告诉你们这一句话；对于我这位侄儿所受的屈辱，我也是很抱同情的，我曾经尽我所有的能力保障他的权利；可

---

① 黑太子(The Black Prince，1330—1376)，英王爱德华三世之子，以其甲胄为黑色，故名。——译者

是像这样声势汹汹地兴师动众而来，用暴力打开自己的路，凭着这样的手段剖明曲直，这种行为是万万不能容许的；你们帮助他作这种举动的人，也都是助逆的乱臣，国家的叛徒。

诺 这位尊贵的公爵已经宣誓他这次回国的目的，不过是要求他所原有的应得的权利；为了帮助他达到这个目的，我们都已经郑重宣誓给他充分的援力；谁要是毁弃了那一个誓言，愿他永远不见快乐！

约 好，好，我知道这一场干戈将会发生怎样的结果。我承认我已经无力挽回大局，因为我的军力是疲弱不振的；可是凭着那给我生命的造物主发誓，要是我有能力的话，我一定要把你们一起抓住，使你们在王上的御座之前匍匐乞命；可是我既然没有这样的力量，我只能向你们宣布，继续站在中立者的地位。再会吧；要是你们愿意的话，我很欢迎你们到我们堡里来安度一宵。

波 叔父，我们很愿意接受您的邀请；可是我们必须先劝您陪我们到勃力斯多堡去一次；据说那一处城堡现在为布希，巴谷脱，和他们的党徒所占领，这些都是祸国殃民的蠹虫，我已经宣誓要把他们歼灭。

约 也许我愿意陪你们同去；可是我不能不踟蹰，因为我不愿破坏我们国家的法律；既不是友人，也不是敌人，我用中立的身分欢迎你们；无可挽救的事，我只好置之度外了。（同下）

第四场　威尔斯；营地

【萨力斯拜雷及一队长上。

队长 萨力斯拜雷大人，我们已经等了十天之久，好容易把弟兄们笼络住了，没有让他们一哄而散；可是直到现在，还没有听见王上的消息，所以我们只好把队伍解散了。再会。

萨 再等一天吧，忠实的威尔斯人；王上把他全部的信任寄托在你的身上哩。

队长 人家都以为国王死了；我们不愿意再等下去。我们国里的月桂树已经一起枯萎；流星震撼着天空的星座；脸色苍白的月亮用一片血光照射大地;形容瘦瘠的预言家们交头接耳地传语着惊人的变化;富人们愁眉苦脸,害怕失去他们所享有的一切;无赖们鼓舞雀跃,因为他们可以享受到战争和劫掠的利益:这种种都是国王们死亡没落的预兆。再会吧,我们那些弟兄们因为相信他们的理查王已经不在人世,早已纷纷走散了。(下)

萨　啊,理查!凭着我的沉重的心灵之眼,我看见你的光荣像一颗流星,从天空中降落到卑贱的地上。你的太阳流着泪向西方沉没,望见未来的风暴,不幸,和扰乱。你的朋友都投奔你的敌人去了,命运完全站在和你反对的地位。(下)

第三幕

第一场　勃力斯多;波林勃洛克营地

【波林勃洛克、约克、诺登勃兰、亨利·泼息、惠罗比、洛斯同上;军官等押被俘之布希、格林随上。

波　把这两人带上来。布希,格林,你们的灵魂不久就要和你们的身体分别了,我不愿过分揭露你们生平的罪恶,使你们的灵魂痛苦,因为这是不人道的;可是为了从我的手上洗去你们的血,证明我没有冤杀无辜起见,我要在这儿当众宣布把你们处死的几个理由。你们把一个堂堂正统的君王导入歧途,使他陷于不幸的境地,在众人心目中全然失去了君主的尊严;你们引诱他昼夜嬉游,流连忘返,隔绝了他的王后和他两人之间的恩爱,使一个美貌的王后孤眠独宿,因为你们的罪恶而终日以泪洗面。我自己是国王近支的天潢贵胄,都是因为你们的离间中伤,挑拨是非,才使我失去他的眷宠,忍受着难堪的屈辱,在异邦的天空之下吐出我的英国人的叹息,咀嚼那流亡生活的苦味;你们一方面却侵占我的领地,毁坏我的苑囿,砍伐我的树林,从我自己的窗户上扯下我的家族的纹章，销灭了一切我所留下的痕迹，使我除了众人的公论和我的生存的血液以外，再也没有证据可以向世间表明我是一个贵族。这一切还有其他不止两倍于此的许多罪状，判定了你们的死刑。来，把他们带下去立刻处决。

布 我欢迎死亡的降临，甚于英国欢迎波林勃洛克。列位大人，再会了。

格 我所引为自慰的是上天将会接纳我们的灵魂，用地狱的酷刑谴责那些屈害忠良的罪人。

波 诺登勃兰伯爵，你去监视他们的处决。（诺及余人等押布、格同下）叔父，您说王后现在暂住在您的家里；为了上帝的缘故，让她得到优厚的待遇；告诉她我问候她的安好，千万不要忘了为我向她致意。

约 我已经差一个人去送信给她，告诉她您的好意了。

波 谢谢，好叔父。来，各位勋爵，我们现在要去向格伦道威和他的党徒作战；暂时辛苦你们一下，过后就可以坐享安乐了。（同下）

第二场　威尔斯海岸；一城堡在望

【喇叭吹花腔；鼓角齐鸣。理查王、卡莱尔主教、奥墨尔及军士等上。

理 前面这一座城堡，就是他们所称为巴克洛利堡的吗？

奥 正是，陛下。陛下经过这一次海上的风波，觉得这儿的空气怎样？

理 我不能不欢喜它；我因为再度站在我的国土之上，快乐得流下泪来了。亲爱的大地，虽然叛徒们用他们的铁骑蹂躏你，我要向你举手致敬；像一个和他的儿子久别重逢的母亲，疼爱的眼泪里夹着微笑，我也是含着泪含着笑和你相会，我的大地，并且用我至尊的手抚爱着你。不要供养你的君王的敌人，我的温柔的大地，不要用你甘美的蔬果滋润他的饕餮的肠胃；可是让那吮吸你的毒液的蜘蛛和臃肿不灵的蛤蟆挡住他的去路，螫刺那用僭逆的步伐践踏你的奸人的脚。为我的敌人们多生一些刺人的荆棘；当他们从你的胸前采下一朵鲜花的时候，请你让一条蜷伏的毒蛇守卫它，那毒蛇的双叉的舌头也许可以用致命的一触把你君王的敌人杀死。不要讥笑我的无意义的咒诅,各位贤卿;这大地将会激起它的义愤,这些石块都要成为武装的兵士,保卫他们祖国的君王,使他不至于屈服在万恶的叛徒的武力之下。

卡 不用担心,陛下;那使您成为国王的神明的力量,将会替您扫除一切障碍,维持您的王位。我们必须勇于接受上天所给与我们的机会,否则就是违弃了顺天行道,拯良除暴的使命。

奥 陛下,他的意思是说,我们太疏忽懈怠了;波林勃洛克乘着我们的不备,他的势力一天一天强大起来,响应他的人一天一天多起来了。

理 贤弟,你好多虑!你不知道当那炯察一切的天眼隐藏在地球的背后,照耀着下方世界的时候,盗贼们是会在黑暗中到处横行,干他们杀人流血的恶事的;可是当太阳从地球的下面升起,把东山的松顶烧成一片通红,它的光辉探照到每一处罪恶的巢窟的时候,暗杀,叛逆,和种种可憎的罪恶,因为失去了黑夜的遮蔽,就会在光天化日之下无所遁形,向着自己的影子战栗吗?现在我正在地球的另一端漫游,放任这窃贼,这叛徒,波林勃洛克,在黑夜之中肆意猖狂,可是他不久将要看见我从东方的宝座上升起,他的奸谋因为经不起日光的逼射,就会羞形于色,因为他自己的罪恶而战栗了。汹涌的怒海中所有的水,都洗不去涂在一个受命于天的君王顶上的圣油;世人的呼吸决不能吹倒天主所简选的代表。每一个在波林勃洛克的威压之下,向我的黄金的宝冠举起利刃来的兵士,上帝为了他的理查的缘故,会派遣一个光荣的天使把他击退;当天使们参加作战的时候,弱小的凡人必归于失败,因为上天是永远保卫正义的。

【萨力斯拜雷上。

理 欢迎,伯爵;你的军队驻在什么地方?

萨 说近不近,说远不远,陛下,除了我这一双无力的空手以外,我已经没有一兵一卒;烦恼控制着我的唇舌,使我只能说一些绝望的话。仅仅迟了一天的时间,陛下,我怕已经使你终身的幸福蒙上一层阴影了。啊!要是时间能够倒流,我们能够把昨天召唤回来,你就可以有一万二千个战士;今天,今天,太迟了的不幸的日子,却把你的欢乐,你的朋友,你的命运,和你的尊荣一起摧毁了;因为所有的威尔斯人听说你已经死去,有的投奔波林勃洛克,有的四散逃走,去得一个不剩了。

奥 宽心点儿,陛下! 您的脸色为什么这样惨白?

理 就在刚才,还有二万个战士的血充溢在我的脸上,现在它们都已经离我而去了;我失去了这么多的血,我的脸怎么不会惨白如死? 爱惜生命的人一个个离开了我,因为时间已经在我的傲气之上留下一个不可洗刷的污点。

奥 宽心,陛下! 记着您是什么人。

理 我已经忘记我自己了。我不是国王吗? 醒来,你这懈惰的国王! 不要再贪睡了。国王的名字不是可以抵得上二万个名字吗? 武装起来,我的名字! 一个微贱的小臣在打击你的伟大的光荣了。不要垂头丧气,你们这些被国王眷宠的人们;我们不是高出别人之上吗? 让我们把志气振作起来。我知道我的叔父约克还有相当的军力,可以帮我们打退敌人。可是谁来啦?

【史蒂芬·史格鲁泼爵士上。

史 愿健康和幸福降于陛下,忧虑锁住我的舌头,使我说不出其他颂祷的话来。

理 我的耳朵张得大大的,我的心也已经准备着一切;你所能向我宣布的最不幸的灾祸,不过是人世间的损失。说,我的王国灭亡了吗? 它本来是我的烦恼的根源;从此解除烦恼,那又算得什么损失? 波林勃洛克想要和我争雄夺霸吗? 他不会强过我;要是他敬奉上帝,我也敬奉上帝,在上帝之前,我们的地位是同等的。我的臣民叛变吗? 那是我所无能为力的事;他们不仅背叛了我,也同样背叛了上帝。高喊着灾祸,破坏,毁灭,丧亡,和没落吧;死是最不幸的结局,它必须得到它的胜利。

史 我很高兴陛下能够用这样坚毅的精神,忍受这些灾祸的消息。像一阵违反天时的暴风雨,使浩浩的河水淹没了它们的堤岸,仿佛整个世界都融化为眼泪一般，波林勃洛克的盛大的声威已经超越它的限度，您的恐怖的国土已经为他的坚硬而明亮的刀剑和他那比刀剑更坚硬的军心所吞掩了。白须的老翁在他们枯瘦而秃发的头上顶起了战盔反对你；喉音娇嫩的儿童拼命讲着夸大的话，在他们柔弱的身体上披起了坚硬而笨重的战甲反对你；即使受你恩施的贫民，也学会了弯起他们的杉木弓反对你；甚至于纺线的妇女们也挥舞着锈腐的戈矛反对你：年青的年老的一起叛变，一切比我所能说出来的情形更要坏上许多。

理 你把一段恶劣的故事讲得太好，太好了。惠脱奢伯爵呢？巴谷脱呢？布希怎么样啦？格林到那儿去了？为什么他们竟会让危险的敌人兵不血刃地踏进我们的国界？要是我得胜了，看他们保得住保不住他们的头颅。我敢说他们一定跟波林勃洛克讲和啦。

史 他们是跟他讲了和啦，陛下。

理 啊，奸贼，恶人，万劫不赦的东西！向任何人都会摇尾乞怜的狗！借着我的心头的血取暖，反而把我的心刺了一口的毒蛇！三个犹大，每一个都比犹大更恶三倍！他们会讲和吗？为了这一件过失，愿可怕的地狱向他们有罪的灵魂宣战！

史 亲密的情爱一旦受到激动，是会变成最深切的怨恨的。撤销您对他们的灵魂所作的咒诅吧；他们是用头，不是用手讲和的；您所咒诅的这几个人，都已经领略到死亡的最大的惨痛，在地下瞑目长眠了。

奥 布希、格林和惠脱奢伯爵都死了吗？

史 是的，他们都在勃力斯多失去了他们的头颅。

奥 我的父亲约克公爵和他的军队呢？

理 不必问他在什么地方。谁也不准讲那些安慰的话儿，让我们谈谈坟墓，蛆虫，和墓碑吧；让我们以泥土为纸，用我们淋雨的眼睛在大地的胸膛上写下我们的悲哀；让我们找几个遗产管理人，商议我们的遗嘱，——可是这也不必，因为我们除了把一具尸骸还给大地以外，还有什么可以遗留给后人的呢？我们的土地、我们的生命，一切都是波林勃洛克的，只有死亡和掩埋我们骨骼的一抔黄土，才可以称为属于我们自己所有。为了上帝的缘故，让我们坐在地上，讲些关于国王们的死亡的悲惨的故事；有些是被人废立的，有些是在战场上阵亡的，有些是被他们所废黜的鬼魂们魔祟的，有些是被他们的妻子所毒毙的，有些是在睡梦中被杀的，全都不得善终；因为在那围绕着一个凡世的国王头上的这顶空洞的王冠之内，正就是死神驻节的宫庭，这妖魔高坐在里边，揶揄他的尊严，姗笑他的荣华，给他一段短短的呼吸的时间，让他在舞台上露一露脸，使他君临万民，受尽众人的敬畏，一眨眼就可以致人于死命，把妄自尊大的思想灌注他的心头，仿佛这包藏着我们生命的血肉的皮囊，是一堵不可摧毁的铜墙铁壁一样；当他这样志得意满的时候，却不知道他的末日已经临近眼前，一枚小小的针就可以刺破他的壁垒，于是再会吧，国王！戴上你们的帽子；不要把严肃的敬礼施在一个凡人的身上；丢开传统的礼貌，仪式的虚文，因为你们这一向来都把我认错了；像你们一样，我也靠着面包生活，我也有欲望，我也尝味着悲哀，我也需要朋友；既然如此，你们怎么能对我说我是一个国王呢？

卡　陛下，聪明人决不袖手闲坐，嗟叹他们的不幸；他们总是立刻起来，防御当前的祸患。畏惧敌人徒然沮丧了自己的勇气，也就是削弱自己的力量，增加敌人的声势，等于使自己的愚蠢攻击自己。畏惧并不能免于一死，战争的结果大不了也不过一死。奋战而死，是以死亡摧毁死亡；畏怯而死，却做了死亡的奴隶。

奥　我的父亲还有一支军队；探听探听他的下落，也许我们还可以收拾残部，重振旗鼓。

理　你责备得很对。骄傲的波林勃洛克，我要来和你亲自交锋，一决我们的生死存亡。这一阵像疟疾发作一般的恐惧已经消失了；争回我们自己的权利，这并不是一件艰难的工作。说，史格鲁泼，我的叔父和他的军队驻扎在什么地方？说得好听一些，汉子，虽然你的脸色这样阴沉。

史 人们看着天色，就可以判断当日的气候；您也可以从我的黯淡而沉郁的眼光之中，知道我只能告诉您一些不幸的消息。我正像一个用苛刑拷掠的酷吏[①]，尽管用支吾延宕的手段，把最恶的消息留在最后说出。您的叔父约克已经和波林勃洛克联合了，您的北部的城堡已经全部投降，您的南方的战士也已经全体归附他的麾下。

理 你已经说得够了。（向奥）兄弟，我本来已经万虑皆空，你却又把我领到了绝望的路上！你现在怎么说？我们现在还有些什么安慰？苍天在上，谁要是再劝我安心宽慰，我要永远恨他。到弗林脱堡去；我要在那边忧思而死。我，一个国王，将要成为悲哀的奴隶；悲哀是我的君王，我必须服从他的号令。我手下所有的军士，让他们一起解散了吧；让他们回去耕种他们自己的田亩，那也许还有几分收获的希望，因为跟着我是再也没有什么希望了的。谁也不准说一句反对的话，一切劝告都是徒然的。

奥 陛下，听我说一句话。

理 谁要是用谄媚的话刺伤我的心，那就是给我双重的损害。解散我的随从人众；让他们赶快离开这儿，从理查的黑夜踏进了波林勃洛克的光明的白昼。（同下）

第三场　威尔斯；弗林脱堡前

【旗鼓前导，波林勃洛克率军队上；约克、诺登勃兰及余人等随上。

波 从这一个情报中，我们知道威尔斯军队已经解散，萨力斯拜雷和国王相会去了；据说国王带了少数的心腹，最近已经在这儿的海岸上登陆。

诺 这是一个大好的消息，殿下；理查一定躲在离此不远的地方。

---

① 此处“用苛刑拷掠的酷吏”原文是 torturer，意思是“施酷刑的人”，史格鲁泼这样说是因为觉得他向理查二世报告有关战局的消息是对理查王的痛苦折磨，所以尽量“支吾延宕”到最后才说出。——编者

约 诺登勃兰伯爵似乎应该说“理查王”才是；唉，想不到一位神圣的国王必须把他自己躲藏起来！

诺 您误会我的意思了；只是因为说起来简便一些，我才略去了他的尊号。

约 要是在以往的时候，你敢对他这样简略无礼，他也就会简单干脆地把你的头取了下来的。

波 叔父，您不要过分猜疑。

约 贤侄，你也不要作过分的攫取，否则也许你将要以为苍天就在我们的顶上。

波 我知道，叔父；我决不违抗上天的意志。可是谁来啦？

【亨利·波息上。

波 欢迎，哈利！怎么，这一座城堡不愿投降吗？

亨 殿下，一个最尊贵的人守卫着这座城堡，拒绝您的进入。

波 最尊贵的！啊，国王不在里边吗？

亨 殿下，正是有一个国王在里边；理查王就在那边灰石的围墙之内，跟他在一起的是奥墨尔公爵，萨力斯拜雷伯爵，史蒂芬·史格鲁泼爵士，此外还有一个道貌岸然的教士，我不知道他是个什么人。

诺 啊！那多分是卡莱尔主教。

波 （向诺）贵爵，请你到那座古堡的顽强的墙壁之前，用铜角把谈判的信号吹进它的残废的耳中，为我这样传言：亨利·波林勃洛克屈下他的双膝，敬吻理查王的御手，向他最尊贵的本人致献臣服的诚意和不贰的忠心；就在他的足前，我准备放下我的武器，遣散我的军队，只要他能答应撤销我的放逐的判决，归还我的应得的土地。不然的话，我要利用我的军力的优势，让那从被屠杀的英国人的伤口中流下的血雨浇溉夏天的泥土；可是我的谦卑的忠顺将会证明用这种腥红的雨点浸染理查王的美好的青绿的田野，决不是波林勃洛克的本意。去，这样对他说；我们就在这儿平坦的草原上整队前进。让我们进军的时候不要敲起惊人的鼓声，这样可以让他们从那城堡的摇摇欲倾的雉堞之上，仔细考虑我们合理的条件。我想理查王跟我会见的时候，将要像水火的交攻一样骇人，那彼此接触时的雷鸣似的巨响，可以把天空震破。让他做火，我愿意做柔顺的水；雷霆之威是属于他的，我只向地上浇洒我的雨露。前进！注意理查王的脸色。

【吹谈判信号，内吹喇叭相应。喇叭奏花腔。理查王、卡莱尔主教、奥墨尔、史格鲁泼及萨力斯拜雷登城。

亨 瞧，瞧，理查王亲自出来了，正像那赧颜而含愠的太阳，因为看见嫉妒的浮云要来侵蚀他的荣耀，污毁他那到西天去的光明的道路，所以从东方的火门里探出脸来一般。

约 可是他的神气多么像一个国王！瞧，他的眼睛，像鹰眼一般明亮，射放出慑人的威光。唉，唉！这样庄严的仪表是不应该被任何的损害所污毁的。

理 （向诺）你的无礼使我惊愕；我已经站了这一会儿工夫，等候你惶恐地屈下你的膝来，因为我想我是你的合法的君王；假如我是你的君王，你怎么敢当着我的脸前，忘记你的君臣大礼？假如我不是你的君王，请给我看那解除我的君职的上帝的敕令；因为我知道，除了用偷窃和篡夺的手段以外，没有一只凡人的血肉之手可以攫夺我的神圣的御杖。虽然你们以为全国的人心正像你们一样，都已经离弃了我，我现在众叛亲离，孤立无助；可是告诉你吧，我的君侯，万能的上帝正在他的云霄之中，为我召集降散瘟疫的天军；你们这些向我举起卑劣的手，威胁我的宝冕的庄严的叛徒们，可怕的天谴将要波及在你们尚未诞生的儿孙的身上。告诉波林勃洛克，——我想在那边的就是他，——他在我的国土上践踏着的每一个步伐都是重大的叛逆的行为；他要来展开一场腥红的血战，可是当那被他所追求的王冠安然套上他的头顶以前，一万颗血污的头颅将要毁损了英格兰的如花美颜，使她那处女一般苍白的和平的脸容变成赤热的愤怒，把忠实的英国人的血液浇洒她的牧场上的青草。

诺 上帝决不容许任何暴力侵犯我们的君主！你的高贵的兄弟哈利·波

林勃洛克谦卑地吻你的手；凭着你的伟大的祖父的光荣的陵墓，凭着你们两人系出同源的王族的血统，凭着他的先人刚脱的勇武的英灵，凭着他自己的身价和荣誉，他宣誓此来的目的，不过是希望归还他的先人的遗产，并且向你长跪请求立刻撤销他的放逐的处分；王上要是能够答应他这两项条件，他愿意收起他的辉煌的武器，让它们生起锈来，把他的战马放归厩舍，他的一片忠心，愿意永远为陛下尽瘁效劳。这是他凭着一个王子的身分所发的正直的誓言，我相信他绝对没有虚伪。

理 诺登勃兰，你去说，国王的答复是这样的：他竭诚欢迎他的高贵的兄弟回来；他的一切正当的要求，都可以毫无异议地接受下来。请你运用你的美妙的口才，替我向他殷勤致意。（**诺退下至波处**）（**向奥**）贤弟，我这样卑颜甘语，不是太自贬身分了吗？你说我要不要叫诺登勃兰回来，对他宣告我向那叛贼挑战的意思，让我们拼着一战而死？

奥 不，陛下，让我们暂时用温和的言语作战，等我们有了可以用实力帮助我们的朋友以后，再来洗雪今天的耻辱吧。

理 上帝啊！上帝啊！想不到我的舌头向那骄傲的汉子宣布了严厉的放逐的判决，今天却要用柔和的字句撤销我的前言。啊！我希望我是一个像我的悲哀一样庞大的巨人，或者是一个比我的名号远为渺小的平民；但愿我能够忘记我的以往的尊严，或者茫然于我的目前的处境。

奥 诺登勃兰从波林勃洛克那边回来了。

理 国王现在应该怎么办？他必须屈服吗？国王必须屈服。他必须被人废立吗？国王必须逆来顺受。他必须失去国王的名义吗？凭着上帝的名义，让它去吧。我愿意把我的珍宝换一串祈祷的念珠，把我的豪华的宫殿换一所隐居的茅庵，把我的富丽的袍服换一件贫民的布衣，把我的雕刻的酒杯换一只粗劣的木盏，把我的王节换一根游方僧的手杖，把我的人民换一双圣徒的雕像，把我的广大的王国换一座小小的坟墓，一座小小的小小的坟墓，一座荒僻的坟墓；或者我愿意埋葬在国王的大道之中,商旅来往频繁的所在,让人民的脚每小时践踏在他们君王的头上,因为当我现在活着的时候,他们尚且在蹂躏着我的心,那么我一旦埋骨地下,为什么不可以践踏我的头呢?奥墨尔,你在流泪了,我的软心肠的兄弟!让我们用可憎的眼泪和叹息造成一场狂风暴雨,摧折那盛夏的谷物,使这叛变的国土之内到处饥荒。或者我们要不要玩弄我们的悲哀,把流泪作为我们的游戏?我们可以让我们的眼泪尽是流在同一的地面之上,直到它们替我们冲成了一对墓穴,上面再刻起了这样的文字:"这儿长眠着两个亲人,他们用泪眼掘成他们的坟墓。"这样不是很好吗?好,好,我知道我不过在说些无聊的废话,你们都在笑我了。最尊严的君侯,我的诺登勃兰大人,波林勃洛克王怎么说?他允许让理查活命,直到理查寿命告终的一天吗?你只要弯一弯腿,波林勃洛克就会点头答应的。

诺 陛下,他在阶下恭候着您,请您下来吧。

理 下来,下来,我来了;就像驾驭日轮的腓东[①],因为他的马儿不受羁勒,从云端翻身坠落一般。在阶下?阶下,那正是堕落了的国王奉着叛徒的呼召,颠倒向他致敬的所在。在阶下?下来?下来吧,国王!因为冲天的云雀的歌鸣,已经被夜枭的叫声所代替了。(自上方下)

波 王上怎么说?

诺 悲哀和忧伤使他言语痴迷,像一个疯子一般。可是他来了。

【理查王及侍从等上。

波 大家站开些,向王上敬礼。(跪)我的仁慈的陛下,——

理 贤弟,你这样未免有屈你的贵膝,使卑贱的泥土因为吻着它而自傲了;我宁愿我的心感到你的温情,我的眼睛却并不乐于看见你的敬礼。起来,兄弟,起来;虽然你低屈着你的膝,我知道你有一颗奋起的雄心。

---

① 腓东(Phaethon),希腊神话中太阳神阿波罗的儿子,因强驾阿波罗的太阳车却又无法掌控,结果,从天上跌下致死。——编者

波 陛下,我不过是来要求我自己的权利。

理 你自己的一切是属于你的,我也是属于你的,一切全都是属于你的。

波 我的最尊严的陛下,但愿我的微诚能够辱邀眷注,一切都是出于陛下的恩赐。

理 你尽可以受之无愧;谁要是知道用最有力而最适当的手段取得他所需要的事物,他就有充分享受它的权利。叔父,把你的手给我;不,揩干你的眼睛;眼泪虽然可以表示善意的同情,却不能挽回已成的事实。兄弟,我太年青了,不配做你的父亲,虽然按照年龄,你很有资格做我的后嗣。你要什么我都愿意心悦诚服地送给你,因为我们必须顺从环境压力的支配。现在我们要向伦敦进发,贤弟,是不是?

波 正是,陛下。

理 那么我就不能说一个不字。(喇叭奏花腔,同下)

第四场　兰格雷;约克公爵府中花园

【王后及二宫女上。

后 我们在这儿园子里面,应该想出些什么游戏来排遣我们的忧思?

宫女甲 娘娘,我们来滚木球玩儿吧。

后 它会使我想起这是一个障碍重重的世界,我的命运已经逸出了它的正轨。

宫女甲 娘娘,我们来跳舞吧?

后 我的可怜的心头充满了无限的哀愁,我的脚下再也跳不出快乐的节奏;所以不要跳舞,姑娘,想些别的顽意儿吧。

宫女甲 娘娘,那么我们来讲故事好不好?

后 悲哀的还是快乐的?

宫女甲 娘娘,悲哀的也要讲,快乐的也要讲。

后 悲哀的我也不要听,快乐的我也不要听;因为假如是快乐的故事,我是一个全然没有快乐的人,它会格外提起我的悲哀;假如是悲哀的故事,我的悲哀已经太多了,它会使我在悲哀之上再加悲哀。我所已有的，我无须反复絮说；我所缺少的，抱怨也没有用处。

宫女甲 娘娘，让我唱支歌儿给您听听。

后 你要是有那样的兴致，那也好；可是我倒宁愿你向我哭泣。

宫女甲 娘娘，要是哭泣可以给您安慰，我也会哭一下子的。

后 要是哭泣可以给我安慰，我也早就会唱起歌来，用不到告借你的眼泪了。可是且慢，园丁们来了；让我们走进这些树木的阴影里去。我可以打赌，他们一定会谈到国家大事；因为每次政局发生变化的时候，谁都会对国事发一些议论的。（后及宫女等退后）

【一园丁及二仆人上。

园丁 去，你把那边挂下来的杏子扎了起来，它们像顽劣的子女一般，使它们的老父因为不胜重负而控腰屈背；那些弯曲的树枝你要把它们支撑住了。你去做一个刽子手，斩下那些长得太快的小枝的头，它们在咱们的共和国里太显得高傲了，咱们国里一切都应该平等的。你们去做各人的事，我要去割下那些有害的莠草，它们本身没有一点用处，却会吸收土壤中的肥料，阻害鲜花的生长。

甲仆 我们何必在这小小的围墙之内，保持着法纪，秩序，和有条不紊的布置，夸耀我们雏型的治绩；你看我们那座以大海为围墙的花园，我们整个的国土，不是莠草蔓生，她的最美的鲜花全都窒息而死，她的果树无人修剪，她的篱笆东倒西歪，她的佳卉异草，被虫儿蛀得枝叶凋残吗？

园丁 不要胡说。那容忍着这样一个无秩序的春天的人，自己已经遭到落叶飘零的命运；那些托庇于他的广布的枝叶之下，名为拥护他，实则在吮吸他的精液的莠草，全都被波林勃洛克连根拔起了；我的意思是说惠脱奢伯爵和布希、格林那些人们。

甲仆 什么！他们死了吗？

园丁 他们都死了；波林勃洛克已经捉住那个浪荡的国王。啊！可惜他不曾像我们治理这座花园一般治理他的国土！我们每年按着时季，总要略微割破我们果树的外皮，因为恐怕它们过于肥茂，反而结不出果子;要是他能够用同样的手段,对付那些威权浸盛的人们,他们就可以自知戒饬,他也可以尝味到他们忠心的果实。对于多余的旁枝,我们总是毫不吝惜地把它们剪去,让那结果的干枝繁荣滋长;要是他也能够采取这样的办法,他就可以保全他的王冠,不至于在嬉戏游乐之中把它轻轻断送了。

甲仆 呀！那么你想国王将要被他们废立吗?

园丁 他现在已经被人压倒,说不定他们会把他废立的。约克公爵的一位好朋友昨晚得到那边来信,信里边说着的都是一些很坏的消息。

后 啊！我再不说话,快要闷死了。(**上前**)你这地上的亚当,你是来治理这座花园的,怎么敢掉弄你的粗鲁放肆的舌头,说出这些不愉快的消息?那一个夏娃,那一条蛇,引诱着你,想造成被咒诅的人类第二次的堕落?为什么你要说理查王被人废立?你这比无知的泥土略胜一筹的蠢物,你竟敢预言他的没落吗?说,你是在什么地方,什么时候,怎样听到这些恶劣的消息的?快说,你这贱奴。

园丁 恕我,娘娘;说出这样的消息,对于我并不是一件快乐的事,可是我所说的都是事实。理查王已经在波林勃洛克的强力的挟持之下;他们两人的命运已经称量过了:在您的主上这一方面,除了他自己本身以外一无所有,只有他那一些随身的虚骄的习气,使他显得格外轻浮;可是在伟大的波林勃洛克这一方面,除了他自己以外,有的是全英国的贵族;这样两相比较,就显得轻重悬殊,把理查王的声势压下来了。您赶快到伦敦去,就可以自己看个明白;我所说的不过是每一个人都知道的事实。

后 捷足的灾祸啊,为什么你偏偏不把你的消息向我传告,直到最后才让我知道呢?啊！你以为最后告诉了我,可以使我把悲哀长留胸臆吗?来,姑娘们,我们到伦敦去,会一会伦敦的不幸的君王吧。唉！难道我活了这一辈子,现在必须用我的悲哀的脸色,欢迎伟大的波林勃洛克的凯旋吗?园丁,因为你告诉我这些不幸的消息,但愿上帝使你种下的草木永远不能生长。(**后及宫女等下**)

园丁 可怜的王后！要是你能够保持你的尊严的地位，我也甘心受你的咒诅，牺牲我的毕生的技能。这儿她落下过一颗眼泪；就在这地方，我要种下一列苦味的芸香；这象征着忧愁的芳草不久将要抽条布叶，纪念一位哭泣的王后。（同下）

第四幕

第一场 伦敦；威斯明斯脱大厅

【中设御座，诸显贵教士列坐右侧，贵族列坐左侧，平民立于阶下。波林勃洛克、奥墨尔、奢累、诺登勃兰、亨利·波息、费兹华脱、另一贵族、卡莱尔主教、威斯明斯脱长老及侍从等上。警吏等押巴谷脱随上。

波 叫巴谷脱上来。巴谷脱，老实说吧，你知道尊贵的葛罗斯脱是怎么死的；谁在国王面前挑拨是非，造成那次惨案；谁是动手干这件流血的暴行，使他死于非命的正凶主犯？

巴 那么请把奥墨尔公爵叫到我的面前来。

波 贤弟，站出来，瞧瞧那个人。

巴 奥墨尔公爵，我知道您的勇敢的舌头决不会否认它过去所说的话。那次阴谋杀害葛罗斯脱的时候，我曾经听见您说，“我的手臂不是可以从这儿安静的英国宫廷里，一直伸到卡莱，取下我的叔父的首级来吗？”同时在其他许多谈话之中，我还听见您说，您宁愿拒绝十万克郎的厚赠，不让波林勃洛克回到英国来；您还说，要是您这位族兄死了，对于国家是一件多大的幸事。

奥 各位贵爵，各位大人，我应该怎样答复这个卑鄙的小人？我必须自贬身分，站在同等的地位上和他辩驳吗？我必须这样做，否则我的荣誉就要被他的谗口所污毁。这儿我掷下我的手套，它是一道催命的令牌,注定把你送下地狱里去。我说你说的都是诳话,我要用你心头的血证明你的言辞的虚伪,虽然像你这样下贱之人,杀了你也会污了我的武士的宝剑。

波 巴谷脱,住手! 不准把它拾起来。

奥 他激动了我满腔的怒气;除了一个人之外,我希望他是这儿在场众人之中地位最高的人。

费 要是你只肯向同等地位的人表现你的勇气,那么奥墨尔,这儿我向你掷下我的手套。凭着那照亮你的嘴脸的光明的太阳起誓,我曾经听见你大言不惭地说过,尊贵的葛罗斯脱是死在你手里的。要是你二十次否认这一句话,也免不了诳言欺人的罪名,我要用我的剑锋把你的诳话送还到你那充满着奸诈的心头。

奥 懦夫,你没有那样的胆量。

费 凭着我的灵魂起誓,我希望现在就和你决一生死。

奥 费兹华脱,你这样诬害忠良,你的灵魂要永坠地狱了。

亨 奥墨尔,你说诳;他对你的指斥全然是他的忠心的流露,不像你一身都是奸伪。这儿我掷下我的手套,拼着我的最后一口气,我要证明你是怎样一个家伙;你有胆量把它拾起来吧。

奥 要是我不把它拾起来,愿我的双手一起烂掉,永远不再向我的敌人的辉煌的战盔挥动复仇的血剑!

一贵族 我也向地上掷下我的手套,背信的奥墨尔;为要激恼你的缘故,我要从朝到晚,不断地向你奸诈的耳边高呼着说诳。这儿是我的荣誉的信物;要是有胆量的话,你就该接受我的挑战。

奥 还有谁要向我挑战? 凭着上天起誓,我要向一切人掷下我的手套。在我的一身之内,藏着一千个勇敢的灵魂,两万个像你们这种家伙我都对付得了。

奢 费兹华脱大人,我记得很清楚那一次奥墨尔跟您的谈话。

费 不错不错,那时候您也在场;您可以证明我的话是真的。

奢 苍天在上,你的话全然是假的。

费 奢累,你说谎!

奢 卑鄙无耻的孩子! 我的宝剑将要重重地惩罚你,叫你像你父亲的尸骨一般,带着你的谎话长眠地下。为了证明你的虚伪,这儿是代表我的荣誉的手套,要是你有胆量,接受我的挑战吧。

费 一头奔马是用不到你的鞭策的。要是我有敢吃,敢喝,敢呼吸,敢生活的胆量,我就敢在旷野里和奢累相会,用唾沫吐在他的脸上,说他说谎,说谎,说谎。这儿是我的应战的信物,凭着它我要给你一顿切实的教训。我重视我的信誉,因为我希望在这新天地内扬名显达;我所指控的奥墨尔的罪状一点没有虚假。而且我还听见被放逐的诺福克说过,他说是你,奥墨尔,差遣你手下的两个人到卡莱去把那尊贵的公爵杀死的。

奥 那一位正直的基督徒为我作证?[①] 这儿我向诺福克掷下我的手套,因为他说了谎话;要是他遇赦回来,我要和他作一次荣誉的决赛。

波 你们已经接受各人的挑战,可是你们的争执必须等诺福克回来以后再行决定。他将要被赦回国,虽然是我的敌人,他的土地产业都要归还给他。等他回来了,我们就可以判定奥墨尔是否有罪。

卡 那样的好日子是再也见不到的了。流亡国外的诺福克曾经好多次在光荣的基督徒的战场上,为了耶稣基督而奋战,向黑暗的异教徒,土耳其人,撒拉逊人招展着基督教的十字圣旗;后来他因为不堪鞍马之劳,在意大利退隐闲居,就在威尼斯他把他的身体奉献给那可爱的国土,把他纯洁的灵魂奉献给他的主帅基督,在基督的旗帜之下,他曾经作过这样长期的苦战。

波 怎么,主教,诺福克死了吗?

卡 正是,殿下。

---

① 此处原手稿中为逗号,疑为笔误。——编者

波 愿温柔的和平把他善良的灵魂接引到亚伯拉罕①老祖的胸前！各位互相控诉的贵爵们，你们各自信守你们的誓约，等我替你们指定了一个审判的日期，再来解决你们的争执。

【约克率侍从上。

约 伟大的兰开斯脱公爵，我奉铩羽归来的理查之命，向你传告他的意旨；他已经全心乐愿地把你立为他的嗣君，把他至尊的御杖交在你的庄严的手里。他现在已经退位让贤，升上他的宝座吧；亨利四世万岁！

波 凭着上帝的名义，我要升上御座。

卡 嗳哟，上帝不允许这样的事！在这儿济济多才的诸位贵人之间，也许我的钝口拙舌，只会遭人嗔怪，可是我必须凭着我的良心说话。你们都是为众人所仰望的正人君子，可是我希望在你们中间能够找得出一个真有资格审判尊贵的理查的公平正直的法官！要是真有那样的人，他的高贵的精神一定不会使他犯下这样重大的错误。那一个臣子可以判定他的国王的罪名？在座的众人，那一个不是理查的臣子？窃贼们即使罪状确凿，审判的时候也必须让他亲自出场，难道一位代表上帝的威严，为天命所简选而治理万民，受圣恩的膏沐而顶戴王冠，已经秉持多年国政的赫赫君王，却可以由他的臣下们任意判断他的是非，而不让他自己有当场辩白的机会？上帝啊！这是一个基督教的国土，千万不要让这些文明优秀的人士干出这样一件无道，黑暗，卑劣的行为！我用一个臣子的身分向臣子们说话，受到上帝的鼓动，这样大胆地为他的君王辩护。这位被你们称为国王的喜尔福特公爵是一个欺君罔上的奸恶的叛徒；要是你们把王冠加在他的头上，让我预言英国人的血将要滋润英国的土壤，后世的子孙将要为这件

---

① 亚伯拉罕（Abraham）：传说中希伯来民族和阿拉伯民族的共同祖先，也是犹太教、基督教和伊斯兰教共同的先知，是上帝从地上众生中所拣选并给予祝福的人。——编者

罪行而痛苦呻吟;和平将要安睡在土耳其人和异教徒的国内,扰攘的战争将要破坏我们这和平的乐土,造成骨肉至亲自相残杀的局面;混乱,恐怖,惊慌和暴动将要在这里驻留,我们的国土将要被称为各各他①,堆积骷髅的荒场。啊! 要是你们帮助一个王族中人倾覆他的同族的君王,结果会造成这被咒诅的世界上最不幸的分裂。阻止它,防免它,不要让它实现,免得你们的子孙和你们子孙的子孙向你们呼冤叫苦。

诺 你说得很好,主教;为了报答你这一番唇舌之劳,我们现在要用叛国的罪名逮捕你。威斯明斯脱长老,请你把他管押起来,等我们定期审判他。各位大人,你们愿不愿意接受平民的请愿?

波 把理查带来,让他当着众人之前俯首服罪,我们也可以免去擅权僭越的嫌疑。

约 我去领他来。(下)

波 各位贵爵,你们中间凡是有犯罪嫌疑而应该受到逮捕处分的人,必须各自具保,静候裁判。(向卡)我们不能感佩你的好意,也不希望你给我们什么助力。

【约克率理查王及众吏捧王冠等物重上。

理 唉! 我还没有忘记我是一个国王,为什么就要叫我来参见新君呢? 我简直还没有开始学习逢迎献媚,弯腰屈膝这一套本领;你们应该多给我一些时间,让悲哀教给我这些表示恭顺的方法。可是我很记得这些人的脸貌,他们不都是我的臣子吗? 他们不是曾经向我高呼"万福"吗? 犹大也是这样对待基督;可是在基督的十二门徒之中,只有一个人不忠于他;我在一万二千个臣子中间,却找不到一个忠心的人。上帝保佑吾王! 没有一个人说"阿们"吗? 我必须以祭司而兼任

① 各各他(Golgotha),耶稣被钉死于十字架之地,意为髑髅地。——译者

执事[①]吗？那么好，阿们。上帝保佑吾王！虽然我不是他，可是我还是要说要阿们，也许在上天的心目之中，还以为他就是我。你们叫我到这儿来，有些什么使唤？

约 请你履行你的自动倦勤的诺言，把你的国政和王冠交卸给亨利·波林勃洛克。

理 把王冠给我。这儿，贤弟，把王冠拿住了；这边是我的手，那边是你的手。现在这一顶黄金的宝冠就像一口深井，两个吊桶一上一下地向这井中汲水；那空的一桶总是在空中跳跃，满的一桶却在底下不给人瞧见；我就是那下面的吊桶，充满着泪水，在那儿饮泣吞声，你却在高空之中顾盼自雄。

波 我以为你是自愿让位的。

理 我愿意放弃我的王冠，可是我的悲哀仍然是我自己的。你可以解除我的荣誉和尊严，却不能夺去我的悲哀；我仍然是我的悲哀的君王。

波 你把王冠给了我，同时也把你的一部分的忧虑交卸给了我了。

理 你的新添的忧虑并不能抹杀我的旧有的忧虑。虽然我把忧虑给了你，我仍然占有着它们；它们追随着王冠，可是永远不离开我的身边。

波 你愿意放弃你的王冠吗？

理 是，不；不，是；我是一个没用的废人，一切听从你的尊意。现在瞧我怎样毁灭我自己：从我的头上卸下这千斤的重压，从我的手里放下这粗笨的御杖，从我的心头丢弃了君主的威权；我用自己的泪洗去我的圣油，用自己的手送掉我的王冠，用自己的舌头否认我的神圣的地位，用自己的嘴唇免除一切臣下的敬礼；我摒绝一切荣华和尊严，放弃我的采地，租税，和收入，撤销我的诏谕，命令，和法律；愿上帝宽宥一切对我毁弃的誓言！愿上帝使一切对你所作的盟约永无更改！让我这一无所有的人为了一无所有而悲哀，让你这享有一切的人为了

---

① 祭司是在宗教祭祀活动中主持祭典的人，是一种高级的神职；执事则是比较低级的神职，主要承担各项教会的底层工作。——编者

一切如愿而满足！愿你千秋万岁安坐在理查的宝位之上，愿理查早早长眠在黄土的垅中！上帝保佑亨利王！失去王冠的理查这样说；愿他享受无数阳光灿烂的岁月！还有什么别的事情没有？

诺 （以一纸示理）没有，就是要请你读一读这些人家控诉你的宠任小人，祸国殃民的重大的罪状；你亲口招认以后，世人就可以明白你的废立是咎有应得的。

理 我必须这样做吗？我必须一丝一缕地剖析我的错综交织的谬误吗？善良的诺登勃兰，要是你的过失也被人家记录下来，叫你当着这些贵人之前朗声宣读，你会自知羞愧吗？在你的罪状之中，你将会发现一条废君毁誓的极恶重罪，它是用黑点标出，揭载在上天降罚的册籍里的。嘿，你们这些站在一旁，瞧着我被困苦所窘迫的人们，虽然你们中间有些人和彼拉多[①]一同洗过手，表示你们表面上的慈悲，可是你们这些彼拉多们已经在这儿把我送上了苦痛的十字架，没有水可以洗去你们的罪恶。

诺 我的王爷，快些，把这些条款读下去。

理 我的眼睛里满是泪，我瞧不清这纸上的文字；可是眼泪并没有使我完全盲目，我还看得见这儿一群叛徒们的脸貌。嗷，要是我把我的眼睛转向着自己，我会发现自己也是叛徒的同党，因为我曾经亲自答应把一个君王的庄严供人凌辱，造成这一种尊卑倒置，主奴易位，君臣失序，朝野混淆的现象。

诺 我的王爷——

理 我不是你的什么王爷，你这样盛气凌人的家伙，我也不是任何人的主上；我是一个无名无号的人，我在洗礼盘前领受的名字，已经被人篡夺去了。唉，不幸的日子！想不到我枉度了这许多岁月，现在却不知道应该用什么名字称呼我自己。啊！但愿我是一尊用白雪堆成的国王塑像，站在波林勃洛克的阳光之前，全身化水而溶解！善良的国

---

① 彼拉多(Pilate)，将耶稣钉死于十字架之罗马总督。——译者

王,伟大的国王,——虽然你不是一个盛德之君,——要是我的话在英国还能发生效力,请吩咐他们立刻拿一面镜子到这儿来,让我看一看我在失去君主的威严以后,还有一张怎样的脸孔。

波 那一个人去拿面镜子来。(一从者下)

诺 镜子已经去拿了,你先把这纸上的文字念起来吧。

理 魔鬼!我还没有下地狱,你就这样折磨我。

波 不要逼迫他了,诺登勃兰伯爵。

诺 那么平民们是不会满足的。

理 他们将会得到满足;当我看见那本记载着我的一切罪恶的书册,那就是当我看见我自己的时候,我将要从它上面念到许多的事情。

【从者持镜重上。

理 把镜子给我,我要借着它阅读我自己。还不曾有深一些的皱纹吗?悲哀把这许多的打击加在我的脸上,却没有留下深刻的伤痕吗?啊,谄媚的镜子!正像在我荣盛的时候跟随我的那些人们一样,你欺骗了我。这就是每天有一万个人托庇于他的广厦之下的那张脸吗?这就是像太阳一般使人不敢仰视的那张脸吗?这就是曾经面对许多荒唐的愚行,最后却在波林勃洛克之前黯然失色的那张脸吗?一道脆弱的光辉闪耀在这脸上,这脸儿也正像不可恃的荣光一般脆弱,(以镜猛掷地上)瞧它经不起用力一掷,就碎成片片了。沉默的国王,注意这一场小小的游戏中所含的教训吧,瞧我的悲哀怎样在片刻之间毁灭了我的容颜。

波 你的悲哀的影子毁灭了你的面貌的影子。

理 把那句话再说一遍。我的悲哀的影子!哈!让我想一想。一点不错,我的悲哀都在我的心里;这些外表上的伤心恸哭,不过是那悄悄地充溢在受难的灵魂中的不可见的悲哀的影子,它的本体是在内心潜藏着的。国王,谢谢你的广大的恩典,你不但给我哀伤的原因,并且教给我怎样悲恸的方法。我还要请求一个恩典,然后我就向你告辞,不再烦扰你。你能不能答应我?

波 说吧，亲爱的王兄。

理 “亲爱的王兄！”我比一个国王更伟大，因为当我做国王的时候，向我谄媚的人不过是一群臣子；现在我自己做了臣子，却有一个国王向我谄媚。既然我是这样了不得的一个人，我也不必开口求人了。

波 可是说出你的要求来吧。

理 你会答应我的要求吗？

波 我会答应你的。

理 那么准许我去。

波 到那儿去？

理 随便你叫我到那儿去都好，只要让我不再看见你的脸。

波 来几个人把他送到塔里去。

理 啊，很好！你们都是送往迎来的人，靠着一个真命君王的没落捷足高升。（若干卫士押理下）

波 下星期三我们将要郑重举行加冕的典礼；各位贤卿，你们就去准备起来吧。（除卡莱尔主教、威斯明斯脱长老及奥墨尔外均下）

威 我们已经在这儿看到了一幕伤心的惨剧。

卡 悲惨的事情还在后面；我们后世的子孙将会觉得这一天对于他们就像荆棘一般刺人。

奥 你们两位神圣的教士，难道没有计策可以从我们这国土之上除去这罪恶的污点吗？

威 大人，在我大胆地向您吐露我的衷曲以前，您必须郑重宣誓，不但为我保守秘密，并且还要尽力促成我的计划。我看见你们的眉宇之间充满了不平之气，你们的心头填塞着悲哀，你们的眼中洋溢着热泪。跟我回去晚餐；我要定下一个计策，它会使我们重见快乐的日子。（同下）

第五幕

第一场　伦敦;直达塔狱之街道

【王后及宫女等上。

后　王上将要到这一条路上来;这就是通到裘力斯·该撒所造下的那座万恶的高塔去的路,我的主已经被骄傲的波林勃洛克判定在那高塔的顽石的胸中做一个囚人。让我们在这儿休息片刻,要是这叛逆的大地还有尺寸之土,可以容许它的真正的国君的元后歇足的话。

【理查王及卫士上。

后　可是且慢,瞧,不,还是转过脸去,不要瞧我那美丽的蔷薇萎谢吧;可是抬起头来,看看他,也许怜悯会使你们融为甘露,用你们真情的眼泪重新润泽他的娇颜。啊!你这古代特洛埃英雄的典型,你这荣誉的仪范,你是理查王的墓碑,不是理查王自己;你这富丽的旅舍,为什么你容留丑陋的悲哀寄住,却让胜利的欢乐去作下等酒肆中的顾客呢?

理　不要和悲哀携手,美人,不要加重我的悲哀,使我太早结束我的生命。记着,好人儿,你应该想我们过去的荣华不过是一场美妙的幻梦;现在从梦里醒来,才发现了我们真实的处境。我是冷酷的穷困的结盟兄弟,爱人,他跟我将要到死厮守在一起。你快到法国去,找一所庵院栖隐吧;我的尘世的王冠已经因为自己的荒唐而失去了,从今以后,我们圣洁的生涯将要为我们赢得一顶新世界的冠冕。

后　什么!我的理查在外形和心灵上都已经换了样子,变得这样孱弱了吗?难道波林勃洛克把你的理智也剥夺去了?他占据着你的心吗?狮子在临死的时候,要是找不到其他复仇的对象,也会伸出它的脚爪挖掘泥土,发泄它的战败的愤怒;你是一头狮子,万兽中的君王,却甘心像一个学童一般，俯首贴耳地受人鞭挞，奴颜婢膝地向人乞怜吗？

理 万兽之王！真的我不过做了一群畜类的首脑；要是它们稍有人心，我至今还是一个人类中的幸福的君王。我的旧日的王后，你快准备准备到法国去吧；你不妨以为我已经死了，就在这儿，你在我的临终的床前向我作了最后的诀别。在寒冬冗长的夜里，你和善良的老妇们围炉闲坐，让她们讲给你听一些古昔悲惨的故事；你在向她们道晚安以前，为了解除她们的悲哀，就可以告诉她们我的一生的痛史，让她们听了一路流着眼泪回去睡觉；即使无知的火炬听了你的动人的怨诉，也会流下同情之泪，把它的火儿浇熄，有的将要在寒灰中哀悼，有的将要披上焦黑的丧服，追念一位被废立的合法的君王。

【诺登勃兰率侍从上。

诺 王爷，波林勃洛克已经改变他的意旨；您必须到邦弗雷脱，不用到塔里去了。娘娘，这儿还有对您所发的命令；您必须尽快动身到法国去。

理 诺登勃兰，你是野心的波林勃洛克升上我的御座的阶梯，你们的罪恶早已贯盈，不久就要在你们中间造成分化的现象。你的心里将要这样想，虽然他把国土一分为二，把一半给了你，可是你有帮助他君临全国的大功，这样的报酬还嫌太小；他的心里却是这样想，你既然知道怎样扶立非法的君王，当然也知道怎样从僭窃的御座上把他推倒。恶人的友谊一下子就会变成恐惧，恐惧会引起彼此的憎恨，憎恨的结果，总有一方或双方得到咎有应得的死亡或祸报。

诺 我的罪恶由我自己承担，这就完了。你们互相道别吧；因为从此以后，你们不能再在一起了。

理 二度的离婚！恶人，你破坏了一段双重的婚姻；你使我的王冠离开了我，又要使我离开我的结发的妻子。让我用一吻撤销你我之间的盟誓；可是不，因为那盟誓是用一吻缔结的。分开我们吧，诺登勃兰。我向北方去，凛冽的寒风和瘴疠在那边逞弄它们的淫威；我的妻子向法国去，她从那边初到这儿来的时候，严妆华服，正像娇艳的五月，现在悄然归去,却像寂无生趣的寒冬。

后 那么我们必须分手吗? 我们不能再在一起了吗?

理 是的,我的爱人,我们的手儿不再相触,我们的心儿不再交通。

后 把我们两人一起放逐,让王上跟着我去吧。

诺 那可以表示你们的恩爱,可是却不是最妥当的政策。

后 那么他到什么地方去,我也到什么地方去。

理 要是这样的话,我们两人就要相对流泪,使彼此的悲哀合而为一了。还是你在法国为我流泪,我在这儿为你流泪吧;与其近而不见,不如彼此远隔。去,用叹息计数你的路程,我将用痛苦的呻吟计数我的路程。

后 那么最长的路程将要听到最长的呻吟。

理 我的路是短的,每一步我将要呻吟两次,再用一颗沉重的心补充它的不足。来,来,当我们向悲哀求婚的时候,我们应该越快越好,因为和它结婚以后,我们将要忍受长期的痛苦。让一个吻堵住我们两人的嘴,然后默默地分别;凭着这一个吻,我把我的心给了你,也把你的心取了来了。(二人相吻)

后 把我的心还我;你不应该把你的心交给我保管,因为它将会在我的悲哀之中憔悴而死。(二人重吻)现在我已经得到我自己的心,去吧,我要竭力用一声惨叫把它杀死。

理 我们这样痴心的留恋,简直在玩弄着痛苦。再会吧,让悲哀代替我们诉说一切不尽的余言。(各下)

第二场　同前;约克公爵府中一室

【约克及其夫人上。

约夫人 夫君,您刚才正要告诉我我们那两位侄子到伦敦来的情形,可是您讲了一半就哭了起来,没有把这段话说下去。

约 我讲到什么地方?

约夫人 您刚说到那些粗暴而无礼的手从窗口里把泥土和秽物丢到理查

王的头上;说到这里,悲哀就使您停住了。

约 我已经说过,那时候那位公爵,伟大的波林勃洛克,骑着一匹勇猛的骏马,它似乎认识它的雄心勃勃的骑士,用缓慢而庄严的步伐徐徐前进,所有的人们都齐声高呼,“上帝保佑你,波林勃洛克!”你会觉得窗子都在开口说话;那么许多青年和老人的贪婪的眼光,从窗孔里向他的脸上投射他们热烈的瞥视;所有的墙壁都仿佛在异口同声地说,“耶稣保佑你! 欢迎,波林勃洛克!”他呢,一会儿向着这边,一会儿向着那边,对两旁的人们脱帽点首,他的头垂下得比他那骄马的颈项更低,他向他们这样说,“谢谢你们,各位同胞”;这样一路上打着招呼而过去。

约夫人 唉,可怜的理查! 这时候他骑着马在什么地方呢?

约 正像在一座戏院子里,当一个红角下场以后,观众用冷淡的眼光注视着后来的伶人,觉得他的饶舌十分可厌一般;人们的眼睛也正是这样,或者用更大的轻蔑,向理查怒视。没有人高呼“上帝保佑他”;没有一个快乐的声音欢迎他回来;只有泥土丢掷在他的神圣的头上,他是那样柔和而凄惋地把它们轻轻挥去,他的眼睛里噙着泪,他的嘴角含着微笑,表示出他的悲哀和忍耐,倘不是上帝为了某种特殊的目的,使人们的心变得那样冷酷,谁见了他都不能不深深感动,最野蛮的人也会同情于他。可是这些事情都有上天作主,我们必须俯首顺从它的崇高的意旨。现在我们是向波林勃洛克宣誓尽忠的臣子了,他的尊严和荣誉将要永远被我所拥护。

约夫人 我的儿子奥墨尔来了。

约 他过去是奥墨尔,可是因为他是理查的党羽,已经失去他原来的爵号;夫人,你现在必须称他为勒脱兰了。我在议院里还替他担保过他一定对新王矢忠效命呢。

【奥墨尔上。

约夫人 欢迎,我儿;新的春天来到了,那些人是现在当令的鲜花?

奥 母亲,我不知道,我也懒得关心;上帝知道我羞于和他们为伍。

约　呃，在这新的春天，你得格外谨慎你的行动，免得还没有到开花结实的时候，你就给人剪去了枝叶。奥克斯福特有什么消息？他们还在那边举行着各种比武和竞赛吗？

奥　照我所知道的，父亲，这些仍旧在照常举行。

约　我知道你要到那边去。

奥　要是上帝允许我，我是准备着去的。

约　那露出在你的胸前的是封什么书信？哦，你的脸色变了吗？让我瞧瞧上面写些什么话？

奥　父亲，那没有什么。

约　那么就让人家瞧瞧也不妨。我一定要知道它的内容；给我看写着些什么。

奥　求大人千万原谅我；那不过是一件无关重要的小事，为了种种理由，我不愿让人家瞧见。

约　为了种种理由，小子，我一定要瞧一瞧。我怕，我怕，——

约夫人　您怕些什么？那看来不过是因为他想要在赛武的日子穿几件华丽的服装，欠下人家一些款项的借据罢了。

约　哼，借据！妻子，你是一个傻瓜。孩子，让我瞧瞧上面写些什么话。

奥　请您原谅，我不能给您看。

约　我非看不可；来，给我。（夺信阅看）反了！反了！混蛋！奸贼！奴才！

约夫人　什么事，我的主？

约　喂，里边有人吗？

【一仆人上。

约　替我备马。慈悲的上帝！这是什么叛逆的阴谋！

约夫人　嗳哟，什么事，我的主！

约　喂，把我的靴子给我；替我备马。嘿，凭着我的荣誉，我的生命，我的良心起誓，我要告发这奸贼去。（仆下）

约夫人　究竟是怎么一回事呀？

约 闭嘴,愚笨的妇人。

约夫人 我偏不闭嘴,什么事,奥墨尔?

奥 好妈妈,您安心吧;没有什么事,左右拼着我的一条命就是了。

约夫人 拼着你的一条命!

约 把我的靴子拿来;我要见国王去。

【仆人持靴重上。

约夫人 打他,奥墨尔。可怜的孩子,你全然吓呆了。(向仆)滚出去,狗才!再也不要走近我的面前。(仆下)

约 喂,把我的靴子给我。

约夫人 唉,约克,你要怎样呢?难道你自己的儿子犯了一点过失,你都不肯替他遮盖吗?我们还有别的儿子,或者还会生下一男半女来吗?我的生育的时期不是早已过去了吗?我现在年纪老了,只有这一个好儿子,你却要硬生生把我们拆开,害我连一个快乐的母亲的头衔都不能保全吗?他不是很像你吗?他不是你自己的亲生骨肉吗?

约 你这痴心的疯狂的妇人,你想把这黑暗的阴谋隐匿起来吗?这儿写着他们有十来个同党已经互相结盟,要在奥克斯福特刺杀国王。

约夫人 他一定不去参加;我们叫他住在家里就是了,那不是和他没有相干了吗?

约 走开,痴心的妇人!即使他跟我有二十重的父子关系,我也要告发他。

约夫人 要是你也像我一样曾经为他呻吟床席,你就会更仁慈一些的。可是现在我明白你的意思了;你一定疑心我曾经对你不贞,以为他是一个私生的野种,不是你的儿子。亲爱的约克,我的好丈夫,不要那样想;他的面貌完全和你一个模样,不像我,也不像我的亲属,可是我爱他。

约 让开,放肆的妇人!(下)

约夫人 追上去,奥墨尔!骑上他的马,加鞭疾驰,赶上他的前头去见国王,趁他没有控诉你以前,先向国王请求宽恕你的过失。我立刻就会

来的；虽然老了，我相信我骑起马来，还可以像约克一样快。我要跪在地上不再起来，直到波林勃洛克宽恕了你。去吧！（各下）

第三场　温莎；堡中一室

【波林勃洛克冕服上，亨利·波息及众臣随上。

波　谁也不知道我那放荡的儿子的下落吗？自从我上次看见他一面以后，到现在足足三个月了。他是我的唯一的祸根。各位贤卿，我巴不得把他找到了才好。到伦敦各家酒店里访问访问，因为人家说他每天都要带着一群胡作非为的下流朋友到那种地方去的；他所交往的那些人，甚至于会在狭巷之中殴辱巡丁，劫掠路人，这荒唐而柔弱的孩子却会不顾自己的身分，支持这群浪人的行动。

亨　陛下，大约在两天以前，我曾经见过王子，并且告诉他在奥克斯福特举行的这些盛大的赛会。

波　那哥儿怎么说？

亨　他的回答是：他要到妓院里去，从一个最丑的娼妇手上拉下一只手套，带着作为纪念；凭着那手套，他要把最勇猛的挑战者掀下马来。

波　一派荒唐的胡说；可是从他的狂妄之中，我却可以看见一些希望的光芒，也许他年纪大了点儿，他的行为就会改善的。可是谁来啦？

【奥墨尔上。

奥　王上在什么地方？

波　贤弟为什么这样神色慌张？

奥　上帝保佑陛下！请陛下允许我跟您独自说句话儿。

波　你们退下去吧，让我们两人在这儿谈话。（亨及众臣下）贤弟有什么事情？

奥　（跪）愿我的双膝在地上生了根，我的舌头永远黏在颚上发不出声音来，要是您不先宽恕了我，我就一辈子不起来，一辈子不说话。

波　你的过失不过是一种企图呢，还是一件已经犯下的罪恶？假如它是图谋未遂的案件，无论案情怎样重大，为了取得你日后的好感，我可以宽恕你。

奥 那么准许我把门锁了，在我的话儿没有说完以前，让谁也不要进来。

波 随你的便吧。（奥锁门）

约 （在内）陛下，留心！仔细被人暗算；你有一个叛徒在你的跟前呢。

波 （拔剑）奸贼，你动一动就没命。

奥 请陛下息怒；我不会加害于您。

约 （在内）开门，你这粗心的不知利害的国王；难道我为了尽忠的缘故，必须向你说失敬的话吗？开门，否则我要把它打开来了。（波开门）

【约克上。

波 （将门重行锁上）什么事，叔父？说吧。安息一会儿，让你的呼吸回复过来。告诉我危险离开我们有多少远近，让我们可以准备抵御它。

约 读一读这儿写着的文字，你就可以知道他们在进行着怎样叛逆的阴谋。

奥 当你读着的时候，请记住你给我的允许。我已经忏悔我的错误，不要在那上面读出我的名字；我的手虽然签署盟约，我的心却并没有表示同意。

约 奸贼，你有了谋叛的祸心，才会亲手签下你的名字。这纸儿是我从这叛徒的胸前抢下来的，国王；恐惧使他忏悔，并不是他真有悔悟的诚心。不要怜悯他，免得你的怜悯变成一条直刺你的心脏的毒蛇。

波 啊，万恶的大胆的阴谋！啊，一个叛逆的儿子的忠心的父亲！你是一道清净无垢的洁白的泉源，他这一条溪水就从你的源头流出，却从淤泥之中玷污了他自己！你的大量的美德在他身上都变成了奸恶，可是你的失足的儿子这一个罪该万死的过失，将要因为你的无限的善良而邀蒙宽宥。

约 那么我的德行将要成为他的作恶的护符，他的耻辱将要败坏我的荣誉，正像浪子们挥霍他们父亲辛苦积累下来的金钱一样了。他的耻辱死了，我的荣誉才可以生存；否则我就要在他的耻辱之中过度我的含羞蒙垢的生活。你让他活命，等于把我杀死；赦免了叛徒，却把忠臣处了死刑。

约夫人 （在内）喂，陛下！为了上帝的缘故，让我进来。

波 什么人尖声尖气地在外边嚷叫？

约夫人 （在内）一个妇人，你的婶娘，伟大的君王；是我。对我说话，可怜我，开开门吧；一个从来不曾向人请求过的乞丐在请求你。

波 我们这一出庄严的戏剧，现在却变成"乞丐与国王"了。我的包藏祸心的兄弟，让你的母亲进来；我知道她要来为你的罪恶求恕。（奥开门）

约 要是你听从了无论什么人的求告把他宽恕，更多的罪恶将要因此而横行无忌。割去了腐烂的关节，才可以保全身体上其余各部分的完好；要是听其自然，它的脓毒就要四散蔓延，使全身陷于不可救治的地步。

【约克夫人上。

约夫人 啊，国王！不要相信这个狠心的人；不爱自己，怎么能爱别人呢？

约 你这疯狂的妇人，你到这儿来干么？难道你的衰老的乳头还要喂哺一个叛徒吗？

约夫人 亲爱的约克，不要生气。（跪）听我说，仁慈的陛下。

波 起来，好婶娘。

约夫人 不，我还不能起来。我要永远跪在地上匍匐膝行，永远不看见幸福的人们所见的白昼，直到您把快乐给了我，那就是宽恕了勒脱兰，我的一时失足的孩子。

奥 求陛下俯从我母亲的祷请，我也在这儿跪下了。（跪）

约 我也屈下我的忠诚的膝骨，求陛下不要听从他们。（跪）要是您宽恕了他，您将要招致无穷的后患！

约夫人 他的请求是真心的吗？瞧他的脸吧；他的眼睛里没有流下一滴泪，他的祈祷是没有诚意的。他的话从他的嘴里出来，我们的话却发自我们的衷心；他的请求不过是虚应故事，心里但愿你把它拒绝，我们却用整个的心灵和一切向你求祷；我知道他的疲劳的双膝巴不得早些立起，我们却甘心长跪不起，直到我们的膝儿在地上生了根。我们真诚热烈的祈求胜过他的假惺惺的作态，所以让我们得到虔诚的祈祷者所应该得到的慈悲吧。

波 好婶娘，起来吧。

约夫人 不，不要叫我起来；你应该先说“宽恕”，然后再说“起来”。假如我是你的保姆，我在教你说话的时候，一定先教你说“宽恕”两字。我从来不曾像现在这样渴想着听见这两个字；说“宽恕”吧，国王，让怜悯教你怎样把它们说出口来。这不过是两个短短的字眼，听上去却是那么可爱，没有别的字比“宽恕”更适合于君王之口了。

约 你用法文说吧，国王，说：“pardonnez moi”①。

约夫人 你要教宽恕毁灭宽恕吗？啊，我的冷酷的丈夫，我的狠心的主！按照我们国内通用的语言，说出“宽恕”这两个字来吧；我们不懂得那种扭扭捏捏的法文。你的眼睛在开始说话了，把您的舌头装在你的眼眶里吧；或者把你的耳朵插在你的怜悯的心头，让它听见我们的哀诉和祈祷怎样刺澈你的心灵，也许怜悯会感动你把“宽恕”两字吐露出来。

波 好婶娘，站起来。

约夫人 我并不要求您叫我立起；宽恕是我唯一的请愿。

波 我宽恕他，正像上帝将要宽恕我一样。

约夫人 啊，屈膝的幸福的收获！可是我还是满腔忧惧；再说一遍吧，把“宽恕”说了两次，并不是把宽恕分而为二，却会格外加强宽恕的力量。

波 我用全心宽恕他。

约夫人 你是一个地上的天神。

波 可是对于我们那位忠实的姻兄和那位长老，以及一切他们的同党，灭亡的命运将要立刻追踪在他们的背后。好叔父，帮助我调遣几支军

---

① 法文中表示婉言谢绝的日常用语，意思是：“对不起，不行。”——编者

队到奥克斯福特或者凡是这些叛徒们所寄足的无论什么地方去；我发誓决不让他们活在世上，只要知道他们的下落，一定要叫他们落在我的手里。叔父，再会吧。兄弟，再会；你的母亲太会求告了，愿你从此以后做一个忠心的人。

约夫人 来，我儿；求上帝使你改过自新。（各下）

第四场 堡中另一室

【埃克斯敦及一仆人上。

埃 你没有注意到王上说些什么话吗？“难道我没有一个朋友，愿意替我解除这一段活生生的忧虑吗？”他不是这样说吗？

仆 他正是这样说的。

埃 他说，“难道我没有一个朋友吗？”他把这句话接连说了两次，不是吗？

仆 正是。

埃 当他说这句话的时候，他有心瞧着我，仿佛在说，“我希望你是愿意为我解除我的心头的恐怖的人”；他的意思当然是指那幽居在邦弗雷特的废王而说的。来，我们去吧；我是王上的朋友，我要替他除去他的敌人。（同下）

第五场 邦弗雷脱；堡中监狱

【理查王上。

理 我正在研究怎样可以把我所栖身的这座牢狱和整个的世界两相比较；可是因为这世上充满了人类，这儿除了我一身之外，却没有其他的生物，所以它们是比较不起来的；虽然这样说，我还要仔细思考一下。我要证明我的头脑是我的心灵的妻子，我的心灵是我的思想的父亲；他们两人产下了一代生生不息的思想，这些思想充斥在这小小的世界之上，正像世上的人们一般互相倾轧，因为没有一个思想是满足的。比较好的那些思想，例如关于宗教方面的思想，却和怀疑互相间杂，往往援用经文的本身攻击经文；譬如说，“来吧，小孩子们”；可是接着又是这么说,“到天国去是像骆驼穿过针孔一般艰难的”。野心勃勃的思想总是在计划不可能的奇迹;凭着这些脆弱无力的指爪,怎样从这冷酷的世界的坚硬的肋骨,我的凹凸不平的囚墙上,抓破一条出路;可是因为它们没有这样的能力,所以只能在它们自己的骄傲之中死去。安分自足的思想却用这样的话安慰自己:它们并不是命运的最初的奴隶,也不会是它的最后的奴隶;正像愚蠢的乞丐套上了枷,自以为许多人都在他以前套过枷,在他以后,也还有别的人要站在他现在所站的地方,用这样的譬解掩饰它们的羞辱一样。凭着这一种念头,它们获得了精神上的宽裕,安心背负它们不幸的灾祸。这样我一个人扮演着许多不同的角色,没有一个能够满足他自己的命运:有时我是国王;叛逆的奸谋使我希望我是一个乞丐,于是我就变成了乞丐;可是压人的穷困劝诱我还不如做一个国王,于是我又变成了国王;一会儿忽然想到我的王位已经被波林勃洛克所推翻,那时候我就立刻化为无有;可是无论我是什么人,无论是我是别人,只要是一个人,在他没有彻底化为无有以前,是什么也不能使他感到满足的。我听见的是音乐吗?(乐声)吓,吓!不要错了拍子。美妙的音乐失去了合度的节奏,听上去是多么可厌!人们生命中的音乐也正是这样。我的耳朵能够辨别一根琴弦上的错乱的节奏,却听不出我的地位和时间已经整个失去了谐和。我曾经消耗时间,现在时间却在消耗着我;时间已经使我成为他的计时的钟;我的每一个思想代表着每一分钟,它的叹息代替了嘀嗒的声音,一声声打进我的眼里;那不断地揩拭着眼泪的我的手指,正像钟面上的时针,指示着时间的进展;那叩击我的心铃的沉重的叹息,便是报告时辰的钟声。这样我用叹息,眼泪,和呻吟代表一分钟一点钟的时间;可是我的时间在波林勃洛克的得意的欢娱中飞驰过去,我却像一个呆子般站在这儿,替他无聊地看守着时间。这音乐使我发疯;不要再奏下去了吧,因为虽然它可以帮助疯人恢复理智,对于我却似乎能够使头脑清醒的人变成疯狂。可是祝福那为我奏乐的人!因为这总是好意的表示,在这充满着敌意的世上，好意对于理查是一件珍奇的宝物。

【马夫上。

马夫 祝福，庄严的君王！

理 谢谢，尊贵的卿士；我们中间最微贱的人，也会高抬他自己的身价。你是什么人？这儿除了给我送食物来，延长我的不幸的生命的那个可恶的狗头以外，从来不曾有人来过；你是怎么来的，汉子？

马夫 王爷，从前你还是一个国王的时候，我是你的御厩里的一个卑微的马夫；这次我因为到约克去，路过这里，好容易向他们千求万告，总算见到我的旧日的王爷一面。啊！那天波林勃洛克加冕的日子，我在伦敦街道上看见他骑着那匹斑色的巴巴利马，我想起你从前常常骑着它，我替它梳刷的时候，也总是特别用心，现在马儿已经换了主人，看着它我的心就痛了。

理 他骑着巴巴利马吗？告诉我，好朋友，它载着波林勃洛克是怎么走着的？

马夫 高视阔步，就像它瞧不起脚下的土地一般。

理 它是因为波林勃洛克在它的背上而这样骄傲的！那畜生曾经从我的尊贵的手里吃过面包，它曾经享受过御手抚拍的光荣。它不会颠踬吗？骄傲必然会遭到倾覆，它不会失足倒地，跌断那霸占着它的身体的骄傲的家伙的头颈吗？恕我，马儿！你是造下来受制于人，天生供人骑坐的东西，为什么我要把你责骂呢？我并不是一匹马，却像驴子一般背负着重担，被波林勃洛克鞭策得遍体鳞伤。

【狱卒持食物一盆上。

狱卒 （向马夫）汉子，走开；你不能再留在这儿了。

理 要是你爱我，现在你可以去了。

马夫 我的舌头所不敢说的话，我的心将要代替它诉说。（下）

狱卒 王爷，请用餐吧。

理 按照平日的规矩，你应该先尝过一口再给我。

狱卒 王爷，我不敢；披厄斯·埃克斯敦爵士新近从王上那边来，吩咐我不准尝食。

理 魔鬼把亨利·兰开斯脱和你一起抓了去！我再也忍耐不住了。（打狱卒）

狱卒 救命！救命！救命！

【埃克斯敦及从仆等武装上。

理 呀，这一场杀气腾腾的进攻是什么意思？恶人，让你自己手里的武器结果你自己的生命。（自一仆手中夺下兵器，将其杀死）你也到地狱里去吧！（杀死另一仆人；埃克斯敦击理查倒地）那击倒我的手将要在永远不熄的烈火中焚烧。埃克斯敦，你的凶暴的手已经用国王的血玷污了国王自己的土地。升上去，升上去，我的灵魂！你的位置是在高高的天上，我的污浊的肉体却在这儿死去，它将要向地下沉埋。（死）

埃 他满身都是勇气，正像他满身都是高贵的血液一样。我已经溅洒他的血液，毁灭他的勇气；啊！但愿这是一件好事，因为那夸奖我干得不错的魔鬼，现在却对我说这件行为已经记载在地狱的黑册之中。我要把这死了的国王带到活着的国王那边去。把其余的尸体搬去，就在这儿找一处地方埋了。（同下）

第六场　温莎；堡中一室

【喇叭奏花腔；波林勃洛克、约克及群臣侍从等上。

波 好约克叔父，我们最近听到的消息，是叛徒们已经纵火焚烧我们葛罗斯脱郡的西斯脱镇；可是他们有没有被擒被杀，却还没有听见下文。

【诺登勃兰上。

波 欢迎，贤卿。有什么消息没有？

诺 第一，我要向陛下恭祝万福。第二，我要报告我已经把萨力斯拜雷，史宾奢，勃伦脱，和肯脱这些人的首级送到伦敦去了。他们怎样被捕的情形，这一封书信上写得很详细。

波 谢谢你的勤劳，善良的泼息，我一定要重重褒赏你的大功。

【费兹华脱上。

费 陛下,我已经把勃洛卡斯,和裴内脱·西利爵士的首级从奥克斯福特送到伦敦去了,他们两人也是企图在奥克斯福特向你行弑的同谋逆犯。

波 费兹华脱,你的辛劳是不会被我忘却的;我知道你这次立功不小。

【亨利·波息率卡莱尔主教上。

亨 那谋逆的主犯威斯明斯脱长老因为忧愧交集,已经得病身亡;可是这儿还有活着的卡莱尔,等候你的纶音宣判,惩戒他不法的狂妄。

波 卡莱尔,这是我给你的判决:找一处僻静的所在,打扫一间清净庄严的精舍,在那边过度你的逍遥自乐的生涯;平平安安地活着,无牵无挂地死去。因为虽然你一向是我的敌人,我却可以从你身上看到忠义正直的光辉。

【埃克斯敦率侍从舁棺上。

埃 伟大的君王,在这一棺之内,我向你呈献你的埋葬了的恐惧;这儿气息全无地躺着你的最大的敌人,波尔铎的理查,他已经被我带了来了。

波 埃克斯敦,我不能感谢你的好意,因为你已经用你的毒手干下一件毁坏我的荣誉,玷辱我们整个国土的恶事了。

埃 陛下,我是因为听了您亲口所说的话,才去干这件事的。

波 需要毒药的人,并不喜爱毒药,我对你也是这样;虽然我希望他死,我却痛恨杀死他的凶手,反而对被杀者怀抱好感。你把一颗负罪的良心拿去作为你的辛劳的报酬吧,可是你不能得到我的嘉许和眷宠;愿你跟着该隐在暮夜的黑影中徘徊,再不要在光天化日之下显露你的容颜。各位贤卿,我郑重声明,凭着鲜血的浇溉成就我今日的地位,这一件事是使我的灵魂抱恨无穷的。来,赶快披上阴郁的黑衣,陪着我举哀吧,因为我是真心悲恸。我还要参诣圣地,洗去我这罪恶的手上的血迹。现在让我们用沉痛的悲泣,肃穆地护送这死于非命的遗骸。(同下)

第二编

朱生豪莎剧译文中部分诗体台词

一

茴香盛开的水滩

这是《仲夏夜之梦》第二幕第一场中仙王奥布朗向下属迫克布置任务时的唱词。这首诗和下面的一首都充满着童话般的情调。

我知道一处茴香盛开的水滩，
长满着樱草和盈盈的紫罗兰，
馥郁的金银花，芗泽的野蔷薇，
漫天张起了一幅芬芳的锦帷。
有时蒂泰妮霞在群花中酣醉，
柔舞清歌低低地抚着她安睡；
蛇儿在那里蜕下光洁的皮壳，
恰恰好给小神仙做一身衣服；①
我要洒一点花汁②在她的眼上，
让她充满了各种可憎的幻象。

---

① “蛇儿在那里蜕下光洁的皮壳，恰恰好给小神仙做一身衣服；”此两句见于朱生豪第一次翻译的文稿中，在后来排印用的第二稿中被删除（1937年“八一三”事变时朱生豪已完成的译稿基本毁于战火，因此只能从头重译，但后来《仲夏夜之梦》译本的第一稿意外找回，故现有两个重复译稿）。估计第二稿中删除的原因是其中个别表述较难理解，而当时又无条件查考。——编者

② 指仙王奥布朗要迫克去采的蝴蝶花的花汁，据说将这种花汁滴在睡熟之人的眼皮上，此人醒来后就会爱上他第一眼看到的东西，不管是人还是其他生物。——编者

其余的你带了去在林中访寻，
一个娇好的少女见弃于情人；
倘见那薄幸的青年在她近前，
就把它轻轻地点上他的眼边。
他的身上穿着雅典人的装束，
你须仔细辨认清楚不许弄错；
小心地执行着我谆谆的吩咐，
让他无限的柔情都向她倾吐。

二

晚安，睡睡吧

这是《仲夏夜之梦》第二幕第二场中众小仙给仙后蒂泰妮娅催眠时所唱的歌。

（一）

两舌的花蛇，多刺的猬，
不要打扰着她的安睡；
蝾螈和蜥蜴，不要行近，
仔细毒害了她的宁静。
　夜莺，鼓起你的清弦，
　为我们唱一曲催眠：
睡啦，睡啦，睡睡吧！睡啦，睡啦，睡睡吧！
　一切害物远走高飏，
　不要行近她的身旁；
　　晚安，睡睡吧！

（二）

织网的蜘蛛，不要过来；
长脚的蛛儿，快快走开！
黑背的蜣螂，不许走近；
不许莽撞，蜗牛和蚯蚓。
夜莺，鼓起你的清弦，
为我们唱一曲催眠：
睡啦，睡啦，睡睡吧！睡啦，睡啦，睡睡吧！
一切害物远走高飏，
不要行近她的身旁；
晚安，睡睡吧！

三

相思夜夜飞

这是《维洛那二士》第三幕第一场中米兰公爵拆念的伐伦泰因写给他女儿雪儿薇亚的一首相约出逃的情诗，表述了青年男女之间那种既缠绵沉痛，又极其真诚的恋情。

相思夜夜飞，飞绕情人侧；
身无彩凤翼，无由见颜色。
灵犀虽可通，室迩人常遐，
空有梦魂驰，漫漫怨长夜！

四

罗瑟琳颂

这是《皆大欢喜》第三幕第二场中的内容，在亚登森林中逃遁的奥兰多遏制不住对情人罗瑟琳的思念，把罗瑟琳的名字刻在树上，还写了许多赞美和表示思念罗瑟琳的情诗挂在树上，又正巧被从宫廷中逃离后也来到亚登森林的罗瑟琳看到……

从东印度到西印度找遍奇珍，
没有一颗珠玉比得上罗瑟琳。
她的名声随着好风播满诸城，
整个世界都在仰慕着罗瑟琳。
画工描摹下一幅幅倩影真真，
都要黯然无色一见了罗瑟琳。
任何的脸貌都不用铭记在心，
单单牢记住了美丽的罗瑟琳。
……
为什么这里是一片荒碛？
　因为没有人居住吗？不然，
我要叫每株树长起喉舌，
　吐露出温文典雅的语言：
或者慨叹着生命一何短，
　匆匆跑完了游子的行程，

只需把手掌轻轻翻个转，
　便早已终结人们的一生；
或是感怀着旧盟今已冷，
　同心的契友忘却了故交；
但我要把最好树枝选定，
　缀附在每行诗句的终梢，
罗瑟琳三个字小名美妙，
　向普世的读者遍告咸知。
莫看她苗条的一身娇小，
　宇宙间的精华尽萃于兹；
造物当时曾向自然昭示，
　吩咐把所有的绝世姿才，
向纤纤一躯中合炉熔制，
　累天工费去不少的安排；
负心的海伦①醉人的脸蛋，
　克廖佩屈拉的至尊丰容，
哀脱兰塔的柳腰儿款摆，
　琉克莉细霞的节操贞松：
劳动起玉殿上诸天仙众，
　造成这十全十美罗瑟琳：
荟萃了各式的艳媚万种，
　选出一副俊脸目秀精神。
上天给她这般恩赐优渥，
　我命该终身做她的臣仆。

---

① 这里海伦和诗中后面提到的一些人名，都是莎士比亚其他作品或传说中的美女，这里使用的是朱生豪原来的译名，和现在较常用的译法多有不同。——编者

五

杨柳歌

这是《奥瑟罗》第四幕第三场中的内容。勇武的黑人将军奥瑟罗在险恶的旗官埃古的阴谋挑拨下，对他的妻子，美丽纯洁的苔丝德蒙娜的忠贞产生了怀疑。在一次受到奥瑟罗粗暴对待后，忧伤的苔丝德蒙娜坐在床上唱起了这一首古老的悲歌。

可怜的她坐在枫树下啜泣，
　歌唱那青青杨柳；
她手扶着胸膛，她低头靠膝，
　唱杨柳，杨柳，杨柳。
清澈的流水吐出她的呻吟，
　唱杨柳，杨柳，杨柳；
她的热泪溶化了顽石的心，
　唱杨柳，杨柳，杨柳。
青青的柳枝织成一顶翠环；
　(唱杨柳，杨柳，杨柳。)

六

挽　诗

这是《无事烦恼》第五幕第三场中克劳第奥为希罗唱诵的一段挽诗。克劳第奥深爱希罗，可是就在他们准备成婚的时候因受人陷害而产生误会。相信希罗清白的亲友们将希罗暂时隐藏并假称其已经死去，当克劳第奥得知希罗是被人陷害时，悔恨交加，以极其悲痛的心情来到希罗的"坟堂"吊唁，并唱诵了这一段"挽诗"，诗风沉重肃穆。

青蝇玷玉①，谗口铄金②，嗟吾希罗，月落星沉！生蒙不虞之毁，死播百世之馨；惟令德之昭昭，斯虽死而犹生。

天长地久有时尽，此恨绵绵无绝期！（现在奏起音乐来，歌唱你们的挽诗吧。）

（歌）

惟兰蕙之幽姿兮，

遽一朝而摧焚；

风云怫郁其变色兮，

---

① "青蝇玷玉"系采自陈子昂《宴胡楚真禁所》中的典故"青蝇一相点，白璧遂成冤"。——编者

② "谗口铄金"系采自《淮南子·诠言训》中的典故"大热铄石流金，火弗为益其烈"。——编者

月姊掩脸而似嗔：
语月姊兮毋嗔，
听长歌兮当哭；
绕墓门而逡巡兮，
岂百身之可赎！
风瑟瑟兮云漫漫，
纷助予之悲叹；
安得起重泉之白骨兮，
及长夜之未旦！

七

弄人的诗

“弄人”是莎士比亚在悲剧《李尔王》中创造的一个出色的形象。原本是在王宫中专以装疯卖傻，插科打诨来取悦王公贵族的，地位低下，但实则上却不但机智幽默，而且忠诚乐观，在李尔王因其自身的荒唐决断招致不幸，沦落荒野以后，弄人始终陪伴着他。他在剧中的一些诗体台词，以民间小调“打油诗”的形式出现，看似“俗”气较重，实则充满哲理。

（一）

多积财，少摆阔；
耳多听，话少说；
少放款，多借债；
走路不如骑马快；
三言之中信一语，
多掷骰子少下注；
莫饮酒，莫嫖妓；
闭门不管他家事；
会打算的占便宜，
不会打算叹口气。（第一幕第四场）

（二）

这年头傻瓜供过于求，
聪明人个个变了糊涂。
顶着个没有思想的头，
只会跟着人依样葫芦。（第一幕第四场）

（三）

老父衣百结，
儿女不相识；
老父满囊金，
儿女尽孝心。
命运如娼妓，
贫贱遭遗弃。（第二幕第四场）

八

众鸟嘤鸣

这是《温莎的风流娘儿们》第三幕第一场修伊文牧师在野地里等待凯易斯大夫前来“决斗”(其实被人故意引岔了地方,以缓解矛盾)时的唱词,采用的是离骚体参差句,就显得比较“雅”,以和其牧师的身份相匹配。

众鸟嘤鸣其相和兮,
临清流之潺湲,
展蔷薇之芳茵兮,
缀百花以为环。

众鸟嘤鸣其相和兮,
余独处乎巴比伦,
缀百花以为环兮,
临清流之潺湲。

九

为爱忘畛域

这是《终成眷属》第三幕第四场里海伦娜写给狠心丈夫的信，这是古体的五言诗，其中“弃捐勿复道”一句，用的是《古诗十九首·行行重行行》中的典。

为爱忘畛域，致触彼苍怒，
赤足礼圣真，忏悔从头误。
沙场有游子，日与死为伍，
莫以薄命故，甘受锋镝苦。
还君自由身，弃捐勿复道！
慈母在高堂，归期须及早。
为君炷瓣香，祝君永康好，
挥泪乞君恕，离别以终老。

第三编

诗歌(中译英)

THE SEA ECHO[①]

By Fong Wei-the

Translated by Percy Chu

Then she and I were passing by the sea,
She gave to me a look and a little key;
"Ope the door on your heart, please," she said,
"On your heart let my heart be laid.
    Will you keep it?
    Will you keep it?"

Now she bade me ope again that door,
But, alas! My key was lost on the shore;
Day and night! I came to the sea and found,
There in the clouds I heard a sound,—
    "Give me my heart!
    Give me my heart!"

(刊于 1932 年《之江年刊》)

---

① 这首诗原作者冯维德(音)的具体情况待考,中文原诗也尚未找到。——编者

二

LYRIC[①]

(Original Chinese by M. S. Reng)

Percy Chu

Before my window there's a little flow'r,
　　A little white rose she is.
She opens her petal each morning hour,
　　At twilight I leave her a kiss.

You say it's for me you've pray'd the Lord,
　　Ev'ry ev'ning before my window kneel you;
Bearing your shield, girding on your sword,
　　A thousand poems you've sung me, too.

But I wouldn't care much for your word,
　　Nor for your wish I take any pain,
For the blood, O the blood, on your sword
Has left my white rose a strain!

(刊于 1933 年《之江年刊》)

---

① 这首诗原作者任铭善(1913—1967)是朱生豪在之江大学的同学和诗友。中文原诗已佚失。——编者

第四编

短篇小说

一

如汤沃雪

（译自 *Coronet*，Nov. 1937）

OA在××常胜军中仅仅居军曹之职，但全定村不过是一处二千年来不曾经过变动的乡村，错落地点缀着几所草棚茅屋。OA有一本手册，指导他怎样把中国近代化起来。他奉命担负把全定村××化的任务。虽然是小小的村庄，OA很满意这一个使命，因为他自信为一个效率专家。而这是他第一次一显身手的机会。再者，成功的意义即是青云直上，而失败在××人眼中，是有甚于死的耻辱。

OA军曹乞灵于他的宝贝手册。这本软软的皮面小书，刚好放在他制服的内衣袋里。这一类的手册是在他的本国印制，专为开化中国的数百万乡村之用的。它们不但是一种权威的标记，同时也是不可缺少的南针。倘使没有这种指示，一个军曹怎么会知道应当怎么办或说些甚么话呢！

OA从他的手册上得到了这样的指示：第一步，联络村中父老；第二步，使该父老近代化起来；第三步——但第一步第二步还没有做到，再读下去也是没有用的，这位效率专家这样决定。

OA调查到他这一村中的父老是一个名叫老周的，开着一爿青云客栈。他踱到那所客栈里，看到老周正在假山石的园子里咿咿哦哦地读古书。他的广博舒适的长衫敞开着，那老头子安闲地用扇子煽他袒露的肚子。

这位效率专家揩他脸上的汗，无疑地他想到了他为了进步所付的代价。他把一个指头伸进他那重重的制服上的紧紧的高领下面去，勉强装出满不在乎的样子来。

OA 开始他的任务了。

“老先生，”他卖弄恩德地说，“我，××陛下的一个最微贱的小臣，奉命到贵村来，要把××文化和科学的利益传扬到未曾沾惠的中国人民中间。”这一段话他说得很流利，因为他曾经照着手册用心背熟。

老周显然并不曾被他的话引起了兴味，如同这手册上所说的。他只是咕噜了一声，眼睛尽是望着那××人。

OA 惶惑了。他不知道那种咕噜是什么意思，他的书上并没有告诉他。他决定照着指示继续下去。咳嗽了一声，他又作了一次英雄的尝试：

“××可以为中国人做他们自己所做不到的事，”他机械而正确地说着。一切都很顺利，要是老周不插嘴的话。

可是老周立刻插嘴：“一条腌过的鱼，还能叫它在水中游泳吗?”他不动声色地问。

OA 惶乱地翻他手册上的目录，那是他的长官们为了更大的效率起见而加了上去的。那上面既没有“腌鱼”，也没有“游泳”。他又茫无头脑了。

老周一面等候着回答，一面沉思地望着开满蔷薇花的园墙外面，长城随着岗峦的起伏而缭绕着，一直绵延到天际。他默不作声，随手拿起一把钝刀来，把蔷薇上的一段赘枝切下了。

这时候 OA 已经定了定心，预备照着指示继续进行。他决定把第一步跳过，因为他不是已经和村中的父老有了联络了吗?他开始第二步工作，那就是说要使该父老变为合于他们理想标准的人。

军曹咳嗽一声，开始他的第二段演辞，照着手册上的话而读出来：

“近代化中国计划十大要点：第一，以近代文学代替旧有经典——”

“很好，”老周又插嘴了，“让我们交换书籍。尊驾的册子我可以领教一下，我这本破书您倘然读它一下，也可以给您些益处。”

“可是——，可是——，”OA 吃吃地说，舍不得把他的权威的标记放手。

“尊驾的册子上不是说要用您的新来代替我的旧吗?”这老头子伸出

手来硬向他要。

OA 的手抖了。事情显然有些越出常轨。他开始惶恐地流起汗来。

老周向他蔼然一笑,从他的旧书上读出一句圣人之言:"现在听我读吧。我的书上说'在家千日安,出外无穷苦'。"

OA 受了侮辱了。他的××陛下受了侮辱了。他的手册在这时变成了次要。当他伸手去拿那放在桌上刚才切过花枝的刀的时候,他的册子掉在地上了。老周的眼睛里有一种什么力量使这××人怔住。他没有看见老周伸出手来,一手把刀拿在手里,一手赶快拾起了手册,携在袖管里。OA 大为恼怒,从老周的手里把刀夺下,预备向那中国人刺过去。

"杀死了村中长老,不过使得你的长官知道你的任务已告失败而已,"老周向他警告。

OA 觉得他的话有理,手缩回了。

像山中的老虎那样快,老周从袖中取出那本宝贝手册,撕成两半,分别垫在他的鞋子里。

"我正缺少纸头垫我的脚底呢,"他说,他的锐利的眼睛注视着 OA 的每一个动作。

OA 面色发白。即使他把那撕碎的手册拿回来重新糊好,他的使命也已经失败,因为对于像老周这样一个长老,简直毫无办法。失败即耻辱。耻辱甚于死。他的民族从古以来有一种解脱耻辱的方法。切腹自杀是胜于蒙羞而生的,完成这一目的的工具就在他手里。他不曾注意到老周这把刀是钝而无锋的。一刀划上去,他的厚厚的制服毫不受影响。

老周在他的身边,庄严地说:

"听好,我的孩子,"他说,"生命是大家所宝贵的。即使是麻风的叫花也不愿走一条枯烂的木板桥。在那边长城之下埋葬着无数的秘密。那边有你的容身之处。在那更楼之下有一条秘密的路,通到一间密室,你可以安全地躲藏起来,直到你的长官断定你已失踪,不再追问。然后你可以出来加入我们一起。你可以得到一个结实的乡姑做你的妻子,公地上你也可以得到一块耕种的田亩。"

说完了这段话，老周把刀丢到墙外。OA 知道他没有其他的路好走。

现在在全定村可以看见有一个两条腿比别人略短些的和平的乡人，和一个知足的村妇一起在那儿用犁头耕田。空下来他便读那历世相传的圣贤经典。有市集的日子，他驱着牛车，经过他曾想要使它近代化而终于无成效的留着深深凹辙的泥路。

（刊于《红茶》半月刊第 10 期，1938 年 11 月 1 日出版，署名“草草”）

二

夜间的裁判

（Martha Gellhorn 原作，自 *The Spectator* 节译）

我们所坐的旧车子某夜在离密西西比州的哥伦比亚约摸三十哩的地方出了毛病。经过一段黑暗的毫无办法的静默之后，我们听见又有一辆车子轧轧轧轧开了过来，不久就有一辆货车出现，发狂似地颠簸着。它停住了，一个人从一旁探出头来，手里拿着一个酒瓶，向我们摇挥。

我们说明了车子出了毛病，要求搭载。他把头缩进去，和开车子的人商量过后，便说他们可以载我们到哥伦比亚去，但是他们先要去参加一场私刑，问我们介不介意绕一个远远的圈子。

我们爬了进去，那个人用一个指头探进瓶子里把瓶颈揩了一下递给我。“吃下去保你好，”他说，“上等的好酒。”那不是拒绝人家殷勤的时候，我喝了一口，味道像烧起来的戤士林①一样。他递给我的朋友乔，乔喝了一口，咳嗽起来，他们两人都笑了。

我怯怯地问，“谁去上私刑？”

“一个该死的黑鬼，名叫亥辛斯的，困了一个乡下有几亩地的白人寡妇的觉。”

“她多少年纪了？”乔问。

“嘿，她老得也可以死了，四五十岁的样子。”他说亥辛斯是十九岁。

“出了什么事？”乔说，“你怎么知道她给他强奸了？”

---

① 戤士林：20 世纪中期以前人们对汽油的俗称，系英语 gasoline 的音译。——编者

"她自己说的,"开车的人说,"她奔到邻近的农场里去,哭叫着要把那家伙吊死;她说是亥辛斯。她当然认识他的,他曾经给她做过活儿。"

"你怎么说,他是个仆人吗?"

"不,"开车的人说,"他是给她种田的。她的那些佃农现在都一个个走完了;她一点也不让他们留着些壳屑儿,叫他们一个冬天没得吃怎么成。她对待黑鬼们真是利害不过的,那女人。"

"呣,"乔说,很温和地,"照我看起来,一个十九岁的孩子,总不见得会去看上一个四五十岁的女人吧;除非她长得漂亮。"

"漂亮!"拿着酒瓶的人说,"喝,你见了她才相信。要是把她插在田里,乌鸦一见了都会吓死的。"

我糊涂起来了。这种人是要去参加一场私刑,可是我看不出来他们对于那黑人有什么义愤填膺,或是燃烧着怒火要为那个无名的寡妇报复耻辱。乔轻轻向我说:"我不相信那孩子碰了那女人身上的一根毛。我们可不能坐着眼看他给人吊死。"我觉得热辣辣地异样起来,可是想不出该怎么办。

"有多少人到场?好多人吗?"我问。

"嗷,四乡的人都要来赶热闹呢。他们一个下午忙着打电话叫人。有几个孩儿们要去劫狱。那不难,郡长本来不预备把那黑鬼关到审判的日子。"

"可是,"乔说,这回他急了,"你们不知道他对于那女人做过些什么事。你们一点证据都没有,不是吗?"

"她说他干了,"开车的人说,"那不就够了吗?要是你说白人掉诳黑鬼讲真话,那不是天翻地覆了吗!"

"可是你说她一点壳屑儿也不让她的佃户们到手。他或者是去讨一点钱买食物;或者是发了急举起手来或是什么的,使得她当作他要打她……"

"听着,孩子,"手里拿酒瓶的人静静地说,"这不干你的事。"

他们恼了,我看得出来。他们出来喝酒取乐儿,我们却向他们问这问那，扫了他们的兴致。他们喝酒，可是不再把酒瓶递给我们了。

我们可以看见前面有许多车子的尾灯亮着。"到了，"开车的人说。拿酒瓶的人哈哈笑着拍他的腿。我看见一株巨大的树孤零零地直立着，大约有五十辆车子在尘土中蠕动，人们成群地等候着，笑着，喝着酒，向路上望着等什么事发生。

立刻有一队车子开过来，停住了。从车子里涌出许多人来，静悄悄地，显然他们知道他们所要做的事，似乎是干惯了的一般。有几个样子像是最穷苦的白人农民，他们自己也都是佃农。主持这幕戏的人大半都是中年有身家的人们。乔这时在说，"我也想杀死个什么人。"

最后来的几辆车子中间有一辆载着亥辛斯。我听见一个人说，"伶俐点儿，别让这小子没上生活就吓死。"他的两手反绑着，腰间也捆着一根绳子。他们把他拖到大树底下；他的腿拳屈在身子底下，他的头歪斜而沉重地挂在头颈上。他看上去渺小而太过于安静了。

人们围了拢来。没有欢呼，没有鼓噪，只是一阵持续的可怕的低语声，手续进行得很快。

一辆车子开到树下。两个人很快地爬上车顶。底下一群人把亥辛斯的软弱而精瘦的身体推推拥拥地扛耸上去。他一半躺着一半蹲着在车顶上。一根绳结上了树枝。绳的一端打着活结，车顶上的人拿着这一端，一面摇亥辛斯的身体。大家不说话，只用些含糊的声音彼此示意。群众静悄悄地，可以听得见蚊子叫。

另外一个人把一只大壶似的东西向亥辛斯头上倒，他突然抽搐地醒过来了。他发出的声音尖锐凄厉，不像人声，像是从别的地方发出来似的，听上去令人起森然之感。"老板，"他说，"老板，我不曾干坏事，不要烧死我，老板……"群众颤慄起来了，被他的声音所激动，大家催赶紧些，究竟他们等些什么鸟。

那两人把他扛起来，把活结套在他的头颈上。这时他发着可怕的声音，像一头狗哭。他们跳下了车顶；车子很快地开向前。亥辛斯两脚牵制着想要保住他的立足点，可是车子从他脚底下滑了去。他吊在空中，在绳子上打着盘旋,他的头歪在一旁。在我的身边有一个抑塞住的哭声,那是乔的声音,他在哭,坐在那里毫无办法地哭。

我只是望着亥辛斯,心里想:这不会是真的。当绳子把亥辛斯悬宕到半空中去的时候,有一种突然发出来的喉音,似乎人们透了一口深深的气似的。一个人走了过来,手里拿着一张点着火的报纸。他走上前去,火焰舔起亥辛斯的脚来了。他曾经被放在煤油里浸过,为的烧起来容易些,可是起初似乎烧不大着。渐渐火穿到了他的裤子上,一直冒了上去,发出一种丝丝的声音,好像有一种气味钻进我的鼻子里。我走开了,胸中很不舒服。

回来的时候,那些车子都悄悄地开了去。大家都在彼此招呼,说"再会,捷克……""喂,皮雷……""明天见,山姆……"只是互道晚安而各自回家了。开车的人和拿着酒瓶的人回到货车里。他们似乎兴致很好。开车的人说,"嗯,现在可以有一时不再有黑鬼闹事了。我们现在可以载你们到哥伦比亚去。叫你们等那么久,对不起了。"

(刊于《青年周报》第 16 期,1938 年 6 月 25 日出版)

三

一个教师所说的故事

（约翰·高尔斯华绥原作）

我想我们大家都仍然记得，战事发生那年的夏天的特殊的美丽。那时我在泰姆士河畔的一个乡村里当教师。快五十岁的年纪，病态的肩胛，加上一副极端无用的眼光，我的不能参加兵役是没有问题的，正像别个感觉敏锐的人一样，这在我心中引起了一种似乎是异常多感的心情。大好的天气，炽人的田野，刈获方才开始，静寂的夜间颤动着月光和阴影，在这一切里面，这个巨大的恐怖正在滋长潜生，数百万青年人的死亡的拘票已经签下了。

在某一个八月底的晚上，我离家向沙丘上走去。约摸在九点半时候我碰见了两个从前的学生，一个男的一个女的，悄悄地立在一个古老的沙坑旁边。他们抬起头来向我道了声晚安。在沙丘顶上立定，我可以看见两边没有围篱的田亩；谷堆着的也有，直立着的也有，在月亮底下镀上了金色，月光在天空，田野，树林，农舍，和下面的河水上散布了一种眩耀的神彩。对于像我这样一个中了魔惑的人，一切都似乎在作着妖妄的阴谋，仿佛在眼前展现了一幅外面世界里的惨酷凶残的屠杀的幻象。我想起了乔·培凯脱和佩蒂·罗敷还够不上谈恋爱的年龄，(要是他们果然在那里谈恋爱的话，)看上去是全然不像的。他们多分是没有满十六岁，因为他们才去年离开学校。佩蒂·罗敷——一个有趣的孩子，聪敏而缄默——是村上洗衣妇的女儿，常常想洗衣服是辱没了她的，可是她已经在干这工作了，照村上的情形看起来，她是要一直洗衣服洗到嫁了人的。乔·培凯脱在卡物尔的田地上做工，就在我站立的地方的下面，那口沙坑恰恰是他们两家中间的一半路。乔是个好孩子，雀斑脸，头发微红，一双碧眼睛直瞅着你。

我仍然站在那边，他在跑到卡物尔的田庄上去；现在我回想到那时的情形，真是遗恨无穷。

他伸出他的手来。“再会，先生，也许我不再看见你了。我已经入了伍。”

“入了伍？但是，我的好孩子，你到规定年龄至少还缺两岁呢。”

他笑。“这个月我已满十六岁，可是我打赌一定可以充作十八岁，我听说他们是不大顶真的。”

上帝！战争是怎样一种罪恶！从这种悄寂的月光的平和中，青年们匆忙地奔赴着人工的死亡，似乎天然的死亡还是不够与之奋斗似的。而我们——只能因此而赞美他们！嘿！我从来不曾停止过咒诅那拦阻我不去把那孩子的真实年龄告诉征兵当局的那种情感。

从丘顶上转身回家去，我又在沙坑边原来的地方遇见那孩子佩蒂。她的声音是很平静的，可是她全身震慄着。“他是那样倔强，乔！一脑子都是古怪的想头。我不知道他为什么一定要去，把——把我丢下。”

我忍不住微笑。她看见了，突然说：

“是的，我年纪很小，乔也是；可是无论如何，他是我的人呀！”

于是，吃惊着自己的这种大胆的表示，她把头摇了摇，像一匹羞怯的小兽似的，向一丛山毛榉中钻进去逃走了。

乔就是这样去了，有一年功夫我们不知道他的消息。佩蒂仍旧和她母亲在一起，替村上的人洗衣服。

在一九一五年九月的某个下午，我正站在乡村学校的教室里，和平常一样在沉思着战争和它的持久的僵局。街道远端的翦顶的菩提树底下，我望得见一个兵士和一个女郎立在一起。突然他向学校走了过来，乔·培凯脱出现在门口了。

“我想我要见一见你。刚刚得到行军令。明天就出发到法国去，才告了个假。”

我觉得喉间有些哽塞，正像当我们所认识的年青人第一次出去时所感觉到的一样。

“我有点事要告诉你，先生，佩蒂和我上星期已经结婚了。”他走到门口打了个口哨。佩蒂走了进来，穿着暗青色的衣服，很整洁而沉默。“佩蒂，把你的结婚证书和戒指给他看。”

那女孩子把证书拿出来，我一看那上面一个登记员已经给他们结了婚，用真的姓名和假的年龄。于是她脱下一只手套，举起她的左手来——那个神秘的环儿就在手指上！好！傻事已经干下，责备他们也没用了！

“是什么时候了，先生！”乔突然问我。

“五点钟。”

“我一定要去了。我的行囊在车站上。她留在这里可以吗，先生？”

我点了点头，走进前面的小室里去。回来的时候她坐在从前读书位置上，她的两臂扑在墨污的课桌上，头俯伏着。她的短短的黑发，和她的年青的肩部的颤动，是我所看得见的一切。乔已经去了！好！那是当时欧洲的一般现象！我回到了室里，让她哭个痛快，可是我再回来的时候，她也去了。

第二个冬天过去了，比第一年愈加泥泞，愈多的血流着，战事结束的希望，也愈为渺茫了。佩蒂给我看过三四封乔的信，简单的文句，这里那里夹杂着些一半压抑住的感情的言语，署名的地方总是用“你的亲爱的夫，乔”。她的结婚在村上已被承认。那时童婚是很通行的。到了四月里，很明白地她已经“恭喜”了。

五月初有一天我经过罗敷太太的家，进去问候问候佩蒂。

“日子快到了。我已经写信给乔。也许他可以告个假。”

“我想那是一个错误，罗敷太太。我以为还是等到战争结束了再告诉他的好。”

“也许你是对的，先生，可是佩蒂因恐他不知道而坐立不安呢。她是那样年青，你知道，不应该就做母亲的。”

“现在的时候什么事都是快得利害，罗敷太太。”

一个月之后的某晚，我正在写论文，有人敲我的门，并非别人，正是乔·培凯脱。“怎么！乔！告了假吗？”

“啊！我一定要来看看她。我还没有到那里去——我不敢。她怎样了，先生？”

苍白而满脸风尘，似乎经过一次艰苦的旅行，他的制服泥污而不加揩刷，他的微赤的头发蓬松着，看上去很是苦恼，可怜的孩子！

“我已经好几夜不睡了，想看她——她是这样一个孩子！”

“她知道你来吗？”

“不，一句话也不曾提。”

他来得正好，因为两天之后佩蒂就生了个男孩。那天晚上天黑之后乔跑来见我，非常兴奋。

“他是个宝贝，”他说，“可是我假如知道会这样，我决不做那事的，先生，我决不愿。一个人做些什么事情，似乎不到做好之后自己是不会知道的。”

从那个年青的父亲嘴里说出来，这是一句古怪的话，这句话的意思，到后来才是太明白了！

佩蒂很快地恢复了健康，不到三星期就能走动了。乔似乎告了一个长长的假，因为他仍然没有去，但是我不大和他讲话，因为虽然他对我总是很亲密，却似乎见我有些不好意思，讲到战争的时候，他简直闭口不提。一天晚上我遇见他和佩蒂倚在门上，靠近着河水——一个七月初旬的温暖的黄昏，当桑姆之战正是十分激烈的时候。外面是地狱的变相；而这里是极度的平和，静静地流着的河水，柳树和宁谧的白杨，暮色渐渐地深起来；那两个年青的东西，手臂交拥着，两个头紧贴在一起，——她的短短的黑发，和乔的蓬松乱发，已经是那么长了！我留心着不去惊扰他们。也许是他的最后一夜，明天就要重新回到熔炉里去了！

怀疑不是我的名分，可是老早我就有些疑心，直到那一个十分可怕的夜里，正当我要上床的时候，有什么东西敲着我的窗子，跑下去一看，外面是佩蒂，神情异常张惶。

“啊，先生，快来！他们把乔捉了去了。我恐怕他这回告假有些什么岔儿，——是那么长。我想他会受到麻烦的，我曾经去问过比尔·配脱曼(村上的警察)，现在他们来当他逃兵抓了去了。啊！我干了些什么事啦？”

罗敷家的草屋前，乔在一个排长的卫兵的监视下立着，佩蒂扑到了他的怀中，里面，我听得见罗敷太太在向那排长求告，夹着婴孩的哭声。在村路的睡眠一样的静寂中，新割下来的蒿草的香味里，这是残酷的。

我向乔说话。他在她的臂中安静地回答我：“我请假，但是他们不准。我必须来。一知道她的情形，我再也不能安定下去。”

“你的队伍在哪里？”

“在前线。”

“天啊！”

正在那时排长跑了出来。“我是他的教师，排长，”我说，“这可怜的家伙十六岁投军，现在你瞧还不曾满年龄哩，他又有了这个小妻子和一个新出世的婴孩。”

排长点着头。“我知道，先生，”他喃喃地说，“我知道。很罪过，可是我必须抓他去。他必须回到法国。”

“那是什么意思？”

“临阵脱逃，”他粗声地作着细语，“倒霉的事！你能够把那女孩子拉开吗，先生？”

但是乔自己松脱了她的紧握，把她推开；低下头来吻她的头发和脸孔；然后呻吟了一声，把她一直推到我的怀里，由卫兵管押着大步去了。我遗留在黑暗的飘着芳香的街道上，那伤心的孩子在我怀中挣扎着。

“啊我的天！我的天！我的天！”一遍又一遍地喊着。有什么话好说，什么办法好想呢？

那夜罗敷太太把佩蒂拖进屋去之后，我连夜誊写着关于乔·培凯脱的事实。一份寄到他的司令部里，另一份寄给法国的随军牧师。两天之后,我再把他的出生证明书抄了副本寄上去给他确切证明。这是我所能尽力的一切。有半个月时间等候着消息到来。佩蒂仍然很悲痛。一想到因为自己的疑虑而由她自己把他交给他们的手中,这思想简直使她发了狂。也许全亏她的婴孩她才不至于变成疯人或自杀。那时桑姆之战继续在进行着,英国、法国、德国,几十万的女人每天在为她们的男子担着惊恐。可是我想没人能够有像那孩子那样的感觉。她的母亲,可怜的女人,常常到学校里来找我,问我听不听到什么消息。

"要是有最不幸的事情发生,"她说,"还是让这可怜的孩子知道了吧。这样的忧虑是会忧死了她的。"

于是有一天我果然得到了消息——从军队中的牧师寄来的信,一见了这,我把它塞在口袋里,溜到了河边,简直不敢当着别人的眼前把它拆开来。坐在地上,背倚着禾堆,我颤颤地把信拿出来。

"先生:乔·培凯脱这孩子已在今天黎明时候枪毙。我很悲痛,不得不把这消息告诉你和他的妻子,可怜的孩子。战争诚然是一件残酷的事!"

我早已知道了。可怜的乔!可怜的佩蒂!可怜的!可怜的佩蒂!我读下去:

"我尽我的能力;你寄来的那些事实我已经向军事法庭上陈述,关于他的年龄问题也曾考虑过。但是那时告假是一概不准的:他的请求曾被明白拒绝;队伍正在前线,战事在进行着,而且那一个地段的情势是非常严重的。在这种情形之下,私人的问题无考虑的余地——军令是坚决的。也许必须要这样,我不能说。但是我为了这事大为痛苦,就是军法官他们自己也很感动的,那可怜的孩子似乎失了知觉;他不肯说话,什么事情似乎都不会听进去;他们告诉我判决之后他所说唯一的话,当然也是我所听见他所说的唯一的话,只是'我的可怜的妻!我的可怜的妻!'一遍又一遍地反复着。他在最后的一瞬间,态度很镇静。"

他在最后的一瞬间态度很镇静!我还能够想象出他的样子来,可怜的任性的乔。天知道他虽然私离行伍,却不是懦怯!无论什么人一看他那双正直的碧眼会那样相信的。但是我想他们把他捆绑起来了。好！多费了一粒或少费了一粒子弹，比较起大规模的屠杀来算得甚么呢？正像柳树上的一滴雨点落下河水流到大海去，那孩子也像无数其他的人一样复归于黄土了。想起来是有些讽刺性的，他在一个月之前不愿去做合法的炮灰，现在却是他自己一方面的人打死了他！也许是有些讽刺性的，他把他这儿子遗留给这样一个不和平的世界！可是像这种真实的故事里，要找什么教训可找不出来的，除非它告诉我们生与死的节奏，对于我们中间任何人都是毫不关心的。

（刊于《青年周报》第 18 期，1938 年 7 月 9 日出版）

朱生豪译事年表

1912 年

2 月 2 日(旧历辛亥年十二月十五日),诞生于浙江嘉兴鸳鸯湖畔东米棚下一个破落的商人家庭。取名朱文森。

母朱佩霞;父陆润,嘉善西塘人,入赘朱家。

1917 年(5 岁)

9 月,入嘉兴梅湾街开明初级小学就读。

1921 年(9 岁)

以甲等第一名从开明初级小学毕业。

9 月,考入嘉兴国民第一高级小学。改名朱森豪。因离家较远,寄居芝桥街姑妈家。

1924 年(12 岁)

7 月,朱生豪高小毕业,得全班第一名,国文、英文成绩尤佳。

是年嘉兴实行新学制,朱生豪考入嘉兴私立秀州中学并直接就读初中二年级。酷爱国文、英文,不喜体育。

1926 年(14 岁)

7 月,初中毕业,升入秀州高中。

1927—1929(15—17 岁)

在《秀州钟》(秀州中学校刊)上发表一系列诗文:

第 6 期(1927 年):诗歌《城墙远眺》;

第 7 期(1928 年):诗歌《柳荫中》、独幕短剧《英雄与美人》、论说文《建设的学生运动论》;

第 8 期(1929 年):诗歌《雨丝》,论说文《古诗与古赋》。

1929 年(17 岁)

7 月,从秀州中学高中部毕业。

9 月,保送入杭州之江大学,并享受全额奖学金,主修中国文学,以英文为副科。

1930 年(18 岁)

在《汹涛》(1933 级文科同学会文艺刊物)发表论文《中国的小品文》。

参加“之江诗社”,颇得词学专家夏承焘先生之赏识,深为师友们所推崇。

“之江大学”改名“之江文理学院”,朱生豪任学院“学生自治会”学术部长,1931 年连任。

1931 年(19 岁)

6 月 18 日,夏承焘日记称赞朱生豪:“聪明才力,在余师友之间,不当以学生视之。……闻英文甚深,之江办学数十年,恐无此不易才也。”

1932 年(20 岁)

9 月,宋清如考入之江文理学院,并加入“之江诗社”和“中国文学会”。宋与朱生豪结为诗友。

作《八声甘州》词,为 1933 级同学会的级歌。其中“慨河山瓯缺,端正百年功”充分表达了同学们的忧国之心和报国之情。

7 月，1932 年《之江年刊》上发表英文诗 *The Piper*，这是迄今发现的朱生豪最早的英文诗作。

同一期《之江年刊》上还发表英译中文诗 *THE SEA ECHO*（By Fong Wei-the），中文原作者冯维德（音）待考。中文原诗已失传。

12 月 1 日，在之江文理学院学生自治会出版股编的《之江》创刊号上发表约翰·高尔斯华绥短篇小说《迷途的狗》的译文，系和郑天然（其同学和好友）所写的《高尔斯华绥评传》相配刊出的。

诗 *THE SEA ECHO* 及短篇小说《迷途的狗》是迄今发现的朱生豪最早的翻译作品。

1933 年（21 岁）

任 1933 年《之江校刊》英文部主任。

4 月，写作论文《近代英美新诗运动》，并在 6 月出版的第 12 期《秀州钟》发表。这是迄今发现的朱生豪最早的有关外国文学研究的作品。

6 月，在《之江年刊》上发表长诗《别之江》及英译任铭善抒情诗一首：*LYRIC*。

6 月 19 日，从之江文理学院国文系毕业，被授予文学士学位。

6 月 20 日，在《之江期刊》发表哲学论文《斯宾诺莎之本体论与人生哲学》。

夏，作《鹧鸪天》词三首赠宋清如。

7 月，由原之江教师、世界书局编辑胡山源介绍，与原之江代理教务长兼附中校长陆高谊同赴上海世界书局任职。朱氏任英文编辑，参与编撰《英汉四用辞典》。

1934 年（22 岁）

身处十里洋场，社会现实和原先的理想产生了巨大的落差，朱生豪精神感到极度苦闷，在给宋清如的信中经常表示出“孤独”“寂寞”“彷徨”的情绪。

1935 年(23 岁)

是年,上海文化出版界称之为“翻译年”。朱生豪接受了詹文浒的提议,准备为世界书局翻译莎士比亚戏剧全集,与书局正式签订合同,并开始积极收集资料,做翻译的准备工作。

1936 年(24 岁)

从《暴风雨》开始,正式动手翻译莎剧。

在给宋清如的信中说:“舍弟说我将成为一个民族英雄,如果把 Shakespeare 译成功以后。因为某国人曾经说中国是无文化的国家,连老莎的译本都没有。我这两天大起劲……”

6 月,宋清如从之江文理学院毕业,到浙江湖州民德女校任教。

8 月,《暴风雨》译完,于 8 月 8 日写成《译者题记》,秋后完成修改后脱稿。同时接着翻译《仲夏夜之梦》。并制定分喜剧杰作、悲剧杰作、英国史剧全部和次要作品四部分动手的计划,打算用两年时间译完全集。

10 月 8 日,译完《仲夏夜之梦》,接着动手翻译《威尼斯商人》。

1937 年(25 岁)

2 月,译完《威尼斯商人》。至 7 月,次第译完《皆大欢喜》《无事烦恼》《温莎的风流娘儿们》《第十二夜》等剧,计划不久即可完成第一分册——莎剧喜剧部分。

8 月 13 日,日本侵略军进攻上海,“八一三”战事爆发。

朱生豪连夜只身逃离汇山路寓所,暂居亲戚家。随身只及带出牛津版《莎士比亚全集》原著及少许衣服。次日,寓所被焚,世界书局也被日军占领并且放火烧过,已交世界书局的译稿和辛苦收集的许多参考资料均毁于一旦。后《暴风雨》及《仲夏夜之梦》等两部初译稿侥幸找回,但已重译,故现各存有两个译稿。

8 月 26 日,返回嘉兴,住大姑妈家中继续译莎。

11 月 12 日,日寇占上海。18 日嘉兴沦陷。朱生豪随大姑妈一家避居嘉兴新塍东栅陈家,居一冬。

1938 年(26 岁)

春,新塍吃紧,朱生豪及姑母一家移居德清新市镇。不久新塍沦陷。

春末夏初,上海至新市通航,朱生豪重返上海,继续在"孤岛"(租界区)中重新营业的世界书局任职,并重新收集资料,继续译莎工作。

应邀任胡山源主编的《红茶》文艺半月刊特约撰稿人,并发表系列诗文,表现出他对国家命运的忧虑,对苦难人民的同情,对侵略者的仇恨,以及对变节者的鄙视。包括:

●翻译小说《钟先生的报纸》(一个美国人眼中的上海新闻事业),George L. Moorad 原作(第 3、4 期,7 月 16 日、8 月 1 日出版)

●《新诗三章》《词三首》(第 5 期,8 月 16 日出版)

●翻译小说《如汤沃雪》,译自 *Coronet*, Nov. 1937(第 10 期,11 月 1 日出版)

5 月到 12 月,在詹文浒、胡山源主编的《青年周报》发表系列作品:

●随笔《论读书》(第 11 期,5 月 21 日出版)

●随笔《傻子在莎士比亚中的地位》(第 12、13 期,5 月 28 日、6 月 4 日出版)

●随笔《做诗与读诗》(第 14 期,6 月 11 日出版)

●随笔《楚辞》(第 15 期,6 月 18 日出版)

●翻译小说《夜间的裁判》,Martha Gellhorn 原作,自 *The Spectator* 节译(第 16 期,6 月 25 日出版)

●翻译小说《一个教师所说的故事》,约翰·高尔斯华绥原作(第 18 期,7 月 9 日出版)

●翻译小说《士麦拿的女侠》,Philip Gibbs 原著(第 20—25 期,7 月 23 日—9 月 3 日连载出版)

●随笔《清苦的编辑先生》(第 31 期,10 月 15 日出版)

●随笔《自力教育》(第 35 期,11 月 12 日出版)

●小说《他有过一个朋友》(第 40、41 期,12 月 17 日、24 日连载出版)

1939 年(27 岁)

9 月,应詹文浒之邀去中美日报馆任编辑,为防敌伪加害,化名朱文森。

11 月 11 日开始,为《小言》专栏撰写宣扬抗战、讨伐日伪的时政短论。到 1941 年 12 月 8 日“孤岛”沦陷止的 703 天内共撰写“小言”1081 篇,近 40 万字。此期间因工作繁重,虽未完全中断译莎,但进展不快,几乎停顿。

1941 年(29 岁)

12 月 7 日,太平洋战争爆发。8 日,日寇进占上海“孤岛”(租界区),敌冲入报馆,朱与同人杂于排字工人中逃出,再次丢失全部译稿和资料。

后侥幸找回了《暴风雨》及《仲夏夜之梦》等两个剧本第二次重译的译稿,故现存的排印稿均为第二稿,但均存有一个重复稿(第一稿)。此外,抗战胜利前后还找回了《无事烦恼》的第二次译稿,但此剧已经第三次重译,现存的排印稿是第三稿,但也存有重复手稿(第二稿)。

“一二·八”以后失业,暂居霞飞路尚贤坊姑母处。在十分艰苦的条件下,继续译述。

10 月中旬,宋清如从重庆回沪,在上海私立锡珍女子中学代课到寒假。

1942 年(30 岁)

闭户不出,致力译莎。

5 月 1 日,由夏承焘、陆高谊为介绍人,黄式金为证婚人,与宋清如举行简单的婚礼。夏师在纪念册上题词:“才子佳人,柴米夫妻”。

6 月,与宋清如同回常熟岳家寄食。闭门谢客,一心译莎。至年底,补译了除《暴风雨》和《仲夏夜之梦》外的全部喜剧,并从《罗密欧与朱丽叶》

开始翻译部分悲剧。同时，与清如一起选编了《唐宋名家词四百首》。

1943 年(31 岁)

年初，偕宋清如回到嘉兴东米棚下老家，借住当时在四川的胞弟朱文振的婚房。

当时，除少量房租收入和译稿所得稿费外，基本上无其他经济收入。生活十分窘迫，但朱生豪宁愿贫穷至死也不愿为伪政权效劳。

从莎剧悲剧开始，继续埋头伏案，握管不辍，全力译述莎剧。

秋，健康日衰，常患牙周炎，时发高烧，曾卧病半月余。

11 月 5 日，儿子尚刚出生。

1944 年(32 岁)

至年初，已译出全部悲剧 8 部、杂剧 10 部。

至 4 月中旬，带病勉力译出史剧《约翰王》《理查二世的悲剧》《亨利四世》前后篇等历史剧。

4 月，世界书局对《莎士比亚戏剧全集》1—3 卷先行制版，并将校样寄来由宋清如作最后校对。朱生豪撰写“译者自序”及“第一辑提要”“第二辑提要”“第三辑提要”，期望在年底译完全集。但当译完《亨利五世》第二幕时，病情突然加重。

6 月初，高烧抽搐，卧床不起。经医生诊断为肺结核并发多种结核症。

12 月，自知病重，已看不到抗战的胜利，也无法译完莎剧全集，他悲痛地说：早知一病不起，就是拼着命也要把它译完。并嘱妻子转告文振弟，望他续完未竟之业。

12 月 25 日，忽然用英语高声背诵莎剧台词。

12 月 26 日午后，示意妻子到床边，说了声“我要去了”，便抱憾离世。时妻宋清如 33 岁，子尚刚才 13 个月。

至此，共译出莎剧 31 部半，尚存历史剧 5 部半未完成。他在“译者自序”中说：夫以译莎之艰巨，十年之功不可云久，然毕生精力，殆已尽于兹矣。

1945 年

宋清如去朱生豪母校秀州中学任教。

1946 年

1 月,宋清如撰写的《朱生豪与莎士比亚》一文在《文艺春秋》月刊发表。

春,宋清如撰写"译者介绍"作为世界书局版《莎士比亚戏剧全集》的附件。

1947 年

世界书局出版朱生豪除历史剧外的译作《莎士比亚戏剧全集》1—3 辑,计 27 个剧本。

1948 年

1 月,宋清如在嘉兴西丽桥畔福安公墓为朱生豪举行了寂寞的葬礼。

1949 年

4 月,世界书局版《莎士比亚戏剧全集》1—3 辑第 2 次印刷。

5 月,嘉兴解放。

1954 年

3 月—8 月,朱译《莎士比亚戏剧集》31 种由冯雪峰主持的人民文学出版社用作家出版社的名称出版。共计约 180 万字。

1955 年

夏,宋清如请一年事假,翻译朱生豪未及译完的 5 部半莎剧,全部工作到 1958 年完成。

此时人民文学出版社已组织杨周翰、方重、方平等人补译朱生豪未译完的 6 个历史剧，以及莎士比亚的全部诗歌，并对朱生豪的译作进行全面校订，计划于 1964 年出版完整的《莎士比亚全集》，后因故耽搁。

1957 年

台湾世界书局出版朱、虞合译的《莎士比亚全集》。1947 年版《莎士比亚戏剧全集》未收入的 10 个历史剧由台湾大学虞尔昌教授补译完成。

1966 年

"文革"开始。人民文学出版社出版《莎士比亚全集》的计划被迫停顿。朱生豪部分书信和文稿以及宋清如的全部译稿被毁。

1978 年

人民文学出版社出版以朱译莎剧为基础的《莎士比亚全集》中译本。成为我国第一部外国作家的全集。以后各地出版社又出版了许多种不同的版本（包括经校订和补译后形成全集本，如 1998 年译林出版社、2015 年浙江工商大学出版社的《莎士比亚全集》，2013 年中国青年出版社的《朱生豪译莎士比亚原译本全集》等），为我国读者亲近莎士比亚铺平了道路。

1987 年

宋清如将朱生豪全部译莎手稿捐献给嘉兴市人民政府，交由嘉兴市图书馆保存。

2007 年

11 月 21 日，嘉兴朱生豪故居修复，并对社会开放。

图书在版编目(CIP)数据

中华翻译家代表性译文库. 朱生豪卷 / 朱尚刚编.
—杭州：浙江大学出版社，2019.10
ISBN 978-7-308-19639-0

Ⅰ.①中… Ⅱ.①朱… Ⅲ.①朱生豪(1912—1944)
—译文—文集 Ⅳ.①I11

中国版本图书馆 CIP 数据核字(2019)第 221396 号

中華譯學館 真言題

中华翻译家代表性译文库·朱生豪卷
朱尚刚 编

出 品 人 鲁东明
总 编 辑 袁亚春
丛书策划 张 琛 包灵灵
责任编辑 张颖琪
责任校对 陆雅娟
封面设计 闰江文化
出版发行 浙江大学出版社
(杭州市天目山路 148 号 邮政编码 310007)
(网址：http://www.zjupress.com)
排 版 浙江时代出版服务有限公司
印 刷 浙江印刷集团有限公司
开 本 710mm×1000mm 1/16
印 张 28.5
字 数 396 千
版 印 次 2019 年 10 月第 1 版 2019 年 10 月第 1 次印刷
书 号 ISBN 978-7-308-19639-0
定 价 88.00 元

浙江大学出版社市场运营中心联系方式 (0571)88925591；http://zjdxcbs.tmall.com

中華譯學館·中华翻译家代表性译文库

许　钧　郭国良　总主编

第一辑

鸠摩罗什卷

玄奘卷

林纾卷

严复卷

鲁迅卷

胡适卷

林语堂卷

梁宗岱卷

冯至卷

傅雷卷

卞之琳卷

朱生豪卷

叶君健卷

杨宪益　戴乃迭卷

穆旦卷